Walter Beltz:
Gott und die Götter
Biblische Mythologie

Deutscher
Taschenbuch
Verlag

dtv

Ungekürzte Ausgabe
März 1980
Deutscher Taschenbuch Verlag GmbH & Co. KG,
München
Lizenzausgabe mit freundlicher Genehmigung der
Claassen Verlag GmbH, Düsseldorf

ISBN · 3-546-41275-3
Umschlaggestaltung: Celestino Piatti
Gesamtherstellung: C.H. Beck'sche Buchdruckerei,
Nördlingen
Printed in Germany · ISBN 3-423-01523-3

Das Buch

»Was vor Jahren Robert von Ranke-Graves mit großem Erfolg für die Welt der alten Griechen getan hat, leistet auf vorzügliche Weise Walter Beltz für die Bibel. In seinem Buch ›Gott und die Götter‹ läßt er die biblische Mythologie in ihrem ganzen Reichtum mit ihren historischen Hintergründen lebendig und verständlich werden. – Wie Homers Epen bleibt heute auch die Bibel, vor allem das Alte Testament, ohne Erläuterung unverständlich. Kein unbefangener Leser könnte die Verflechtung von Mythos, Geschichte und theologischer Deutung auflösen und zwischen Ursprünglichem und seiner biblischen Interpretation unterscheiden. Wer aber das europäische Kulturerbe aus zwei Jahrtausenden verstehen will, kommt an der Bibel, deren Mythen wesentliche Quellen der Weltkultur sind, einfach nicht vorbei. Die Bibel redet von Gott, Göttern, Engeln und Helden meist über dem Umweg über Geschichten von Menschen in Situationen politischer, wirtschaftlicher und gesellschaftlicher Veränderungen. Biblischer Mythos ist daher vorwiegend politisch-religiöse Geschichte – das im einzelnen deutlich zu machen, ist ein großes Verdienst von Walter Beltz ... Er erzählt die Mythen nach und kommentiert ihre ursprüngliche Form und Bedeutung nach religionsgeschichtlichen und literaturwissenschaftlichen Erkenntnissen. ›Gott und die Götter‹ ist das Beispiel eines wissenschaftlichen Buches, das durch Klarheit in Ausdruck und Stil breite Leserkreise fesseln wird.« (Aachener Volkszeitung)

Der Autor

Walter Beltz wurde 1935 in Ludwigslust/Mecklenburg geboren und studierte Theologie, Orientalistik und Religionswissenschaft an den Universitäten Rostock, Greifswald, Berlin und Budapest. Nach der Promotion und Habilitation wurde er 1970 zum Professor für Altes Testament und Religionsgeschichte an die Universität Beirut im Libanon berufen. Heute lehrt er an der Martin-Luther-Universität Halle/Wittenberg. Neben zahlreichen Aufsätzen und Rezensionen erschien 1974 das Buch ›Die Kalebtraditionen im Alten Testament‹.

Inhalt

Einleitung 9
Die Quellen und ihre Deutung
I Berichte über die Erschaffung der Welt 41
1. Der priesterliche Schöpfungsbericht 41
2. Der prophetische Bericht 46
3. Liturgische Texte 47
II Über Gott 50
1. Gott und Götter 50
2. Der Wettergott 54
3. Der Kriegsgott 57
4. Der Stiergott 62
5. Der Fruchtbarkeitsgott 64
6. Die Boten Jahwes und Elohims 69
III Über den Menschen 74
1. Die Erschaffung des Menschen 74
2. Die Anfänge der menschlichen Kultur 81
3. Der Ursprung des Götterkultes 83
4. Die Sintflut: Jahwes Rache an der Menschheit 86
5. Die Spaltung der Menschheit 88
IV Die Entstehung des Gottesvolkes 94
1. Die Abrahamsgeschichten 94
2. Die Geschichten von Isaak 100
3. Die Jakobsgeschichten 105
4. Die Josephsgeschichten 113
5. Die Mosegeschichten 120
V Die Eroberung Kanaans 133
1. Das Meerwunder 133
2. Die Wüstenwanderung 135
3. Das Schlangenwunder von Kadesch 139
4. Die Kundschaftergeschichten 141
5. Bileams Esel 143
VI Die göttliche Gesetzgebung 146
1. Am Sinai 146
2. Am Horeb 149
3. Am Ebal 151
4. Zu Sichem 152
5. Zu Jerusalem 153
VII Die großen Heiligtümer und Heroen der Frühzeit . . 157
1. Die Lade 157

2. Die Asylstädte 159
3. Gilgal, Bethel, Dan und Sichem 160
4. Josua 164
5. Debora 165
6. Gideon 167
7. Jotham 170
8. Jephta 171
9. Simson 174
10. Ruth 176
VIII Wunder und Begebenheiten der Propheten 178
1. Samuel 178
2. Elia 180
3. Elisa 183
4. Jesaja 185
5. Jeremia 189
6. Ezechiel 192
7. Hosea 197
8. Jona 198
IX Die Königslegenden 201
1. Abimelech 201
2. Saul 202
3. David 206
4. Salomo 213
5. Jerobeam und Rehabeam 217
6. Jehu 220
7. Hiskia 221
X Jerusalem, Stadt und Tempel 225
1. Die Stadt 225
2. Der Tempel 229
XI Die wunderbaren Erlebnisse und Taten von Hiob, Esther und Daniel 235
1. Hiob 235
2. Esther 239
3. Daniel 242
XII Der Teufel: Satan, Asasel, Beelzebul und andere Götter 247
1. Satan 247
2. Asasel 250
3. Beelzebul, die Dämonen und der Drachen 251
XIII Der Mythos von der Erlösung 254
1. Jesus von Nazareth 254
2. Maria, die Mutter Jesu 264

3. Jakobus, der Bruder Jesu 265
4. Johannes der Täufer 266
5. Petrus 269
6. Paulus 271
XIV Die neue Welt 274
1. Die neue Zeit 274
2. Der neue Mensch 277
3. Die neue Erde 282
XV Zur Weiterentwicklung biblischer Mythologie 289

Anhang
Erklärung wichtiger Begriffe 297
Literaturhinweise 305
Verzeichnis der Personennamen 314
Verzeichnis der geographischen und der Stammesnamen . . 321

Einleitung

Der Versuch, eine biblische Mythologie zu schreiben, ist gerechtfertigt, denn eine biblische Mythologie ist schon längst überfällig. Nur fromme Scheu wehrt sich vielleicht noch, die biblischen Mythen so zu sehen wie die Mythen der griechisch-römischen Geschichte. Aber jeder, der das europäische Kulturerbe fast zweier Jahrtausende verstehen will, wird an der Bibel nicht vorbeikommen, weil ihre Mythen wie alle antiken Mythen wesentliche Quellen der Weltkultur bis weit in die Neuzeit gewesen sind. Auch wenn die Bibel weiter aus dem Gesichtsfeld des Menschen schwinden wird, wird ihre geschichtliche Bedeutung nur deutlicher werden.

Die Notwendigkeit einer biblischen Mythologie wird durch den Zeitabstand zwischen Entstehen der Mythen und dem heutigen Leser begründet, denn dieser Zeitabstand versperrt den unmittelbaren Zugang zu ihrem Verständnis. Wie Homers Epen bleibt auch die Bibel heute ohne Erklärung unverständlich. Und selbst dem Gläubigen, für den die Bibel immer noch Offenbarung eines Gottes ist, bleibt der Umweg über den Kommentar nicht erspart. Kein unbefangener Leser der Bibel kann heute noch die biblische Verflechtung von Mythos, Geschichte und deren Deutung auflösen und zwischen dem ursprünglichen Mythos und seiner biblischen Interpretation unterscheiden, wobei die Erklärung dieser Interpretation – nämlich der Funktion, die in der Bibel dem Mythos zugeschrieben wird – die Aufgabe einer biblischen Theologie ist. Eine biblische Mythologie aber wird sich der Darstellung und Erklärung des Mythos selber zuwenden, der im Historischen liegenden, nichtwissenschaftlichen Vorstellungswelt von Kosmos, Mensch und Gesellschaft.

Die Bibel, seit fast zweitausend Jahren »Heilige Schriften« für Juden und Christen aller Denominationen enthaltend, hat eine lange Geschichte hinter sich, deren Anfang nicht mehr genau festzulegen ist. Denn die Geschichte der Völker, in der dies Buch seine heutige Gestalt gewonnen hat, kennt keinen feststehenden Anfang. Das liegt nicht zuletzt daran, daß diese kleinen Völker nur während einer kurzen Zeitspanne überhaupt aktiv in die politischen Ereignisse des Alten Orients eingreifen, während sie sonst ausschließlich das Streitobjekt ihrer Nachbarländer sind. Die eigentliche Größe dieser kleinen Völker wird erst mit dem Ende des 4. Jahrhunderts u. Z. offenbar, als das von Konstantin dem Großen und Theodosius zur Staatsreligion erhobene Christentum, ursprünglich eine jüdische Sekte, die religiöse Literatur des Judentums mit zu seiner Heiligen Schrift rechnete und ihm den Namen Altes Testament gab im Gegensatz zu seiner eigenen, wesentlich geringeren Literatur, dem Neuen Testament. Diese Größe, ihre historische Leistung, besteht in ihrer überlieferten Literatur, die aus ihrer nationalen Exklusivität durch die christliche Kirche in die Universalität einer Weltreligion geführt wurde.

Die Völker, in denen die Bibel entstand, Juda und Israel, und ihre Lage auf der Landbrücke zwischen Eurasien und Afrika, zwischen den alten Kulturreichen an Euphrat, Tigris und Nil, zeigen deutlich, welche Bedeutung dieser Landstrich jederzeit für die Bewohner der Mittelmeerküste und die anderen Nachbarvölker hat.

In Ägypten herrscht zu der Zeit, als Israel und Juda entstehen, die 19. Dynastie, deren bedeutendste Pharaonen Sethos I. (1308–1290) und Ramses II. (1290–1223) die ägyptische Oberhoheit über Syrien und Palästina wiederherstellen, die ihre Vorgänger teilweise verloren haben. Ägyptens Großreich verfügt über eine hochentwickelte Kultur, ein wohlgeordnetes Finanz- und Abgabewesen und ein gutes Heer. Der Pharao als Stellvertreter und Sohn der Götter, König von Ober- und Unterägypten, herrscht durch die Priesterschaften. Land und Leute sind Eigentum der Götter, d. h. der Tempel und ihrer Priesterschaften. Das Reich erstreckt sich zeitweise vom Libanon bis zum Sudan. Die patriarchalische Ordnung ist schon seit der 3. Dynastie (ca. 2700 v. u. Z.) fest mit ihren Institutionen etabliert, einschließlich Religion, Technik und Schrift. Die einzelnen Gaue oder Provinzen des Reiches genießen weitgehend Autonomie, ja zeitweise sind die Gouverneurposten erblich. Das ägyptische Pantheon ist die Versammlung der alten heiligen Könige. Das Matriarchat ist schon mit der prädynastischen Geschichte Ägyptens untergegangen.

Im Norden des Siedlungsgebietes von Israel und Juda sind Assur und Babylon die Großreiche gewesen, die immer versuchten, ihren Einfluß nach Süden zu erweitern. Assur und Babylon waren die Erben des Großreiches von Akkad (ca. 2340–2150 v. u. Z.), dem das Reich Sumer vorangegangen ist. Die Kultur der sumerischen frühgeschichtlichen Epoche ist die Steinkupfer- und Bronzezeit. Ihre Städte sind noch ohne Mauern, ihre Bewohner leben vom Ackerbau der Großfamilie. Noch herrscht das Matriarchat. Die heilige Königin repräsentiert als Göttin Innana Stamm, Stadt und Land. Erst mit Ausgang des Reiches Sumer hat das Patriarchat den endgültigen Sieg errungen. Die »alten Götter« der späten sumerischen Überlieferung waren ausnahmslos Göttinnen; Antum, Ninlil, Damkina, Ištar und Baba, die heiligen Königinnen der fünf Urstädte Uruk, Ur, Eridu, Larsa, Lagaš, sind älter als ihre Männer Anu, Enlil, Enki, Utu, Nergal. Ihre Gatten waren alle niedrigeren Ranges. Die heiligen Königinnen hatten früher zwei Männer, wie aus einer Inschrift von Urukagina von Lagaš hervorgeht (ca. 2350 v.u.Z.), der diese Sitte aber für seine Zeit ablehnt. Wir wissen, daß der heilige König nach Jahresfrist geopfert und daß für ihn ein neuer gewählt wurde, damit die matrilineare Erbfolge bewahrt bleibt. Ihre notwendige Ablösung wurde zunächst durch die »Opferung eines Stellvertreters« und dann endgültig abgeschafft.

Die ersten heiligen Könige gingen sicher aus den Nomadenvölkern hervor, die aus dem Inneren der arabischen Halbinsel einsickerten. Die semitische Sprache überwand das nichtsemitische Sumerisch. Das Patriarchat bedeutet Privateigentum, Klassentrennung, Ausbeutung und entstehende Staatsgewalt. Innana von Uruk, als Tochter des Mondgottes noch Mondgöttin und souveräne Fruchtbarkeitsgöttin, wird von ihrer männlichen Ablösung Eanna von Ur verbannt und wird eine Venus, nur noch für Liebe und Zeugung zuständig.

Das Großreich Akkad, von Sargon (2340–2284 v.u.Z.) geschaffen, hat in seinen einzelnen Teilreichen Isin, Larsa, Babylon, Assur und Elam (ca. 1900) schon diese Götterpaare, diese alten heiligen Königspaare. Man hält treulich an ihnen fest, nur nehmen jetzt die Göttinnen den zweiten Rang ein, während Enlil, Anu, Sin und Šamaš vorne stehen. Das Großreich Akkad ist sicher als Ergebnis einer großen Völkerwanderung von semitisch sprechenden Nomaden in das Zweistromland entstanden. Die Nomaden können nur aus dem Inneren der arabischen Halbinsel gekommen sein. Mit solchen Nomadenvölkern haben die kleinen und großen Reiche in Mesopotamien stets zu tun gehabt. Sicher ist, daß auch einige Stämme des späteren Volkes Israel aus dem Inneren der arabischen Halbinsel gekommen sind. Denn das fruchtbare Schwemmland war sowohl für die nomadisierenden Kassiten aus dem nördlichen Randgebirge wie für die nomadisierenden Wüstenvölker aus der südlichen Wüste der arabischen Halbinsel begehrter Anziehungspunkt. Die Kassiten setzen um 1550 v. u. Z. den mesopotamischen Reichen ein Ende, tausend Jahre später stürzen Elamiter und Perser das neubabylonische Reich. Im Gegensatz zu diesen Nordvölkern sind die aus der arabischen Halbinsel immer wieder in die Kulturlandzonen am Rande der Wüste einsickernden Nomaden weniger aggressiv. Sie unterwandern die Gebiete, indem sie die nicht von den Kulturlandbewohnern beanspruchten Gebiete zwischen den einzelnen Stadtkönigtümern besetzen, wobei sie häufig mit letzteren Schutzverträge abschließen. Dabei nehmen sie dann als die kulturell Unterentwickelteren die Sitten und Gebräuche des Kulturlandes an, bis sie schließlich den bestimmenden Einfluß auf Sprache, Kultur und Ökonomie ausüben. Sie sind wesentlich an der Durchsetzung des Patriarchats beteiligt. Solche Nomaden sind gemeint, wenn die Bibel von Israel als einem Namen für einen Interessenverband von zwölf Nomadenstämmen redet, ohne daß sie einen realen Erklärungsgrund für diese Namen angibt. Es sind solche Nomadenstämme aus der arabischen Halbinsel, die einstmals in das Land eingewandert sind. Sie gelten dem späteren Erzähler als Kinder eines Vaters Jakob, genannt Israel. Der Name bleibt in seiner heutigen Bedeutung aber ebenso im dunkeln wie die ganze Frühgeschichte selbst. Die ganze Vorgeschichte, die die Bibel der Inthronisation des ersten Königs Saul um 1000 v. u. Z. vorhergehen läßt, ist Mythos, ätiologische Sage und Legende. Die kurzen Notizen in Ägyptens und Mesopotamiens Urkunden über dieses Gebiet und seine Einwohner bleiben noch unklar. Denn wir wissen z. B. nicht, was die Erwähnung des »Fremdvolkes Israel« auf der Mernephtastele in Theben ca. um 1200 v. u. Z. bedeutet, ob sie z. B. einen einzelnen Nomadenstamm oder schon den Verband mehrerer Stämme meint.

Es ist und bleibt zu vermuten, daß diese Nomadenstämme patriarchalisch geordnet gewesen sind. Wie die Hellenen über die matriarchalischen Einwohner Attikas herfielen und aus dem Zusammenprall dieser beiden Gesellschaftsformen die griechische Mythologie die kräftigsten Impulse erhielt, so hat auch die altorientalische Mythologie ihre wesentlichsten Anstöße aus der Begegnung der verschiedenen Gesellschaftsformationen erhalten. Das schlägt sich auch in der Bibel nieder, die voll von Mythen über die Begegnung der Nomadenstämme Israels mit den kanaanäischen Kulturlandbewohnern ist. Die Einwanderung der nomadischen Israeliten nach Kanaan, in das heutige

Palästina, beginnt um 1300 v. u. Z., als sowohl das Neue Reich in Ägypten wie die beiden Rivalen Assur und Babylon in Mesopotamien eine innere Krise durchmachen.

Naturgemäß ist der Zeitraum der nomadischen Existenz der Stämme nicht genau festzulegen, sein Anfang sowenig wie das Ende. Feststellbar ist nur der ungefähre Zeitpunkt zwischen 1300 und 1000 v. u. Z., zu dem sie in die Gebiete Kanaans eingedrungen sind, in lockerer Folge, in größeren Abständen, an verschiedenen Orten, aus verschiedenen Richtungen. Die Besonderheit der nomadischen Stämme, ein clangebundenes Selbstbewußtsein, haben sich diese einzelnen Stämme erhalten. Auch später, nach der ersten Zerstörung des Tempels zu Jerusalem 586 v. u. Z. durch Nebukadnezar von Babylon, glaubt der priesterlich geschulte Erzähler der biblischen Chronikbücher noch an diese Besonderheit, wenn er die Rückkehrer aus der fünfzigjährigen babylonischen Gefangenschaft und die Aufbauwilligen nach den alten Stammesordnungen zählt, die, wenn es sie überhaupt jemals gegeben haben sollte, nun schon längst nicht mehr vorhanden sind. Aber ein halbes Jahrtausend hat dieses Selbstbewußtsein biblische Geschichtsschreibung geprägt. Dabei spielt die ägyptische Fron eine entscheidende Rolle. Nach der Überlieferung soll nämlich Mose die Israeliten aus der Knechtschaft in Ägypten befreit haben, in die sie unschuldigerweise geraten sind. Die wunderbare Befreiung aus Ägypten und die ihr vorangehenden Josephsgeschichten haben vermutlich die Geschichte eines Stammes zum Vorbild gehabt, der in Ägypten, wie viele andere Nomadenvölker aus der Wüste auch, Weiderecht und Obdach empfangen hatte, wofür er Dienste zu verrichten hatte. Und Mose hat solche Israeliten vermutlich von der Ausbeutung durch die Ägypter befreit.

Kulturgeschichtlich fällt das Eindringen der Stämme nach Kanaan mit dem Beginn der Eisenzeit zusammen. Die Städte, die die Stämme vorfinden, weisen in ihrem Kulturschutt zu dieser Zeit die typischen Kennzeichen der Spätbronzezeit auf. Töpfe und Scherben verschiedenen Ursprungs bezeugen den ausgedehnten Handelsverkehr auf der Landbrücke zwischen Asien und Afrika und die Anwesenheit verschiedener, heute längst vergessener Völkerschaften unterschiedlicher Sprachen. Die Bevölkerung Kanaans ist semitisch gewesen. Ihre Oberherrschaft aber besteht, als die Israeliten einwandern, teilweise noch aus den Nachfahren der Hyksos, einem Volk aus dem Hurri-Mitanni-Gebirge, das in der Mitte des 2. Jahrtausends Syrien-Palästina, Assur und Ägypten beherrscht. Die Nachkommen der Hyksos auf den palästinensischen Thronen stehen in treuer Vasallenschaft zu Ägypten, das aber im 12. Jahrhundert zu schwach wird, sie noch zu schützen. Die Nomadenstämme besetzen zunächst nur die Teile des Landes, die in der Bronzezeit noch nicht oder nur schwach besiedelt gewesen sind, wie aus biblischen Angaben über die Grenzen der einzelnen Stämme hervorgeht. Zu größeren Eroberungen reichte die Kraft der einzelnen Stämme nicht. Schätzungsweise haben solche Nomadenstämme selten mehr als dreihundert wehrfähige Männer gehabt. So sitzen die Judäer nach dem Buch Josua, Kapitel 15, südlich von Jerusalem, aber schon Hebron gehört den Kalebitern, wie Kapitel 14 des Buches Josua weiß. Ferner sitzen im Süden Jerusalems noch die Othnieliter, die Keniter und die Jerahmieliter, wie ebenfalls aus der Liste bei Josua, Kapitel 15, und dem I. Buch Samuel, Kapitel 27, Vers 10, hervorgeht.

Den äußersten Süden soll nach den bruchstückhaften Mitteilungen im Buch der Richter, Kapitel 1, der Stamm Simeon besetzt gehabt haben, von dem wir nichts weiter wissen, während der Stamm Dan den äußersten Norden des Siedlungsgebietes als Wohnort angibt, wenn Richter 18 wahr sein sollte. Die wichtigsten Stämme sind die »Haus Joseph« genannten Stämme Ephraim und Machir-Mannasse (vgl. Buch Josua, Kapitel 16–17). Ephraim hat das größte Siedlungsgebiet. Das kleinste besitzt nach Josua, Kapitel 18, der Stamm Benjamin. Im Ostjordanland wohnen der Stamm Gad und vermutlich auch Ruben, obwohl auch über diesen Stamm eigentlich nichts Näheres ausgesagt wird (Josua, Kapitel 13). Im Norden sitzen dann nach Josua, Kapitel 19, noch Angehörige der Stämme Asser, Sebulon, Issašar, Naphtali. In diesen Gebieten gibt es nur ganz wenige und verstreute kanaanäische Siedlungen, die im Laufe der Zeit langsam von den Stämmen integriert werden. Eine reguläre Landeroberung, die etwa den Eroberungskriegen Tukultininurtas I. von Assur (1243–1207) oder Ramses' II. von Ägypten (1290–1223) vergleichbar wäre, fand nie statt. Diese besaßen richtige Heere. Ramses hatte z. B. seinen Gegnern, den Hethiterkönigen, die Technik der Streitwagenkämpfe in den Feldzügen nachgeahmt und sie verbessert und eroberte die palästinensischen Gebiete des Hethitergroßreiches. Von seinem Ruhme künden heute die Felsentempel von Abu Simbel. Tukultininurta von Assur verfügte über ein Söldnerheer beachtlicher Stärke mit bester Ausrüstung, dem die einzelnen Nomadenstämme klein und schwach gegenüberstanden. Einen der Stämme, Levi, hat offenbar das Schicksal getroffen, von den mit eindringenden Stämmen »zerstreut zu werden unter alle Stämme«.

Geeint waren diese Stämme vielleicht nur durch den Dienst an einem gemeinsamen Heiligtum. Die Stammessprüche im I. Buch Mose, Kapitel 49, und V. Buch Mose, Kapitel 33, in denen alle Stämme in einem liturgischen Hymnus erwähnt werden, könnten als Liturgie bzw. ritueller Text einer solchen gemeinsamen Festbegehung begriffen werden. Denn die Nachricht im Buch Josua, Kapitel 24, obwohl sie tendenziös erzählt ist, scheint zu bezeugen, daß es so etwas wie ein gemeinsames Fest an einem Heiligtum gegeben hat. Die Stämme, und darin sind sie den griechischen Amphiktyonien vergleichbar, sind aber nur sehr lose um ein Heiligtum, in diesem Falle die Bundeslade, gruppiert. Die griechischen Amphiktyonien waren Bündnisse verschiedener Staaten zum Schutze eines Heiligtumes. Zum Tempelverein von Delphi gehörten z.B. auch zwölf Staaten. Die Zahlen drei, sechs, zwölf rühren aber aus der Kalenderrechnung her. Königin und König, Göttin Mond und Gott Sonne, regierten einstmals abwechselnd, je drei oder sechs Monate. Aber monatsweise waren die Mitglieder ihres Vereins verpflichtet, ihre Götter, heilige Königin und heiligen König, zu verpflegen. Geht ein Heiligtum unter, geht gemeinhin auch die Verbindung der Stämme untereinander verloren, und es entstehen neue Verbindungen und Gruppierungen um ein neues zentrales Heiligtum, wobei alle Stämme selbstverständlich ihre lokalen und familiären Kulte beibehalten. Jeder Stamm verehrt dabei seinen eigenen Stammvater, königlichen Ahnherrn und Gott. Details über diese Kulte und Feste an den alten Stammeszentralheiligtümern sind von den priesterlichen Redaktoren der Jerusalemer Schule ausgemerzt worden, als diese die biblischen Mythen sammelten und zusammenstellten, um im 5. Jahrhundert v.u.Z. das Dogma zu begründen, von dem sie lebten, daß nämlich nur der Opferdienst am Tempel in Jerusalem richtig und von Gott verordnet ist. Von den alten Stammeseinrichtungen und Institutionen wird deshalb außer den Namen und Siedlungsorten nichts tradiert. Ebenso wird deshalb auch von den Richtern in Israel wenig überliefert.

Die Richter sind die sichtbaren Stammesautoritäten, die Garanten der Unabhängigkeit von Königtum und Tempelpriestertum, also deren Opponenten. Obwohl ein biblisches Buch nach ihnen genannt wird, ist nun nicht mehr mit Sicherheit ihre wirkliche Funktion festzustellen. Entweder sind sie charismatische Heerführer oder aber Hüter und Deuter des Gottesrechtes, d.h. Schiedsmänner für die Anliegen, die den Gesamtverband betreffen. In den Stämmen sprechen jeweils die Ältesten Recht, wie aus den patriarchalischen Ordnungen und Gliederungen der Stämme im Buch Josua, Kapitel 7, Vers 16–18, hervorgeht.

Die lockere Form der Einwanderung führt auch dazu, daß die Stämme auf friedlichem Weg einen Modus vivendi mit der kanaanäischen Bevölkerung finden. Sie nehmen an ihrem Wirtschaftsleben teil, übernehmen die traditionellen Ackerbaufeste und erküren die alten kanaanäischen Kultstätten zu eigenen. Mit Mühe haben sie sich aber z.B. vor allem der Angriffe der Kamelnomaden aus den Wüsten der arabischen Halbinsel, etwa der Midianiter, wie auch der Philister, der Seevölker, zu erwehren. In solchen Notzeiten ist der feste Stammesverband immer aktiv geworden. Die Israeliten sind sicher Kleinviehzüchternomaden gewesen. Die Kamelnomaden dagegen waren vor allem militärisch gut organisierte Stämme, die sich vorwiegend durch Handel und Kriegsdienst bei verschiedenen Königen ernährten. Die Philister sind etwa gleichzeitig mit den Israeliten in das Land eingedrungen. Sie kamen über das Meer, von Kreta, Zypern und Kleinasien, wo sie der dorischen Völkerwanderung ausgewichen sind. Sie kämpften wie die Israeliten um das Land, waren aber schon in Königtümern fest organisiert, während die Israeliten noch unabhängige Nomadenstämme blieben, bis auch sie sich einen König wählten.

Die Berichte vom I. Buch Samuel, Kapitel 9–11, lassen vermuten, daß die Errichtung des Königtums in Israel die Folge eines militärischen Sieges einiger Stämme unter der Führung Sauls, eines Benjaminiten, über ostjordanische Wüstenstämme, die Ammoniter, war. Die Sage lehrt, daß Saul durch Betreiben des Gottesmannes Samuel zum König bestimmt wird. Die Proklamation erfolgt um 1000 v.u.Z. in Gilgal, einem alten kanaanäischen Heiligtum. Das Königtum Sauls ist ein Heereskönigtum, d.h. seine Funktion bleibt auf die militärische Leitung der Aktionen der Stämme gegen ihre Gegner beschränkt. Saul ist ein erfolgreicher Heerführer gewesen, und nach der Sage stehen die Heldentaten seines Sohnes Jonathan den seinen nicht nach. Unter Saul ist es vermutlich gelungen, die Grenzen im Norden, Osten und Süden des Landes zu sichern. Darin scheinen die biblischen Berichte zu stimmen. Die Sicherung gegenüber dem aggressiven Westen, den Philistern, gelingt erst dem nächsten

König in Israel, David. Die nur zweijährige Regierungszeit Sauls hat nicht ausgereicht, um aus dem losen Stämmeverband eine militärisch starke Despotie zu entwickeln. Die biblischen Berichte scheinen darin glaubwürdig, daß die Errichtung des Königtums auf den erbitterten Widerstand der alten Stammespriester stieß, denen zwar an der Sicherung ihrer Kultheiligtümer lag, nicht aber an der Institutionalisierung einer neuen Machtordnung wie der kanaanäischen Königtümer, in denen, wie sie sehen konnten, der König auch oberster Priester und Stellvertreter des Stadtgottes, ja Sohn dieser Götter und damit Gott selbst war. Deshalb intrigiert der alte Samuel gegen die Institution des Königtums unter Saul, das in einer Katastrophe endet: Israel wird von den Philistern geschlagen, und Saul und seine Söhne fallen durch Mörderhand.

Vermutlich ist David mit Hilfe ebendieser Landpriester, die Saul stürzten, an die Macht gekommen, zunächst in Juda und Hebron. Sein Königtum ist ein Heereskönigtum, sein Aufstieg ist der eines orientalischen Despoten. Durch Bestechung, List, Tücke und gelegentlich durch Mord räumt er alle Rivalen aus dem Wege. Durch die Ehe mit einer Tochter Sauls erhebt er auch scheinlegitime Ansprüche auf den Thron Sauls, den er schließlich besteigt. Er verlegt aber den Sitz der Zentralgewalt, nachdem er zum König auch von Israel gewählt war, aus dem Norden in den Süden des Landes, in die erst von ihm eroberte Burg Jerusalem, und nimmt nun für sich die Rechte eines Königs und Hohenpriesters in Anspruch wie seine vorderasiatischen Kollegen, ohne jedoch in die Funktionen der lokalen Priesterkulte einzugreifen. Außenpolitisch ist er erfolgreich gewesen. Im Innern seines Landes kämpfte er gegen den Widerstand der alten konservativen Stammesfürsten. Es ist ihm nicht gelungen, die beiden Königtümer Israel und Juda, die in ihm durch Personalunion verbunden waren, zu einer nationalen Gruppe zu verschmelzen, wie es der Abschluß des Abšalomaufstandes im II. Buch Samuel, Kapitel 20, zeigt. Zwar ist die Bundeslade in seine Residenz Jerusalem gebracht, einen alten kanaanäischen Kultort, aber die Priester, die sie bedienen, sind noch nicht allmächtig, denn nebenher bestehen die alten regionalen Kultorte mit ihrem Opferbetrieb weiter, sowohl in den alten israelitisch-judäischen Stammesgebieten wie in den von David eroberten Landesteilen, die er in sein Reich eingliedert. Im II. Buch Samuel, Kapitel 24, werden die Grenzen des Reiches umschrieben, das unter dem Heerbann Davids steht. Die Volkszählung ergibt eine beachtliche Stärke, die aber nicht über die eigentliche Schwäche des Großstaates hinwegtäuschen kann. Dieser Staat besteht aus mehreren Völkern, deren Besonderheiten erhalten bleiben; er wird nur mühsam zusammengehalten durch die Gewalt und Macht des Königs und seiner Truppen. David trägt neben den Kronen von Juda und Israel noch die Kronen von Damaskus, des ammonitischen Königreiches östlich des Jordans, der Königreiche Edom und Moab und Zoba südöstlich vom Toten Meer. Das Entstehen des Reiches gelingt, weil es im Nilland und in Mesopotamien um die Jahrtausendwende keine expansiven Großreiche gab. Zwischen 1085 und 950 v. u. Z. ist z. B. Ägypten geteilt. Die Pharaonen von Theben regieren gegen die Pharaonen von Tanis. In Mesopotamien haben die Erben Tiglath-pilešars I. von Assur (1112–1074) das Reich nicht zusammenhalten können. Erst mit dem 9. Jahrhundert erstarkt Assur wieder. Diese Pause im Machtkampf der beiden großen Kulturstromtäler nutzt David. Und selbst die Thronfolgestreitigkeiten zu seinen Lebzeiten (II. Buch Samuel, Kapitel 7 und 9), die sonst den nächsten Nachbarn auf den Plan gerufen hätten, verlaufen, ohne daß sie dem Reiche schaden. Diese Thronfolgestreitigkeiten kosten zwei der Davidsöhne das Leben. Durch eine geschickte Kabale gelingt es schließlich der priesterlich-prophetischen Partei, für ihren Prätendenten Salomo Davids Gunst zu gewinnen, der dann etwa 972 v. u. Z. den Thron besteigt.

Salomos erste Regierungstat, von der die Bibel berichtet, besteht darin, daß er seinen Bruder Adonia und dessen höfische Parteigänger ermorden läßt. Die Macht ergreift der Oberste der Leibgarde, der zu dieser Funktion noch den Oberbefehl über den Heerbann erhält. Diese Funktionen waren unter David noch getrennt. Die Berufssoldatentruppe Davids, die Krethi und Plethi (Kreter und Philister), und die freiwilligen Streiter aus den Reihen der erwachsenen Männer Israels, die bis dahin noch Rivalen waren, werden zwangsvereint. Ein wesentliches Privileg und Machtinstrument der Einzelstämme ist damit zerbrochen. Dieser politische Fehler Salomos, es ist der Tribut, den er seinen Paladinen zahlen muß, rächt sich bald. Edom und Damaskus fallen ab und werden nicht zurückgewonnen. Die Nordstämme versuchen einen Aufstand, den Salomo zwar niederschlagen kann, der aber das Staatsgefüge doch empfindlich schädigt. Der Heerbann, eine freie Leistung der Stämme, war Ausdruck der alten nomadischen Lebensweise, die im Norden stärker gepflegt wurde als im Süden, in Juda, den Erblanden Davids, in denen die ökonomische Entwicklung weiter fortgeschritten war als im Norden. Seine Gleichschaltung mit dem königlichen Söldnerheer und Salomos Versuch, es den orientalischen Großkönigen in Prachtentfaltung und Luxus gleichzutun, wozu er notwendig eine Besteuerung einführen muß, schwächen das einzige Instrument, mit dem der Staat zusammenzuhalten war, nämlich die ehemals vorhandene Kampfgemeinschaft der Stämme.

Unter Salomo wird eine Verwaltungsreform durchgeführt, die vor allem den Zweck hat, durch Eintreiben der erhöhten Steuern und Abgaben die Kosten des Königtums zu decken. Über den Heerbann hinaus werden nun die Untertanen auch zu Frondiensten herangezogen. Mit der Errichtung des Tempels in Jerusalem, in dessen unzugänglichem Teil die alte Bundeslade aufgestellt wird, bricht er auch in die inneren Verhältnisse der einzelnen Stämme ein, die bis dahin noch ihre eigenen lokalen Stammesheiligtümer pflegen. Die großen alttestamentlichen Propheten gehen aus den Kreisen dieser Lokalkultpriester hervor. Der sprichwörtliche »Zorn der Propheten« ist die Äußerung der politischen Opposition der alten Clanverbindungen gegen die Zentralgewalt von König und Tempelpriestertum in Jerusalem. Die Propheten predigen und kämpfen im Namen eines Gottes Jahwe Zebaoth, d.h. Jahwe der Heerscharen (das sind Sterne, Gezeiten, Naturkräfte). Dieser Gott handelt und regiert souverän, unabhängig von Priestern, Tempel, Opfern und Festen, die ihm ein Greuel sind. Er redet und handelt in Donner und Blitz für altgewohnte Gerechtigkeit (sprich Stammesinteressen), weil die alten Gentilordnungen mit ihrer alle Angehörigen versorgenden Sozialstruktur durch die Entwicklung zerbrochen sind. Die entstehende Unzufriedenheit versucht Salomo durch eine starke Militarisierung zu bekämpfen, von der die Anlage und Befestigung von Garnisonstädten im Lande zeugt, die die alten konservativen Kräfte zu lebhaftem Widerstand aufruft. Der ausgedehnte Handel und Warenverkehr und die Verstädterung der Lebensweise, die den alten Stammessitten und -interessen zuwiderlaufen, eine Beamtenschaft, die nicht mehr allein aus Israeliten besteht und im Lande schaltet und waltet, die zudem auch die Interessen der Könige von Tyrus und Sidon und Ägyptens vertritt, lassen in der Regierungszeit Salomos die grundsätzliche Ablehnung des absoluten Königtums anwachsen.

Die Kluft bricht nach den Tode Salomos 932 v.u.Z. auf, als sein Nachfolger Rehabeam, der schon in Juda zum König gesalbt war, sich nach Sichem begibt, um sich dort huldigen zu lassen und die Königskrone Israels in Empfang zu nehmen. Die Stämme Israels lehnen ihn als König ab, als er, in totaler Verkennung der bestehenden Machtverhältnisse, die ihm vorgeschlagenen Reformen, die vor allem die Abschaffung der Frondienstpflicht und der zu hohen Abgaben betreffen, ablehnt. Sie wählen sich einen anderen König. Der Staatenbund löst sich auf. Im Südreich Juda regiert fortan die davidische Dynastie bis zum Untergang 586 v.u.Z. Im Nordreich wird das alte Wahlkönigtum mit Jerobeam als erstem wieder belebt, das aber, gemessen an der geschichtlichen Entwicklung, einen absoluten Rückschritt bedeutet. Jerobeam löst auch kultisch das Nordreich von Jerusalem. Er belebt die alten Stiergottheiligtümer Bethel und Dan wieder und versucht an diesen Stätten einen Kultbetrieb zu betreiben wie in Jerusalem. Dieses und sein Bestreben, auch im Nordreich die königliche Zentralgewalt zu stärken, entzieht ihm und seinen Nachfolgern die ursprüngliche Sympathie und Unterstützung der alten Clanordnungen. Das wird besonders deutlich an den Propheten, z.B. Amos, die dem König von Israel nun genauso alle Fehler und Schwächen ankreiden und sie laut auf den Straßen verkünden wie den Königen in Juda. Die Geschichte des Nordreiches Israel ist bis zu ihrem Ende im Jahr 722 v.u.Z. nur eine Folge von Thronstreitigkeiten rivalisierender Parteien, hinter denen sich Stammesinteressen nicht nur der abgespaltenen Nordstämme, sondern auch der umliegenden Nachbarstaaten verbergen. Nur zweimal ist der Versuch einer Dynastienbildung vom Norden unternommen worden, ohne jedoch den Zerfall aufhalten zu können. Im Südreich Juda, das noch ein Jahrhundert länger existiert, verläuft die Entwicklung geradliniger. Das Nordreich bleibt abhängig vom Verhalten der assyrischen Großkönige, bis es schließlich 722 v. u. Z. von Sargon II. endgültig aufgelöst wird. Juda hatte sich rechtzeitig in den Status eines abhängigen Vasallen Assurs begeben, wie die assyrischen Königsinschriften bestätigen. Gelegentlich versuchen zwar die Jerusalemer Könige, die Differenzen zwischen Ägypten und Assur auszunutzen, um eine zeitweise relative Unabhängigkeit zu erlangen wie etwa zur Zeit des Königs Hiskia um 700, der es wagt, die fremden Standarten aus Jerusalem zu entfernen, die mit der fremden Nation auch die Suprematie eines fremden Gottes bedeuteten. König

Josia, um 630 v. u. Z., kann sogar assyrische Provinzen in seinen Staatsverband aufnehmen. Unter seiner Regierung wird jedenfalls das geschichtliche Selbstbewußtsein Judas durch ein plötzlich wieder aufgefundenes Gesetz belebt. Josia und seine Staatsgründung fallen aber dem Ausdehnungsdrang Ägyptens nach Norden zum Opfer, bis Nebukadnezar von Babel 587 v. u. Z. in der Auseinandersetzung mit Ägypten auch Juda in die Provinzlisten seines Staates einreiht, nachdem die davidische Dynastie deportiert ist mitsamt den Oberschichten, d. h. Handwerkern, Kaufleuten, Verwaltungsangestellten. Im Lande zurück bleiben nur die Bauern und ein geringer Prozentsatz der Stadtbevölkerung.

Die Deportation nach Babylon wird rückgängig gemacht, nachdem die Perser das neubabylonische Reich 537 v. u. Z. erobert haben. Die Perser wandten nämlich gegenüber ihren Vasallenvölkern eine andere Taktik an als die Babylonier und Assyrer. Sie tolerierten die religiösen und ökonomischen Traditionen der Völker und verlangten neben den Steuern, die aber im Vergleich zu den babylonischen Forderungen gering waren, nur den Verzicht auf antipersische politische Betätigung. Auf königlich persisches Edikt wird der Tempel in Jerusalem wieder errichtet, die geraubten Kultgegenstände werden weitgehend zurückerstattet.

Der Wiederaufbau der Stadt erfolgt nur schleppend. Das Interesse der Juden daran ist nicht sehr groß, wenn man dem Propheten Haggai (Kapitel 1) trauen darf. Sie sind mißtrauisch geworden und setzen ihre Zukunftshoffnungen auf andere Kräfte. Erst als Darius I. ihnen bestätigt, daß der Tempel wie ein königliches Heiligtum gehalten werden soll, nimmt das Interesse zu. Um den Tempel sammelt sich das Volk nun als Kultgemeinde, deren Glieder über die ganze Alte Welt, von Babylon bis Theben, verstreut sind; aus den zu den Stämmen gehörenden Priestern entwickelt sich eine neue Kaste, der ein Hoherpriester vorsteht. Diese Kaste, der die Bewahrung der alten Traditionen obliegt, zieht zwar den Zorn der alten konservativen Kräfte auf sich, wie aus dem Buche Maleachi hervorgeht, das um 480 v. u. Z. entstanden sein mag, hat aber das Verdienst, die Geschichtsschreibung Israels angeregt und die großen Traditionen verbindlich dargestellt zu haben. Gegen Ausgang des 5. Jahrhunderts v. u. Z. ist die Provinz Juda mit ihrer wiederaufgebauten Hauptstadt und einem jüdischen Statthalter so in sich konsolidiert, daß der benachbarte syrische Statthalter sich veranlaßt sieht, dieses besorgt an den persischen Hof zu melden.

Die Jerusalemer unter dem Statthalter Nehemia führen nun das Gebot der Sabbatruhe ein, das in dieser Strenge noch nie eingehalten war. Noch zu Lebzeiten Artaxerxes' I. trifft aus Babylon der »Beamte für das Gesetz des Himmelsgottes« Esra in Jerusalem ein (Buch Esra, Kapitel 7, Vers 12) und setzt ein neues Kultgesetz durch, das vermutlich im wesentlichen in der jüdischen Diaspora in Babylon entstanden ist, über dessen Inhalt aber nur noch Vermutungen anzustellen sind. Von nun an opfern nur noch die Priester und Leviten am Tempel. Jede Mitwirkung von Laien ist verboten.

Von den Ereignissen um Alexanders des Großen Reichsgründung und den Streitigkeiten seiner Nachfolger, der Diadochen, ist die Entwicklung in Israel unbeeinflußt geblieben. Israel und Juda, die Provinzen Samaria und Jerusalem, fallen an das Ptolemäerreich, und freiwillig ziehen viele Juden in die neue Hauptstadt Alexandria. Sie sind dort zahlreich vertreten, bewohnen ein eigenes Stadtviertel und schaffen sich eine zusätzliche Übersetzung ihres »Gesetzes«, der fünf Bücher Mose, ins Griechische, weil die meisten die hebräische Sprache nicht mehr beherrschen. Mit dem Ende der Perserzeit ist vermutlich auch die Endredaktion des Pentateuch, der fünf Bücher Mose, abgeschlossen gewesen, denn die kultische Loslösung der Provinz Samaria von Jerusalem und die Wiederbelebung der Kultstätte auf dem Berge Garizim zu Beginn der Alexanderära geschieht unter Mitnahme des abgeschlossenen Pentateuch. Fortan gibt es bis heute zwei Gruppen, die je von sich behaupten, das wahre Israel zu sein: die bis zur zahlenmäßigen Bedeutungslosigkeit zusammengeschrumpften Samaritaner um und bei dem heutigen Nablus und das zu den Weltreligionen gehörende Judentum. In dieser Trennung lebt der alte Zwiespalt zwischen Israel und Juda, zwischen Norden und Süden, zwischen Konservativen und Progressiven, weiter.

Die Samaritaner geraten selten oder kaum mit ihren Besatzungsmächten in Konflikt, die Juden stoßen öfter mit ihnen zusammen. Der erste große Aufstand nach längerer Ruhezeit und bewußter Förderung des Jerusalemer Kults durch den Seleukiden Antiochus III., der 198 v. u. Z. Palästina und Phönizien den Ptolemäern abgenommen hat, ereignet sich unter dessen Nachfolger, Antiochus IV. Epiphanes, der den Jerusalemer Kultus verbietet, nachdem er schon vorher das Amt des Hohenpriesters nach eigenem Gutdünken an die Meistbietenden versteigert hat. Der nach dem Anführer so benannte Makkabäeraufstand wird niedergeschlagen, aber die erkämpften Rechte auf Kultfreiheit bleiben erhalten. Die Makkabäer erhalten das Amt des Hohenpriesters, obwohl sie nicht zu den geborenen Priestergeschlechtern gehören, und verstehen es, die Existenz der Kultgemeinde in Jerusalem durch alle seleukidischen Thronwirren zu sichern. Simon gelingt es sogar, eine relative Selbständigkeit zu erlangen und seine Provinz beträchtlich zu erweitern. Sein Sohn Johannes Hyrkanes I. macht in den Wirren des Niedergangs der Seleukiden 128 v.u.Z. praktisch seine Provinz zu einem selbständigen Königtum, in dem auch die Literatur wieder zu hoher Blüte gelangt. Für das Judentum hat aber schon seit der Oberherrschaft des Ptolemäers die Diaspora, das Wohnen in anderen Kulturbereichen, eine große Anziehungskraft entwickelt.

Seit 65 v.u.Z. ist die Selbständigkeit Judas nur noch eine Farce; in Wirklichkeit bestimmen schon die Römer den Weg Judas als Teil der Provinz Syria. Cäsar hat den Juden große Zugeständnisse gemacht, aber ein fast selbständiges Königtum kann erst Herodes von den Römern 37 v.u.Z. erlangen. Er ist ein »verbündeter König« Roms und kann sehr frei in seinem Gebiete schalten und walten. Noch heute künden zahlreiche imposante Ruinen von seiner großen Bautätigkeit. Als typisch hellenistischer Monarch zieht er sich allerdings den Zorn der Frommen im Lande zu. Daran ändert selbst sein prächtiger Neubau des Tempels nichts, denn mit den Hohenpriestern verfährt er wie mit Sklaven. Er setzt sie ein und wieder ab, läßt sie auch ermorden, wenn es ihm nötig erscheint. Nach seinem Tode läßt Kaiser Augustus das Reich des Herodes aufteilen. Im Jahre 6 u.Z. werden Jerusalem und Juda eine prokuratorische Provinz – ein procurator, Landpfleger, verwaltet sie von Cäsarea aus. Ihm unterstehen die Truppen der Provinz und die Verwaltungsbehörden. Todesurteile z.B. kann nur er fällen. Die Institutionen des Jerusalemer Kults werden nicht angetastet, sondern eher geschont, nachdem schon durch die Einführung der römischen Steuer eine erhebliche Unruhe in der Bevölkerung entstanden war.

In dieser Zeit lebt Jesus aus Nazareth. Er steht in der Tradition der alten Propheten. Seine Wirksamkeit beschränkt sich zunächst auf die Gebiete zwischen den Unterprovinzen Galiläa und Juda, einem typischen Grenzgebiet mit rivalisierenden

Grenznachbarn, Zollstationen und römischen Besatzungstruppen. Der letzte Besuch Jesu, den er Jerusalem abstattet, endet mit seinem Tode am Galgenkreuz. Die Jerusalemer Kultgemeinde, vertreten durch ihren geistlichen Gerichtshof, ihr Synedrion, verurteilt ihn zum Tode und läßt das Todesurteil durch den regierenden Prokurator Pontius Pilatus bestätigen und vollstrecken. Die Ursache für diesen Schritt ist vermutlich die Furcht gewesen, daß Jesus durch seine Predigten die Institutionen der Jerusalemer Kultgemeinde schädigen und das sorgfältig temperierte politische Klima, die Beziehungen zwischen Rom und Juda, stören könnte. In den folgenden Jahren hat das Synedrion noch einige Anhänger Jesu hinrichten lassen können, in denen man offensichtlich eine Gefährdung der inneren und äußeren Sicherheit gesehen hat, bis als Folge des Aufstandes der Provinz im Jahre 66 u.Z. die Römer unter Vespasian und Titus nicht nur Jerusalem völlig zerstören, sondern auch die Stadt als religiöses Zentrum des Judentums aufheben. In Jamnia, nördlich von Jaffa, bildet sich ein neues Zentrum, in dem der synagogale Kanon des Alten Testamentes erarbeitet und ins Griechische übertragen wird (Übersetzung des Aquila). Das Christentum besitzt damals neben Jerusalem keine zentrale Stätte, sondern besteht aus einer Fülle nur lose miteinander verbundener Kultgemeinden im Imperium Romanum, in denen neben dem Alten Testament verschiedene Schriften im Umlauf und in Gebrauch sind. Noch einmal versuchen Juden unter Simon bar Kochba sich 135 u.Z. gegen Rom zu erheben. Auch diese Revolte wird niedergeschlagen und den Juden fortan verboten, ihre ehemalige heilige Stadt, die nun den Namen Aelia Capitolina trägt, zu betreten. Der Provinzname Judaea wird ausgelöscht. Das Land heißt nun Palaestina; auch die Namen sollen keine Anhaltspunkte mehr für die einstmalige Geschichte geben. Die Wirklichkeit versinkt endgültig ins Reich der Legende, der Sage, des Mythos. Diese aber überdauern die Zeiten.

In diesem Jahrtausend ist das gesamte Schrifttum der Bibel entstanden. Die ältesten erhaltenen schriftlichen Belege für die alttestamentlichen Texte stammen aus der Zeit um die Zeitwende, die ältesten neutestamentlichen Papyri stammen aus dem Anfang des 2. Jahrhunderts u.Z., wobei die Texte selber älter sind als ihre Aufzeichnungen.

Es ist sicher, daß in manchen dieser alttestamentlichen Texte Überlieferungen lebendig geblieben sind, die auf historische

Verhältnisse des 10. Jahrhunderts v. u. Z. zurückgehen. Man kann sie unter dem Begriff *»Laienquelle«* zusammenfassen. Sie spiegeln das Leben einer ungebrochenen Nomadengesellschaft wider, die, patriarchalisch organisiert, mit den kanaanäischen Rechtsformen des Matriarchats konfrontiert wird. Das Matriarchat ist gekennzeichnet durch das Mutterrecht. Die Stammesmutter, die regierende Königin, ist die heilige Gottheit. Der Mann spielt eine nur untergeordnete Rolle. Die Frau hat das Recht und die Möglichkeit, mehrere Männer zu haben. Die Väter haben auf das Schicksal ihrer Kinder keinen Einfluß.

Im Patriarchat tritt ein Mann an die Stelle der Frau. Der heilige König wird zum Gott und übernimmt die Aufgaben der Muttergöttin. Er trägt Frauenkleider. Er führt das Privateigentum ein, indem er die blutsmäßige Thronfolge einsetzt, und darum erscheinen mit dem Patriarchat, als Urform der Entfremdung, Klassentrennung, Privateigentum, Ausbeutung und Staat. Die Begegnung mit dieser Kulturform hat den stärksten Einfluß auf die Überlieferungen der Laienquelle gehabt. Zu ihnen gehören die ältesten biblischen Mythen. Ihre Ursprünglichkeit ist dadurch erhalten geblieben, daß sie in den südlichsten Siedlungsgebieten Palästinas tradiert wurden, in denen sich die nomadische Existenz bis in das 5. Jahrhundert v. u. Z. erhalten hat. Bei der Kodifizierung der fünf Bücher Mose hat man sie mit anderen Quellen vereinigt.

Die nächstältere der Traditionsquellen der fünf Bücher Mose wird unter dem Begriff *»Elohistenquelle«* zusammengefaßt. In diesen Texten wird der Gottesname stets mit Elohim wiedergegeben. Gott Elohim ist sehr erhaben, sehr gütig und freundlich und verkehrt mit den Menschen direkt. Zwischen ihm und den Menschen stehen auch noch die Engel. Die Texte dieses Überlieferungszweiges bezeugen in der Art ihrer Darstellung, daß sie aus der Tradition der alten kanaanäischen Lokalkulte stammen, die in den Stammesgebieten der Nordstämme ungestörter weiterleben als im Süden, in der Nähe Jerusalems. Elohim ist allem Kriegerischen abhold. Er liebt die Ordnung und Harmonie der Ackerbaugesellschaft, die noch eng mit dem Matriarchat verbunden ist. Ihm entgegengesetzt ist der Jahwekult von Jerusalem, der das Priestertum institutionalisiert. Für die Elohistenüberlieferung gilt, daß ganz Israel ein Volk von Priestern sein soll. Das zentrale Königtum in Jerusalem und die besondere Priesterkaste des dortigen Tempels werden abgelehnt. Die Gruppe, die hinter diesen Texten steht, die Reste der alten kanaanäischen Bevölkerung, insonderheit deren Priesterkaste, hat ihre soziale Basis ja mit der Besetzung des Landes durch die israelitischen Nomadenstämme zunächst nicht verloren. Dafür spricht auch die Bedeutung, die in der Elohistenquelle noch den Frauen zukommt. Die Frau gibt den Kindern die Namen. Sie übt die Hoheitsrechte aus. Beheimatet waren diese Traditionen vor allem im Norden und Westen des Landes. Hier wurden sie besonders gepflegt. Hier blieben sie dank den einflußreichen phönizischen Küstenstädten wie Tyrus und Sidon lebendig. Bei der Loslösung des Nordreiches vom Südreich 932 spielt diese Gruppe eine Rolle, ebenso auch bei der Trennung der Samaritaner von den Judäern nach dem Exil. Im einzelnen ist das Alter dieser Texte und der dahinterstehenden Überlieferungen schwer zu bestimmen. Ihre herkömmliche Ansetzung in die Mitte des 10. Jahrhunderts v. u. Z. trifft zu, weil damit ein ungefähres Datum der engeren Fühlungnahme zwischen den eingewanderten Israeliten und der kanaanäischen Bevölkerung angegeben wird. Im übrigen sind sie sicher so alt wie die Mythen Ugarits. Ugarit war ein Stadtkönigtum mit bedeutendem Hafen in Kleinasien. Es lag gegenüber der nordöstlichen Spitze Zyperns auf dem Festland. Etwa vor fünfzig Jahren begann die Erschließung der Sprache und Literatur Ugarits, in der uns eine geschlossene Mythologie Kanaans um 1000 v. u. Z. überliefert ist. Der heutige Name Ugarits ist Ras eš-Šamra.

Genausoalt ist sicher das Traditionsgut der *»Jahwistenquelle«*, jener Überlieferungen, in deren Texten Gott stets Jahwe genannt wird. Jahwe ist ein Nomaden- und Kriegsgott. Er vertritt schon die Ziele des Patriarchats, in dem der Mann die Macht ergriffen hat. Das »Goldene Zeitalter« des Matriarchats ist vorüber, die pax kretensis, wie man diese Gesellschaftsordnung nach der kretischen Kultur benannt hat, für immer gebrochen. Nun wird Krieg geführt, Land erobert, fremdes Volk ausgebeutet, eine zentrale Staatsgewalt errichtet. Dazu gebraucht man Gesetze und Verordnungen. Diese erläßt Jahwe. Um sie zu bewahren und ihre Einhaltung zu garantieren, werden Richter und Soldaten eingesetzt. Privateigentum, Familienrecht, Ausbeutung und Staatsideologie sind weit entwickelt. Diese Texte sind typisch für die Zeit des Übergangs der israelitischen Nomadengesellschaft in die Ackerbaukultur Kanaans. Die Feldarbeit wird zwar als Strafe angesehen, aber das Land selber, die Ackerbaukultur, wird verherrlicht und gepriesen, denn es ist eine von Jahwe gestellte Aufgabe, Kulturland zu erobern. Tugendhaft ist es, wenn der Mann Kriege führt. Das Königtum ist eine gottgewollte Einrichtung, und der Gehorsam gegenüber den königlichen Priestern ist Gesetz. Die Bedeutung der Frau wird abgewertet. Sie ist nur noch wichtig als Mutter der Kinder. Diese Ideologie ist sicher in der neuen Kriegskaste und der königlichen Hofbeamtenschaft entstanden und lebendig geblieben, die sich vornehmlich um Jerusalem und in Juda, den Stätten des Königtums, sammelten. Die Predigt von dem einen, eifrigen Gott Jahwe, der ein einiges Volk haben will, das in einem Kulturland als Ackerbauer wohnt, hat ihren historischen Ausgangspunkt sicher im 10. Jahrhundert. Jahwe duldet neben sich keine Frau. Dieser mit Eifer betriebene Monotheismus ist das typische Kennzeichen der Frühform des Patriarchats. Jahwe nimmt selber die Züge der alten heiligen Königin an (vgl. Jesaja, Kapitel 66, Vers 13). Lebendig blieb die Jahweüberlieferung einmal in der priesterlichen Tempeltradition von Jerusalem. Sie hat den stärksten Einfluß auf die Bildung der alttestamentlichen Mythologie gehabt. Zum anderen aber blieb sie lebendig in den alten lokalen Stammeszentren. Von hier aus trat die prophetische Jahweideologie ihren Kampf gegen die priesterliche Jahweideologie an. Mit der zunehmenden Machtkonzentration in Jerusalem wuchs der Widerstand der alten Stammeszentren, die ihren Einfluß und ihre Bedeutung schwinden sahen. Im Namen eines Jahwe, der grundverschieden von dem der Jerusalemer Priester war, fochten die Propheten wie Amos, Jesaja und Jeremia für das Recht der Armen und der unterdrückten Landbevölkerung gegen die Priesterkaste, die die Ausbeutung duldete und schützte.

Der jüngste große Überlieferungskomplex ist nach dem babylonischen Exil im 5. Jahrhundert v. u. Z. entstanden; er stammt aus der *priesterlichen Tradition* Jerusalems, umfaßt die Geschichte Israels und enthält vor allem gesetzliche Texte. Die in ihm verarbeiteten erzählerischen Stoffe dienen vor allem dem Zweck, die Gesetze in ihrer Bedeutung zu unterstreichen. Im Gegensatz zu den anderen großen Traditionskomplexen ist bei ihm ein klares Schema zu erkennen. Zuerst wird von den Zeugungen der Erde erzählt, dann von den Menschen. Von den Menschen interessiert dann aber nur noch der Stammbaum Jakob-Israel, denn die Priester wollen nachweisen, daß lediglich Israel, die Söhne Jakobs, das wahre Gottesvolk ist. Wegen dieser geschlossenen Konzeption hat man diesen Traditionskomplex auch als Grundschrift des Pentateuch angesehen. Er hat das erklärte Ziel, die kultische Praxis der Priester in Jerusalem als allein den göttlichen Gesetzen gemäß zu beweisen. Diese kultische Praxis war nur die Tarnung für das politische Machtinteresse, das sich hinter der königlichen Gründung des Tempels als zentralen Heiligtums verbarg. Nur noch das Opfer in Jerusalem war gültig. Die gesamte Bevölkerung mußte deshalb mindestens einmal im Jahr nach Jerusalem kommen, um dort von den Vergehen gegen die Gesetze des heiligen Königs Jahwe entsühnt zu werden.

Der Gott, gemeinhin Elohim genannt, ist in diesem Traditionsgut ein gelehrter Mann. Er schafft die Welt durch sein Wort. Er schreibt sein Gesetz auf. Aber nur die Priester sind befähigt, Wort und Schrift zu deuten. Die Mythologie der priesterlichen Tradition, die viele ihr vorliegende Mythen adaptiert hat, zeichnet sich vor allem durch die Redaktionsmethode aus. Die alten Mythen werden mit theologischen Reflexionen durchsetzt und so den priesterlichen Intentionen dienstbar gemacht.

Älter als diese priesterliche Grundredaktion des Pentateuch ist das Traditionsgut der sogenannten *»Deuteronomisten«*. Dazu gehört hauptsächlich das gesamte V. Buch Mose, das man als Deuteronomium (Wiederholung des Gesetzes) bezeichnet. Kennzeichen dieser Tradition ist neben der kultisch-religiösen Tendenz, nur das eine Heiligtum in Jerusalem gelten zu lassen, vor allem ihr sozialer Charakter, weshalb man sie aus zeitweiligen Kreisen jener jahwistischen Landpriester hat hervorgehen lassen wollen, die, ursprünglich als Delegierte der Stämme am Tempel in Jerusalem, nach ihrer Verdrängung durch die ortsansässigen Jerusalemer Priester unzufrieden auf dem Lande saßen. Zeitlich fällt die Entstehung in die Mitte des 7. Jahrhunderts v. u. Z. Die in ihm vertretenen Ansichten weisen starke Ähnlichkeiten mit den Propheten wie Jeremia und Nahum auf. Es ist fast sicher, daß die Reformen des Königs Josia (638–608) von Juda auf ihr Betreiben durchgeführt wurden. Zu diesem Zwecke haben sie vermutlich eine Denkschrift verfaßt und als das ursprüngliche Gesetz Jahwes bezeichnet. Ihre Intrige hatte auch den gewünschten Erfolg. Josia zerstörte die ganze gut organisierte Tempelhierarchie von Jerusalem einschließlich ihrer Filialen auf dem Lande. Damit zerstörte er aber auch zugleich das Rückgrat seiner Macht und fiel bald. Die Intention der »Deuteronomisten« ist darauf gerichtet, das Zentralheiligtum in Jerusalem zum Hort sozialer Gerechtigkeit zu machen und die Ausbeutungspraxis der königlichen Priester zu beenden. Ihre politische Opposition ist erfolglos gewesen, weil sie an vergangenen sozialen Leitbildern orientiert war.

Diese fünf großen Traditionsgruppen lassen sich innerhalb der fünf Bücher Mose und des Buchs Josua sicher feststellen. Auf das Buch der Richter, die zwei Bücher Samuel und die zwei Bücher der Könige haben sie auch eingewirkt, nicht mehr so direkt auf die übrigen alttestamentlichen Bücher. Sie sind im Laufe eines langen Prozesses ineinandergeschoben und zusammengewachsen. Das Zusammenwachsen erfolgte analog der territorialen Gruppenbildung. So sind vermutlich die »Laienquelle« und die jahwistische Tradition zusammengewachsen gewesen, bevor die »Elohistenquelle« dazukam. Gelehrsamkeit und Eifer der Priester in Jerusalem haben dann die Redaktionsarbeit beendet. Sie haben dabei Widersprüche bestehen lassen und Parallelen geduldet. Das Erbe der vielen zerstreuten Stämme und sich auflösenden Interessengruppen haben sie gesammelt und vereinigt und bewahrt. Es war ihr letzter Versuch, ideologisch den Grundstein für eine neue Einheit zu legen, nachdem die alte zerbrochen war.

Diese Entstehungsgeschichte ist zwar hypothetisch, denn Genaueres wissen wir über die Entstehung des Pentateuch nicht, aber die denkbar beste.

Die biblische Textkritik hat im Laufe der letzten zweihundert Jahre Kriterien entwickelt, die eine klare Unterscheidung der verschiedenen Quellen möglich machen. In den vier Evangelien des Neuen Testaments gibt es z. B. allen gemeinsame Stoffe und solche, die nur jedes allein hat. Dabei sind in den drei ersten Evangelien, den Synoptikern, in den gleichen Stoffen auch die Texte weithin so ähnlich, daß man nicht umhinkann, für diese eine allen gemeinsame Quelle anzunehmen.

Schwieriger ist es schon im Alten Testament. In den Büchern Mose sind die vorstehend genannten Quellschriften sicher nachweisbar. Die Kriterien für die einzelnen Quellen sind aus der Beobachtung gewonnen, daß der Gottesname z. B. im I. Buch Mose deutlich wechselt. Ferner sind einzelne Begebenheiten an unterschiedliche Orte gebunden. Drittens aber läßt sich beobachten, daß in einzelnen Versen des biblischen Textes zwei verschiedene syntaktische Einheiten unvermittelt nebeneinanderstehen, wobei die Tempusverhältnisse in den Verbformen und die Verbalpräfixe, die die Beziehung zwischen Subjekt und Prädikat bestimmen, deutlich machen, daß hier zwei verschiedene Quellen aneinandergefügt worden sind. Deshalb ist in den Textangaben oft eine Trennung in Versabschnitten angegeben. Wenn also in einem Text hinter der Versnummer noch ein kleiner Buchstabe erscheint, markiert dieser die Versteile.

Bei der Redaktionsarbeit wurde additiv verfahren; sowohl Neuinterpretationen schon vorhandener Stoffe als auch Neuschöpfungen wurden Überliefertem, wenn auch widerspruchsvoll, hinzugefügt. Altes wird durch das Neue erklärt, verändert und auch verworfen. Den großen alttestamentlichen Predigten von der Einzigkeit und Einmaligkeit eines Gottes können dann aus der christlichen Tradition im 4. Jahrhundert u. Z. die verschiedenen Evangelien vom Wirken eines Gottessohnes, Briefe und andere theologische Schriften hinzugefügt werden, ohne daß die christliche Lehre Gefahr lief, sich in Widersprüchen aufzulösen. Zusammengehalten werden diese disparaten Teile nur durch die immer wiederholte Behauptung, daß diese vielen verschiedenen Götter letztlich ein und derselbe Gott sind, der eben, darin gipfelt christliche Theologie im 4. Jahrhundert u. Z., zwar zwei verschiedene Naturen, eine menschliche und eine göttliche, haben und in drei Personen erscheinen kann, im Gottvater, Gottsohn und Gottgeist, aber dennoch, um das Ganze zu retten, nur *eine* Wesenheit ist. Diese fromme Konstruktion, ihrerseits schon Bestandteil nachbiblischer christlicher Mythologie und deshalb hier nicht weiter zu erläutern, widerspiegelt noch einmal das große theologische Thema der Bibel: die vielen Götteranschauungen zu einem Gottesbild zu machen.

Dieses Thema taucht in allen literarischen Gattungen auf. Sie selbst haben alle eine vorliterarische Form gehabt, deren absolute Anfangsdaten ebenso wie ihre Inhalte nicht mehr greifbar sind. Die Grenzen sind durch die vielen Bevölkerungsbewegungen verwischt. Die biblischen Formen sind nicht nur von der gemein-semitischen Heimat, sondern auch von der babylonisch-ägyptisch-kleinasiatischen Kultur beeinflußt, mit der die israelitischen Stämme ständig konfrontiert werden. Die ursprünglich sicher kurzen literarischen Einheiten in allen Gattungen haben dabei vielfache Erweiterungen und Veränderungen erfahren.

Bei einer groben Unterteilung in Prosa und Poesie gehören zur Prosa zunächst die längeren oder kürzeren Reden der großen Heroen, etwa Josuas Abschiedsrede im Buch Josua, Kapitel 24, die Abschiedsrede Samuels in I. Samuel, Kapitel 12, die

Bergrede Jesu, Matthäus-Evangelium, Kapitel 5–7, die Apokalypse aus Matthäus, Kapitel 25, die Rede des Petrus aus der Apostelgeschichte, Kapitel 11. Ihnen gleichgestellt werden müssen auch große Teile der alttestamentlichen Prophetenbücher, die ziemlich sicher, obwohl sie im Kontext wie Reden erscheinen, schon gleich als Brief, also als geschriebene Abhandlung konzipiert gewesen sind.

Die theologischen Reden, die man mit dem Begriff Predigt bezeichnet hat, sind erst spät in die Literatur eingedrungen. Seit der Mitte des 9. Jahrhunderts dringen sie in die Propheten- und Gesetzesliteratur ein und beherrschen sie fortan. Das Thema der Prediger wird dabei zusehends metaphysischer. Mit der schwindenden Macht des heiligen Gottes und seines Stellvertreters, des Königs, schwindet auch die Macht des Tempels. Den äußerlichen Verfall spiegelt auch der innerliche wieder. Nachdem der heilige König nicht mehr anwesend und sichtbar ist, muß er durch die Magie des Wortes, durch den Mythos, beschworen werden. Dies ist die Geburtsstunde der »heiligen Geschichte«. Der Mythos löst sich vom geläufigen Ritus, weil dieser nicht mehr praktizierbar ist. Aus der geschichtlichen, nationalen und politischen Bedeutungslosigkeit des Volkes folgern Priester und Propheten eine Bedeutung ihres »von Gott erwählten« Volkes, die am Ende der Tage glorreich vor allen Völkern sichtbar werden wird. Das einstmals säkulare Volk soll ein sakrales, heiliges Volk sein, für das ein Heiligkeitsgesetz (III. Buch Mose, Kapitel 17–26) geschaffen wird. Ezechiel (Hesekiel) prophezeit deshalb den Deportierten und Exulanten, daß ihre Überlebenschance nur in einer radikalen, kultisch geregelten Heiligkeit besteht. Jesaja prophezeit, daß Jahwe bald ein großes, endloses Reich des Friedens und der Gerechtigkeit schaffen wird. Er wird damit seinen Knecht, den Messias, beauftragen. Die neutestamentlichen Predigten, wie sie etwa in der Apostelgeschichte referiert werden, rücken dann Jesus an die Stelle, an der einstmals Jahwe, der Heilige Israels gethront hat.

Ferner gehören zur Prosa unbedingt diejenigen Gebete, die nicht metrisch gebundene Hymnen sind, etwa die Gebete Salomos, im I. Buch der Könige, Kapitel 3 und 8. Urkunden verschiedenen Charakters, die in der außerbiblischen Kulturwelt des Alten Orients zahlreich vorliegen, sind in der Bibel wenig vertreten. So ist zwar oft von Verträgen die Rede, die abgeschlossen werden, aber Vertragstexte werden nicht überliefert. Ebenso spärlich ist das Briefmaterial. Ein fast vollständiger

Brief liegt z. B. in Jeremia, Kapitel 29, Vers 1–23, vor. Die Briefe im Buch Esra, Kapital 4–6, scheinen echte Briefe zu sein wie auch die neutestamentlichen Briefe, z. B. der Titusbrief und die beiden Timotheusbriefe.

Wesentlich zahlreicher sind die Listen, die in der Bibel bearbeitet wurden. Vor allem sind es genealogische Listen – etwa I. Buch Mose, Kapitel 10, und I. Buch der Chronik, Kapitel 1–9 – neben den Listen von Beamten, Ortschaften und Weihgaben in den Büchern Samuel und der Könige. Viele erscheinen glaubwürdig, andere erweisen sich ziemlich schnell als Konstruktionen.

Das umfangreichste Prosamaterial gehört zu den Gesetzen und Kultordnungen. Sie sind in allen Epochen der Geschichte Israels wichtig gewesen und jeweils zeitgemäß formuliert worden. Die wichtigsten Sammlungen sind das sogenannte Bundesbuch (II. Buch Mose, Kapitel 20,22–23,33) aus dem 9. Jahrhundert v. u. Z., das V. Buch Mose aus dem 7. Jahrhundert, das sogenannte Heiligkeitsgesetz im III. Buch Mose, Kapitel 17–26, aus dem 6. Jahrhundert und das Gesetzeswerk der priesterlichen Tradition aus dem 5. Jahrhundert.

Zur Poesie zählt man gemeinhin die Gruppe der Göttergeschichten, Märchen, Sagen und Legenden, die Prophetensprüche, die Lieder, Hymnen, Psalmen und Gedichte, Fabeln, Parabeln und Gleichnisse. Sie sind in allen biblischen Büchern wiederzufinden. Auch die ausgesprochen historischen Bücher, die von der Geschichte der Stämme handeln, sind samt und sonders zur Gattung der Poesie zu zählen, sofern einzelne Teile nicht durch ihren Charakter als historische Urkunden aus diesem Rahmen herausfallen. Daß es in israelitischer Zeit auch historische Werke gegeben hat, darf aus den Angaben in den zwei Büchern der Chronik geschlossen werden, wo auf die Annalen der Könige von Israel und Juda verwiesen wird.

Die historischen Bücher der Bibel, dazu zählen die fünf Bücher Mose, das Buch Josua, Richter, die Bücher Samuel, der Könige und der Chronik wie auch die neutestamentlichen Evangelien, muß man zur Poesie rechnen, weil die in ihnen überlieferten Stoffe weithin dichterische Erfindungen sind; es sind Mythen, insofern in diesen Erzählungen die Götter, z. B. Jahwe, Elohim, El Schaddai, Gott der Väter und auch Jesus Christus, einen entscheidenden Anteil haben: Sie ordnen das kosmische Chaos zur Welt; sie berufen ein Volk zum Kultur- und Heilbringer für die Welt; sie leiten und lenken die Naturgewalten und die geschichtlich wirksamen gesellschaftlichen Kräfte; sie verheißen das Kommen einer neuen Welt. Allerdings enthält die Bibel, anders als etwa die griechische oder römische Mytholologie, kaum Stoffe aus himmlischen Sphären oder aus der Intimsphäre der Götter.

Die Bibel redet von Gott, Göttern, Engeln, Heroen und Helden mit Vorliebe auf dem Umwege über Geschichten von Menschen in den politischen, ökonomischen und gesellschaftlichen Veränderungen. Biblischer Mythos ist deshalb vorwiegend politisch-religiöse Geschichte, biblische Mythologie keine Theologie, die eine Gotteslehre aus den vielen Schriften des Alten und Neuen Testaments abstrahieren und erklären müßte, sondern die Darstellung der einzelnen Stadien und Stationen, in und auf denen Mythen entstanden sind. Biblische Mythologie ist deshalb auch keine Anthropologie, die die zahlreichen widerspruchsvollen Beobachtungen der biblischen Autoren über Wesen, Funktion, Wert und Sinn des Menschen zu analysieren hätte. Ebensowenig beschreibt sie Philosophien oder Weltanschauungen in der Bibel, von denen es mehrere geben müßte, noch will sie eine biblische Literaturgeschichte ersetzen, die auch über jene Texte der Bibel handeln würde, von denen hier nicht geredet wird. Letztendlich ist eine biblische Mythologie auch keine Darstellung der Geschichte des frommen »Gottesvolkes«.

Eine biblische Mythologie wird sich also nur *den* Texten zuwenden, die als in sich abgeschlossene Mythen in der Bibel Auskunft geben über das wunderbare Handeln eines Gottes an der Welt und an Menschen. Sie wird von Bildern reden, die von der Erschaffung der Welt erzählen, von großen und kleinen Wundern, von Göttern, Engeln, Menschen, von Zeit und von Nach-Zeit, der »Ewigkeit«. Biblische Mythologie wird einen weiten Bogen schlagen müssen, der viele Völker, Zeiten und Räume überspannt. Dabei erscheint dann der eine Gott nur noch wie ein faszinierender Bühnenvorhang, hinter dem die vielen Götter handeln und agieren, mit denen die einzelnen Stämme und Völker einst lebten. Der biblische Mythos, Gestalt gewordenes Volks- und Einzelerlebnis von menschlicher Umwelt in allen Dimensionen, ist deshalb wie jeder antike Mythos heute mögliches Modell für das ursprüngliche Zusammenschauen von Begriff (oder Vorstellung) und Bild, wie es Lessing im »Laokoon« beschwören wollte. Die biblischen Mythen selbst, so dargestellt und dergestalt ihrer religiösen Funktion, die heute nur noch eine falsche sein könnte, entbunden, sind dann nicht nur die Schlüssel zum Verständnis großer Teile europäischer Kultur- und Geistesgeschichte, sondern selbständiges, farbenfrohes Feld im Garten der alten orientalischen Welt.

Im Titel des Buches bezeichnet die Kopula »und« genau den Standort des Verfassers, der zwischen der Behauptung von der Existenz eines einzigen Gottes und der Behauptung der Existenz vieler Götter das Schifflein der biblischen Mythologie hindurchsteuern muß. Es ist die Meerenge zwischen der das alles zerstörende Wasser ausspeienden Charybdis und der sechsköpfigen menschenfressenden Skylla. Als Odysseus diese Meerenge passierte, opferte er lieber sechs seiner Gefährten, als mit allen unterzugehen. Der biblische König David gar opferte gleich Tausende seines Volkes der Pest, um selber am Leben zu bleiben. Wenn nun das Schifflein der biblischen Mythologie so nahe am Felsen der Skylla, der vielköpfigen Gottheit, vorbeisteuert, so möge der Leser bedenken, daß allein die Skylla Odysseus am Leben ließ und auch die biblische Mythologie nur am Leben erhält.

Der Mythos ist dort zu Hause, wo die Welt nicht logisch erklärt wird. Die Fülle der biblischen Mythologie stammt zwar aus der vorliterarischen Kulturstufe Israels und Judas, dem Zeitraum vor der Bildung des Königtums und der Zentralgewalt, aber ihre Lebenskraft hat sie in der fortbestehenden menschlichen Eigenschaft gefunden, auch außerlogisch und unwissenschaftlich Natur, Geschichte und Gesellschaft in Gestalt der Poesie zur Kenntnis zu nehmen. Die gesellschaftliche Grundstruktur der biblischen Mythologie, die Abhängigkeit des Menschen von seinen heiligen Vätern, den heiligen Königen, den Göttern, wurde nie verändert. Veränderlich ist immer das jeweilige Gottesbild. Diese Veränderungen, richtiger gesagt, Verschiedenheiten, sind ihrerseits abhängig von der gesellschaftlichen Entwicklung der Gruppen, die hinter den Texten stehen. So sehen wir heute einen Hirtengott gleichberechtigt neben dem Kriegsgott, einen Fruchtbarkeitsgott neben dem Gesetzgebergott, einen Nationalgott neben einem Weltgott. Die Götterfamilie – Väter, Söhne, Mütter – trägt unter sich die Kämpfe aus, die auf der Erde stattfinden. Der Vatergott Jahwe entthront die mütterliche Himmelskönigin, und der gütige Elohim sieht voller Ärger, wie in ihrem Streit Nomaden und Seevölker sein schönes Land verheeren. Die neubegonnene Herrschaftszeit Jahwes nach der Flut, als Israel nach der Meerwanderung Kanaan erobert hat, bleibt nicht lange friedlich, denn Jahwe rächt sich an seinen abtrünnigen Kindern. Wie Zeus die rebellischen Söhne Poseidon und Apollo in die Sklaverei nach Troja schickt, schickt Jahwe sein Volk nach Babylon. Aber die Priester der Israeliten in der babylonischen Gefangenschaft verkünden, daß ihr Gott der Weltschöpfer ist, der alle Menschen dazu geschaffen habe, die Welt zu beherrschen. Als sie noch im eigenen Lande saßen und unter dem eigenen König litten, hatten dieselben Priester gepredigt, daß der Mensch, der Bauer, ein Knecht sei, und Gott sei ein König. Nachdem sie aber Tempel und Unabhängigkeit verloren hatten, lehrten sie nun, ihr Gott sei ein heiliger Gott, absolut unsichtbar, wohnhaft in der Transzendenz, und seine Auserwählten sollen sich auch heiligen, in strenger ethischer und moralischer Absonderung von der Welt. Als sie dann im 2. Jahrhundert v. u. Z. auch noch ökonomisch und soziologisch entrechtet und entmachtet werden, vertrösten sie sich mit der Hoffnung, daß ihr Gott einstmals eine neue Welt schaffen wird, mit neuen Menschen. Dazu wird er dann seinen Knecht, den Messias, schicken, der das neue Reich, das Götterreich, schaffen wird. Bis dahin aber sollen die Frommen sich getreulich um die Priester scharen und auf sie hören, denn sie verwalten das Gesetz, dessen Befolgung die sichere Garantie für den Eintritt in dieses Reich ist.

Das ist die Stunde der Utopie, denn die »heilige Geschichte« wird verlassen. Auch die Erinnerung an den heiligen König wird aufgehoben – das »eherne Zeitalter« ist in seinem Zenit – durch die Vision einer neuen, nie dagewesenen Welt.

Die letzte Gruppe der biblischen Autoren, d. h. die Verfasser der neutestamentlichen Schriften, ist ohne den Hintergrund der römischen Sklavenhalterordnung nicht verständlich. Die zugespitzten Verhältnisse, die die biblische Eschatologie, die Lehre von den letzten Zeiten, sehr befruchteten, initiierten den Gedanken des transzendenten Erlösers. Gott selber soll nun die unerträglich irdischen Verhältnisse lösen, indem er einen göttlichen Helden, den Messias, sendet. Die messianischen Vorstellungen des Judentums, als die Klammern, die Altes und Neues Testament zusammenhalten, offenbaren den Abstand von den prophetischen Vorgängern. Aus dem gottähnlichen Menschen, der die Welt beherrschen soll, ist nun der schwache Sünder geworden, der ohne göttlichen Beistand weder sich noch die Welt ändern kann. Die gesellschaftliche Grundsituation Herr-Sklave dominiert nun auch im Gottesbild. Und als ein Mensch,

Jesus aus Nazareth, für sich verbindlich diesen Fatalismus durchbricht, wird er zum Sohn Gottes, zum Gott selbst gemacht. Anders war ihm keine Autorität zu schaffen. Wie Herakles wird er nach seinem Tod zum Sohne Gottes erhoben, nachdem er zu seinen Lebzeiten nur der große Heros, Vollbringer göttlicher Wundertaten und niedriger Sklavendienste gewesen war.

Bevor die Gesetze, Erzählungen, Sprüche, Predigten, Lieder und Hymnen schriftlich fixiert wurden, sind sie, wie in der Antike üblich, mündlich tradiert worden. Der Orientale ist erzählfreudig. Das Lagerfeuer auf dem Zeltplatz ist die Heimstätte der Tradition. Durch Mose autorisiert, wird als Gottesspruch gelehrt: »Hüte dich und nimm dich wohl in acht um deines Lebens willen, daß du die Dinge nicht vergißt, die deine Augen gesehen haben, damit sie dir nicht aus dem Sinne kommen dein ganzes Leben lang. Und du sollst davon erzählen deinen Kindern und deinen Kindeskindern.« (V. Buch Mose, Kapitel 4, Vers 9.) In die Tradition fließt also Erlebtes mit ein aus den großen Kulturen der Umwelt am Euphrat, Tigris, Nil und Mittelmeer, wobei die Sagen, Legenden und Mythen oft nur durch Auswechslung von Namen und Begriffen verbindlich gemacht werden. In ihrer vorliegenden schriftlichen Form nach der priesterlich-kirchlichen Redaktionsarbeit verlieren sie deshalb oft ihre ursprüngliche Kraft und Frische. Lieder und Hymnen nehmen breit angelegte theologische Reflexionen auf, die die standardisierten Mythologeme verdrängen. In den Vertragsurkunden, in den geographischen, historischen und ökonomischen Listen und Briefen fehlen sie ohnehin, ebenso wie in den Gesetzessammlungen, weshalb von solchen Texten im nachfolgenden auch nicht gehandelt wird. Mythos, Fabel und Gleichnis, einstmals für freie Erzählung und Veränderung offen, werden zu tabuisierten Berichten von der Allmacht Gottes und der Ohnmacht des Menschen. Sie werden zur »Heiligen Schrift«, von der die Buchstaben gezählt sind und nicht verändert werden dürfen.

Die biblische Tradition ist durch die kirchliche und synagogale Kanonisierung von den mythologischen Quellen der Völker abgeschnitten worden. Ihre mythische Weiterentwicklung erfolgt in den frommen Schriften der Kirche und der Synagoge, in Dogmen und Lehre, die in den einzelnen Ländern als Folge der Begegnung mit anderen und neuen Situationen und Kulturen entstehen. Die kanonisierte Form aber ist unverändert bis heute erhalten geblieben. Die Handschriftenfunde von Qumran (1946), zeitlich etwa um die Zeitenwende anzusetzen, haben für das Alte Testament gezeigt, daß die bis dahin bekannten ältesten hebräischen Handschriften aus dem 8. und 9. Jahrhundert u. Z. mit ihnen einerseits stellenweise fast wörtlich übereinstimmten, während andererseits Abweichungen feststellbar sind, die nur den Schluß zulassen, daß es von den einzelnen biblischen Büchern mehrere schriftliche Versionen gegeben hat. Das gilt ebenso für die neutestamentlichen Schriften.

Für das Alte Testament ist als verbindliche wissenschaftliche Ausgabe des hebräischen Textes seit 1937 der Kodex B 19 A der Öffentlichen Bibliothek in Leningrad im Gebrauch, eine aus dem Jahre 1008 u. Z. stammende Handschrift. Diese Handschrift ist rund drei bis vier Jahrhunderte älter als diejenigen, die Luther und die Reformatoren benutzten, denen damals andere, weniger gut überlieferte Ausgaben zur Verfügung standen. Die zahllosen Übersetzungen des Alten Testaments ins Griechische, deren erste vermutlich im 3. Jahrhundert v. u. Z. entstanden ist, und in andere Sprachen sind auch Beweis für die Tatsache, daß es verschiedene literarische Formen der einzelnen biblischen Bücher gegeben haben muß. Deshalb wird das Betreiben von Juden und Christen verständlich, einen verbindlichen Text zu schaffen. Für die römische Kirche ist dieses die lateinische »Vulgata« des Hieronymus geworden, die dieser um 400 u. Z. als Übersetzung aus hebräischen und griechischen Vorlagen angefertigt hat. Luther hat aber 1522 für seine Übersetzung des Neuen Testaments eine griechische Ausgabe von Erasmus benutzt, der selber einen Text aus den ihm in Basel zur Verfügung stehenden Handschriften erarbeitet hatte. Mit gelegentlichen Abweichungen ist dieser Text noch heute der Standardtext auch in wissenschaftlichen Ausgaben. Die wissenschaftliche Arbeit an den biblischen Texten ist weitergegangen. Viele Stellen erscheinen darum heute in einer anderen Bedeutung. Wenn der Leser also im folgenden Zitate findet, die nicht mit der Lutherbibel übereinstimmen, so darf er sicher sein, daß vom Verfasser dann ältere und bessere Handschriften herangezogen worden sind.

Die Einteilung der biblischen Bücher in Kapitel und Verse ist von der Vulgata übernommen und bis heute aus rein technischen Gründen beibehalten; ursprünglich fehlte sie den Büchern der Bibel wie allen antiken Literaturwerken.

Methodisch ist der Hauptteil des vorliegenden Buches, die Quellen und ihre Deutung, so aufgebaut, daß in den Kapiteln die einzelnen Mythen zusammenhängend wiedergegeben werden. Die kleinen Buchstaben vor den einzelnen Textabschnitten wie die arabischen Ziffern vor den Abschnitten im Kommentarteil haben nur die Aufgabe, dem Leser das Nachschlagen bei Verweisen zu erleichtern. So bedeutet beispielsweise die Angabe II,1,b,2, daß unter Kapitel II, Abschnitt 1, Textabschnitt b, Kommentarabschnitt 2 weiteres zu der jeweiligen Thematik zu finden ist.

Die biblischen Texte werden möglichst kurz in freier Wiedergabe angeführt. Nur in den Fällen, wo die mythologische Bedeutung es nahelegt, wird eine wörtliche Übersetzung vorgelegt; dies Handbuch soll keine Kurzbibel mit Erklärungen, sondern dem Leser ein Hilfsmittel zum Verständnis der mythologischen Teile der Bibel sein. Darum gilt die Untersuchung auch nur den *biblischen* Texten. Sie unternimmt nicht den Versuch, eine schöne mythologische Welt der Bibel zu erfinden, wie Herder sie einstmals zu schaffen sich nicht scheute oder wie Kerényi sie für die griechische Mythologie konstruierte; denn außerhalb der Dichtung hat es eine solche Mythologie nie gegeben.

Der Kommentar hat die Aufgabe, die ursprüngliche Form und Bedeutung der Mythen zu bestimmen und zu erläutern, soweit es mit den Mitteln der Literaturwissenschaft und Religionsgeschichte möglich ist. Dabei werden naturgemäß die Beziehungen zur altorientalischen Mythologie eine besondere Rolle spielen. Die jeweilige biblische Deutung und Interpretation wird nur angemerkt, um zu zeigen, welchem Bedeutungswandel biblische Mythen unterliegen. Selbstverständlich kann in einem solchen Kommentar nicht die gesamte textkritische und exegetische Problematik erörtert werden. In den »Literaturhinweisen« des Anhangs findet der interessierte Leser dann jene Werke angeführt, mit deren Hilfe er weiter in die einzelnen Bereiche eindringen kann.

Das Verzeichnis wichtiger Begriffe hat die Aufgabe, unvermeidbare Fachausdrücke und zentrale mythologische und kultisch-rituelle Begriffe kurz zu erläutern.

Die biblische Mythologie ist wie die Bibel selbst Zeugnis einer Religion, die jene »waldursprüngliche Zeit« (Engels), in der alle Religionen entstanden, weit hinter sich gelassen hat. In ihren Göttern – Jahwe, Elohim oder Jesus Christus – verkörpert sie eine Summe menschlicher Möglichkeiten, zu lieben und zu hassen, zu arbeiten und zu ruhen, zu bauen und zu zerstören, zu versklaven und zu befreien. Wie die griechisch-römische Mythologie verkörpert biblische Mythologie in den Göttern einen vollkommenen Menschen, sie läßt ausdrücklich »Gott einen Menschen werden« (Philipperbrief, Kapitel 2, Vers 7) und gesteht zu, daß Paulus und Barnabas für Hermes und Zeus gehalten werden können (Apostelgeschichte, Kapitel 14, Vers 8–15). Die bleibende Bedeutung biblischer Mythologie liegt nicht zuletzt in ihrer Dialektik Gott-Mensch, die sie mit anderen Mythologien teilt, indem sie mit ihr ein Bild des vollkommenen Menschen schafft.

I Berichte über die Erschaffung der Welt

I.1 Der priesterliche Schöpfungsbericht

Elohim schuf zuerst den Himmel und die Erde. Die Welt aber war wüst und leer, und Finsternis lag über dem Urmeer. Aber der Geist Elohims wehte über den Wassern. Und Elohim sprach: Es werde Licht! Und es ward Licht. Und Elohim sah, daß das Licht seinen Zweck erfüllte. Da schied Elohim zwischen Licht und Finsternis, und Elohim nannte das Licht Tag, und die Finsternis nannte er Nacht. So ward Abend, so ward Morgen, der erste Tag. Und Elohim sprach: Es werde ein Gewölbe inmitten der Wassermassen, das zwischen den Wassern scheidet! Elohim machte das Gewölbe und schied zwischen dem Wasser unter dem Gewölbe und dem Wasser über dem Gewölbe. Und so ist es geschehen. Da nannte Elohim das Gewölbe Himmel. So ward Abend, so ward Morgen, der zweite Tag. Und Elohim sprach: Es sammle sich das Wasser unterhalb des Himmels an einem Ort, damit das Trockene sichtbar wird. Und so ist es geschehen. Elohim nannte das Trockene Erde, und das gesammelte Wasser nannte er Meer. Und Elohim sah, daß es seinen Zweck erfüllte. Da sprach Elohim: Die Erde soll junges Grün wachsen lassen, Kräuter, die Samen tragen, Bäume, die Früchte bringen nach ihrer Art, die ihren Samen in ihren Früchten bergen. Und so ist es geschehen. Die Erde ließ Gras und Kräuter wachsen, samenbringende, jedes nach seiner Art, und Bäume, welche Früchte tragen, in denen sich der Samen befindet. Und Elohim sah, daß es seinen Zweck erfüllte. So ward Abend, so ward Morgen, der dritte Tag. Und Elohim sprach: Am Gewölbe des Himmels sollen Lichter entstehen, die zwischen Tag und Nacht scheiden. Sie sollen Merkzeichen für Festzeiten, Tage und Jahre sein und Lampen an dem Gewölbe des Himmels, um die Erde zu beleuchten. Und so ist es geschehen. Elohim machte zwei große Lampen, eine große Lampe, daß sie den Tag beherrsche, und eine kleine, daß sie die Nacht beherrsche, und auch die Sterne. Elohim setzte sie an das Gewölbe des Himmels, damit sie die Erde beleuchten, über Tag und Nacht herrschen und zwischen Licht und Finsternis scheiden. Und Elohim sah, daß es seinen Zweck erfüllte. So ward Abend, so ward Morgen, der vierte Tag. Da sprach Elohim: Die

Wasser sollen wimmeln von einem Gewimmel lebender Wesen, und am Gewölbe des Himmels sollen die Vögel über die Erde hin fliegen. Und Elohim schuf auch die großen Meeresbewohner wie alle lebenden Wesen, die sich herumtummeln, von denen die Wasser wimmeln, alle nach ihrer Art – und die gefiederten Vögel. Und Elohim sah, daß es seinen Zweck erfüllte. Da segnete Elohim sie und sprach: Seid fruchtbar, vermehrt euch und belebt das Wasser im Meer. Die Vögel aber sollen sich auf der Erde auch vermehren. So ward Abend, so ward Morgen, der fünfte Tag. Und Elohim sprach: Die Erde soll Lebewesen nach ihrer Art hervorbringen, Vieh, Kriechtiere und wilde Tiere, je nach ihrer Art. Und so ist es geschehen. Elohim machte die wilden Tiere nach ihrer Art, das Vieh nach seiner Art und die Kriechtiere der Erde nach ihrer Art. Und Elohim sah, daß es seinen Zweck erfüllte. Da sagte Elohim: Wir wollen Menschen machen, nach unserem Bilde, uns ähnlich; sie sollen über die Fische im Meer herrschen, über die Vögel am Himmel, über das Vieh und die Tiere der Erde, über alle Kriechtiere auf der Erde. Und Elohim schuf den Menschen nach seinem Bilde, er schuf ihn nach dem Bilde Elohims. Er schuf einen Mann und eine Frau. Und da segnete Elohim sie; Elohim sagte zu ihnen: Seid fruchtbar und vermehrt euch und bevölkert die Erde, erobert sie und herrscht über die Fische des Meeres, die Vögel des Himmels und alle Lebewesen, die sich auf der Erde tummeln. Elohim sagte auch noch: Ich gebe euch alles Gewächs, das Samen auf die Erde sät, zur Speise, wie auch alle Bäume, deren Früchte Samen tragen. Hingegen gebe ich allen Tieren des Landes, allen Vögeln des Himmels und allem kriechenden Getier, das auf der Erde lebt, alles Gras und Kraut zur Nahrung. Und so ist es geworden. Da sah Elohim alles an, was er gemacht hatte, und es erfüllte seinen Zweck sehr gut. So ward Abend, so ward Morgen, der sechste Tag. So wurden Himmel und Erde mit ihrem ganzen Heere vollendet. Elohim vollendete am siebenten Tage sein Werk, das er gemacht hatte, und ruhte am siebenten Tage von all seinem Werke, das er geschaffen hatte. Und Elohim segnete den siebenten Tag und erklärte ihn für heilig, weil er an ihm von seinem Werke, das er gemacht hatte, geruht hat.

I. Mose 1,1–2,3

1. Der Text dieses Mythos ist aus der Jerusalemer Priestertradition hervorgegangen. Die vorliegende Gestalt hat er im 5. Jahrhundert v. u. Z. angenommen. Seine Einzelbestandteile sind älter und gehören der gemeinorientalischen Mythologie an, wie wir sie beispielsweise aus dem babylonischen Schöpfungsmythos Enuma Elisch kennen. Aber die Darstellung des biblischen Verfassers ist bewußt im Gegensatz zum babylonischen Mythos

konzipiert. Der Babylonier fängt an: »Zur Zeit, als oben noch kein Himmel und unten noch keine Erde entstanden waren, war nur Apsu da, der Uranfängliche, und Tiamat, das Urwasser, deren Wasser sich miteinander vermischten.« Um den Unterschied klarzumachen, hat der biblische Autor bewußt die Überschrift gewählt: Zuerst hat Elohim den Himmel und die Erde gemacht. Aber im Fortgang der Erzählung kommt er nicht umhin, analog zum babylonischen Epos fortzufahren: die Welt war wüst und leer (tohu wa bohu), und Finsternis lag über dem Urmeer, d.h. wie Apsu über der Tiamat, sie befruchtend. Der eigentliche Bericht über die Schöpfungshandlung Elohims beginnt erst mit der Erschaffung des Lichtes. Sein Schöpfungshandeln ist also ursprünglich keine creatio ex nihilo, keine Schöpfung aus dem Nichts, sondern die Welt ist schon vorhanden, gestaltlos zwar, aber vorgegeben. »Die Welt war wüst und leer«, muß es heißen, obwohl der Hebräer für Erde als Gegensatz zu Himmel dieselbe Vokabel benutzt. Darin ist er dem Babylonier gefolgt. Er unterscheidet sich aber von diesem durch eine farblosere Schilderung. Der Babylonier läßt zunächst aus der Vereinigung von Apsu und Tiamat die Götter entstehen, unter denen bald ein Streit entbrennt. In einer Schlacht bezwingt dann Marduk die Urmutter Tiamat, die den Tod ihres Gatten Apsu an seinem Mörder Marduk rächen will. »Mit wütenden Winden füllte er ihren Bauch, so daß sich ihr Leib aufblähte. Da ließ Marduk dann seinen Pfeil niedersausen, zertrümmerte ihren Bauch, spaltete ihren Leib quer, durchschnitt ihr Inneres und setzte eine Hälfte von ihr als Himmel, die andere als Erde«, beide durch eine Sperre getrennt, deren Wächter darauf achten müssen, daß das Wasser nicht auf die Erde dringt. Dann schafft Marduk den Mondgott, den Sonnengott und die übrige Welt. Aus dem Partner der Tiamat, Kingu, macht Marduk dann die Menschen, damit sie zukünftig den Göttern dienen. Der Babylonier rechtfertigt die theokratische Gesellschaftsordnung. Land und Leute sind Eigentum der Götter, vertreten in dem göttlichen König, den Priestern Eas, Marduks und Ištars. Züge dieses Schöpfertums, das auf einer gemeinsemitischen Vorstellung beruht, brechen auch in dem biblischen Mythos noch durch. Beim Babylonier schwängert Marduk die Tiamat durch Winde, im biblischen Mythos schwängert die Ruach Elohims die Wasser. Das hebräische Wort Ruach bezeichnet nämlich sowohl den Geist wie auch den Wind, und das Verb, das auch mit schweben übersetzt wird, meint »hin- und herbewegen, berühren«. Im Syrischen bedeutet dieselbe Vokabel auch »brüten«. Aber die archaische Umgebung stellt sicher, daß eine Tätigkeit gemeint sein muß, die beim Koitus ausgeübt wird. Marduk schafft die Menschen aus dem göttlichen Kingu; Elohim, so ist zu vermuten, schafft sie aus sich selber. Beide Mythen bezeugen, daß der Mensch göttlicher Natur ist. Ein Unterschied besteht aber in der Bestimmung des Menschen: Der Babylonier sieht in ihm den Diener der Götter, der biblische Autor den göttergleichen Herrn der Welt.

2. Die Besonderheit des priesterlichen Berichts liegt ferner in der Anwendung des Wochenschemas auf die Schöpfung, womit er zu einer Ätiologie über den Sabbat wird: Der arbeitsfreie siebente Wochentag soll von den Israeliten geheiligt werden, weil Elohim an ihm geruht hat.

Stilistisch wird der biblische Bericht vor allem durch das stereotype Schöpfungswort Elohims, das dem jeweiligen Schöpfungsakt vorausgeht, geprägt. Darin spiegeln sich auch ägyptische Erinnerungen wider, wonach der Gott durch das Wort schafft, das er spricht: »Der spricht, nachdem er entstanden ist: ich bin entstanden, damit das, was besteht, entstehen kann. Alles, was besteht, ist nach meiner Entstehung entstanden. Zahlreich sind die Werke, die aus meinem Munde hervorkamen.« (Schöpfungssmythos von Theben.)

3. Elohim (Plural von semitisch El: Gott) ist sicher hier mehr Personenname als Gattungsbegriff. Er verkörpert in der ideologischen Auseinandersetzung im 6. Jahrhundert v.u.Z. in seiner Pluralform gleichsam die möglichen semitischen Els mit ihren Theo- und Kosmogonien. Unter der Hand des biblischen Autors wird aus dem abstrakten Plural dann allmählich ein absoluter Singular, Programm und Name zugleich. Aber in der Rede Elohims: »Wir wollen Menschen machen«, meint der Plural die Göttergemeinschaft, in der sich Elohim befindet, die für die frühesten Erzähler selbstverständlich vor der Schöpfung da war. Elohim ist ursprünglich hier nur der Gott, der die Welt bewohnbar macht. In der stereotypen Wendung, daß Elohim beim Hinsehen feststellen kann, daß das jeweils Geschaffene seinen Zweck erfüllt, liegt zudem noch eine bewußt antibabylonische Provokation. Sonne, Mond, Sterne, bei den Nachbarvölkern Erscheinungsformen der Götter, werden als Dinge dargestellt, die die Aufgabe haben, die Welt für den Menschen bewohnbar zu machen, der diese Welt beherrschen soll. Darin besteht seine Gottesebenbildlichkeit. Leben und Arbeit des

Menschen stehen nach Wissen des priesterlichen Berichts nicht unter dem negativen Zeichen des Fluches, sondern unter dem göttlichen Auftrag, die Erde und ihre Lebewesen zu besorgen.

Elohim regelt verbindlich das Leben auf der Erde. Er ordnet nicht nur die Arbeitszeit, sondern schreibt vor, daß Menschen und Tiere sich von Bäumen und Pflanzen ernähren sollen. Das Vieh muß geschont werden, denn Viehreichtum ist die Grundlage der gesicherten bäuerlichen Existenz. Diese priesterliche Lehre von den göttlichen Ordnungen wird nach den verlorenen Kriegen, einer zweimaligen Umsiedlung und einem Dasein in politischer Abhängigkeit verständlich. Die Geschichte, die ihren Höhepunkt in der Begründung der Sabbatruhe findet, dem hervorragenden Kennzeichen einer Kultgemeinde, hat wie die gesamte priesterliche Literatur den Zweck gehabt, den Rest Judas als das wahre Gottesvolk zu erweisen. Spätere Generationen haben den akuten Anlaß für die Entstehung dieses Mythos vergessen und ihn als Bericht von der wunderbaren Erschaffung der Welt verstanden.

Die eigentliche Schöpfungsgeschichte der priesterlichen Quelle ist in I. Mose 5,1–32 zu finden. Dort wird, ganz im Stile der Quelle, nüchtern erzählt: »Dies ist das Buch der Geschlechterfolge Adams. Am Tage, als Elohim Adam schuf, da machte er ihn nach göttlichem Vorbild; er schuf sie männlich und weiblich, segnete sie und nannte sie Mensch an dem Tage, da sie erschaffen wurden.« Auf diese lapidare Mitteilung folgen dann die Nachkommen Adams bis Noah. Noch nüchterner ist dann die Aufzählung in I. Chronik 1, die noch einmal im Evangelium nach Lukas aufgenommen wird, um Jesus als Nachkomme des Seth, des gottähnlichen Sohnes Adams, auszuweisen. Die Chronik erwähnt weder Schöpfung noch Sündenfall, weder Turmbau noch Flutkatastrophe. Dies war möglich, weil es in Israel und Juda keine allgemeinverbindliche Lehre vom Anfange der Welt gab. Die Rechtfertigung für die Tatsache, den priesterlichen Bericht über die Einsetzung des Sabbats – als Kennzeichen des wahren Gottesvolkes von Anfang an – doch unter die Berichte über die Erschaffung der Welt zu zählen, liegt allein in der nicht zu leugnenden Verbindung zu den Weltentstehungsmythen des Alten Orients, die der priesterliche Bericht aber bewußt umformuliert.

4. In der Einteilung der Schöpfung nach dem Wochenschema, die den Sabbat als Ziel der Schöpfung darstellt, liegt aber das eigentliche Interesse des Autors. Die starke Zentralgewalt des

Königtums, die die Macht der Priester sicherte, ist endgültig gebrochen. Die Priester können ihren Einfluß nur retten, wenn es ihnen gelingt, die Leute bei sich zu haben. Deshalb ist die Einführung des Sabbatgebotes in diesen Mythos von Bedeutung. Der Mensch soll von der Sklavenarbeit ruhen und sich mit dem Worte Gottes beschäftigen, das die Schöpfung ja bewirkt hat. Das Wort Gottes aber bewahren sie, die Priester. Von ihnen und den Gelehrten ihrer Schulen allein kann man es lernen. Die vorliegende Gestalt des Mythos von der Entstehung der Welt, wie sie der Priester geformt hat, verlangt, daß der Mensch einen Tag der Woche den Priestern widmet. Darin offenbart sich einmal der Machtanspruch der Jerusalemer Tempelpriesterschaft. Zugleich opponiert sie mit diesem Mythos gegen die politische Abhängigkeit von Babylon und Persien.

5. Herkömmlicherweise nennt man auch I. Mose 2–3 einen Schöpfungsbericht, obwohl er eigentlich ein Mythos über die Entstehung des Menschen ist. Deshalb muß von diesem Mythos an anderer Stelle (siehe III,1) gehandelt werden. Dieser Text stammt aus einer ganz anderen Quelle, nämlich dem jahwistischen Traditionskomplex, der sicher keine Schöpfungsgeschichte gehabt hat, die von der Entstehung der Welt handelt. Jahwe ist dort ein Volksgott, dem es in erster Linie um Menschen geht und erst in zweiter Linie um die Welt, das Universum.

I.2 Der prophetische Bericht

Jahwe ist der Herr, der die Erde durch seine Kraft erschaffen hat. Er hat den Weltkreis durch seine Weisheit gegründet. Er hat den Himmel durch seine Einsicht ausgespannt wie ein Zelt. Die Wasser des Himmels brausen auf, wenn sein Donner grollt. Er ist der Herr und keiner sonst. Außer ihm ist kein Gott. Er schafft das Licht und die Finsternis, er bewirkt alles. Wenn die Himmel von oben träufeln und die Wolken strömen, wenn die Erde sich auftut, so hat Jahwe allein es geschaffen. Er hat die Erde gemacht und Menschen auf ihr erschaffen, seine Hände haben den Himmel ausgespannt und die Heere des Himmels bestellt.
Jeremia 10,12–13; Jesaja 45,5–8.12.

1. Der Text ist eine Zusammenstellung von prophetischen Sprüchen, mit denen die Propheten ihre Reden eröffnen Die Sprüche sollen die Propheten, die vor allem gegen die priesterliche Praxis in Juda und Israel gerichtet sind, als von Jahwe autorisiert er-

scheinen lassen. Der Jahwe der Propheten ist ein Gott, der den Kleinviehzucht und Ackerbau betreibenden Landbewohnern näher steht und vertrauter ist als der Jahwe der Priester von Jerusalem, der in Kultgesetzen und Ordnungen lebt.

2. Jahwe redet unmittelbar zu den Leuten durch Naturerscheinungen, die dem Landbewohner vertraut sind. Die alten Bilder der lokalen kanaanäischen Mythologie sind dem Bauern vertrauter als die kunstvolle, abstrakte Priestertheologie von Jerusalem. Jahwe regiert durch die himmlischen Heere. Der Herr der Heerscharen braucht deshalb keine irdischen Priester und keine Tempelwirtschaft. Die Bezeichnung Jahwes als »Herr der Heerscharen« ist deshalb Ausdruck der prophetischen Opposition gegen den Machtanspruch des Tempels von Jerusalem (siehe auch II,2,d).

3. Die Propheten stammen aus den Kreisen der von Jerusalem entmachteten lokalen Stammespriester. Sie stehen in deutlicher politischer Opposition gegen die Zentralgewalt. Ihre Opposition besteht in einer radikalen Umdeutung der von Jerusalem ausgehenden Dogmen.

4. Hieraus erklärt sich die bekannte Tatsache, daß bei der Endredaktion der Schriften des Alten Testaments die Priester das prophetische Schrifttum unter die weniger wichtigen »Schriften« einordneten. Denn die soziale Basis der Propheten war verschwunden, während die der Priester erhalten blieb, die nicht übersehen konnten, daß diese unbequeme Opposition auch nach ihrer Blütezeit noch ideologisch sehr gefährlich war.

I.3 Liturgische Texte

Du, Herr, hüllst dich in Licht wie in ein Kleid, du spannst den Himmel aus wie ein Zeltdach, du bist es, der die Erde gegründet hat, daß sie nicht mehr wankt. Die Urflut deckte sie zu wie ein Kleid, und über den Bergen standen die Wasser. Es hoben sich Berge und senkten sich die Täler. Du hast den Wassern eine Grenze gesetzt, die sie nicht überschreiten, sie dürfen nie wieder die Erde bedecken. Durch die Täler läßt du die Bäche zwischen den Bergen hinwandern. Die Tiere des Feldes trinken daraus, und an ihren Ufern nisten in den schattigen Bäumen die Vögel. Du, Jahwe, läßt das Gras für die Tiere wachsen und Gewächse für den Menschen, Brot und Wein, damit sie sich stärken und erfreuen. Du hast den Mond gemacht, um das Jahr danach zu teilen, und die Sonne, um den Tag zu begrenzen, und die Nacht, um

auch dem Getier des Waldes und den Raubtieren Lebensraum zu geben. Der Tag ist für den Menschen zur Arbeit bestimmt, die Nacht zur Ruhe. Du läßt Leben anfangen und beenden und läßt die Lebewesen wieder zu Staub werden.
Psalm 104.

1. Der Text stammt sicher aus der priesterlichen Tradition. In der kultischen Praxis von Jerusalem sind die Schöpferprädikationen Jahwes verankert gewesen, so wie sie auch Bestandteile der alten kanaanäischen Kultlyrik sind, die die eindringenden Nomadenstämme vorfanden. Die von Jahwe geschaffene Welt ist darin frei von Krieg und Fluch. Die Arbeit des Menschen ist eingebettet in den harmonischen Ablauf der Natur. Der Mensch ist Bestandteil des Kosmos wie die Vögel und Tiere. Ein Abfall der Schöpfung von Gott ist ihm unbekannt. Der Tod und die natürliche Erneuerung der Welt werden als Selbstverständlichkeit hingenommen.

Andere, gleichzeitige biblische Lieder, die Jahwe als den Schöpfer preisen, zum Teil mit gleichen Redewendungen, sind noch Psalm 19,1–7; 24,1–2; 136,5–9 und Hiob 38–39.

2. Der vorliegende Hymnus weist überraschende Ähnlichkeiten mit außerbiblischen Hymnen auf, wie z.B. mit dem Sonnenhymnus des Pharaos Amenophis IV., der in den Amarna-Texten gefunden wurde. Amenophis IV. (1377–1358 v.u.Z.) nannte sich auch Echnaton nach seinem Versuch, den vergeistigten Sonnengott Aton an die Stelle des alten Gottes Amun zu setzen. Er gründete als neue Hauptstadt Amarna, zwischen Memphis und Theben, scheiterte aber am Widerstand der alten Priesterdynastien. Nach seinem Tode verfiel Amarna sehr schnell. In den Trümmern der Residenz wurde neben der Büste seiner Frau Nofretete und zahlreichen Literaturdenkmälern und Korrespondenzen auch der Sonnenhymnus gefunden, in dem es beispielsweise heißt: »Du erscheinst schön im Horizont des Himmels, die lebende Sonnenscheibe (Aton), die zuerst lebte ... Du bist schön, du bist groß ... du bist hoch erhaben über der Erde. Die Erde wird hell, wenn du im Horizont aufgehst und als Sonnenscheibe des Tages leuchtest ... Alles Vieh freut sich seiner Futterkräuter. Die Bäume und Kräuter grünen, die Vögel fliegen aus ihren Nestern, ihre Flügel preisen dich ... Du schufst die Erde nach deinem Wunsche, indem du allein warst, mit Menschen, Herdentieren und Kleinvieh ...« usw.

Dieser Hymnus steht in enger Beziehung zu dem Schöpfungsbericht des Priesters (siehe I,1), nach dem Elohim auch, indem er allein ist, etwas wünscht, und es entsteht, so wie hier in den Amarna-Texten von Aton gesagt wird. Das ist schon hohe priesterliche Abstraktion. Die Vermittlung der ägyptischen Hymnenliteratur an die Priester von Jerusalem ist sicher durch die religiöse Literatur der Kanaanäer erfolgt, die die Israeliten bei ihrer Einwanderung vorfinden. Eine direkte Abhängigkeit des Jahwekultes von Ägypten liegt sicher nicht vor, auch wenn die Hypothese immer noch wiederholt wird, daß die Flucht der Israeliten aus Ägypten mit der Verfolgung der Anhänger des Echnaton zusammenhängt. Die Ähnlichkeit der biblischen Priesterliteratur mit der gleichzeitigen kanaanäischen legt es vielmehr nahe, anzunehmen, daß mit der Übernahme der Kultur auch die Literatur aufgenommen wurde. Zumal die gleichzeitige Ähnlichkeit etwa mit babylonischen Šamaš-Hymnen eine so eindeutige Abhängigkeit von Ägypten ausschließt.

Es ist vielmehr anzunehmen, daß diese Hymnen das Endstadium einer langen Entwicklung von Schöpfungstheologien sind, die alle auf einen Gott vereinigt werden.

3. Die kultische Praxis hat diesen Hymnus zur speziellen liturgischen Literatur werden lassen. Nur geschulte Priester konnten solche meisterhaften Hymnen singen. Allgemeingebräuchlich sind sie nie gewesen. In Juda und Israel ist die Gattung sicher erst nach der Errichtung des Tempels unter Salomo, also um 800 v. u. Z. heimisch geworden. Dem Hymnus fehlen alle sozialen Bezüge, die die Psalmen und Gebete, die aus der nichtpriesterlichen Land- und Stadtbevölkerung hervorgegangen sind, sonst auszeichnen.

II.1 Gott und Götter

a. Als die Menschen sich auf der Erde sehr vermehrt hatten und ihnen auch Töchter geboren waren, sahen die Söhne der Götter, daß die Töchter der Menschen sehr schön waren, und sie nahmen sich zu Frauen, welche immer sie wollten. In diesen Tagen und auch noch danach waren die Riesen auf der Erde. Die Söhne der Götter kamen zu den Töchtern der Menschen. Diese gebaren ihnen Kinder. Das waren die namhaften Heroen der Urzeit.
I. Mose 6,1–2.4.

1. Der Text gehört zur Laienquelle und stammt etwa aus dem 10. Jahrhundert v. u. Z. Der Mythos erzählt unverblümt von den Zeiten, als zwischen Göttern und Menschen noch friedliche Eintracht herrschte. Er kennt noch nicht die Lehren vom Sündenfall und Fluch, sondern schildert die ungebrochene Harmonie der Gentilordnung. Die Sexualität bei Göttern und Menschen ist kein heikles Thema, sondern gehört zu den Selbstverständlichkeiten. Der Mythos stammt sicher aus der kanaanitischen Tradition.

2. Der Mythos gehört zu den auch aus der griechischen Mythologie bekannten Urzeitsagen. Der priesterliche Redaktor hat nur mit dem eingeschobenen Vers 3, in dem er das Mißfallen Jahwes an diesem Treiben ausdrückt, ihn als Ursache für das Auftreten der Flut verstanden wissen wollen. Dazu ist er eigentlich ungeeignet gewesen und nur durch die Umdeutung und Erweiterung brauchbar gemacht worden. Der ursprüngliche Mythos beschreibt sicher die historische Übergangsphase vom Matriarchat zum Patriarchat. Die Göttersöhne, die heiligen Könige, dringen in das Kulturland ein und erobern Kanaan. Die Eindringlinge sind sicher nicht die israelitischen Nomadenstämme gewesen, sondern scheinen eher mit dem Kassiteneinfall, dem Eindringen der Hethiter, den ägyptischen Hyksos (alle um 1500 v. u. Z.) in Verbindung zu stehen, die Syrien-Palästina-Ägypten eroberten. Die Vergewaltigungen der Menschentöchter durch die Göttersöhne beziehen sich auf Ehen zwischen deren Stammesfürsten und den einheimischen heiligen Königinnen. Die Bergvölker aus der Mitte Kleinasiens und dem Kaukasus haben sich den Bewohnern der Kulturländer vermutlich recht gründlich genähert. Darin gleicht der Mythos anderen aus

der griechischen Frühgeschichte, etwa den Begegnungen der äolischen mit den vorhellenischen Völkern.

b. Als Abraham einst mit seinen Herden in das Gebiet des Königs Abimelech von Gerar geriet, nahm dieser ihm seine Frau weg. Abraham hatte sie nämlich als seine Schwester ausgegeben. Nachts erschien aber Elohim bei Abimelech und sagte ihm, daß er die Frau Abrahams genommen habe. Daraufhin zog Abimelech den Abraham zur Verantwortung, und der rechtfertigte sich: Als die Elohim mich aus meines Vaters Hause fortgehen hießen, habe ich ihr geraten, so zu reden, denn ich fürchtete, daß man mich wegen meiner Frau ums Leben bringen könnte. Abimelech glaubte der im Traum an ihn ergangenen Verwarnung und gab Sara dem Abraham zurück mit einer reichen Entschädigung. (Siehe IV,1,b.)
I. Mose 20.

1. Diese Geschichte Abrahams wird seit dem 10. Jahrhundert v.u.Z. aus der Ehohistenquelle tradiert. Der ursprüngliche Erzähler weiß noch von den kanaanäischen Vätern im Lande, daß es einstmals viele Götter gab, die den Menschen in seinem Leben umgeben. Es ist bezeichnend für die Unmittelbarkeit des Erzählers, wenn er Abraham, der von anderen als Kronzeuge für den wahren Glauben an den einen und einzigen Gott Jahwe angerufen wird, auf Geheiß der Götter handeln läßt. Für den Erzähler war es klar, daß es so viele Götter wie Städte gab (Jeremia 11,13). Elohim ist ein gütiger Gott. Er sorgt sich sehr um Abraham und dessen Frau, damit ihnen kein Unheil geschieht. Die erlittene Unbill muß Abimelech dem Abraham reichlich vergüten, erhält dafür aber von Elohim einen reichen Kindersegen, denn Elohim schätzt die Zeugungsfreudigkeit des Menschen.

2. Die Geschichte zeigt, daß der unmittelbaren Volksfrömmigkeit im 10. Jahrhundert v.u.Z. der monotheistische Gedanke fremd ist. Abraham lebt mit vielen Göttern. Die Übersetzer haben hier allerdings, wie auch in anderen Stellen, den vorhandenen Polytheismus ausgemerzt. So muß der Fromme in den »lebendigen Elohim« (den lebendigen Göttern wie etwa V. Mose 5,26; I. Samuel 17,26; Jeremia 10,10 und 23,36) nur den »lebendigen Gott« und in den »heiligen Elohim« (den heiligen Göttern wie etwa Josua 24,19; I. Samuel 2,25; II. Samuel 7,23; I. Mose 35,7 und I. Samuel 4,8) nur den »einen heiligen Gott« Israels sehen, wie es das Dogma der Jerusalemer Jahwepriester vorschreibt. Geschichten wie diese aber zeigen, daß in den von

Jerusalem weiter entfernt liegenden Gebieten die alte kanaanäische Religiosität weiterlebt. Es ist den Jerusalemer Priestern eigentlich nie ganz gelungen, diese alte kanaanäische Religiosität auszurotten, die vor allem von der politisch motivierten Opposition der alten Bevölkerung getragen wurde.

c. Eines Tages begab es sich, daß wie gewöhnlich die Söhne der Elohim sich vor Jahwe versammelten. Unter ihnen war auch Satan. Ihn fragte Jahwe: Woher kommst du? Satan antwortete ihm: Ich bin von der Erde gekommen, wo ich hin und her zu wandern pflege, um auf die Menschen zu achten, wie es die Aufgabe der Götter ist. Und Jahwe fragte den Satan auch nach Hiob, dem frömmsten Manne auf der Erde. Satan antwortete: Weshalb, glaubst du wohl, führt Hiob so ein tugendhaftes Leben! Du hast ihn ja förmlich mit Segen überschüttet. Mit seiner Frömmigkeit wird es sehr viel anders aussehen, wenn du deine Hand von ihm abziehen wirst. – Daraufhin gab Jahwe ihm freie Hand und sagte: Du darfst ihm alles, was er hat, nehmen, aber sein Leben darfst du nicht antasten. Da ging Satan hin, schädigte und quälte Hiob fürchterlich.
Hiob 1,6–12.

1. Das Buch Hiob ist vermutlich im 4. Jahrhundert v. u. Z. entstanden. In der Rahmenhandlung des Buches ist sicher eine ältere Legende von der Glaubensfestigkeit eines Mannes mit Namen Hiob aufgenommen. Der Verfasser dieser Dichtung – wie seine Zuhörer und Leser – hat keinen Anstoß daran genommen, daß Jahwe regen Umgang mit den Göttern, den Elohim, pflegt, »Göttersöhne« meint ganz allgemein, »zugehörig zum Geschlecht der Götter«. Dazu gehört auch Satan. Er hat eine positive Funktion wie alle anderen Götter, nämlich die Erde zu beaufsichtigen und Jahwe – das ist hier der mythologische Hintergrund – als dem Himmelsherrn und Vorsitzenden im Rat der Götter über seine Beobachtungen zu berichten. Seine negative Rolle, Plagegeist Hiobs zu sein, spielt er im Auftrage Jahwes. Jüdisches Dogma im 4. Jahrhundert v. u. Z. kann nicht zulassen, daß Jahwe einen Gegengott hat (siehe auch XII,1).

2. Satan ist erst durch seine Schikanen, die er an Hiob ausübt, in die negative Rolle geraten, die ihm seitdem anhängt. Es ist sicher, daß für die dann folgende Erzählung von den Plagen des Hiob Bilder aus der räuberischen Periode der Diadochenzeit entlehnt sind. Hiob verliert allen Besitz, seine Ehre und seine Gesundheit. Für ihn gibt es keine andere Rettung, als daß Jahwe das über ihn verhängte Urteil wieder rückgängig macht. Im

Bilde des einzelnen wird das Los des frommen Gottesvolkes beschrieben. Der Mythos überschreitet die Grenze zur bewußten Predigt von der Erlösungswilligkeit Jahwes. Im übrigen richtet sich das ganze Buch gegen eine Sünde-Schuld-Theorie priesterlicher Observanz und befürwortet den alten prophetischen Satz von der Absolutheit Jahwes.

d. Als der Perserkönig Cyrus in Babylon auf Juden traf, offenbarte sich Jahwe ihm, den er zu seinem Messias, zu seinem Gesalbten bestimmt hatte, und versprach ihm seine Hilfe. Deswegen tadelten die Frommen aus dem Hause Israel Jahwe. Aber Jahwe antwortete auf diese Vorwürfe: Wenn ihr mich wegen meiner Söhne und wegen meiner Hände Werk zur Rede stellen wollt und mir Vorschriften machen wollt, so sollt ihr wissen, daß ich Jahwe bin, der Herr der Heerscharen, der die Erde gemacht hat, der die Menschen schuf, dessen Hände das Himmelszelt ausgespannt haben, der alle Heerscharen bestellt hat.
Jesaja 45,1–13.

1. Der Prophetenspruch Jesajas aus dem 6. Jahrhundert v.u.Z. benutzt neben dem Begriff Jahwe auch Zebaoth, was mit Herr der Heerscharen wiedergegeben werden muß, die Vorstellung also, daß Jahwe Söhne hat, deren Tun wie das Tun seiner Hände von Menschen wahrgenommen und beurteilt werden kann. Der Sohn Jahwes ist, wie in diesem Falle Cyrus, Gesalbter = Gottes-, Königssohn, = Messias.

2. In der jüdischen Tradition ist eine Ahnung von der ehemaligen Vielfalt der Götter in der Person Jahwes lebendig geblieben. Die Juden haben nämlich den Gottesnamen nie ausgesprochen, sondern lesen jedesmal, wenn der Name auftaucht, Adonaij, was wörtlich zu übersetzen ist »meine Herren«. Damit ragt wie die Spitze eines Eisberges über die Meeresoberfläche noch die ganze Fülle der einstmaligen Vielfalt frommer Vorstellungen in die Monolatrie der Spätzeit und Gegenwart hinein, lebendiger Beweis für das gescheiterte Bemühen, den Monotheismus durchzusetzen.

3. Der Prophetenspruch zeigt übrigens noch sehr schön die politische Opposition der Propheten gegen die Priester von Jerusalem. Die Propheten, Vertreter der alten, von Jerusalem entrechteten Priester an den ehemaligen Stammesheiligtümern, ergreifen offen die Partei des Cyrus. Sie berufen sich nicht nur auf Jahwe als Herrn der Heerscharen (siehe I,2) – das sind die Planeten und Gestirne und himmlischen Mächte wie Blitz, Donner, Regen –, sondern lehren auch, daß Cyrus, ein Heide,

ein Sohn Jahwes sei. Sie haben offensichtlich mit ihm kollaboriert und damit wesentlich zum Sturz der Babylonier und ihrer priesterlichen Vasallen auch aus Juda und Jerusalem beigetragen.

II.2 Der Wettergott

a. Als Mose und das wandernde Volk sich in der Sinaiwüste um den Berg versammelt hatten, auf dem Jahwe sein Gesetz verkünden wollte, sprach Jahwe zu Mose: Ich werde in dichtem Gewölk zu dir kommen, damit das Volk es hört, wenn ich mit dir rede. – Am dritten Tage brachen Donner und Blitze los, und eine schwere Wolke lagerte sich über den Berg, der ganz in Rauch gehüllt war, weil Jahwe im Feuer auf ihn herabgefahren war. Als aber das Volk die Donnerschläge und Blitze und den rauchenden Berg wahrnahm, fürchtete es sich und blieb zurück, weil es fürchtete zu sterben. Nur Mose trat dicht an das dunkle Gewölk heran, in dem Jahwe verborgen war.
II. Mose 19.

1. Jahwe war sicher ein Wettergott wie die vorderasiatischen Götter Tešub und Adad (Hadad) oder Zeus und Jupiter. Die Wettergötter sind immer den Menschen näher gewesen als die astralen und kosmischen Götter. Mit Vorliebe haben die Menschen ihnen die Berggipfel als Wohnstätten zugewiesen, die in den Luftraum ragen und sich in Wolken hüllen. Darin gleichen sich der olympische Zeus, der phönizische Baal-Zaphon und Jahwe vom Horeb oder Sinai. Ihre mythologische Funktion als Wettergötter erhalten sie zusätzlich zu anderen mythologischen Funktionen, etwa zum Richteramt oder Gesetzgeberamt, wie in diesem Falle, wo Jahwe auf den Sinai kommt, um das Zehngebot zu erlassen.

2. Der jahwistische Mythos von der Offenbarung Jahwes auf dem Berge in der Sinaiwüste ist sicher Lokaltradition gewesen. Wenn der Erzähler aus dem 10. Jahrhundert v.u.Z. den Mythos hier ansiedelt, geschieht das in bewußter Abgrenzung von Jerusalem, auch wenn es ihm nicht mehr um die Regelung der meteorologischen Verhältnisse, die die Existenz der Herden sichern, sondern um einen Rechtsakt geht, der die menschliche Ordnung sichern soll. Jahwe ist schon wie Zeus der Wächter der Gerechtigkeit geworden, der »aller Menschen Beginnen schaut und alle Sünden bestraft«, wie die Odyssee sagt, aber es

ist der Wettergott vom Berge Sinai und nicht der Gott der Priester von Jerusalem.

b. Auf der Flucht vor den Ägyptern und auf dem Wege durch das Ostjordanland zog Jahwe vor den Israeliten her. Am Tage hüllte er sich in eine Wolkensäule, und in der Nacht erschien er ihnen wie eine Feuersäule, die ihnen den Weg wies, damit sie Tag und Nacht wandern konnten. In diesen beiden Erscheinungsformen blieb er an der Spitze des Zuges. Durch Wolken und Winde trieb er das Meer auseinander, damit das Volk durch das Schilfmeer gehen konnte, aber die Truppen Pharaos danach in den zurückströmenden Fluten ertranken.
II. Mose 13; 14.

1. Jahwe als Wettergott war für eine Viehherdenbesitzergruppe ein lebenswichtiger Partner. Die zunehmenden Reibereien und Streitigkeiten um die Weideplätze lassen ihn in die Funktion des Kriegsgottes hineinwachsen. Der Stammeskönig wird zum Heerkönig. So reitet Jahwe dann auf Wolken, um Israel in seinen Nöten zu Hilfe zu kommen (V. Mose 33,26; Jesaja 19,1; Psalm 68,5 und 68,34), wie sein Rivale aus dem ugaritischen Pantheon Alijan Baal, der auch »auf den Wolken daherreitet«; und wie Perseus die Andromeda, befreit Alijan Baal die Aštart aus der Gefangenschaft Jams, der über die Fluten herrscht: Baal zerschlug und zerschmetterte Jam und bereitete dem Flutenbeherrscher ein Ende. Vom Himmel her rief Aštart laut: »Schlag nur los, o Alijan Baal, schlag nur los, oh, der du auf Wolken einherfährst.« Der biblische Mythos von der Rettung am Schilfmeer vereinigt beide Funktionen auf Jahwe, den Wetter- und Kriegsgott.

2. Der Text gehört überwiegend zur jahwistischen Tradition. Jahwe schlägt (nach Jesaja 51,9–10) mit einem Hieb das Meer entzwei. Der sonnengöttliche König benutzt, wie Perseus den Pegasus oder Marduk das Sonnenroß, die Wolken- und die Feuersäule, um sein Werk zu vollbringen. Es ist deshalb nicht zufällig, daß auch von Perseus eine wunderbare Rettung in der Arche erzählt wird wie von Mose, deren mythologische Urform ja die ägyptische Geschichte von Isis und Osiris und dem Kinde Horus ist. Der Mythos reflektiert eindeutig in der Auflehnung der »Kinder gegen ihren Vater« die Erhebung der Hebräer gegen die Ägypter, mit denen sie einstmals friedlich zusammen lebten. Die eindringenden Hellenen kämpften mit dem prähellenischen Thessaliern, bis sie diese (im Mythos dargestellt durch die Überwindung des Kronos) überwanden.

c. Als Mose einstmals die Schafe seines Schwiegervaters hütete, sah er am Berg Horeb einen Dornbusch in Flammen stehen, ohne daß dieser verbrannte. Neugierig näherte er sich dem Ort, um zu erkunden, warum der Busch nicht verbrannte. Im Näherkommen aber hörte er, wie eine Stimme aus dem brennenden Dornbusch ertönte: Tritt nicht näher, sondern ziehe deine Schuhe aus, denn du stehst auf heiligem Boden. Das tat Mose und verhüllte dazu sein Gesicht mit seinem Mantel, weil er sich fürchtete, Jahwe anzuschauen. Jahwe aber berief ihn dazu, sein Volk, die Israëliten, aus der Sklaverei zu befreien.
II. Mose 3.

1. Die jahwistische Erzählung von der Erzählung des Mose am Horeb ist gleichbedeutend mit dem Auftrag der Eltern Marduks an ihren Sohn, die Tiamat zu töten, oder dem Beistand, den die Göttin Athena dem Perseus leistet. Es geht um politisch-religiöse Motivierung der Auflehnung gegen den Unterdrücker. Der Kriegsgott erscheint als Wettergott.

2. Jahwes Erscheinung am Horeb ist der Versuch, die erste »Offenbarung« Jahwes auf dem Horeb zu verankern. Der Erzähler ergreift in dem Streit um die heiligen Stätten, der wie in den anderen Religionen notwendige Begleiterscheinung priesterlicher Kultorganisation und ihres Machtanspruches ist, Partei für die alten Lokalkulte. Die Mythen von dem Wettergott Jahwe sind keine biblische Besonderheit. Der jahwistische Autor benutzt die allgemeingültigen Mythologeme der alten Kanaanäer, die der Landbevölkerung noch geläufig sind. Darin liegt die Stärke der Prophetensprüche, wie etwa Micha 1,3: Wenn Jahwe von seiner Wohnung aufbricht, um auf die Erde zu gehen, zerschmelzen Berge unter seinem Tritt, und die Täler spalten sich. Oder Nahum 1,3–4: In Sturm und Wetter fährt er einher, das Gewölk ist wie der Staub unter seinen Füßen. Er trocknet Meere aus und beendet Flutkatastrophen. Oder Ezechiel 1,4: Als Jahwe sich dem Propheten offenbarte, trieben Sturmwinde von Norden eine große Wolke heran, die von strahlendem Glanz umgeben war und einem unaufhörlichen Feuer, aus dessen Mitte Blitze schossen.

d. Als Hiob mit seinen Freunden über sein Schicksal nachdachte, versuchte ihn sein Freund Elihu zur Anerkennung der Allmacht Gottes zu führen, indem er ihm einen Hymnus vortrug. Darin hieß es: Jahwe läßt die Sonne scheinen und läßt regnen. Er bedeckt seine Hände mit Blitzen, und hinter ihm her brüllt der Donner. Und er donnert mit seiner mächtigen Stimme und hält die Blitze nicht zurück. Jahwe läßt es

schneien und auch Frost über die Erde kommen, daß die Gewässer zufrieren. – Und Jahwe selbst erschien dem Hiob und antwortete ihm aus dem Wetter.
Hiob 36–38; 40,1.

e. Nach der großen Flut sprach Elohim zu Noah und seinen Söhnen: Ich will mit euch und euren Nachkommen einen Bund schließen, der auch für alle Tiere und Vögel gelten soll. Denn zukünftig soll keine Flut mehr über die Erde kommen, das Leben zu verderben. Ich werde meinen Bogen in die Wolken setzen, der soll den Bund zwischen mir und der Erde bezeugen, daß nie mehr eine Flut über die Erde kommt. Wenn der Bogen in den Wolken erscheint, so will ich meines Versprechens gedenken.
I. Mose 9.

1. Im 4. Jahrhundert v.u.Z., als das Buch Hiob entsteht, ist der Mythos vom Wettergott nur noch das große Gemälde, auf dem die Gerechtigkeit Jahwes verherrlicht wird. Denn Jahwe schafft dem Hiob das ihm zustehende Recht. Wenn der Akzent schon verschoben ist wie auch bei dem nachexilischen Bericht über den Bund Jahwes mit den Noachiden nach der Flut (siehe III,3,b) – das Wunder des Regenbogens ist dort nur noch blasses Symbol für den großen Vertrag zwischen Gott und Erde, der den Lebewesen Sicherheit und Existenz garantiert –, so polemisiert doch der Erzähler des Buches Hiob in Nachbarschaft zur alten Prophetentradition (siehe II,5) damit sehr heftig gegen die Versöhnungstheologie des elohistischen Erzählers in I. Mose 9.

II.3 Der Kriegsgott

a. Jahwe ist ein Kriegsmann, Jahwe ist sein Name! Die Wagen des Pharao warf er in das Meer, dazu seine ganze Streitmacht. Im Schilfmeer ertranken Pharaos auserlesene Helden, die Fluten bedeckten sie, während Jahwe seine Leute sicher durch die Wasser geleitete.
II. Mose 14–15.

1. Der jahwistische Erzähler betont, daß Jahwe ein Kriegsgott gewesen ist. Als Vertreter der alten Stammestraditionen opponiert er gegen die Kriegsadelskaste von Jerusalem und ihre Machtpositon, die diese unter Salomo erhalten hatte. Das Preislied auf die Stärke Jahwes, II. Mose 15,1–18, ist ein Siegeslied,

das allerdings in der späten Königszeit entstanden ist, denn Israel wohnt schon im Lande, und der Tempel ist schon errichtet. Das Lied ist mit der Person des Mose nur autorisiert, um ihm einen gebührenden Platz, hier nach der großen Ägypterertränkung, zu verschaffen. Inhaltlich erfüllt es zwei wichtige Aufgaben: Es bestätigt, daß Jahwe der Sieger ist und nicht Mose, Josua oder gar David oder Salomo und daß das Ziel der Einwanderung in das Kulturland am Mittelmeer nicht die Errichtung des erblichen Königtums, sondern die Theokratie, die Herrschaft des Tempels, sein soll. Es gehört in die Tradition der vorexilischen Jerusalemer Priester, die angesichts der drohenden babylonischen Gefahr einen Bund mit den alten Stammesfürsten zu schließen versuchten. Es ist ein ideologischer Kompromiß, der zugleich den babylonischen Interventen dokumentieren soll, daß Israel keine politische Größe, sondern eine Kultgemeinde ist. Ähnliche Gedanken finden sich in den Psalmen wieder, etwa Psalm 24, 8 und Psalm 44.

b. Jahwe Zebaoth (das ist der Jahwe der Heerscharen) rüstet ein Heer zum Kampf. Seine Streiter kommen aus allen fernen Ländern, vom Ende des Himmels. Jahwe rüstet sich selbst, zusammen mit den Werkzeugen seines Zornes, um ganz Babylon zu verderben.
Jesaja 13,2–5.

1. Das Lied stammt aus der Mitte des 6. Jahrhunderts v. u. Z. Der Untergang Babylons, den der Verfasser miterlebt hat, wird hier als prophetische Weissagung ausgegeben. Jahwe soll als Urheber des Untergangs von Babylon und als Bündnispartner des Königs von Persien ausgewiesen werden. Der Dichter webt ein Stück Mythos von dem unbesiegten Jahwe neu, der ja sein Volk und Land an Babylon verloren hatte. Diese Geschichtsinterpretation soll Israel bei den Persern gut einführen. Das Lied hat seinen Platz in der religiösen Hymnenliteratur der Nichtexilierten gehabt.

c. Jahwe hielt seinem Volke in den Schlachten stets die Treue, wenn sein Volk ihm gehorchte. Als die Israeliten vor der Festung Jericho standen, die ihnen uneinnehmbar schien, nachdem ausgesandte Kundschafter zurückgekehrt waren und berichtet hatten, gab Jahwe ihnen den Rat, an sechs Tagen jeweils einmal schweigend um die Stadt zu ziehen, am siebenten Tage aber in die Posaunen zu stoßen und das Widderhorn zu blasen. Dann würden die Mauern einfallen und die Stadt erobert werden. Und als sie dann am siebenten Tage in den

Schlachtruf ausbrachen, als Hörner und Posaunen ertönten, stürzten die Mauern ein, und die Stadt wurde zerstört, ihre Bewohner ausgerottet bis auf die Hure Rahab und ihre Familie, die sich den Kundschaftern erkenntlich erwiesen hatte. Die Reichtümer der Stadt wurden in den Priesterschatz getan.
Josua 6.

1. Die Geschichte von der Eroberung Jerichos ist ein Konglomerat aus mindestens zwei verschiedenen Textgruppen. Die eine Tradition zielt auf die Darstellung einer militärischen Glanzleistung Josuas und seiner Mannen hin, während die andere deutlich die führende Rolle der Priester und der Lade herausstreichen möchte. Letztere gehört zur antiroyalistischen elohistischen, erstere zur jahwistischen Überlieferung, die die kulturland- und königsfreundliche neue gesellschaftliche Oberschicht der Königszeit repräsentiert. Archäologische Untersuchungen haben ergeben, daß Jericho zur fraglichen Zeit bereits eine Ruine war. Die Geschichte gehört also eigentlich zur Gattung der ätiologischen Sagen, sofern sie das Vorhandensein der Trümmer im 9. Jahrhundert erklären soll, die bei Lebensstrafe niemand wiederaufbauen darf. Aus dieser ätiologischen Sage hat der Erzähler einen Beweis für die Gültigkeit seines Mythos von dem alleinigen und unbesiegbaren Kriegsgott Jahwe gemacht, obwohl sie ursprünglich eine Heldensage über Josua ist.

d. In der Schlacht bei Gibeon ließ Jahwe solche Hagelmassen auf die Feinde Israels fallen, daß davon sechsmal mehr Menschen erschlagen wurden, als durch die Waffen fielen. Zudem war die Schlacht schon mörderisch genug, denn die Sonne stand in der Höhe des Tages still und ging nicht unter. Sie verzögerte ihren Untergang um fast einen ganzen Tag. Josua hatte nämlich die Sonne beschworen, in ihrem Laufe einzuhalten, und auch den Mond bedroht, zurückzubleiben, bis er das Gemetzel vollendet hatte. Und Jahwe, der Herr über Sonne und Mond, hörte auf Josua, denn er kämpfte selber für Israel, wie es in dem alten Heldenbuch beschrieben war: Sonne, stehe still zu Gibeon, und Mond im Tale von Ajalon! Da stand die Sonne still, und der Mond blieb stehen, bis das Volk an seinen Feinden Rache genommen hatte.
Josua 10.

1. Der Mythos von der Schlacht des Josua bei Gibeon ist ein typischer Beweis für die Tatsache, daß die Jerusalemer Zentralgewalt von Priester und König die Geschichtsschreibung manipuliert hat. Das Heldenbuch, das verschollen ist, aber vermut-

lich die großen Sagen der mythischen Urhelden aus den Nordstämmen ohne jede theologische Bearbeitung wiedergegeben hat, wird zwar noch in II. Samuel 1,18–27 erwähnt, ist aber sonst unterdrückt. Für den alten Orientalen ist es durchaus glaubhaft, daß Sonne und Mond stillestehn. Aber der im Interesse der Jerusalemer Priesterkaste handelnde Erzähler schränkt die Phantasie des Hörers sofort ein: Niemals wieder wird Jahwe so auf einen Menschen hören. Wenn die alte Geschichte schon nicht totzuschweigen war, konnte man sie nur durch die priesterliche theologische Zensur um ihre Pointe bringen. Der Mythos geht noch davon aus, daß heiliger König-Sonnengott und heilige Königin-Mondgöttin dem Befehl ihres Sohnes, dem König Jahwe, folgen, um ihm zu helfen.

e. Alle Kriegsbeute beanspruchte Jahwe für sich. Ungestraft durfte niemand sich daran vergreifen. Als sich einstmals Achan ben Charmis aus dem Geschlechte des Serah, zugehörig zum Stamm Juda, aus der Kriegsbeute einen babylonischen Mantel, etwas Silber und Gold genommen hatte, verlor Israel die erste Schlacht um Ai. Durch das Los wurde Achans Schuld bestätigt. Das ganze Volk steinigte ihn und seine Habe, einschließlich des Viehs und der Kinder. Damit war der Zorn Jahwes befriedigt, und er gab ihnen die Stadt Ai am nächsten Tage. Und als König Ahab von Israel dem von ihm besiegten Benhadad von Syrien das Leben schenkte, mußte er ein anderes Leben Jahwe dafür wiedergeben. Sein eigener Sohn war das Sühneopfer.
Josua 7; I. Könige 20.

1. Die Geschichten von Achan und Ahab entstammen dem nordhebräischen Sagengut. Sie dienen zur Illustration des Mythos von dem einen und einzigen Herrn und Gott, der Jahwe ist. Darin kommt die Opposition des Nordens gegen die Zentralgewalt von König und Tempel im Süden zum Ausdruck, der man die eigene Stammesmacht und das Prophetentum vorzieht. Deshalb erzählt man im Norden gerne Geschichten von frevelnden Königen und Gottesfrevlern aus Juda. Die Bedeutung der Propheten entspringt der objektiven historischen Situation. Durch die Errichtung des Zentralheiligtums in Jerusalem sind viele Vertreter der mittleren und kleineren Priesterklassen, vor allem im Norden, in Israel, entmachtet worden. Aus ihrer Mitte gehen die Propheten hervor, die wie Amos und Jeremia leidenschaftliche Kämpfer für die Interessen des Volkes waren. Sie vertreten die alte Clan-Sozialordnung gegen die theokratische Ausbeutergesellschaft.

f. Jahwe war ein erbarmungsloser Kriegsherr, der zwar selber die Schlachten lenkte, aber sich Heerführer einsetzen ließ. So war David ein Heerführer in den Kriegen des Herrn wie auch Josua und Mose. Jahwes Kriege galten ganzen Völkern bis zu ihrem völligen Untergang. Als die Amalekiter versuchten, Israel auf seinem Wege in das verheißene Land anzugreifen, schwur Jahwe ihnen, daß er durch alle Generationen mit ihnen Krieg führen werde. Dieser Schwur sollte von Mose, Josua und dessen Nachfolgern nie vergessen werden.
II. Mose 17,8–16.

g. Jahwe zog jedesmal mit seinem Volk in den Kampf, damit er für sein Volk streiten und den Sieg errinngen konnte. Deshalb regelte er auch durch ein heiliges Gesetz die Kriegführung. Wer mit ihm in den Krieg zog, war heilig.

Nur Geheiligte konnte Jahwe in seinen Kriegen gebrauchen. Als David einst auf der Flucht vor Saul mit seinen Genossen Hunger hatte, kam er nach Nob zu dem Priester Ahimelech und begehrte von ihm Brot. Der Priester aber hatte nur heiliges Brot da, das nur von Geweihten oder Geheiligten gegessen werden durfte. Deshalb war seine erste und einzige Frage an David, ob seine Leute sich auch des Geschlechtsverkehrs enthalten hätten. David konnte ihn beruhigen und das Brot mitnehmen.

Auch der Hethiter Uria, der als Nichtisraelit dem Heiligkeitsgesetz nicht unbedingt unterworfen war, respektierte dieses Gesetz. Als David nämlich die Bathseba, die Frau des Uria, ehebrecherisch geschwängert hatte, wollte er den Uria aus dem Kriege heim in das Haus und Bett seiner Frau locken, um seinen Fehltritt zu verbergen. Aber Uria berief sich darauf, daß die Bundeslade und ganz Israel im Felde sind, und ging nicht in sein Haus, sondern schlief in der königlichen Wachstube. Diese Gesetzestreue bezahlte er mit seinem Leben, denn der König ließ ihn umbringen, als seine Absicht, das Kind dem Uria unterzuschieben, mißlungen war.
V. Mose 20; 23,9–14; Jeremia 6,4; Micha 3,5; I. Samuel 21; II. Samuel 11.

1. Der Bericht aus II. Mose 17 gehört zur Elohistenüberlieferung. Die Episoden um David aus den Samuelbüchern stammen wie die Elohistenüberlieferung aus den Traditionen der nördlichen Stämme, die sich immer sehr reserviert zur Zentralgewalt in Jerusalem verhielten. Sie haben das erklärte Ziel, die Kriegslorbeeren nicht in die Krone des Königs von Jerusalem zu flechten, sondern sie um den Altar Jahwes zu winden. Zeitlich stammen sie etwa aus der Mitte des 10. Jahrhunderts v. u. Z.

2. Das Gesetz vom heiligen Krieg ist nicht älter als das Königtum mit seinem stehenden Heer. Der Krieg wird ein heiliges Geschäft. Kurz vor dem Ende des Südreiches Juda, als niemand mehr den heiligen Krieg führen kann, wird in der Erinnerung an die vergangene Herrlichkeit von Propheten und Priestern der Kompromiß geschlossen, der auch das zweite Gesetz, das Deuteronomium (das ist das fünfte Buch Mose), genannt wird. Es gehört in die Mitte des 7. Jahrhunderts v. u. Z.

3. Das Gesetz von der Heiligung des Kriegers hat eine eindeutig politische Zwecksetzung: Der selbständige Nomadenstamm konnte sich noch ohne Gesetz schützen und verteidigen, der zum Wehrdienst gezogene Bauer bangt um seinen schutzlos zurückgelassenen Besitz, seine Frau. Das priesterliche Gesetz webt aber um die gesellschaftlichen Grundinteressen den Nimbus der Heiligkeit. Die Priester kämpfen mit diesem Gesetz gegen die alte kanaanäische Religiosität. In Kanaan wie im übrigen Alten Orient war die Funktion der Fruchtbarkeitsgottheit und der Todesgottheit immer in einer Person vereinigt. Im Schöpfungsbericht I. Mose 2–3 ist diese Doppelfunktion noch in der Rolle der Paradiesesfrucht erkennbar, denn diese bringt die Geschlechtslust und den Tod.

Das priesterliche Gesetz soll die alten orientalischen Vorstellungen verdrängen, die der bäuerlichen Landbevölkerung durchaus vertraut sind, denn die alten kanaanäischen Götter üben den Geschlechtsverkehr aus, bevor sie in den Kampf ziehen, wie aus Ugarits Mythen hervorgeht. Die Göttin Anat sagt z. B. zu ihrem Krieger Itpn, bevor sie ihn in den Kampf schickt: »Sei willfährig, Itpn, und höre: ich stecke dich in Adlersgestalt in meinen Schoß, als Raubvogel in meine Scheide.«

II.4 Der Stiergott

a. Als Mose zu Jahwe auf den Sinai gestiegen war, um von ihm das Zehngebot zu empfangen, wurde dem Volk, das sich um den Berg gelagert hatte, die Zeit zu lang. In der Meinung, Mose werde nicht zurückkommen, bestürmten sie den Bruder des Mose, den Priester Aaron, ihnen einen Gott zu machen, der vor ihnen herziehe. Aaron willigte ein, und so sammelten sie im Lager Goldschmuck und gossen ein Stierbild, das sie singend und tanzend verehrten: »Das ist dein Gott, Israel, der dich aus Ägypten weggeführt hat.« Aber Mose zertrümmerte voller Zorn dies Götterbild, als er von dem Berge herabkam.
II. Mose 32.

b. Nach dem Tode des Königs Salomo trennte sich das Nordreich Israel von dem Südreich Juda. Jerobeam, der neue König des Nordreiches, wollte aber für seinen Staat eigene Kultstätten haben und ließ in Dan und Bethel, zwei alten Kultstätten in seinem Reiche, goldene Stierbilder aufstellen und verkünden: »Da ist deine Gottheit, Israel, die dich aus Ägypten hergeführt hat.« Die Kultbilder wurden verehrt, bis nach der Niederlage des Landes 722 v.u.Z. die Sieger sie nach Assur als Geschenk für den Großkönig mitnahmen. Darüber herrschte im Lande unter den Priestern und dem Volke großes Klagen und Jammern.
1. Könige 12; Hosea 10,5–6.

1. Beide Geschichten sind Zeugen für die Tatsache, daß die Zentralgewalt von Jerusalem die alten kanaanäischen Stämme unterwirft. Der elohistische Text geht davon aus, daß Jahwes Symbol ein Stier ist, wie beim Gott El von Ugarit. Aber der jahwistische Text dominiert in allen Berichten und soll lehren, daß Jahwe kein Stier, sondern gestaltlos ist.

Beide Geschichten gehen aber davon aus, daß es noch bis in das 8. Jahrhundert v.u.Z., wie aus der prophetischen Polemik des Hosea hervorgeht, in Israel Leute gegeben hat, die einen Stier als Verkörperung Jahwes ansehen. Damit befinden sie sich in völliger Übereinstimmung mit ihren unmittelbaren Nachbarn. In Ägypten wird der Mond als »brünstiger Stier« angerufen, in den Mythen von Ugarit wird der Götterpatriarch El »Gottstier« genannt: »Es möge ausrufen der Stier, El, sein Vater, der König, der ihn gezeugt!« Els Sohn, Alijan Baal, erscheint ebenfalls als Stier der Göttin Anat und begattet sie, die ihm dann voll Freude mitteilt: »Ach! ein Stier wurde Baal geboren, ein Rind dem, der auf Wolken einherfährt! Es freute sich darüber Alijan Baal.« Die Fülle der gefundenen Stierbilder auch in Mesopotamien läßt darum wie diese außerbiblischen mythologischen Texte nur den Schluß zu, daß die biblische Polemik gegen den Stierdienst auch im eigenen Lande begründet ist.

Der Kampf gegen den Stiergott Jahwe für den gestaltlosen Gott Jahwe, wie ihn König und Priester von Jerusalem und ihre Gefolgsleute führen, gilt vor allem der in diesem Stierkult zutage tretenden Selbständigkeit von Stämmen und Volksteilen, die die eigenen Pläne durchkreuzt. Diejenigen, die Jahwe als Stier anbeten, dürfen keine wahren Freunde Jahwes sein, der sich nur in seinem Gesetze, wie es die Priester von Mose übernommen haben und hüten, offenbaren will. Jahwe soll nicht mehr unkontrolliert mit sexuell bestimmten orgiastischen Reigen verehrt werden, sondern im streng geregelten Opferkult, dessen Rituale von den Priestern in Jerusalem zelebriert werden müssen. Alle Texte belegen sehr anschaulich die Auseinandersetzung zwischen den ehemaligen Landbewohnern, den Kanaanitern, und den eingedrungenen Jahweverehrern.

II.5 Der Fruchtbarkeitsgott

a. Elohim hatte die Erde als einen wunderbaren Garten geschaffen, in dem alles wohlgeordnet war. Als er aber bemerkte, daß die Menschen sich nicht seiner Ordnung beugten, sondern selbständig und eigenwillig miteinander und mit der Erde umgingen, beschloß er, die Menschen von der Erde zu vertilgen. Nur Noah und seine Familie sollten übrigbleiben, weshalb er ihm befahl, sich einen Kasten zu bauen, wasserfest und mit vielen Kammern, um von allen Lebewesen, allen Samen und aller Nahrung mitzunehmen, so daß nach der großen Flutkatastrophe die Welt wieder bewohnbar würde (vgl.III,3,b). Nach Abtrocknen der Erde ließ Elohim den Noah wieder aus dem Kasten mit allen herausgehen und segnete sie mit dem Wunsche: Seid fruchtbar und mehret euch und bevölkert die Erde! Der Mensch erhielt von ihm die Erlaubnis, auch Fleisch zu essen, wenn er beim Schlachten des Tieres dessen Blut ausgießt. Im Blut befand sich nämlich die Seele, das Leben, das sich Elohim vorbehält.
I. Mose 8–9.

1. Der elohistische Text aus dem 10. Jahrhundert v. u. Z. weist deutlich den Eingriff des priesterlichen Redaktors aus dem 3. Jahrhundert v. u. Z. auf. Der Priester hat nämlich durch die Einbeziehung der Flutkatastrophe den Mythos gesprengt. Der Tradition der alten kanaanäischen Ackerbaubevölkerung entsprechend wird Elohim als guter Gärtner beschrieben. Elohim ist wie der El von Ugarit »der Gütige, El, der Gemütvolle«. Er erregt sich mehr über die Unordnung in seinem Garten, im Lande Kanaan, als über die Menschen, die diese Unordnung verursachten, nämlich offensichtlich die Beduinen, die Israeliten aus der arabischen Halbinsel, und die Seevölker, die Phönizier und Griechen aus dem 12. Jahrhundert v. u. Z. Elohim redet darum wie ein Bauer zu Bauern: Seid fruchtbar und vermehrt euch und bevölkert die Erde, d. h. bearbeitet sie. Der Bauer darf auch Fleisch essen, wenn er nur beim Schlachten das Blut auf die Erde gießt und damit zeigt, daß er Elohims Ordnung respektiert, indem er ihm das Blut, das Leben gibt. Das Opfer der Menschen ist vollgültig. Der Mensch braucht dazu weder Tem-

pel noch Altar, weder Priester noch Liturgie. Damit opponiert er gegen den Anspruch der Priester aus Jerusalem.

Der elohistische Bericht ist vermutlich von den priesterlichen Redaktoren durchgelassen worden, weil ein Fruchtbarkeitsgott Elohim mit seinem absoluten Vermehrungsbefehl (Elohim bestimmt, ob Frauen Kinder gebären oder nicht – I. Samuel 1,5–6) in der Zeit der Depression der Kultgemeinde außerordentlich bedeutungsvoll wird.

b. Nachdem Sara dem Abraham in hohem Alter noch einen Sohn geboren hatte, wollte Elohim den Abraham prüfen und verlangte von ihm, seinen Sohn Isaak zu opfern. Abraham gehorchte und rüstete sich für die Reise und das Opfer aus, wie Elohim es von ihm gefordert hatte. Drei Tage zog er durch das Land, bis er die Kultstätte erreichte, die ihm Elohim vorgeschrieben hatte. Und Abraham richtete die Opferstätte her.

Als Abraham das Opfermesser erhoben hatte, um dem Gebot Elohims zu gehorchen, griff auf einmal Jahwe ein, der durch seinen Engel Abraham daran hinderte, das Opfer zu vollziehen. Er nahm Abrahams Partei und verbürgte sich für ihn und befahl, an der Stelle Isaaks ein Schaf zu opfern. Abraham zog mit Kind und Knechten zurück und wohnte fortan in Beeršeba. (Siehe auch IV,1,b.)
I. Mose 22,1–19.

1. In der jahwistischen Geschichte von Isaaks Opferung spiegelt sich uralter Mythos wider. Die Opferung der männlichen Erstgeburt war nicht nur bei den biblischen Völkern (II. Mose 13, 12–13; II. Mose 22, 29–30), sondern auch bei Moabitern und Phöniziern üblich. Hierin leben alte matriarchalische Überlieferungen fort. Abraham kennt diese offensichtlich und ist bereit, sie zu befolgen. Aber der Gott Jahwe, Vertreter einer neueren, der patriarchalischen Ordnung, verfügt die Auslösung der menschlichen männlichen Erstgeburt. Die Geschichte von diesem wunderbaren Eingriff Jahwes in die Rechte und Herrschaft Elohims, die die Opferung der menschlichen männlichen Erstgeburt aufhebt, war offensichtlich nicht weit verbreitet, denn der Erzähler von II. Mose 13 hat sie nicht gekannt. Er gibt als Erklärung dafür, daß die männliche Erstgeburt beim Menschen nicht geopfert, sondern ausgelöst werden soll, an, daß dieses geschehe, um zu bezeugen, daß Jahwe die Israeliten mit starker Hand aus Ägypten herausgeführt hat. Dabei ist sicher, daß der alte Jahwe vordem auch die menschliche Erstgeburt männlichen Geschlechts für sich gefordert hat und wohl auch erhielt, wie

aus dem Namen der Opferstätte Isaaks (Morija – »Gott erwählt«) hervorzugehen scheint.

2. Fromme Lesart hat in dieser Geschichte immer die Glaubensprüfung Abrahams und das gnädige Eingreifen Jahwes betont und gemeint, darin die Pointe des Mythos zu sehen. Der ursprüngliche Mythos schildert aber den Kampf zwischen zwei Göttern, in dem Jahwe, Vertreter des fortschrittlicheren Patriarchats, gewinnt. Das ist genau orientalische Mythologie. In Ugarit überwindet Alijan Baal den alten El und tritt seine Nachfolge an, in Babylon überwindet Marduk Ea und Anu, in Hellas überwindet Zeus den Kronos.

3. Der Mythos von der Opferung Isaaks und der Sühneopferkraft des vergossenen Blutes erhält in der christlichen Mythologie noch einmal große Bedeutung, als die ersten Christen versuchten, dem Tod Jesu eine sinnvolle Deutung zu geben und die Opferung Isaaks mit dem Kreuzestod des Jesus von Nazareth zu vergleichen (Matthäus 26, 28; 20, 28; Hebräer 9,20–28; siehe auch XIII,1).

c. Nachdem Mose die Zippora geehelicht hatte, gebar sie ihm zunächst einen Sohn. Als sie nun unterwegs mit ihren Herden waren, geschah es, daß bei einer Nachtrast Jahwe auf ihn stieß und ihn töten wollte. Da nahm Zippora einen scharfen Stein, schnitt damit die Vorhaut ihres Sohnes ab und berührte damit seine Schamteile und sagte dabei: du bist mein Blutbräutigam. Und er ließ von ihm ab.
II. Mose 4,24–26a.

1. Die kurze Episode von Moses Ehefrau Zippora ist von allen Übersetzern stets mit vielen Zusätzen und Erklärungen versehen worden, um ihr einen Sinn zu geben. Da in diesen beiden Versen nur einmal Jahwe als Subjekt masculini generis auftritt, sind die männlichen Personalpronomina folglich entweder sinngemäß auf ihn oder auf den Sohn zu beziehen. Von Mose selber ist abzusehen, weil von ihm unmittelbar vorher auch nicht die Rede ist, wohl aber von dem erstgeborenen Sohne des Pharao, der offensichtlich dem Erzähler an dieser Stelle das Stichwort bietet, hier die Erzählung einzufügen. Es kann also nur gemeint gewesen sein, daß Jahwe sich des erstgeborenen Sohnes von Mose bemächtigen will, weil ihm die männliche Erstgeburt zusteht. Zippora, die Mutter, nimmt die Beschneidung ihres Sohnes, ein altes matriarchalisches Relikt, vor und berührt damit die Schamteile des Jahwe. Nur das ergibt einen Sinn, wenn sie dabei die Eheformel »du bist mein Blut-

bräutigam« ausspricht. Denn sie führt damit das Kind des Mose in eine Ehe mit Jahwe ein, es wird Kind Jahwes. Das Vollopfer des Jungen wird durch die Opferung eines Teiles des Penis abgelöst. Der biblische Redaktor hat diesen Sinn noch gewußt, wenn er hinzufügt: »Damals sagte sie ›Blutbräutigam‹ wegen der Beschneidung.« Fromme Scheu hat an dem Anthropomorphismus Jahwes immer Anstoß genommen und durch Zwischenfügen des Namens von Mose die Anstößigkeit von Jahwes Schamteilen beheben wollen, obwohl alte biblische Mythologie auch sonst vor Anthropomorphismen Jahwes nicht zurückschreckt, wie aus I. Mose 32 (Jakobs Kampf mit Jahwe) hervorgeht (siehe IV,3,d).

2. Der ursprüngliche Mythos an dieser Stelle ist unmißverständlich ein Hinweis darauf, daß Jahwe, als alter Gott der Fruchtbarkeit, Anspruch auf die männliche Erstgeburt erhebt. Der kretischen oder phönizischen Allgöttin wurden ursprünglich noch die Knaben geopfert, nachdem die Priesterinnen mit ihnen den kultischen Beischlaf, die Heilige Hochzeit, vollzogen hatten. Zu solchen alten Vorstellungen gehört die Geschichte, daß Zippora mit dem kindlichen Penisteil die göttlichen Schamteile berührt und sagt, »du bist mein Blutbräutigam«.

d. Nachdem Eva dem Adam den Kain geboren hatte, sagte sie: Ich habe einen Mann empfangen, nämlich Jahwe. Hierauf gebar sie als zweiten seinen Bruder Abel. Abel wurde ein Schafhirt, Kain aber ein Bauer. Und als beide größer geworden waren, opferten sie Jahwe. Kain opferte Ackerfrüchte, Abel Erstgeborene seiner Herde. Jahwe aber wandte sich dem Opfer des Abel zu, während er das Opfer des Kain verschmähte. Darüber ward Kain böse und erschlug den Abel draußen auf dem Felde im Streit. Jahwe aber kam darüber her und fragte den Kain: Wo ist dein Bruder Abel? Kain aber antwortete: Ich weiß es nicht. Soll ich etwa meines Bruders Hüter sein? Die Antwort Jahwes war ein Fluch: Das Blut deines Bruders schreit zu mir vom Erdboden her. Darum sollst du verflucht sein! Wenn du versuchen solltest, Ackerbau zu betreiben, wird dir der Boden keinen Ertrag bringen. Nirgends auf dieser Erde sollst du eine bleibende Heimat finden! Aber niemand soll dich totschlagen dürfen, denn ich werde an einem solchen Totschläger siebenfache Vergeltung üben. – Und Kain zog vom Angesicht Jahwes hinweg in das Fluchtland östlich von Eden.
I. Mose 4,1–16.

1. Der Mythos von Kain und Abel ist erst in zweiter Linie ein Mythos vom Brudermord. Ursprünglich war es ein Mythos

vom Mord an einem Göttersohn. In dieser Geschichte, die zur Laienquelle gehört, tritt Eva als die alte heilige Königin auf, die mit der göttlichen Urmutter identifiziert wird. Eva hat nämlich beim zweiten Sohn einen Mann empfangen, der Jahwe selber ist. Und aus ihrer Vereinigung entspringt der Knabe Abel, dem sich im Mythos folgerichtig Jahwe zuwendet. Den Mörder seines Sohnes verurteilt Jahwe dann zu der grausamsten Strafe, die Menschen ersinnen können. Kain wird zu lebenslänglicher Flüchtlingsschaft verurteilt, die kein Mensch durch einen Gnadentod beenden darf, ohne selber dafür siebenfache Vergeltung zu erhalten.

Nur frommen Gemütern ist es ein Greuel, daß Jahwe wirklich ein Geschlechtswesen gewesen sein soll, obwohl sie wissen, daß Göttersöhne auch geschlechtlichen Umgang mit Menschentöchtern haben (I. Mose 6,1–4; vgl. II,1,a). Schon die alten Bibelübersetzungen haben deshalb an dem eindeutigen Wortlaut Anstoß genommen und sich mit Übersetzungsschwierigkeiten und unklarem Bedeutungsgehalt des Verbums »empfangen« an dieser Stelle um den wahren Sachverhalt herumzudrücken versucht. Ihnen sind auch jüngere Kommentatoren gefolgt. Durch sie ist der Eindruck entstanden, als sei der Mythos von Kain und Abel eine Geschichte vom Frevel des Brudermordes. Diesen Charakter als moralische Fabel erhält der Mythos aber erst durch eine Sündenlehre, die ihm ursprünglich fremd ist.

2. Der Mythos vom Streit zwischen Kain und Abel kennzeichnet vielmehr – und darin ist er den Streitigkeiten zwischen Pelias und Neleus, Eteokles und Polyneikes, Herakles und Iphikles, Romulus und Remus und anderen mythologischen Geschwisterpaaren vergleichbar – in der Darstellung vom Götterzwist den Zusammenbruch des Systems, nach dem die Könige und ihre Stellvertreter abwechselnd die Herrschaft ausüben sollten. Fortan regiert der Stärkere allein. Darin wiederholt sich die Ablösung des Matriarchats durch das Patriarchat. Denn Jahwe ist es, der den matriarchalischen Urfrieden der Gesellschaft bricht. Er zieht seinen Sohn vor, er setzt damit die Anfänge der patrilinearen Erbfolge ein, erkennt damit das Privateigentum an und setzt gleichzeitig den Staat ein, wenn er Kain vertreiben läßt.

3. Durch die Erweiterung des Mythos mit dem Zeichen für Kain, »damit ihn nicht erschlüge, wer irgend ihn träfe«, wird die Keniterhypothese gestützt, daß nämlich der Mythos die Stammessage der Keniter sei, die am Rande des Kulturlandes in der

Nachbarschaft Israels lebten. Der alte Erzähler will aber die Verteilung der Gesellschaft in Ackerbauer und Nomaden erklären, wobei die Nomaden unter dem besonderen Schutze Jahwes stehen.

II.6 Die Boten Jahwes und Elohims

a. Als Abraham in Mamre wohnte, dem Zeltdorf seiner Familie, das in der unmittelbaren Nähe eines alten Heiligtums lag, erschien eines Tages Jahwe bei ihm. In seiner Begleitung befanden sich zwei Männer. Abraham erkannte Jahwe sofort und lud ihn und seine beiden Begleiter zu einem großen Essen ein, zu dessen Vorbereitungen nach altem Brauch auch das Fußwaschen gehörte. Nach dem Essen begleitete Abraham die drei Männer ein Stück des Weges nach Sodom. Er kehrte aber noch vor Anbruch des Abends zurück.
I. Mose 18.

b. Josua und der Heerbann Israels lagerten vor der Stadt Jericho am Jordan und bereiteten die Eroberung der Stadt vor (vgl. II,3,c). Eines Tages stand plötzlich vor Josua ein Mann mit gezücktem Schwert. Josua kannte ihn nicht und fragte deshalb nach seinem Namen und Herkommen. Dieser erklärte ihm, er sei ein Bote Jahwes und Oberster über das Heer Jahwes. Da fiel Josua auf sein Angesicht zur Erde und betete ihn an, denn die Stelle war heilig, auf der er sich befand.
Josua 5,13–15.

1. Die beiden Texte stammen aus der jahwistischen Tradition. Es ist zwar üblich, in den Männern, die Jahwe auf seinem Wege nach Sodom begleiten und mit denen er bei Abraham einkehrt. Engel zu sehen, aber richtig ist es nicht. Der Text redet eindeutig von Männern. Der jahwistische Text rechnet nämlich damit, daß Jahwe auch mit Männern und durch Männer handelt. Der Anführer der Heerscharen Jahwes, der dem Josua vor Jericho erscheint, ist kein Engel, sondern ein Mensch. Josua verhält sich ihm gegenüber wie ein Unterfeldherr gegenüber seinem Vorgesetzten. Er vollzieht vor ihm die Proskynese, die fußfällige Unterwerfung, zieht die Schuhe aus und hört zu, was ihm der Vertreter seines Großkönigs zu sagen hat, der ja schon durch seine Anwesenheit den Raum heiligt.

c. In Zorea im Gebiete Dan wohnte einstmals Manoah mit seiner Frau. Ihr erschien unvermittelt ein Engel Jahwes und versprach der kinderlosen Frau die baldige Geburt eines Sohnes. Dieser Sohn, sagte er, solle

von Geburt an ein Gottgeweihter sein. Die Frau erzählte die wunderbare Begebenheit ihrem Mann. Manoah aber bat Jahwe, daß der Engel diese Botschaft auch ihm selber überbringen sollte. Darauf erschien der Engel Jahwes und bekräftigte ihm, daß sein Sohn Simson ein großer Held in Israel sein werde. Manoah glaubte dem Engel, und dieser entschwand auf einer Rauchwolke.
Richter 13.

1. Die Geschichten von den Boten Jahwes und Elohims, die Engel genannt werden müssen, zeigen deutlich den Abstand zwischen den einzelnen Erzähltraditionen. Mit dem Ende des Salomonischen Reiches beginnt eine zunehmende Spiritualisierung der Gottesvorstellung. Die Götter greifen nicht mehr unmittelbar in die Geschichte der Menschen ein, sie haben ihre Boten. Das können Männer sein, Götter und auch Fabelwesen wie die Seraphen und Cheruben. (Siehe auch VII,9.)

d. Als Jakob sich auf Brautsuche in das Land seiner Väter begab, mußte er unterwegs in der Steppe übernachten. Dabei träumte er, daß eine Leiter auf der Erde stünde, die bis zum Himmel reichte. Und auf dieser Leiter stiegen die Boten Elohims auf und nieder. Da fürchtete er sich sehr und meinte, diese Stätte müsse wohl die Pforte des Himmels sein, des Wohnsitzes von Elohim. Beim Erwachen am nächsten Morgen richtete er deshalb den Stein, in dessen Schatten er sich zur Ruhe begeben hatte, zu einem Altare her und nannte die Stelle Bethel, Haus Gottes. Dabei legte er das Gelübde ab, an dieser Stelle einen Tempel, ein Gotteshaus, zu errichten, wenn Elohim ihn wohlbehalten in das Zelt seines Vaters zurückkehren ließe.
I. Mose 28.

1. Dieser alte elohistische Text bietet die Kultsage für das nördliche Heiligtum Bethel. Die priesterliche Redaktion hat durch die Einfügung der Landverheißung der Geschichte eine neue, nicht kanaanäische Wendung gegeben.

2. Die Boten Gottes, Engel nach dem griechischen Lehnwort im Lateinischen bei uns, hatten nach der alten Vorstellung keine Flügel. Sie mußten für den Weg vom Himmel zur Erde und zurück eine Leiter benutzen. Geflügelte Fabelwesen wurden sie in der biblischen Mythologie erst nach dem babylonischen Exil. Wenn die I. Chronik 21,16 sagt, daß der Engel Jahwes, der Pestengel, vor David erscheint, »zwischen Himmel und Erde stehend«, und wenn die Seraphen und Cheruben ihre Gestalten durch Flügel verhüllen, so ist sicher, daß diese mythologischen Bilder aus dem Zweistromland stammen. Die außerbiblische

religiöse Literatur des Judentums hat sehr gerne und ausführlich sich mit der Engellehre beschäftigt, die auch auf das Christentum übergegangen ist. Nach dem »Testament Adams« ist die unterste Ordnung der Engel bestimmt, für die einzelnen Menschen zu sorgen. Die zweite Ordnung ist die der Erzengel (zu ihnen zählte die Kirche Gabriel, Michael und Raphael), die dritte ist die der Fürstentümer, über Wolken und Wetter, die vierte Ordnung ist die der Mächte, die für die Gestirne und Zeitabläufe sorgen müssen, die fünfte Ordnung, die Kräfte, sind die Ranglisten für die Dämonen und anderen nichtjüdischen Götter, die sechste Ordnung ist die der Herrschaften, die die Könige und das politische Leben der Völker zu verantworten haben. Die anderen Ordnungen, zu denen die Throne, Seraphen, Cheruben gehören, üben den himmlischen Throndienst aus.

Die Engellehren spiegeln das System der gesellschaftlichen Verhältnisse in den hellenistischen Weltreichen wider.

3. In der christlichen Mythologie sind die Engel im Himmel um Gottes Thron versammelt. Jeder Mensch hat dort seinen Engel, der für ihn sorgt (Matthäus 18,10), der ihn auch auf der Erde vertreten kann (Apostelgeschichte 12,15). Auch die Völkerengel wohnen eigentlich im Himmel (Daniel 10). Es gehört zum Mythos von der Göttlichkeit Jesu, daß sich nach seiner Geburt der Himmel öffnet und die Engel auf die Erde kommen. Sie grüßen Jesus mit dem Friedensgruß (Lukas 2,13–15).

e. Und der Prophet Micha sah Jahwe auf dem Throne sitzen, neben ihm stand das ganze Heer der himmlischen Kräfte, als er Gericht hielt: Es galt, jemanden zu finden, der den König Ahab ins Verderben stürzen sollte. Da trat aus den Reihen des himmlischen Hofstaates der Ruach, der Geist (siehe I,1 und I,1,1), hervor und übernahm den Auftrag. Er nahm die Gestalt eines Lügengeistes an und verwirrte die königlichen Ratgeber. Und Ahab fiel.
I. Könige 22,19–40.

f. Nachdem David sein Reich nach außen abgesichert hatte, ließ er sein Volk zählen, um für die Festsetzung der Steuern und Abgaben die notwendigen Angaben zu erhalten. Da brach aber die Pest im Lande aus, die David sich unter den von Jahwe wegen der Volkszählung angedrohten Strafen als die sinnvollste ausgesucht hatte. Als aber der Engel Jahwes, nachdem er das Land mit der Pest geschlagen hatte, seine Hand ausstreckte, auch Jerusalem zu verderben, reute es Jahwe plötzlich, und er ließ die Seuche abklingen.
II.Samuel 24; I. Chronik 21.

1. Der Text gehört zu den jahwistischen Traditionen des Nordreiches, in der auch die großen Propheten leben. Die Volkszählung durch die Offiziere läßt den Zweck der Zählung erkennen. Sie dient der Truppenaushebung und der Besteuerung durch die königliche Zentralgewalt. Dagegen erhebt sich der Protest der Priester und Stammesältesten, die hierin einen Eingriff in ihre Rechte und Privilegien sehen. Sie haben natürlich Jahwe auf ihrer Seite. Der König David erscheint deshalb in einem merkwürdigen Zwielicht. Zunächst opfert er lieber der Pest so viel Menschen, wie sie an drei Tagen schlagen kann, dann aber schlägt er Jahwe vor, doch lieber sein Leben zu nehmen. – Aber sein Prophet Gad nimmt von ihm zur Besänftigung Jahwes lieber die Stiftung eines neuen Heiligtums mit Opferaltar an.

g. Im Todesjahr des Königs Usia hatte Jesaja eine Vision. Er sah Jahwe auf einem hohen, erhabenen Thron sitzen, der den Tempel ausfüllte. Seraphe schwebten über ihm; jeder hatte sechs Flügel: Zwei bedeckten sein Gesicht, zwei seine Füße, mit zweien flog er. Und einer rief dem anderen zu: Heilig, heilig, heilig ist Jahwe der Heerscharen! Die ganze Erde ist mit seiner Herrlichkeit angefüllt! – Einer der Seraphe flog zu Jesaja mit einem glühenden Stein, den er mit der Zange vom Altar genommen hatte; damit berührte er Jesajas Mund und half ihm damit, die Stimme Jahwes zu hören, zu gehorchen und die Rede Jahwes dem Volke Israel weiterzusagen.
Jesaja 6,1–8.

1. Die Vision des Jesaja wird etwa in das Jahr 740 v. u. Z. datiert. Der Prophet übersteigert die königliche Herrlichkeit Jerusalems zu einer unbeschreiblichen Herrlichkeit Jahwes. Die Seraphen, die den Thron umgeben, sind Schlangenwesen. Jahwe schickt sie gelegentlich, um sein Volk am Leben zu strafen (IV. Mose 21,6). Religionsgeschichtlich gehören die Schlangengöttinnen zum Matriarchat. Schlangenwesen als Begleitung von männlichen Göttern zeigen an, daß sie in das Patriarchat nur als dienstbare Wesen hinübergelangt sind. Der Engelchor des »Heilig, heilig, heilig« verhüllt die Stimme Jahwes, bis der Mensch kultisch-rituell vorbereitet ist, ihn zu hören. (Siehe auch VIII,4.)

h. Jahwe schwebte nicht nur auf den Fittichen des Windes, des Ruach, sondern ritt auch auf Cheruben. So sah Ezechiel in einer Vision, daß vier vierflüglige Cheruben über ihren Häuptern etwas wie eine Platte trugen, schimmernd wie Kristall, auf der Jahwes Thron aus Saphiren

stand. Unter den Flügeln der Cheruben, deren Rauschen der Stimme Jahwes vergleichbar war, hatten die Cheruben Menschenhände. Es sah so aus, als wären alle vier Cheruben von gleicher Gestalt. Neben ihnen waren noch Räder zu sehen, die Fahren und Fliegen des Thrones nach allen Seiten möglich machten. Außerdem waren die Cheruben überall mit Augen bedeckt, auf ihren Rücken, ihren Flügeln, ihren Händen und auch auf den Rädern neben ihnen sah Ezechiel sie. Jeder Cherub hatte noch die Augen auf seinen vier Gesichtern, von denen je eins ein Stiergesicht, ein Menschengesicht, ein Löwengesicht und ein Adlergesicht war.
Ezechiel 1;10.

1. Die Vision Ezechiels ist undurchsichtig. Jeder Versuch, der durch die Textverderbnis noch erschwert wird, aus der detaillierten Beschreibung auf eine eindeutige babylonische Vorlage zu schließen, scheitert. Es ist nur denkbar, daß der Prophet am Ende des 6. Jahrhunderts v. u. Z., als er in Babylon weilte, von den babylonischen Fabelwesen inspiriert war. Ištar reitet auf einem Löwen, der Stier ist Adads heiliges Tier, und der Stadtgott Babylons reitet auf dem schuppenleibigen Drachenwesen, das einen Schlangenkopf besitzt. Ebenfalls bekannt sind aus Assur geflügelte Fabelwesen mit Menschenköpfen. Einstmals waren diese Wesen selbständige Götter, Vertreter von unabhängigen Königtümern. Im babylonischen Pantheon sind sie schon zu Vasallen der größeren Könige Marduk, Adad, Ištar und Assur geworden. Nun aber thront Jahwe über ihnen. Sie sind seine Untertanen. Das alles aber wird unwirklich dargestellt. Das Dominierende, das Feuer in ihrer Mitte, ist Jahwe selber. Die Religiosität der Perser wirft ihre Schatten voraus. Der Prophet benutzt die Chiffren der zukünftigen Landesherren. Dieser Jahwe ist von solcher Unerreichbarkeit, daß seine Anhänger sich erst nach ausführlichen Reinigungsritualen in seine Nähe wagen dürfen. Ezechiel ist der prophetische Begründer der exklusiven Kultgemeinde von Jerusalem. (Siehe auch VIII, 6.)

III.1 Die Erschaffung des Menschen

Als Jahwe Elohim Erde und Himmel gemacht hatte, bildete er, noch bevor es Feldsträucher auf der Erde gab und Kräuter auf dem Felde wuchsen, denn Jahwe Elohim hatte es auf Erden noch nicht regnen lassen, und es waren keine Menschen da, den Ackerboden zu bearbeiten, und nur Quellen sprudelten aus der Erde und bewässerten das Land – vor den Feldsträuchern und Kräutern also bildete Jahwe Elohim den Adam, das ist: Erde vom Ackerboden, und blies ihm Lebensodem in die Nase, so wurde der Adam ein lebendiges Wesen.

Dann pflanzte Jahwe Elohim einen Garten in Eden gegen Osten. In ihn setzte er den Adam, den er gebildet hatte. Und aus der Erde ließ Jahwe Elohim Bäume wachsen, die schön anzusehen waren und von denen gut zu essen war. Jahwe Elohim aber nahm den Adam in den Garten, damit er ihn bearbeiten und pflegen sollte. Dabei befahl Jahwe Elohim dem Adam: Von allen Bäumen im Garten kannst du essen, nur von dem Baum mitten im Garten sollst du nicht essen. Sobald du von ihm essen wirst, sollst du sterben.

Und Jahwe Elohim dachte: Es ist nicht zweckmäßig, den Adam allein zu lassen; ich will ihm eine passende Hilfe schaffen. Und Jahwe Elohim bildete aus Ackerboden alle Tiere des Feldes und alle Vögel des Himmels und brachte sie dem Adam, um zu sehen, wie er sie rufen würde. Alle sollten so heißen, wie Adam sie rufen würde. Adam benannte alles Vieh, die Vögel des Himmels und die Lebewesen. Für Adam war keine passende Hilfe zu finden.

Da ließ Jahwe Elohim über Adam einen tiefen Schlaf kommen, so daß er einschlief, und nahm eine seiner Rippen und verschloß die Stelle mit Fleisch. Und Jahwe Elohim veränderte die Rippe, die er dem Adam genommen hatte zu einer Frau, die er dem Adam brachte. Da sagte Adam: Diese ist Gebein von meinem Gebein und Fleisch von meinem Fleisch. Man soll sie Männin (Ischah) rufen, denn sie ist vom Manne (Isch) genommen. Und beide, Adam und seine Frau, waren nackt, ohne sich zu schämen.

Die Schlange aber, sie war das klügste aller Tiere des Feldes, die Jahwe Elohim gemacht hatte, sprach zu der Frau: Hat Elohim eigentlich gesagt, ihr dürft von keinem Baume des Gartens essen? Die Frau antwortete der Schlange: Wir dürfen von den Früchten der Bäume im Garten essen; nur von den Früchten des Baumes mitten im Garten hat Elohim gesagt, esset nicht davon und rühret ihn auch nicht an, damit ihr nicht sterbet. Da sprach die Schlange zur Frau: Sterben werdet ihr nicht, denn Elohim weiß, daß in dem Augenblick, wenn ihr davon esset, euch die Augen geöffnet werden und ihr wie Elohim sein werdet. Ihr werdet erkennen, was sinnvoll und sinnlos ist. Und die Frau erkannte, daß es sinnvoll wäre, von dem Baume zu essen, denn es erschien ihr erstrebenswert und begehrenswert, klug zu werden. Und sie nahm von seiner Frucht und aß und gab auch ihrem Manne, der dabei war, und er aß. Da gingen beiden die Augen auf, und sie erkannten, daß sie nackt waren. Sie banden Feigenblätter zusammen und machten sich Lendenschurze.

Da hörten sie die Stimme Jahwe Elohims, der im Garten spazierenging, als der Abendwind kam. Und Adam verbarg sich mit seiner Frau vor den Augen Jahwe Elohims unter den Bäumen des Gartens. Da rief Jahwe Elohim den Adam und fragte: Wo bist du? – Und er antwortete: Ich habe deine Stimme im Garten gehört und fürchtete mich und verbarg mich, weil ich nackt bin. Da sagte er: Wer hat dich wissen lassen, daß du nackt bist? Oder hast du etwa selbst von dem Baume gegessen, von dem zu essen ich dir verboten habe? – Aber Adam sagte: Die Frau, welche du mir gegeben hast, hat mir von dem Baume zu essen gegeben. Da sagte Jahwe Elohim zur Frau: Was hast du getan? Die Frau aber sagte: Die Schlange verführte mich, zu essen. Da sagte Jahwe Elohim zur Schlange: Weil du das getan hast, sei verflucht vor allem Vieh und vor allen Tieren des Feldes. Auf deinem Bauche sollst du kriechen, und Ackererde sollst du fressen dein Leben lang! Und ich werde Feindschaft zwischen dir und der Frau, zwischen deinem Nachwuchs und ihrem Nachwuchs setzen. Er wird dir den Kopf zertreten, du wirst seine Fersen zerstechen. Zur Frau sagte er: Ich will dir mit Schwangerschaften viel Beschwernis schaffen. Mit Anstrengungen wirst du Kinder gebären und doch nach deinem Manne begehren, der über dich herrschen wird.

Und zu Adam sagte er: Weil du auf die Stimme deiner Frau gehört hast und hast von dem Baume gegessen, von dem ich dir verboten hatte zu essen, sei der Ackerboden um deinetwillen verurteilt: Du sollst dich dein Leben lang mit Anstrengung ernähren, Dornen und Disteln werden für dich auf ihm wachsen, und du sollst das Kraut des Feldes essen. Im Schweiße deines Angesichtes sollst du Brot essen, bis du zur Ackererde zurückkehrst, denn davon bist du genommen. Denn du bist Ackererde, und zu Ackererde sollst du wieder werden.

Dann machte Jahwe Elohim dem Adam und seiner Frau Röcke von Fell und bekleidete sie. Und Jahwe Elohim sagte: Nun ist Adam wie einer von uns geworden, denn er weiß, was sinnvoll und sinnlos ist. Nun aber soll er nicht mehr seine Hand ausstrecken und von dem

Baume des Lebens nehmen, essen und ewig leben. Und Jahwe Elohim schickte ihn fort aus dem Garten Eden, damit er den Ackerboden bearbeite, woher er genommen war. Er vertrieb ihn, und östlich vom Garten Eden ließ er die Cheruben sich lagern und die Flamme des lohenden Schwertes, um den Weg zum Baume des Lebens zu bewachen. Da nannte Adam seine Frau Hawa (Eva), denn sie wurde die Mutter aller Lebenden.

I. Mose 2,4–3,24.

1. Hier stehen einmalig in der Bibel zwei Gottesnamen nebeneinander. Ursprünglich war der Gottesname sicher Elohim, wie noch aus der Unterhaltung zwischen Schlange und Frau hervorgeht. Spätere Fromme haben dann gemeint, den Namen in den Gattungsbegriff umdeuten zu können, indem sie den Gottesnamen Jahwe dazusetzten. Gemeinhin nimmt die Forschung zwar an, daß der Text ursprünglich jahwistisch sei, sie kann aber bis heute nur mit Hilfskonstruktionen erklären, warum der Jahwenamen an den vorgenannten Stellen fehlt. Wir haben die beiden Gottesnamen nebeneinander stehengelassen, um zu zeigen, welche Entwicklungsphasen ein Mythos durchlaufen kann, der sicher ursprünglich einmal ein elohistischer Mythos war.

2. Der hier aus dem Bibeltext weggelassene Nachsatz im Mythos (nach »Und aus der Erde ließ Jahwe Elohim alle Bäume wachsen ...«): »und den Baum des Lebens mitten im Garten und den Baum der Erkenntnis des Sinnvollen und Sinnlosen«, ist eine redaktionelle Glosse, die die Pointe des Mythos vorwegnimmt. Ebenso ist die geographische Beschreibung des Paradieses zwischen den Flüssen Pison, Gihon, Hiddekel und Phrat (I. Mose 2,10–14, es sollen damit die Flüsse Indus, Nil, Tigris und Euphrat gemeint sein) eine redaktionelle Erweiterung, weshalb sie hier ausgelassen ist. Diese mythische Geographie, von der noch einige Namen in der mythischen Völkertafel von I. Mose 10 wieder auftauchen, hat starke Berührungspunkte mit der Anschauung der Babylonier, die glaubten, daß die Welt eine oblonge Scheibe sei, umgeben von vier Strömen, die allen erträumbaren Reichtum und alles Wünschenswerte an Natur umschließen. Innerhalb des Mythos stören sie nur den Fortgang der Erzählung.

3. »Der Baum mitten im Garten« ist richtiger als herkömmlich »Baum der Erkenntnis des Guten und Bösen«. Der theologische Redaktor hat das Geheimnis des Baumes schon hier enthüllen wollen, um zu verhindern, daß erst die Schlange dem Menschen die wahren Eigenschaften des Baumes offenbart. Im

übrigen sind »gut und böse« nur schwache Deutungsversuche der Kenntnisse Jahwe Elohims über die ganze Welt, weshalb die Übersetzung »sinnvoll und sinnlos« vorzuziehen ist. Christliche Mythologie hat in diesem Begriffspaar innerhalb ihrer Lehre von der Erbsünde die Grundlage einer Ethik gesucht. Der Mythos aber handelt zunächst von dem Wesen Gottes, der als Schöpfer der Welt sein Urteil über sein Werk nicht in ethischen Prädikaten (gut und böse) formuliert, sondern in einem sachlich zu verstehenden Gutachten. Nur zu vermuten ist, daß alle anderen Bäume des Gartens, wenn nicht an einen zweiten besonderen Baum (vgl. III,1,2) gedacht werden darf, Früchte tragen, die dem Menschen, wenn er sie ißt, ein ewiges Leben gewähren. Der Mensch soll fortan nämlich nur noch die Kräuter vom Felde essen. Der Erzähler hat also sicher an den mythologisch eindeutigen Lebensbaum gedacht.

4. Die Sentenz (nach »... denn sie ist vom Manne genommen«): »Deshalb verläßt der Mann seinen Vater und seine Mutter und hängt an seiner Frau, und beide werden ein Fleisch«, ist hier ebenfalls ausgelassen. Sie gehört auch sprachlich nicht zum Mythos. Sie ist für die Zeit denkbar, die hierin eine Begründung für die Ehe nach matriarchalischen Vorstellungen sehen wollte.

5. Die hier benutzte hebräische Vokabel für »klug« kann »nackt« und »klug« bedeuten. Adam und seine Frau waren nackt, wie aus dem Fortgang des Mythos hervorgeht. Nun gilt die Schlange ja auch als nacktes Tier, weil sie weder Haare noch Federn hat. Die Anknüpfung an das Vorhergegangene »nackt« bei Adam und Eva könnte nahelegen, hier auch die Nacktheit der Schlange zu betonen, wenn nicht die geläufige Übersetzung »klug« besser den ursprünglich positiven Sinn des Mythos wiedergeben würde. Der Satz: »Da nannte Adam seine Frau Hawa, denn sie wurde die Mutter aller Lebenden«, ist an das Ende des Mythos gestellt, weil er in seinem Sentenzcharakter die Erzählung unterbricht, die wie alle originären orientalischen Mythen keine Sentenz gehabt hat. (Sprachwissenschaftlich ist die biblische Etymologie Hawa = »Mutter aller Lebenden« unhaltbar.)

6. Wenn hier im Gegensatz zur herkömmlichen Meinung trotz des Artikels vor Adam immer dieses Wort als Name wiedergegeben wird und nicht die Bedeutung »Mensch«, so geschieht das, um den Charakter des Mythos zu unterstreichen. Der hebräische Erzähler weckt natürlich bei seinen Zuhörern die Assoziation vom »Menschen« Adam zur »Erde«, weshalb

man bei einer Übertragung des Namens Adam und des Begriffes Mensch das Wort »der Irdische« gebrauchen müßte.

7. Der Mythos von der Entstehung der Menschen war ursprünglich ein elohistischer Text. Er ist kein Mythos von der Erschaffung der Welt, denn die Welt interessiert den Gott Elohim eigentlich nicht so sehr. Er ist der Gärtner des Kulturlandes und darauf bedacht, daß die Ordnung in ihm erhalten bleibt. Darum sorgt er sich vor allem um den Menschen. Deshalb wird die Erschaffung des Menschen so ausführlich geschildert, ganz im Gegensatz zu dem Bericht der priesterlichen Tradition (siehe I,1) über die Erschaffung der Welt.

In seiner vorliegenden Form ist der Mythos aber schon von den königstreuen Theologen in Jerusalem formuliert. Um den Einfluß der alten oppositionellen Priester Kanaans, die noch vor allem im Norden unter den eingewanderten Stämmen Israels wirkten, zurückzudrängen, wird nun behauptet, die Menschen habe Jahwe erschaffen. Er ist der heilige König, der in seinem Garten lustwandelt, während die Menschen fronen müssen. Das Goldene Zeitalter des El ist vorüber, in dem die Menschen nach der Vorstellung des Mythos ohne Sorge und Furcht lebten und arbeiteten. Für sie war der Tod noch ebensowenig ein Schrekken wie der Schlaf. Das ist unwiderruflich vorbei. Jahwe verlangt Gehorsam und Arbeit.

8. Der jetzige jahwistische Mythos handelt nur von der Erschaffung des ersten Menschenpaares. Die summarische Einleitung soll anzeigen, daß der Mensch da war, bevor noch irgend etwas auf der Welt war.

Der erste Mensch heißt Adam, weil er aus der Ackererde, dem Schwemmland in den Flußniederungen des Orients (hebr. »adamah«), geformt wurde. Auch die Frau ist Mensch, denn sie stammt aus dem Adam, der fortan Begriff für Mann bleibt. Jahwe erschafft beide. Der ursprüngliche Mythos war positiv aufgebaut. Adam und Eva sollen den Paradiesgarten stellvertretend leiten. Adam erhält das göttliche Recht, den Tieren ihren Namen zu geben. Er ist ein Herr, und Hawa, seine Frau, eine Herrin. Sie trägt den Namen der phönizischen Schlangengöttin, die auch sonst in der Mythologie als Mutter der Menschen bezeugt ist. Im Aramäischen und Syrischen heißt die Schlange z.B. häwja. Diese Koinzidenz ist wichtig für das Verständnis des Mythos. Denn der ursprüngliche Mythos beurteilt das Verlangen der Frau, klug zu werden, positiv. Und Elohim sieht ohne Gram ein, daß der Mensch gottgleich geworden ist. Er überträgt ihm fortan nicht mehr die Verwaltung des Gottesgartens, sondern die Erde. Der Mensch verliert aber die Unsterblichkeit, die er durch den Genuß der Früchte der Bäume im Paradies besessen hatte, denn alle Bäume im Paradies verleihen die Unsterblichkeit; diese Vorstellung ist heute noch im Islam lebendig.

9. Adam und seine Frau waren zur Arbeit geschaffen. Die Arbeit hat in der mythischen Form negative Bedeutung. Ihren fatalistischen Akzent erhält sie aber erst durch die theologischen Sätze, die als Sprüche Jahwes über Frau und Mann angegeben werden. Nur die Schlange wird verflucht, »weil sie das getan hat«. Der Spruch über sie wird mit der Fluchformel (hebr. »Arur«) eingeleitet. Die jahwistischen Bestimmungsformeln über Mann und Frau machen den alten Mythos von der Erschaffung des ersten göttlichen Menschenpaares nun zu einer ätiologischen Sage, die erklären soll, warum das Tagewerk des Bauern und die Schwangerschaft der Frauen anstrengende Arbeit sind. Sie markieren den religiösen Stand der jahwistischen Tradition, die unter der Regierung Salomos das Los der fronenden Bauern erklären will und dem biblischen Mythos diese Form gibt. Der Fluch über die Schlange hat zudem noch einen realen Sinn. Der tradierte Mythos, in dem der vorurteilsfreie Leser die positive Rolle der Schlange bei der Menschwerdung des Menschen entdecken konnte, lebt im 9. Jahrhundert v.u.Z. noch, und die alten orientalischen Schlangenkulte sind noch lebendig. Die Erzählung von der »ehernen Schlange« in IV. Mose 21 spiegelt den Brauch in Kanaan wider, Schlangen zu verehren. Auch Athena war ursprünglich eine kretisch-mykenische Schlangengöttin und galt in Kreta als Mutter des Lebens. Durch diese politische Bezugnahme erhält der Mythos eine doppelbödige Funktion, seinen politisch-religiösen Doppelsinn: zugestanden wird der Schlange, Sinnbild der kulturbringenden Küstenvölker, ihr Anteil an der Fähigkeit des Menschen, vom Nomadendasein in die Ackerbaukultur überzuwechseln, zugleich aber wird sie verflucht. Jahwe muß über sie triumphieren, die Stämme Israels müssen über Kanaan siegen, müssen sie zertreten, auch wenn die gestiftete, unauslöschbare Feindschaft ihnen Fersenstiche einbringt. Nur so sollte dieser Satz von der Feindschaft verstanden werden. (Siehe auch V,3.)

10. Kirchliches Dogma allerdings, das davon ausgeht, daß im Alten Testament schon der Christus des Neuen Testaments verkündet wird, hat hierin ein Protevangelium sehen wollen. Der

von der Frau Geborene sei Christus, die Schlange aber der Teufel. Diese Deutung wird zwar schon in Offenbarung 12 angebahnt, hat aber strenggenommen mit dem vorliegenden Mythos nichts zu tun, sondern ist schon Bestandteil christlicher Mythologie.

11. Durch die beigegebenen Glossen wird eine weitere Bedeutung des alten Mythos sichtbar. Er selbst rechtfertigte einmal noch die ältere matriarchalische Sozialstruktur, in der die Frau die aktive, kluge, entscheidende Rolle spielt: Der Mann verläßt ihretwegen Vater und Mutter und tritt in den Familienverband der Frau ein. Diese Funktion wird in der erweiterten Form des Mythos aufgehoben. Der Jahwist dreht die Aussage um: Die Frau wird trotz ihrer Beschwerden in der Schwangerschaft sich nach ihrem Manne sehnen, und er wird über sie herrschen, er wird ihr Herr und Besitzer und sie sein Eigentum sein.

12. Ursprünglich ist die Beurteilung der Sexualität in dem Mythos wie dieser selbst positiv. Nachdem die Menschen von dem Baum der Erkenntnis gegessen haben, erkennen sie ihre eigene körperliche Zweckmäßigkeit, die Sexualität. Der Erzähler berichtet ganz natürlich, wie sich seiner Meinung nach Liebende verhalten. Der Liebende versucht sich und die Geliebte vor den Augen möglicher Rivalen zu verbergen, und Jahwe ist für Adam, der nun weiß, was sinnvoll und sinnwidrig ist, ein Rivale. Für den jahwistischen Erzähler ist Jahwe ein Mann, auch wenn er ein Herr, ein mächtigerer König als David ist. Dieser scheute sich ja auch nicht, dem anderen Manne die Frau zu nehmen (siehe II,3,g), und die Göttersöhne paarten sich nach der Vorstellung des Erzählers einstmals noch willkürlich mit den Menschentöchtern (vgl. II,1,a).

Den vorliegenden Mythos von der Erschaffung und Menschwerdung des Menschen »die Geschichte vom Sündenfall« zu nennen ist nur möglich, wenn man diese Geschichte umdeutet. Der Bewohner Judas im 9. Jahrhundert v.u.Z. deutete sich damit die Verhältnisse seiner Zeit. Jahwe, der allmächtige Herr und König, sitzt wie ein König in seinem wunderschönen Garten, umgeben von allen Reichtümern der Welt, während der Bauer und seine Frau hart arbeiten müssen. Der schöne Garten – unser »Paradies« ist die griechische Bibelübersetzung von »Garten« – bleibt für den Bauern unzugänglich. Er hat natürlich Sehnsucht nach ihm, nach Schatten, nach Wasser, in der trockenen Hitze des Alltags. Aber er verzagt nicht, sondern hat ja seine passende Gehilfin, Eva, die Mutter der Lebenden. Mit ihr zeugt er viele Kinder, Gehilfen, die das Leben erträglich machen, wie im Fortgang der Geschichte erzählt wird. Der Tod ist für den Menschen des Alten Testaments keine Strafe. Deshalb ist bei dem Verbot Jahwes, nicht von dem Baum zu essen, der Androhung des Todes nicht die Bedeutung beizumessen, die die Theologie ihr gibt, die hier wie an dem Mythos in I. Mose 1 (siehe I,1) Überlegungen über Gehorsam und Ungehorsam, über Sünde und Seligkeit und anderes mehr angestellt hat. Das große Vorbild für solche Mythendeutung hat Paulus im fünften Kapitel des Römerbriefes geliefert. Dazu läßt sich dieser Mythos in I. Mose 2–3 zwar gebrauchen, aber Sinn und Unsinn all solcher Spekulationen werden unter anderem sich prüfen lassen müssen an der gesicherten ursprünglichen Funktion des Mythos, der in seiner biblischen Gestalt keine konkreten Verbindungen zu anderen Mythen außer den angedeuteten zu Kanaans Küstenstädten aufweist. In der vorliegenden Form ist er ein vollgültiges Glied in der Kette altorientalischer Schöpfungsmythen, ein Zeugnis der schöpferischen Leistungen biblischer Mythologie.

III.2 Die Anfänge der menschlichen Kultur

Das erste Kind, das Adam und Eva geboren wurde, war Kain. Und Kain zeugte mit seiner Frau den Henoch, für den er eine Stadt baute, die er nach dem Namen seines Sohnes benannte. Dem Henoch wurde Irad geboren, und Irad zeugte Mechujael, den Vater des Methusael. Methusael aber war der Vater Lamechs, der zwei Frauen hatte, Adah und Zilla.

Adah gebar ihm den Jabal, der zum Stammvater der Zeltbewohner und Viehzüchter wurde. Sein Bruder Jubal wurde der Stammvater aller, die Zither und Schalmei spielen.

Zilla gebar dem Lamech den Tubal-Kain, der Erz und Eisen bearbeiten konnte. Tubal-Kain hatte noch eine Schwester Naama.
I. Mose 4,1.17–22.

1. Die zweite Hälfte des Verses 1 und der folgende Abschnitt gehören zu dem Mythos von der Ermordung Abels durch Kain (siehe II,5,d), der wesentlich jünger als die Geschichte vom Stammbaum Kains ist, die die Mordepisode nicht kennt, sondern in Kain einen verehrungswürdigen Heros sieht. Der Text gehört zur alten Laienquelle, die die kenitischen Traditionen

der südjudäischen Nomadenstämme wiedergibt. Diese Stämme, insbesondere die Kalebiter, standen zu Juda in einem Schutzvertragsverhältnis. Sie waren militärische Hilfstruppen Judas. Für ihren Hilfsdienst erhielten sie das Weiderecht. Sie gehörten aber nicht zum Reich, sondern waren souverän.

2. Wie in allen orientalischen Mythen wird die Entstehung der Kultur merkwürdig kurz und knapp erzählt. Darin unterscheidet sich orientalische von griechischer Mythologie. Der biblische Mythos von der Entstehung der menschlichen Kultur ist den Königslisten von Kiš vergleichbar, die auch in Listenform mythologische Könige vor der Flut aufzählen, deren Namen deutlich die verschiedenen Berufe angeben: »Gaur« (der die Balken legt), »Gulla-Ni-da-ba-anna-...-sikal« (der das göttliche Getreide zerreibt), »Pala-kina-tim« (Regierung des Rechtes), »Nangisch-lischma« (fröhlich möge er hören; meint also die Musik); die Lesung des fünften und sechsten Namens ist unklar, während der siebente König »Kalibum« (Hund) heißt, was auf die Jagd zielt, und der achte König »Kalumum« (Lamm) auf die Viehzucht zu beziehen ist.

Für den biblischen Mythos sind die erwähnten Stammväter auch Könige, denn sie stammen aus königlichem Geschlecht. Kain erbaut nämlich seinem Sohne Henoch eine Stadt, im alten Orient ein sichtbares Symbol des Königtums. Die Sage über die Entstehung der Kultur wird in der Form eines Stammbaumes wiedergegeben, wie in den babylonischen Königslisten, weil der Stammbaum Ausdruck einer ungebrochenen gesellschaftlichen Entwicklung ist, die dem Königtum eine positive soziale Funktion zumißt.

3. Kain und Lamech müssen berühmte Wüstenbewohner gewesen sein. Auf sie wird die Sitte der Blutrache zurückgeführt, wenn der Erzähler an dieser Stelle das alte Lied anführt:

> Einen Mann erschlage ich für meine Wunde,
> einen Knaben für meine Strieme.
> Kain fordert siebenfache Rache,
> Lamech aber fordert siebenundsiebzigfache Rache.

Der Spruch, den die Frauen lernen müssen, damit sie ihn den Kindern weitergeben, ist in der Nomadensituation verankert. Er fällt deutlich aus der Rahmenhandlung heraus, weil er die Rache des Mannes für erlittenes Unrecht voraussetzt. Die Sitte der Blutrache wird vom Erzähler für wichtig gehalten. Sie zu pflegen bedeutet aber Opposition gegen das vom König erlassene Gesetz.

4. Der Name Kain, der auch Lanze bedeutet, wird nicht erklärt. Sicher ist, daß dieser Teil des Mythos von Kain zu den Kenitertraditionen gehört, von denen auch sonst im Alten Testament berichtet wird. Die Keniter waren selbständige Beduinenstämme mit eigenen Städten und Königen. Ihre Städte waren aber wie fast alle palästinensischen Städte nur Fliehburgen und Vorratsstätten. Die Rechabiten von Jeremia 35 und II. Könige 10,15–16.23 stehen in der Tradition der Keniter.

III.3 Der Ursprung des Götterkultes

a. Und Adam wohnte seiner Frau zum zweiten Male bei, da gebar sie einen Sohn und nannte ihn Seth; denn Elohim hat mir einen anderen Nachkommen für Abel gegeben, den Kain erschlug. Und auch diesem Seth wurde ein Sohn geboren, den er Enoš nannte. Von da an wurde der Name Jahwes angerufen.
I. Mose 4,25–26.

1. Hier muß das hebräische Wort Elohim den Gattungsbegriff Elohim = Gott meinen.

Es ist zu vermuten, daß Seth ein heros eponymos gewesen ist, dessen Nachkommen gleichbedeutend mit den Suti-Leuten gewesen sein können, die aus den Amarna-Briefen bekannt sind. Danach waren sie Nomaden. Dem Mythos hier darf nur entnommen werden, daß der Jahwekult schon uralt gewesen sein soll. Das bedeutet der Schlußsatz dieser Geschichte des Jahwisten, für den es undenkbar war, daß der Mörder Kain den wahren Gottesdienst stiftet; die Opferpraxis Kains soll nicht der Ausgangspunkt der Überlieferung über die Entstehung des Gottesdienstes sein, sondern Stifter soll das neue Geschlecht der Sethianer, zu denen sich Israel zählt, sein. Der Jahwist als Vertreter der judäischen Königs- und Militärpartei ist interessiert, gerade gegenüber den angestammten Lokalheiligtümern in Kanaan, den Jerusalemer Machtanspruch möglichst in der Urzeit zu verankern. In Kanaan leben ja bekanntlich die alten Götter, die eine große Geschichte haben, mit der verglichen die Geschichte Israels und seines Jahwe gering erscheint. Darum wird der Jahwekult auf den zweiten Sohn Seth zurückgeführt. Im übrigen weiß der Mythos genau, daß Eva und Adam nur zwei

Söhne hatten, Kain und Seth, während Abel ein Sohn von Jahwe und Eva ist (siehe II,5,d).

b. Als Jahwe sah, daß die Bosheit der Menschen auf der Erde größer wurde und alles Dichten und Denken ihres Herzens immer nur schlimme Folgen hatte, bereute er, daß er den Menschen auf der Erde gemacht hatte, und nun zürnte er auch in seinem eigenen Herzen. Und Jahwe sprach: Ich werde die Menschen, die ich geschaffen habe, von der Erde wegwischen, denn ich bereue es, sie geschaffen zu haben. Nur Noah gefiel ihm.

Und Jahwe sprach zu Noah: Du bist in meinen Augen der einzige Rechtschaffene in dieser Generation. Darum gehe mit deiner Familie in diesen Kasten und nimm von allen reinen Tieren sieben Paare, von den anderen nur zwei Paare mit. Denn ich will in sieben Tagen alles Bestehende von der Erde wegwischen, indem ich es vierzig Tage und vierzig Nächte ununterbrochen regnen lasse. Und Noah ging mit den Seinen in den Kasten, wie Jahwe befohlen hatte. Und vierzig Tage lang kam die Flut über die Erde, daß der Kasten schwamm, aber alles, was auf der Erde lebte, kam um. Nach vierzig Tagen ließ Noah zuerst einen Raben aus dem Kasten, der flog so lange umher, bis das Wasser abgelaufen war. Dann ließ er auch eine Taube ausfliegen, um zu prüfen, ob es schon einen trockenen Ort gäbe. Aber sie kehrte wieder zurück, weil der Erdboden noch nicht trocken war. Nach sieben Tagen ließ er die Taube noch einmal ausfliegen. Da kam sie am Abend zurück und trug ein frisches Ölblatt im Schnabel. Nun wußte Noah, daß die Erde trocken war. Er wartete noch weitere sieben Tage, und als er darauf die Taube wieder aus dem Kasten ließ, kam sie am Abend nicht mehr zurück. Da ging Noah aus dem Kasten heraus und erbaute für Jahwe einen Altar. Er opferte von allen reinen Tieren ein Brandopfer auf dem Altar. Als nun Jahwe den lieblichen Duft roch, sprach er bei sich selbst: Ich will die Erde nicht mehr um der Menschen willen verfluchen, denn das Denken ihres Herzens ist böse. Aber ich will die Lebewesen nicht mehr töten, wie ich es getan habe. Sondern fortan soll, solange die Erde besteht, Säen und Ernten, Frost und Hitze, Sommer und Winter, Tag und Nacht nicht mehr aufhören. (Siehe auch II,2,e; III,4.)

I. Mose 6,5–8; 7,1–5.17.22; 8,6–12.20–23.

1. Der Mythos von der wunderbaren Rettung des Noah aus der großen Flutkatastrophe wird in der jahwistischen Tradition aus dem 10. Jahrhundert v. u. Z. als Begründung des Brandopfers erzählt, das von den Nomaden dargebracht wurde. Wichtig ist für den Erzähler die Begründung und der Erfolg der Flut. Jah-

wes Zorn über die Menschen wird besänftigt. Das Brandopfer Noahs versöhnt ihn mit den Menschen. Fortan soll keine Flutkatastrophe mehr den geregelten Ablauf der Tages- und Jahreszeiten mit ihren witterungsbedingten Landarbeiten durchbrechen.

Die »Bosheit der Menschen«, über die Jahwe in Zorn geriet, wird nicht näher beschrieben. Die Ehen der Göttersöhne mit den Menschentöchtern sind sicher ursprünglich nicht die Ursache gewesen, denn dieser Bericht stammt aus einer anderen Quelle (siehe II,1). Eher ist anzunehmen, daß es Jahwe ähnlich wie Enlil im Gilgameš-Epos einfach »einfiel, eine Sturmflut zu bereiten«.

Das Gilgameš-Epos hat große Ähnlichkeit mit dem biblischen Flutroman. Beide haben unabhängig voneinander alte sumerische Mythen aufgegriffen und verarbeitet. Die größte Ähnlichkeit besteht zwischen beiden im Vogelzeichendeuten, wobei der biblische Autor die Version nur rückläufig hat und zweimal die Taube sendet, während Utnapištim auch die Schwalbe aussendet:

»Als der siebente Tag herankam, ließ ich (Utnapištim) eine Taube hinaus, ließ sie fliegen. Die Taube flog fort, flog zurück; da für sie kein Ruhepunkt da war, kehrte sie zurück. Ich ließ eine Schwalbe hinaus, ließ sie fliegen. Die Schwalbe flog fort, flog zurück; da für sie kein Ruhepunkt da war, kehrte sie wieder. Ich ließ einen Raben hinaus, ließ ihn fliegen. Der Rabe flog fort ... und kehrte nicht wieder. Da erst ging ich hinaus ...«

Auch im Brandopferabschnitt läßt sich zeigen, daß das anthropomorphe Gottesbild von Jahwe, der den lieblichen Duft riecht, gemeinorientalischen Ursprungs ist. Im Gilgameš-Epos heißt es:

Die Götter rochen das Harz,
die Götter rochen das duftende Harz,
die Götter versammelten sich
gleich Fliegen über dem Opferer.

Grundlegend unterscheiden sich aber beide Traditionen in ihrer jetzigen Aussage: Utnapištim und seine Frau werden von Gott Enlil als Buße für seine frevlerische Vernichtung der Lebewesen zu Göttern erhoben, Noah und die Seinen sollen Bauern werden. Der biblische Erzähler hat auch hier versucht, den Mythos in die Gestalt einer geschichtlichen Ätiologie zu pressen, die erklären soll, warum der ehemalige Nomade ein Bauer werden soll. Denn die Jerusalemer Zentralgewalt besitzt ein großes Interesse, die ehemals freien Nomadenstämme in die Seßhaftigkeit der Ackerbauern zu bringen. Das ist nämlich gleichbedeutend mit Abhängigkeit von Tempel und Königtum, weil der König nun die militärischen Aufgaben von seinem Söldnerheer wahrnehmen läßt, für das die Bauern die Steuern zu zahlen haben, und weil Grund und Boden ohnehin Eigentum der Götter sind, weshalb die ökonomische Abhängigkeit der Bauern gesichert bleibt. Dahingegen hatte das babylonische Atrachasis-Epos einen hoffnungsvollen Schluß wie das Gilgameš-Epos. Nachdem die Plagen in der Sintflut ihre Vollendung gefunden haben, entkommt der Held in der Arche, weil Ea ihn gewarnt hat. (Siehe III,4,2.)

III.4 Die Sintflut: Jahwes Rache an der Menschheit

Noah, der Sohn Lamechs, war ein gerechter Mann. Er hatte drei Söhne, Sem, Ham und Japhet. Elohim aber sah, daß die Erde verdorben war, weil die Menschen gewalttätig geworden waren. Da sagte er zu Noah: Mache dir eine Arche aus Gopherholz (d.i. eine Pinienart). Sie soll 300 Ellen lang, 50 Ellen breit und 30 Ellen hoch sein, ein Dach haben und eine Tür an der Seite. Innen soll sie drei Stockwerke mit Kammern haben. Die Außenwände aber sollst du von innen und außen mit Pech abdichten. Dann sollst du deine Söhne, deine Frau und die Frauen deiner Söhne, von allen Tieren je ein weibliches und ein männliches Exemplar mit in die Arche nehmen, ebenso von allen Vögeln, Vieh und auch von den Kriechtieren. Ferner sollst du für dich und sie Nahrung mitnehmen. Zu dieser Zeit war Noah sechshundert Jahre alt. Am Siebzehnten des zweiten Monats in seinem sechshundertsten Jahre gingen Noah und seine Söhne, Sem, Ham und Japhet, ihre Frauen und die ausgewählten Tiere in die Arche, denn die Wasser brachen aus dem Urmeer hervor und auch aus den Fenstern des Himmels. Und die Wassermassen überfluteten die Erde. Sie bedeckten sogar die hohen Berge. 150 Tage dauerte die Flut, die alles Leben auf der Erde zerstörte. Dann sank sie langsam. Nach einem Jahre, am siebenundzwanzigsten Tag des ersten Monats im sechshundertsten Lebensjahr Noahs, gingen Noah, seine Söhne, ihre Frauen und die Tiere aus der Arche heraus. Sie fanden die Erde entvölkert vor, denn alle Menschen waren umgekommen, ebenso alle Vögel und Tiere. Aber den Noah und seine Söhne segnete Elohim und sprach zu ihnen: Seid fruchtbar, vermehret euch und füllet die Erde. Über alle Tiere der Erde, alle Vögel des Himmels und alle Fische des Meeres sollt ihr Gewalt haben. Ihr dürft sie auch essen ebenso wie die Kräuter und Pflanzen. Aber Fleisch, das nicht ausgeblutet ist, sollt ihr nicht essen. Ihr selbst sollt geschützt sein. Das fordere ich von jedem Tiere und jedem Menschen. Wer Menschenblut vergießt, dessen Blut soll auch durch Menschen vergossen werden. Denn Jahwe Elohim hat den Menschen nach seinem Bilde geschaffen.

I. Mose 6,9–22; 7,6.11.13–16a.17a.18–21.24; 8,1–2a.3b.4–5.13a.15–19; 9,1–7.

1. Der jerusalemische Priestertext aus der nachexilischen Zeit erzählt die Flutkatastrophe unter einem bestimmten Vorzeichen. Die Nachkommen Noahs, insbesondere die seines Sohnes Sem, werden aus dem Völkergericht herausgenommen. Sie sollen der Anfang der neuen Menschheit sein.

2. Die mesopotamische Vorlage der Flutsage (siehe III,3,1,b,1) berichtet auch von der Verwüstung der Erde und Vernichtung aller Lebewesen außer Utnapištim, der für sich und die Seinen jegliches Getier und auch Handwerker mit in den Kasten genommen hatte, wie ihm Gott Ea geraten hatte. Aber die Götter bereuen es, als sie das Unheil sehen:

»Die Götter bekamen Furcht vor der Sturmflut. Sie hatten sich bis zum Himmel des Anu zurückgezogen. Die Götter waren geduckt, wie Hunde kauerten sie an der Außenwand. Ištar schrie wie eine Mutter und klagte: Wie konnte ich nur in der Götterversammlung Böses gebieten und den Angriff zur Vernichtung meiner Menschen bejahen.«

3. Wie im Gilgameš-Epos kennt der Priester die genaue Beschreibung des Schiffes, einschließlich der Maßangaben und der Einrichtung. Die anthropomorphen Züge des babylonischen Mythos fehlen im Bericht der priesterlichen Tradition völlig. Der Priestergott handelt planmäßig und sinnvoll; im babylonischen Epos ist die Flut eine Laune einiger Götter. Der Hörer des biblischen Epos soll keinen Schauder empfinden, sondern lernen, daß der Gott Israels sein Volk aus der Katastrophe – gedacht ist an die der babylonischen Gefangenschaft – rettet. Die Scheußlichkeit des Vorganges, das ganze Leben auf der Erde zu vertilgen, soll dem Hörer des Berichtes nicht so wichtig werden wie die Güte Elohims, daß er Noah und den Seinen die Welt neu gibt wie einstmals Adam und Eva, und Elohim sichert den Menschen ausdrücklich zu, daß er ihr Leben schützen will.

4. In der christlichen Mythologie, beispielsweise im Neuen Testament, I. Petrusbrief 3, hat man den Mythos von der Sint-

flut mit dem Wasser der Taufe gleichzusetzen versucht. Die Sintflut sei ein Reinigungsbad der ganzen Welt gewesen.

5. In der griechischen Mythologie ist die alte orientalische Sage von der Flut auch überliefert. Die Flut ist ein Racheakt des Zeus; der gerettete Held heißt Deukalion. Aber ursprünglich wird auch hier Themis, d.i. die Entsprechung zur kleinasiatischen Ištar, die Anstifterin gewesen sein. Der Mythos selbst in seiner Urform spiegelt die Auseinandersetzung zwischen Matriarchat und Patriarchat wider. Ištar, Themis, Selene unterliegen Marduk, Zeus, Dionysos, und Atlantis, mythisches Symbol der matriarchalischen Gesellschaft, versinkt für immer in den Fluten.

6. Die alttestamentliche Version hat mit der Schilderung des Neubeginns einer menschheitsgeschichtlichen Epoche den Mythos noch richtig verstanden und interpretiert. Die priesterliche Überlieferung legt aber großen Wert darauf, daß der Mensch nach der Flut derselbe ist wie der Mensch aus der Schöpfung, deshalb erzählt sie den Anfang des Noahgeschlechtes fast mit denselben Worten, die sie für die Schöpfungsgeschichte verwendet (vgl. I,1). Sie versucht damit einer Entwicklung entgegenzuwirken, die den Untergang der Reiche Juda und Israel als schuldhaftes Versagen der Juden ansieht, wie sie vor allem von den prophetischen Kreisen aus den Nordstämmen, aus den alten Priesterkasten der einzelnen lokalen Heiligtümer, laut verkündet wird; denn diese lehnen das von den Priestern zu Jerusalem propagierte Großreich ab.

III.5 Die Spaltung der Menschheit

a. Als die Menschen von Osten her aufgebrochen waren, fanden sie im Lande Sinear eine Ebene. Sie ließen sich dort nieder und sagten sich, wir wollen doch Ziegel formen und brennen. So hatten sie Ziegel als Bausteine und Erdpech als Mörtel. Da sagten sie: Wohlan, laßt uns eine Stadt bauen und einen Turm, dessen Spitze bis in den Himmel reicht. Wir wollen uns einen Namen machen, damit wir nicht auf der Erde verteilt werden. Und Jahwe stieg herab, um die Stadt anzusehen und den Turm, den die Menschen erbaut hatten. Da sagte Jahwe: Sie sind ein Volk, und alle haben dieselbe Sprache. Dies ist der Anfang ihres Tuns. Und nun wird es nichts mehr geben, was sie nicht tun können. Aber wir wollen hinabfahren und ihre Sprache verwirren, damit

keiner mehr den anderen verstehen kann. Und Jahwe verteilte sie über die ganze Erde, so daß sie aufhörten, die Stadt zu bauen.
I. Mose 11,2–8.

1. Der biblische Mythos vom Turmbau zu Babel ist durch zwei gelehrte Feststellungen, die nicht zur Urform des Mythos gehören, in eine ätiologische Sage verwandelt. Die erste Feststellung steht im Vers 1 der biblischen Zählung: In der ganzen Welt gab es nur eine Sprache mit eindeutigen Begriffen. Die zweite Feststellung steht in Vers 9: Deshalb heißt sie Babel. Das hebräische Äquivalent klingt an »verwirren« an. Jahwe hat dort die Sprachen aller Länder vermischt und sie in alle Länder zerstreut. Die Herkunft des Mythos liegt im Dunkel. Sie ist sicher in der nomadischen Tradition der Laienquelle zu suchen. Der Mythos ist ursprünglich positiv, während in vielen frommen Kommentaren der Turmbau als Überhebung des Menschen dargestellt wird, dem die Zerstreuung der Menschen als Strafe Gottes folgt.

2. Davon ist aber im eigentlichen Mythos nicht die Rede. Denn Jahwe stellt nur fest, daß die Menschen alles mit Hilfe der Technik können. Er beschließt, mit seinen Heerscharen die Sprache der Menschen zu verwirren und die Menschen gesondert nach ihren Sprachen über die Erde zu verteilen. Die Menschen bauen deshalb keine Welthauptstadt mehr. Damit ist für den Nomaden, der durch die Landstriche zieht, die Weltgeschichte erklärt und gedeutet. Die Menschen leben nicht in einer Stadt und beherrschen eine Sprache, sondern jeder lebt in seinem Teile der Erde mit seiner Sprache. Es ist sicher, daß der biblische Erzähler die Zikkurat von Babylon, d.i. der Tempelstufenturm, und die Stadt selber im Auge gehabt hat, als er diesen Mythos erzählte. Babylon war in der Mitte des 2. Jahrtausends v.u.Z. die große Welthauptstadt, in der alle Sprachen der Welt durcheinanderschwirrten. Aber dieses Bild soll, nach Aussage des biblischen Erzählers, keine Anziehungskraft haben. Denn ausdrücklich wird gesagt, daß Jahwe diese Stadt entvölkert. Der Erzähler denkt sicher an die Zerstörung Babylons unter Tiglath-pilešar I. (1112 bis 1074).

3. Der Mythos erklärt die Verschiedenheit der Völker auf der Erde. Diese sollen nach dem Willen Jahwes gesondert voneinander wohnen. Deshalb ist diese Geschichte auch Ausdruck der Opposition gegen die entstehende Zentralgewalt in Jerusalem und das königliche und priesterliche Großreichdenken seit David und Salomo. Der Mythos, der vermutlich ohne Sintflut-

drama existiert hat, geht davon aus, daß die Nomaden aus dem Osten, aus dem Inneren der arabischen Halbinsel kommen. Der Osten ist Metapher für die Situation der gut funktionierenden nomadischen Großfamilie, die im Westen auf die theokratischen Despotien trifft, die mit dem System der Ausbeutung und Unterwerfung ihre Großreiche zusammenhalten.

b. Von den drei Söhnen Noahs, Japhet, Ham und Sem, die auch in dem Kasten waren, und ihren Frauen stammt die ganze Menschheit ab. Ihnen wurden nach der Flut Kinder geboren. Kuš, der Sohn des Ham, zeugte den Nimrod, der der erste Großkönig auf der Erde war. Er war ein großer Jäger, weshalb man sprichwörtlich sagte: ein großer Jäger vor dem Herrn wie Nimrod. Und die Hauptstadt seines Reiches Babylon war die große Stadt Ninive, die er errichten ließ. Außerdem herrschte er über Uruk, Akkad und Kalchu.

Mizraim, der zweite Sohn des Ham, zählte zu seinen Nachkommen die Ludier, Anamer, Kaslucher und Kaphtorer, woher auch die Philister kamen. Die Nachkommen Kanaans, eines weiteren Sohnes des Ham, wohnten zwischen Sidon, Gaza, Sodom und Laša. Sems Nachkommen, er war der Stammvater aller Hebräer, wohnten am Ostgebirge.
I. Mose 10,8–19.21.24–30.

1. Die jahwistische Völkertafel aus dem 9. Jahrhundert v. u. Z. geht davon aus, daß Kanaan und Sem als unmittelbare Nachbarn längst in einem geregelten Verhältnis zusammen leben, weshalb darüber nicht weiter gehandelt wird. Ausführlich wird nur von Nimrod, dem sagenhaften Begründer Uruks und Ninives, gehandelt. Denn Babylon ist für den Erzähler im 9. Jahrhundert eine ernst zu nehmende Großmacht. Die babylonische Tradition scheint dem Erzähler geläufig. Nicht so sicher ist die oft angeführte Vermutung, Nimrod sei Amenophis III. (1411–1375), dessen ägyptischer Name Neb-me-re zwar Ähnlichkeit aufweist, aber kaum das detaillierte Lokalkolorit an sich gebunden haben kann.

2. Der Mythos ist eine eigenständige Schöpfung der jahwistischen Erzähler. Er unterrichtet nämlich den Zeitgenossen darüber, daß Jahwe die Nachkommen Sems zwischen Ham und Japhet, zwischen Nilland und Mesopotamien, gesetzt hat. Der Mythos soll den Anspruch der Israeliten auf das Territorium erhärten, das von beiden Großreichen stets begehrt ist.

c. Die Söhne Noahs waren Sem, Ham und Japhet. Sie wohnten jeder gemäß seiner Sprache und seinem Geschlecht getrennt in ihren Ländern. Von ihnen haben sich die Völker nach der Flut verzweigt. Die Söhne Japhets sind Gomer, Magog, Madaj, Jawan, Tubal, Mešek und Tiras. Zu ihnen gehören auch die Inselbewohner.

Zu den Söhnen Hams gehören Kuš (Äthiopien), Mizraim (Ägypten), Pat und Kanaan.

Zu den Söhnen Sems gehören Elam (Persien), Assur, Arpachšad, Lud und Aram.

I. Mose 10.1 a.2–7.20.22–23.31–32.

1. Der Bericht, durchaus im Mythischen verschwimmend, ein Priestertext aus dem 5. Jahrhundert v. u. Z., läßt erkennen, daß der Redaktor eine Korrektur vornimmt. Sem, obwohl nicht der älteste, wird zuerst genannt. In der Aufzählung der Völker benutzt der Erzähler dann die tradierte Reihenfolge Japhet, Ham, Sem. Die Besonderheit dieser biblischen Völkertafeln, das gilt für die ältere jahwistische wie für die priesterliche Überlieferung, besteht darin, daß alle Völker nach der Flut unter dem Segensspruch Gottes stehen, der ihnen mit dem noahidischen Segen zuteil wurde. Die priesterliche Tradition erhebt nun mit der ungewöhnlichen Hervorhebung Sems Anspruch auf eine Sonderstellung für das Volk Israel, das ja gerade zu seiner Zeit als babylonische oder persische Untertanen sich auf einem Tiefpunkt seines politischen Selbstbewußtseins befindet.

d. Noah war Bauer und pflanzte als erster Weinreben an. Einstmals war er trunken von dem frischen Wein und schlief nackend in seinem Zelte. Sein Sohn Ham, der Vater Kanaans, kam zufällig hinein und sah ihn so. Er ging dann hinaus und erzählte es seinen Brüdern Sem und Japhet. Diese aber gingen rückwärts hinein in das Zelt und deckten ihren Vater zu, ohne ihn anzusehen. Als nun Noah von seinem Rausche aufgewacht war, erfuhr er, was ihm sein jüngster Sohn angetan hatte. Da verfluchte er ihn und bestimmte ihm zum Knecht seiner Brüder Sem und Japhet. Sem aber wurde von Noah bevorzugt mit dem Segen Jahwes belehnt. Denn Japhet darf wohl weiten Raum haben, soll aber im Zelte seines Bruders Sem wohnen.

I. Mose 9,20–27.

1. Im Gegensatz zu den jahwistischen und priesterlichen Mythen über die Verteilung der Menschen auf der Welt legt der Mythos der Laienquelle keinen Wert auf die Flutgeschichte und eine detaillierte Völkerliste. Wenn er die Geschichte von der Trunkenheit Noahs erzählt, dann tut er es, weil es für ihn ein anderes Prinzip der Unterschiede zwischen den Völkern gibt. Kanaan gehört sicher zu den Weinbauern, aber Sem wohnt im

Zelt, und Japhet, dessen Namen hier erklärt wird (das hebräische Verb für »weiten Raum geben« hat denselben Konsonantenbestand wie der Name Japhet), soll bei ihm Gastfreundschaft haben. Die Welt besteht für den Vertreter der Laienquelle aus Ackerbauern (hier Weinbauern) und Herdenbesitzern, wobei der Erzähler sich zu den letzteren zählt. Der Beruf des Bauern wird abfällig geschildert, aber der des Nomaden steht unter dem besonderen Segen Jahwes. Die Bauern gelten als Knechte der Nomaden.

2. Historisch begründet wird dieser alte Mythos durch die Tatsache, daß die Israeliten (Sem) und die Philister (Kanaan), die von Kreta kamen, sich beide in den Besitz des Landes Kanaan teilten, wobei der Erzähler aber für sich beansprucht, eigentlicher Haupterbe zu sein. Es ist sicher, daß die Philister, von der dorischen Völkerwanderung vor sich hergeschoben, um 1200 v. u. Z. von der Küste Kleinasiens ins Landesinnere vorgedrungen sind. Dabei stießen sie auf die gleichzeitig von Osten einsickernden nomadischen Israeliten. Der Mythos geht davon aus, daß sich die Einwandernden auf Kosten der Landesbewohner einigen. Von einer alle Völker gleichmäßig berührenden Segensbereitschaft Jahwes weiß der Text nichts, sondern er behauptet vielmehr die Einmaligkeit und Besonderheit Sems (als Bezeichnung für Israel nur hier verwandt).

3. Die Urform des Mythos ist sicher in der Götterwelt zu Hause gewesen. Aus der griechischen Mythologie wissen wir, daß Japetos der Vater des Prometheus war. Die in der biblischen Form wie eine ländliche Idylle mit tragischem Ausgang anmutende Schilderung war vielleicht vordem die Darstellung einer unrühmlichen Götterszene. Der biblische Text desavouiert Kanaan, das alte Küstenvolk, das durch die dorische Völkerwanderung an die Ostküste des Mittelmeeres gedrungen ist. Kanaan ist mit seinen Sitten und Gebräuchen dem frommen Juden ein Greuel, obwohl es auch am Tempel in Jerusalem (I. Könige 15,12 und II. Könige 23,7) die kultische Prostitution von Männern gab, die mit dem Ištarkult zusammenhängt, der dem Kult der kleinasiatischen Kybele entspricht. Männer entmannen sich und ziehen Frauengewänder an, um der großen Muttergöttin ähnlich zu sein. Der Mythos richtet sich gegen diese Bräuche und damit auch gegen die Salomonische Praxis, Politik mit religiösen Mitteln zu treiben. Im Lob des Nomadentums wird die Opposition der südjudäischen Randbewohner gegen die Zentralgewalt sichtbar, die bestrebt war, die Unterta-

nen des Reiches als Bauern in die Abhängigkeit von König und Tempel zu Jerusalem zu bringen, und die durch Ehen der Könige mit nichtjüdischen Frauen auch fremden Kulten Einlaß in Jerusalem gewährte.

IV.1 Die Abrahamsgeschichten

a. Abraham war ein Sohn Terachs, der sich mit ihm und seinem zweiten Sohn Nahor aus Ur in Babylon aufmachte, um in das Land Kanaan zu ziehen. Sie kamen bis Haran und ließen sich dort nieder. Danach erschien Jahwe bei Abraham, der damals noch Abram hieß, und befahl ihm: Ziehe fort aus deinem Lande, deiner Verwandtschaft und aus dem Hause deines Vaters in das Land, das ich dir zeigen werde. Ich will dich zu einem großen Volke machen. Darauf durchzog Abram bis zu dem heiligen Baum bei Sichem das Land. Dort erschien ihm Jahwe abermals und sagte ihm: Dieses Land hier will ich deinen Nachkommen geben. Da errichtete Abram ihm dort einen Altar, ebenso weiter östlich im Bergland in der Nähe von Bethel.

Als aber eine Hungersnot das Land bedrohte, zog Abram nach Ägypten. Von dort kehrte er wohlhabend unter einem Schutzgeleit des Pharao nach Kanaan zurück. Er war sehr reich an Vieh und Geld. Da die Weidegebiete aber für den ganzen Clan zu klein wurden, teilten sich Abram und sein Neffe Lot in das Land. Abram richtete seinen Wohnsitz bei Hebron ein, in der Nähe des heiligen Baumes bei Mamre. Und auch hier erschien Jahwe dem Abram und versprach ihm, dieses Land seinen Nachkommen zu geben. Abram erhielt die Bestätigung durch ein Wunder.

Sara, die Frau Abrams, war jahrelang kinderlos. Sie befürchtete, daß Abram keinen Leibeserben haben würde, und gab ihm deshalb ihre ägyptische Sklavin Hagar zur Nebenfrau. Hagar gebar dem Abram auch einen Sohn, den sie Ismael nennen sollte, wie ihr der Engel Jahwes befahl. Denn Jahwe hatte den Ismael zu einem Plagegeist bestimmt. Als Abram nun einstmals unter den heiligen Bäumen bei Mamre am Zelteingang saß, erschien Jahwe bei ihm mit zwei Begleitern. Abram bewirtete sie und erfuhr von Jahwe, daß Sara ihm bald einen Sohn gebären würde. Sara hörte das und lachte über diese Verheißung, denn sie war schon sehr alt wie Abram auch. Aber Jahwe bestätigte diese Verheißung. Danach ging er fort, um Sodom und Gomorra zu zerstören, weil über diese Städte viel Böses berichtet wurde. Als Abram das hörte, versuchte er noch, die Städte zu retten. Und Jahwe versprach ihm, wenn es nur zehn Gerechte dort geben sollte, wollte er diese Orte verschonen. Aber es fanden sich keine zehn. Denn die Städte waren ganz verderbt. Die Knabenliebe nämlich war dort üblich, und die Begleiter Jahwes hatten große Mühe, sich den Nachstellungen der Männer von Sodom zu entziehen. Jahwe zerstörte Sodom und Gomorra und das Gebiet umher durch Feuer- und Schwefelregen. Übrig blieben nur Lot und seine beiden Töchter; Lots Frau wurde zur Salzsäule, als sie sich auf der Flucht noch einmal nach der alten Heimat umwandte. Die Töchter Lots wurden von ihrem Vater schwanger und wurden die Stammesmütter der Moabiter und Ammoniter.

Viel später, nachdem Sara schon gestorben war, heiratete Abram noch die Ketura und hatte mit ihr viele Söhne, bevor er starb.

I. Mose 12,1–4.6–19; 13; 14; 16; 18; 19; 22,20–21; 25,1–5.

1. Die jahwistische Tradition überliefert, daß Abraham, der Urahn Israels, das Nomadendasein aufgibt und sich im Lande niederläßt, das Jahwe ihm gibt. Zum Zeichen der Besitznahme richtet er die Jahwealtäre auf. Jahwe ist der Herr des Landes. Ihm gilt der Gehorsam.

Die jetzige Gestalt hat der Mythos im 10. Jahrhundert erhalten. Die Zentralgewalt in Jerusalem ist etabliert. König und Priester regieren das Land im Namen Jahwes, dem es seit alters gehören muß. Die Grenzen zu den Nachbarstaaten sind geschlossen. Denn Jahwe hat schon befohlen, daß Abraham die Brücken zu seiner Verwandtschaft abbrechen soll. Die anliegenden Wüstenstämme, die Söhne der Ketura, werden zu Halbbrüdern gemacht. Hinter diesem Begriff verbindet sich eine sozialökonomische Abhängigkeit. Die Wüstenbewohner stehen zu den Kulturlandbewohnern in einem Schutzbundverhältnis. Für die Gewährung des Weiderechtes und die Beteiligung am Wirtschaftsleben übernehmen die Nomaden die militärische Verteidigung der kleinen Stadtkönigtümer. Die Genealogie des Jahwisten beschreibt den Zustand im Süden des Landes etwa um die Mitte des 9. Jahrhunderts.

2. Abraham ist eine mythische Person wie Isaak und Jakob, auch wenn dies Gentilnamen sind. Ihre Geschichten sind Stammesgeschichten. Die Gestalt Abrahams ist eine mythische Schöpfung. Sie verbindet den Anfang der alten Stammesgeschichten mit der sogenannten »Urgeschichte«. Abram ist der »erhabene Vater«, der Äneas der biblischen Mythologie. Wie dieser gründet er Heiligtümer, d.h. er usurpiert alte heilige Stätten. Äneas reitet auf der Aphroditenkultreihe in die Arena römischer Mythologie ein. Abraham nimmt die heiligen Bäume, einstmals sicher Kultstätten von Fruchtbarkeitsgöttinnen, für sich in Anspruch. Der Name von Abrahams Frau, Sara'i, ist noch ein deutlicher Hinweis darauf, daß die Mythen von Äneas

und Abraham dieselbe Funktion haben. Sara'i ist der aus den nabatäischen Inschriften überlieferte Name der großen Göttin. Erst die Priesterschrift des 5. Jahrhunderts verändert den Namen in Sarah, Fürstin. Äneas verließ auf göttlichen Rat das brennende Troja, Abraham seine Heimat Ur. Der Sieg des großen Heros aus der Fremde bezeichnet mythologisch den Anfang einer neuen geschichtlichen Epoche. Mit der Äneassage begründeten die Julier ihre Herrschaftsansprüche über das Imperium Romanum. Mit der jahwistischen Abrahamsage begründete die jerusalemische Theokratie der frühen Königszeit ihren Anspruch auf die Oberherrschaft über alle Stämme im Lande Kanaan.

b. Abraham wohnte in Gerar im Lande der Philister, dessen König Abimelech war. Abimelech fand Gefallen an Sara und ließ sie in seinen Harem holen. Er wußte nicht, daß Sara die Ehefrau Abrahams war, denn dieser hatte Sara aus Furcht vor den Philistern als seine Schwester ausgegeben. Abimelech aber wurde zeugungsunfähig wie auch alle seine Frauen und konnte mit Sara den Beischlaf nicht ausführen. In der Nacht erschien Elohim dem König und bedrohte ihn mit dem Tod, weil er Abraham die Ehefrau weggenommen hatte. Elohim befahl dem König, Sara zurückzugeben, denn Abraham sei ein Prophet. Abimelech gehorchte und gab Abraham außerdem tausend Silberstücke. Er beschenkte ihn reich und erlaubte ihm, nach Belieben in seinem Lande das Weiderecht wahrzunehmen. Abraham bat daraufhin Elohim, und dieser heilte Abimelech und seinen Harem, daß sie wieder zeugungsfähig wurden.

In Gerar gebar Sara den Isaak. Als sie dann Isaak mit Ismael, dem Sohn der ägyptischen Nebenfrau Hagar, spielen sah, verlangte sie von Abraham, daß er Hagar und Ismael vertreibe. Sie wollte ihren Sohn allein erben lassen. Abraham gehorchte ihr, denn Elohim sagte ihm, auch Ismael wolle er zu einem großen Volk machen, doch nur Isaak solle als der rechtmäßige Sohn Abrahams gelten. Hagar wurde mit dem Kind in die Steppe von Beeršeba verstoßen. Dort wollte sie sich das Leben nehmen. Aber Elohim rettete sie und das Kind vor dem Verdursten. Ismael wuchs auf, nahm eine Ägypterin zur Frau und wurde der Stammvater eines großen Volkes.

Abraham aber blieb lange Zeit im Philisterland. In Beeršeba schloß er mit Abimelech einen förmlichen Bund, wonach ihm Beeršeba als Lehen gehören sollte. Danach stellte Elohim dem Abraham nach und sagte zu ihm: Abraham, nimm deinen einzigen Sohn Isaak und bringe ihn als Brandopfer auf einem Berge dar, den ich dir zeigen werde.

Abraham gehorchte und zog mit dem Knaben und zwei Knechten nach der Kultstätte, die Elohim ihm zeigte. Das letzte Ende legten Vater und Sohn allein zurück. Als sie an der Kultstätte angekommen waren, die Elohim ihm gezeigt hatte, errichtete Abraham dort einen Altar und legte die Holzscheite zurecht. Dann band er seinen Sohn Isaak und legte ihn auf den Altar oben auf die Holzscheite und ergriff das Messer, um seinen Sohn zu schlachten. Hierauf trat er zu den Knechten zurück und kehrte nach Beeršeba heim, wo er wohnte.
I. Mose 20; 21,6–30; 22,19.

1. Die elohistische Abrahamsgeschichte weist die typischen Merkmale der elohistischen Tradition auf. Abraham wird als Mann angesehen, der im Lande wohnt. Von seiner fernen Herkunft weiß der Erzähler nichts. Abraham kennt noch viele Götter und gehorcht dem Elohim. Er verträgt sich mit den landesansässigen Philistern und schließt mit ihnen Verträge ab. Kein böses Wort wird über die Philister gesagt, sondern der König Abimelech von Gerar wird sogar gewürdigt.

2. Die Ägypterin Hagar ist die Nebenfrau Abrahams, die unter dem offenkundigen Schutze Elohims steht. Ihr Sohn Ismael heiratet ebenfalls eine Ägypterin und wird Stammvater eines stattlichen Volkes, das ebenfalls unter dem Schutze Elohims steht.

3. Isaak aber wird geopfert. Das muß bei dem elohistischen Text gestanden haben. Denn in I. Mose 22,19 heißt es ausdrücklich: Hierauf kehrte Abraham zurück zu seinen Dienern, und sie brachen auf und zogen miteinander nach Beeršeba, und Abraham blieb in Beeršeba wohnen. Von Isaak wird im weiteren elohistischen Text auch nicht mehr gehandelt, denn die elohistische Tradition setzt ihre Erzählung mit Jakob fort.

Die alte Lokaltradition der vorisraelitischen Zeit wird in der antijerusalemischen Haltung der verschiedenen alten Bevölkerungsteile lebendig geblieben sein, die sich ein ungetrübtes Verhältnis zu den Philistern und Ägyptern erhalten haben. Für sie ist Abraham der Kronzeuge für ein gutes, friedliches Zusammenleben von Nomaden und Kulturlandbewohnern. Elohim regiert den Abraham und den Abimelech, den Juden und den Philister. Er ist kein Eiferer, sondern ein freundlicher Herr. Das Opfer Isaaks, das er von Abraham fordert, ist eine Selbstverständlichkeit im alten matriarchalischen Kanaan. Und es ist auch selbstverständlich, daß die große Mutter Sarah (»die Fürstin«) die Rivalin Hagar mit ihrem Sproß aus dem Clanfrieden ausschließt und in die Wüste verbannt, denn Elohim vertritt das

Mutterrecht. Aus dem altbabylonischen Codex Hammurapi wissen wir, daß die Nebenfrau rechtlich von ihren Kindern getrennt ist. Sie hat darüber nicht zu bestimmen, sondern die Herrin des Hauses. Elohim unterliegt aber Jahwe, wie die jahwistische Gestalt des alten elohistischen Mythos von der Opferung Isaaks es belegt, denn der Engel Jahwes verhindert das Opfer (siehe II,5,b).

c. Nach dem Tode seines Vaters zog Abraham von Haran in das Land Kanaan. Dort siedelte Lot in den Städten der Jordansaue, während Abraham im Lande Kanaan wohnte. Da erschien Jahwe vor Abraham und sagte zu ihm: Ich bin's, der ich den Bund mit dir geschlossen habe, um dich zu einem Stammvater einer Menge von Völkern werden zu lassen. Darum sollst du auch nicht mehr Abram (erhabener Vater), sondern Abraham (Vater eines großen Volkes) heißen. Und ich will dein Gott sein und der Gott deiner Nachkommen. Ich will nämlich dir und deinen Nachkommen nach dir das Land Kanaan zum Eigentum für immer geben. Du sollst aber meinen Bund halten. Und das soll das Zeichen des Bundes zwischen mir und euch sein: Alle Männer sollen beschnitten werden an der Vorhaut. Im Alter von acht Tagen soll alles, was männlich unter euch ist, beschnitten werden. Und zwar soll nicht nur der im Hause Geborene beschnitten werden, sondern auch der gekaufte Sklave. Den Unbeschnittenen aber sollst du aus deiner Mitte verstoßen, denn er hat meinen Bund gebrochen. Deine Frau soll fortan Sarah heißen. Sie wird dir einen Sohn gebären, der eine große Nachkommenschaft haben wird. Mit ihm werde ich in Jahresfrist meinen Bund schließen. Auch Ismael wird zahlreiche Nachkommen haben. – Da beschnitt Abraham sich, seinen Sohn und alle seine Hausgenossen. Nach einem Jahr gebar Sarah dann dem Abraham den Isaak. Und Abraham beschnitt seinen Sohn Isaak, als er acht Tage alt war, wie ihm Jahwe geboten hatte.

Und Sarah starb in Hebron im Lande Kanaan im Alter von 127 Jahren. Abraham kaufte daraufhin von dem Hethiter Ephron in der Gegend Machpela eine Grabkammer und bestattete in ihr seine Frau. So wurde das Grundstück Ephrons bei Mamre mit allen Bäumen und der Grabkammer von Abraham rechtmäßig erworben und sein Eigentum. Zeugen waren die Hethiter, die bei Abschluß des Kaufvertrages durch das Tor gingen. Abraham aber starb im schönen Alter von 175 Jahren, als er alt und lebenssatt war. Und seine Söhne Isaak und Ismael begruben ihn in der Höhle bei Mamre auf dem Grundstück, welches Abraham von Ephron gekauft hatte. Dort waren nun Abraham und Sarah begraben.

Andere erzählen von einem Raubfeldzug verbündeter Könige aus dem Ostjordanland gegen die Könige im Westjordanland und im Süden Kanaans. Die Könige von Sodom und Gomorra wurden geschlagen und ihre Städte geplündert. Unter der weggeführten Beute befand sich auch die Familie des Lot mit ihrer Habe. Als Abraham davon hörte, rüstete er seine Truppen von 318 Mann und verfolgte die Raubkönige bis in den Norden Kanaans nach Dan. Dort überfiel er sie nächtens und jagte sie auseinander, bis hinter Damaskus. Alle Beute führte er zurück. Als er mit den Gefangenen und der Beute zurückkehrte, kamen ihm der König von Sodom und Malkisedek, der König von Salem, entgegen. Malkisedek brachte Abraham Brot und Wein. Er war ein Priester des El Eljon, des höchsten Gottes, und segnete ihn: Gesegnet seist du, Abraham, von dem höchsten Gott, der Himmel und Erde geschaffen hat. – Und Abraham gab ihm den Zehnten des Beutegutes, und den gesamten Rest gab er dem König von Sodom zurück. Nur die Kosten des Feldzuges ließ er sich von dem König erstatten.
I. Mose 12,5; 13,11–12; 16,15; 17; 21,3–5; 23; 25,7–10; 14.

1. Der priesterliche Bericht kennt die Vertreibungsgeschichte von Hagar und Ismael nicht. Ismael und Isaak bestatten gemeinsam ihren Vater.

Wichtig ist dem priesterlichen Erzähler die Einsetzung der Beschneidung, die mit der Landverheißung verbunden wird. Dabei interessiert ihn aber die Beschneidung mehr als die Landverheißung. Denn nach dem Exil hatte das Priestertum mehr Interesse an der Aufrechterhaltung der alten religiösen Bräuche als an den Landverheißungsberichten.

Wichtig war der priesterlichen Tradition auch die Bestattung Abrahams. In der wiederholten Betonung, daß Abraham das Grundstück käuflich erworben hat, wird deutlich gemacht, daß Abraham in eigener Erde, also kultisch rein, bestattet wurde. Zum kultischen Ritus gehört auch die Totenklage und die Bestattung durch die Söhne.

Die Beschneidung ist in Mesopotamien nicht üblich gewesen, wohl aber in Ägypten. In Israel wurde sie in der geschichtlichen Frühzeit während der Pubertät vollzogen, erst die priesterliche Tradition von Jerusalem führte sie beim Kleinkind ein. Die Beschneidung, d.h. die operative Entfernung der Vorhaut, war einstmals Bestandteil der Aufnahmezeremonie in den Clan. Sie bedeutete Unterwerfung des Mannes unter die Herrschaft der großen Mutter. In der geschichtlichen Spätzeit tritt an die Stelle der großen Mutter und heiligen Königin der Stammesgott, in der israelitischen Religion ist es Jahwe. Nun bewirkt die Beschneidung nur noch Zugehörigkeit zum Kultverein des Gottes, bildlich gesprochen, bezeichnet sie den Bund, der zwischen Gott und Mensch besteht.

2. Dem priesterlichen Interesse ist auch die Aufnahme der archaisch wirkenden Raubzugepisode des Kapitels I. Mose 14 zuzuschreiben. Die Geschichte ist nämlich wegen der Botmäßigkeit Abrams unter dem Priesterkönig von Jerusalem (Salem) wichtig. Nach dem Exil waren ja die Hohenpriester von Jerusalem die eigentlichen Machthaber im Lande. Malkisedek von Salem war ihr Leitbild. Wenn schon Abram, der große Feldherr und Stammesvater, sich freiwillig dem Malkisedek unterwarf, mußten es die einzelnen Stammesväter nach dem Exil rechtens doch auch tun.

Typologisch wird Malkisedek auch in Psalm 110,4 und im neutestamentlichen Hebräerbrief 7 als Vorbild des Heilskönigs und Messias gedeutet.

IV.2 Die Geschichten von Isaak

a. Als Abraham nach dem Tode Saras sein Haus bestellen wollte, beauftragte er den hausältesten Knecht, für seinen Sohn Isaak eine Ehefrau aus dem Elternhause Abrahams in Aram zu suchen. Und der Knecht legte seine Hand an das Glied Abrahams und schwur ihm, diesen Auftrag getreulich auszurichten.

Mit vielen Gaben und zehn Kamelen reiste der Knecht nach Mesopotamien in die Stadt Nahors. Vor der Stadt am Brunnen ließ er die Karawane halten, um unter den Töchtern der Stadt, die abends zum Wasserschöpfen an den Brunnen kamen, die von Jahwe bestimmte zu erwarten. Es war Rebekka, die Tochter Bethuels, eine Nichte Abrahams. Der Knecht beschenkte sie mit Nasenring und Armreifen, und als sie zu Hause davon berichtete, ging der Bruder des Mädchens, Laban, hinaus, um die Karawane einzuladen. Da richtete der Knecht seinen Auftrag aus und bat um die Hand Rebekkas für Isaak. Er hatte sich nämlich gesagt, das Mädchen, das auf meine Bitte mir zu trinken gibt und auch meine Kamele tränkt, soll nach dem Willen Jahwes die Braut für Isaak sein. Weil alles so eingetroffen war, hatten Laban und Bethuel nichts gegen die Heirat einzuwenden. Danach überreichte der Knecht die Geschenke, und ein großes Essen besiegelte den Ehevertrag. Schon am nächsten Tag reiste er mit Rebekka zurück. Unterwegs trafen sie dann auf Isaak. Als Rebekka ihn sah, verschleierte sie ihr Gesicht. Isaak aber führte sie in sein Zelt, und er nahm sie zur Frau und gewann sie lieb.

Rebekka gebar ihm Zwillinge, Jakob und Esau. Schon vor der Geburt hatte Jahwe ihr in einem Spruch gesagt: Zwei Völker sind in deinem Leibe, und zwei Stämme werden sich aus deinem Schoße scheiden. Ein Stamm wird dem anderen überlegen sein, und der ältere wird dem jüngeren dienstbar werden. – Bei der Geburt erschien zuerst Esau, der sehr behaart war, nach ihm Jakob, der den Esau an der Ferse festhielt. Als die Knaben älter wurden, hielt Esau sich, sehr zur Freude Isaaks, zumeist in der Steppe bei den Herden auf und jagte, Jakob war mehr zu Hause, zur Freude Rebekkas. Er kochte gut und handelte für ein Linsengericht das Erstgeburtsrecht von Esau ein, als dieser einstmals heißhungrig von draußen nach Hause kam.

Als aber eine Hungersnot kam, zog Isaak mit seinem Stamm nach Gerar, wo Abimelech König war. Isaak gab Rebekka als seine Schwester aus, weil er fürchtete, daß die Philister ihn umbringen könnten, um sich in den Besitz seines Weibes zu setzen. Aber der König Abimelech merkte das und nahm Isaak unter seinen persönlichen Schutz. Das geriet Isaak sehr zum Vorteil, und er wurde so reich, daß die Philister ihn beneideten. Da sagte denn Abimelech zu ihm: Verlasse mein Land, denn du bist uns allzu mächtig geworden. Isaak zog darauf aus der Stadt in das Tal unterhalb von Gerar und grub sich Brunnen, die ihm aber von den anderen Hirten genommen wurden. Er wich vor ihnen bis nach Beeršeba. Dorthin aber kam der König selbst und schloß mit ihm einen Schutzvertrag ab, um in Zukunft vor ihm sicher zu sein.

Als Isaak alt geworden war und er nicht mehr sehen konnte, rief er Esau, um ihm den Erstgeburtssegen zu geben. Esau sollte ihm aber zuvor ein Stück Wild jagen und zubereiten. Dies hörte Rebekka, und sie täuschte mit Jakob den alten Isaak, indem sie als Wildbrett zwei junge Ziegenlämmer briet, deren Felle aber Jakob auf die Arme zog, damit der Vater meinen sollte, er fühle die behaarten Gliedmaßen Esaus. Und Isaak aß den Braten und segnete Jakob: Völker sollen dir dienstbar werden und Nationen sich vor dir beugen. Du sollst ein Herr sein über deine Brüder, und vor dir sollen sich die Söhne deiner Mutter verbeugen; wer dir flucht, sei verflucht, wer aber dich segnet, soll gesegnet sein.

Kurz darauf kam auch Esau von der Jagd heim. Da wurde offenbar, daß Jakob den Segen vorweggenommen hatte. Und Esau weinte laut und bat: Segne mich auch, Vater! Isaak konnte ihm nur einen anderen Segen geben: Von deinem Schwerte sollst du leben, und dem Bruder sollst du dienstbar sein. – Isaak aber lebte danach noch lange Jahre in Hebron, nahe der Grabstelle seines Vaters.

I. Mose 24; 25,21–26,1; 26,9–10; 27,2–27; 29,1–32; 35,1.27–29.

1. Die Geschichte Isaaks in der Erzählung der jahwistischen Tradition ist getragen von dem nationalen Hochgefühl der frühen Königszeit. Isaak ist der glorreiche Held, mit Reichtümern gesegnet, der aus dem nichtisraelitischen Heimatgeschlecht sich seine Frau holt, die ihm nicht abgeschlagen werden kann. Der Philisterkönig kommt zu ihm und bittet um einen Schutzvertrag. Der Segen Isaaks ruht auf Jakob, dem Kulturlandbewohner. Der den nomadischen Lebensgewohnheiten verbundene Esau soll sich ihm beugen.

Isaak ist eine mythische Person ohne eindeutige historische Unterlage. Sein Name ist nicht undeutbar, sondern heißt: »er lacht«. Sein Lachen ist das Lachen des Siegers. Seine Mutter lacht, sein Vater lacht. Sie triumphieren, die fluchwürdige Kinderlosigkeit überwunden zu haben. Seine mythologische Bedeutung liegt in der ihm zugewiesenen Rolle, Vater des Jakob-Israel und Esau-Edom zu sein.

Die detaillierte Darstellung der nomadischen Verhältnisse in der Brautwerbungsgeschichte und in der Geschichte mit Abimelech von Gerar ist Eigenart des jahwistischen Erzählers.

2. Genealogien gehören zu den Urformen des Mythos. Die mythologische Funktion solcher genealogischen Konstruktionen Abraham – Isaak – Jakob – Edom besteht darin, politische Abhängigkeitsverhältnisse zu erklären: Jakob-Israel und Esau-Edom, zwei feindliche Völker, sollen ein gemeinsames Elternpaar haben, das bestimmt, der kleinere Jakob soll über den größeren Esau herrschen. Der Segen Isaaks und die Prophezeiung Jahwes sind identisch. Sie sind von den Erfordernissen der frühen Königszeit diktiert und zeigen an, daß das ursprüngliche Doppelkönigtum von Beeršeba beendet ist. Esau-Edom und Jakob-Israel teilten sich einstmals in dieses Königtum der alten Lokalgottheit Isaaks, der noch der eine Mann der großen einflußreichen Mutter Rebekka war. Darin glich die Funktion des biblischen Zwillingsmythos von Jakob-Esau dem griechischen Zwillingsmythos von Akrisios und Proitos von Argos. Die Zwillinge Proitos und Akrisios erbten nach dem Tode ihres Vaters das Reich gemeinsam. Abweschselnd sollten sie regieren, aber Akrisios weigerte sich, nach Ablauf seiner Frist die Herrschaft an Proitos abzutreten, der auch mit Danae, der Tochter des Akrisios, ein Liebesverhältnis angefangen hatte. Darüber kam es zwischen den Brüdern zum Streit. Er wurde mit der Teilung des Reiches beendet.

b. Isaak wurde geboren, wie Elohim es Abraham vorausgesagt hatte, und Abraham zog ihn auf und war bereit, ihn auf Befehl Elohims zu opfern, bis ein Engel dieses verhinderte (siehe II,5,b). Isaak heiratete Rebekka, die ihm die beiden Söhne Jakob und Esau gebar. Und Isaak segnete Jakob, der ihn dadurch getäuscht hatte, Esau zu sein, daß er sich die Felle von Ziegenlämmern um Hals und Arme gelegt hatte, mit dem Erstgeburtssegen: Es gebe dir Elohim Tau vom Himmel und fetten Boden und Überfluß an Getreide und Wein. – Und Esau segnete er mit diesem Wort: Deine Wohnung wird fern von dem fetten Boden sein, und der Tau des Himmels oben wird ihn nicht netzen.
I. Mose 21,6–22,19; 27,11–12.27–29.39.

1. Der elohistische Textbeitrag zur Isaaküberlieferung ist geringer als der jahwistische. Der wesentliche Unterschied liegt nur in den Segensformeln, die Isaak gebraucht. Der alte kanaanäische Gott, wie ihn die kanaanäische Restbevölkerung im 9. Jahrhundert nach der israelischen Eroberung noch als Traumbild in Erinnerung hat, ist ein Gärtner und kein kriegerischer Feldherr mit Machtgelüsten, wie ihn der jahwistische Erzähler beschreibt. Die kanaanäische Restbevölkerung auf dem Lande lehnt die Jerusalemer Macht- und Kriegspolitik, die im Namen Jahwes betrieben wird, ab. Isaak kann in dem Jakobel, wie der Name sicher gelautet hat (siehe etwa den akkadischen Namen Ja'qub-ilu: Gott überlistet, übervorteilt oder belohnt), nur diesen, einen kanaanäischen Bauern, segnen. Man wird an Hesiod erinnert:

> Du, o Perses, bewahre in deinem Herzen dir dieses:
> Nie von der Arbeit ziehe dich übergierige Streitsucht,
> Um nach Hader zu spähen und Händeln des Marktes zu lauschen.
> Wenig Zeit hab übrig für Zank und des Marktes Getümmel,
> Wem für das Jahr daheim nicht reife genügende Gabe
> Daliegt, wie sie die Erde getragen, Korn der Demeter.
> Hast du davon die Fülle, dann magst du zanken und hadern
> Um die Güter von anderen, doch nicht zum zweitenmal wird dir
> Solches gelingen, hier aber entscheiden wir unseren Hader
> Nur nach Recht und Gesetz, wie Zeus sie am besten gegeben.
> Teilten wir unseren Besitz doch schon, du aber entrissest

Vieles und schlepptest es fort und priesest die gabengefräßigen
Herrscher noch hoch, die gern bereit zu dieser Entscheidung.
(›Werke und Tage‹, Vers 27–39.)

c. Das ist die Geschichte Isaaks, des Sohnes Abrahams. Isaak war vierzig Jahre alt, als er sich Rebekka, die Tochter des Aramäers Bethuel aus Mesopotamien, die Schwester des Aramäers Laban, zum Weibe nahm.

Isaak war sechzig Jahre alt, als Jakob und Esau geboren wurden. Als Esau vierzig Jahre alt war, heiratete er Judith und Basemath, die Töchter der Hethiter Beeri und Elon. Das war ein schwerer Kummer für Isaak und Rebekka. Da rief Isaak den Jakob und segnete ihn und sagte: Nimm nicht eine von den Töchtern Kanaans zur Frau, sondern gehe nach Mesopotamien in das Haus deiner Väter und hole dir von dort eine Frau. Und Jakob gehorchte Isaak. Als aber Esau das merkte, daß seine Frauen Isaak mißfielen, nahm er noch eine Frau dazu, nämlich Machalath, die Tochter Ismaels, der ja ein Sohn Abrahams war wie Isaak.

Und Jakob gelangte mit seinen Frauen zu seinem Vater Isaak nach Mamre bei Hebron, wo auch Abraham geweilt hatte. Isaak war 180 Jahre alt, als er starb und sich zu seinen Stammesgenossen versammelte, alt und lebenssatt, und seine Söhne Esau und Jakob bestatteten ihn.

I. Mose 25,19–20.26b; 26,34–35; 28,1–9; 35,27–29.

1. Der priesterliche Text nimmt eigentlich nur an der Eheschließung Isaaks Interesse. Er hält fest, daß Jakob kultisch rein bleibt. Er heiratet in der Familie. Jakob ist das Beispiel aus der Heroenzeit für den priesterlichen Eingriff in die nachexilischen Ehen, wie ihn das Buch Nehemia berichtet, als man alle nichtjüdischen Frauen verstößt.

Ebenso wichtig ist für die priesterliche Tradition das Ritual beim Tode Isaaks, das fehlerlos zelebriert werden muß. Ein anderes Interesse hat die Priesterschaft in Jerusalem im 5. Jahrhundert v. u. Z. an den Heroen der Frühzeit nicht gezeigt. Ihr Interesse ist orientiert an der persischen Kabinettsorder, die der Priesterschaft nur die Wiederbelebung einer Kultgemeinde erlaubt. Deshalb legt sie wenig Wert auf detaillierte Darstellungen aus der heldenhaften Vergangenheit der Väter. Isaak befolgt treulich alle Kultgesetze. Von einer regen Selbständigkeit Isaaks weiß der priesterliche Text nichts.

a. Nachdem Jakob sich den Erstgeburtssegen erschlichen hatte, floh er auf Anraten seiner Mutter Rebekka nach Haran zu seinem Onkel Laban, um vor den Nachstellungen Esaus sicher zu sein. Unterwegs erschien ihm Jahwe und versprach ihm: Das Land, auf dem du bist, das werde ich dir und deinen Nachkommen geben, und ich werde immer mit dir und mit ihnen sein.

Als Jakob schon in der Nähe von Labans Wohnsitz war, erblickte er in der Steppe einen Brunnen. Er ging auf ihn zu und traf dort bei den Herden Rahel, die gerade die Herde ihres Vaters Laban tränken wollte. Jakob nahm ihr diese Arbeit ab, küßte dann Rahel, begann laut zu weinen und sagte, er sei der Verwandte ihres Vaters, der Sohn Rebekkas. Laban nahm ihn herzlich auf und gab ihm Rahel zur Frau, dazu jedoch auch ihre ältere Schwester Lea, denn es war nicht Brauch, die jüngere Tochter vor der älteren zu verheiraten. Als aber Jahwe sah, daß Jakob Rahel der Lea vorzog, machte er Lea fruchtbar, während Rahel unfruchtbar blieb. Lea gebar vier Söhne: Ruben, Simeon, Levi und Juda. Und als Lea dann sah, daß sie aufgehört hatte zu gebären, gab sie Jakob ihre Leibmagd Silpha zur Nebenfrau, die ihm Gad und Asser gebar. Nun brachte einstmals Leas Sohn Ruben Liebesäpfel vom Felde heim, und die kinderlose Rahel erbat davon einige für sich. Zum Lohn für die Früchte erhielt Lea von Rahel die nächsten Nächte mit Jakob zugestanden. Und Lea gebar ihm noch zwei Söhne, Issašar und Sebulon, und eine Tochter Dina. Aber Rahel gebar ihm in Haran nur einen Sohn. Sie nannte ihn Joseph in der Hoffnung, Jahwe werde ihr noch einen Sohn schenken. Nachdem Joseph geboren war, wollte Jakob mit seinen Frauen und Kindern heim in das Land seiner Väter ziehen. Zum Lohn erbat er von seinem Schwiegervater Laban alle gesprenkelten und gescheckten Schafe aus der Herde. Das gestand Laban ihm zu. Und Jakob verstand es so einzurichten, daß alle kräftigen Tiere gescheckte Lämmer zur Welt brachten, aber die einfarbigen waren alle schwach. So wurde er über die Maßen reich und hatte bald viele Schafe, Kamele, Esel, Knechte und Mägde. Als Jakob dann hörte, daß die Söhne Labans ihm seinen Besitz streitig machen wollten, zog er mit seinen Frauen, Kindern und Herden weg. Mit Laban aber schloß er einen Vertrag über die gegenseitige Abgrenzung der Weidegebiete. An der Vertragsstelle errichteten sie zum Zeugen ihres Bundes einen Steinhaufen, der auch gleichzeitig die Grenzen markierte. Danach versöhnte sich Jakob mit seinem Bruder Esau und ließ sich in Sukkot im Ostjordanland in der Nähe von Sichem nieder.

Als eine Hungersnot über Kanaan kam, schickte Jakob seine Leute nach Ägypten, Getreide zu kaufen. Sie wurden angeführt von den Söhnen Leas. In Ägypten aber war der Rahelsohn Joseph zu Einfluß und Macht gekommen und konnte es möglich machen, das ganze Haus Jakob mit all seinen Herden in das ägyptische Land Gosen einwandern zu lassen. Dort lebte Jakob noch 17 Jahre. Er war 147 Jahre alt, als er seinen Tod nahen fühlte. Er ließ Joseph kommen und ihn schwören, daß er ihn nach seinem Tode in der Heimat seiner Väter beisetzen werde.

Und so geschah es auch. Feierlich geleitet von einer Abordnung des Pharao und von den Kindern, wurde Jakob in die Gruft seines Vaters in der Gegend Machpela bei Mamre übergeführt. Aber Joseph und seine Brüder kehrten nach Ägypten zurück (siehe auch IV,4,a).

I. Mose 27,41–45; 28,10; 29,2.31–30.9; 46,28–34; 50,1–14.

1. Der jahwistische Erzähler beschreibt Jakob als Heros, dem alle Dinge gelingen. Nichts hält ihn auf. Gott Jahwe unterstützt ihn, der wider alles Recht sich durchsetzt. Er ist mit Kindern, Frauen und Reichtümern gesegnet. Ihm und seinen Nachkommen (siehe auch IV,3,c) wird von Jahwe das ganze Land zugesprochen.

Zwischen Jakob und den Nachbarvölkern sind klare Abgrenzungen vorgenommen. Die Familie der Frauen Jakobs ist entrechtet. Das Matriarchat ist vorbei. Die letzten Erinnerungen an das Mutterrecht leben in dem Privileg der Mutter fort, den Kindern Namen zu geben. Jakob opfert noch selber. Er ist Stammeskönig und Priester. Darin gleicht er seinen orientalischen Kollegen.

2. Für den jahwistischen Tradenten ist er deshalb ein Vorbild für die Könige Judas. Seine Taten sind Tugenden der königlichen Despoten auf dem Jerusalemer Thron. List, Betrug, Diebstahl und auch die Mordtat an der Bevölkerung von Sichem (siehe IV,3,f) sind nicht ohne sein Wissen und Wollen geschehen. Der Mythos urteilt auch hier nicht moralisch. Er hat die Vorwegnahme des davidischen Großreiches zum Ziel. Deshalb erhält Jakob, als Vater von zwölf Stämmen hat er zwölf Söhne, seine jetzige biblische Bedeutung als Erzvater, als großer bedeutender Urvater.

3. Seine ursprüngliche Bedeutung liegt in der mythischen Vorgeschichte, als nämlich der Sechsstämmebund der Lea-Söhne sich zusammenschloß und diese große Mutter, die heilige Königin, im Zuge des Übergangs vom Matriarchat zum Patriarchat, einen Mann erhielt. Der Stamm Ruben hat sicher die führende Rolle gespielt, als der Sechsstämmebund aus dem steppenhaften

Ostjordanland in die westjordanische Kulturlandzone eindrang und die alten kanaanäischen Heiligtümer Bethel und Sichem eroberte, die sicher von zwei Dreiergruppen als gemeinsame Kultstätten unterhalten wurden. Lea bedeutet »Steinbock« und Silpha »die Zornige«; Rahel bedeutet »das Lamm« und Bilha »die Schreckliche« (vgl. IV,3,c); Jakob war Stammesvater der Rubeniten, die diese Heiligtümer usurpierten und ihren Vatergott mit den einheimischen Traditionen vermischten. Der jahwistische Erzähler hat aber dadurch, daß er Jakob in Hebron, der ersten Königstadt David, beisetzen läßt, versucht, die alten Traditionen zu zerstören und Jakob zu einem Sohne Isaaks zu machen. Mythologisch ist die Funktion des Jakob der des Herakles vergleichbar. Herakles und sein Zwillingsbruder Iphikles erlitten das gleiche Schicksal wie Jakob und Esau. Die älteren Brüder Iphikles und Edom, die heiligen Könige, müssen ihren Stellvertretern, den jüngeren Brüdern, weichen. Wie Herakles übernimmt Jakob die Funktionen und Rechte seines Zwillingsbruders, der in die Steppe verdrängt wird.

b. Jakob kam einstmals nach Lus. Dort blieb er über Nacht. Er nahm einen Stein und legte ihn sich zu Häupten, um in dessen Schutz zu schlafen. Da träumte ihm, eine Leiter sei auf die Erde gestellt, die in den Himmel reichte, und auf ihr stiegen die Boten Elohims auf und nieder. Jakob fürchtete sich, denn er dachte: Wie gefährlich ist dieser Ort! Sicher ist hier der Wohnsitz Elohims und die Tür zum Himmel. – In der Frühe des nächsten Tages nahm er den Stein und richtete ihn auf und vergoß Öl auf ihm. Er nannte aber diesen Ort Bethel (Haus Gottes). Und Jakob gelobte Elohim bei diesem Stein: Wenn Elohim mich auf meinem Wege behütet und ich wohlbehalten zum Hause meines Vaters zurückkomme, so soll dieser Stein ein Gotteshaus werden, und ich werde von allem den Zehnten geben. Als er zu dem Abrahamiden Laban kam, gab dieser ihm seine Töchter Lea und Rahel zur Frau. Rahel hatte selber keine Kinder außer Joseph. Nachdem Jakob im Dienste Labans reich geworden war, kehrte er mit all seiner Habe heimlich Laban den Rücken. Als Laban ihm nachstellen wollte, erschien aber Elohim bei ihm und warnte ihn davor, Jakob Böses anzutun. Nachdem Laban Jakob eingeholt hatte, redete er darum freundlich mit ihm. Doch verlangte er seinen Hausgott zurück, der seit Jakobs Flucht verschwunden war. Er suchte den Hausgott mit Billigung Jakobs überall im Lager, ohne ihn zu finden. Denn Rahel, die ihn ohne Wissen ihres Mannes gestohlen hatte, saß auf dem Kamelsattel, in dem sie den

Theraphim verborgen hatte. Laban kehrte darauf wieder um, nachdem er noch mit Jakob einen Frieden geschlossen hatte.

Gott war mit Jakob und segnete ihn, als er mit ihm in Pniel eine Nacht gekämpft hatte (vgl. IV,3,d). Und Jakob zog weiter gen Süden und traf auf seinen Bruder Esau, mit dem er Geschenke austauschte. Er ließ sich aber bei Sichem nieder, wo er auch für El, den Gott Israels, einen Altar baute neben einem Malstein, wie er einen in Bethel errichtet hatte.

Von Sichem zog er hinüber nach Bethel, um sein Gelübde zu erfüllen und auch dort einen Altar neben dem Malstein, der Massebe, zu errichten. Vorher aber reinigten sie sich und ließen alle Hausgötter und Amulette in Sichem zurück. Von Bethel zogen sie südwärts. Bei Ephrat mußte Jakob halten, denn Rahel hatte Wehen und gebar einen Sohn, den sie Benoni, Sohn meines Schmerzes, nannte. Sie starb bei der Geburt und wurde dort begraben, an der Straße von Ephrat nach Rama. Jakob aber benannte den Benoni um in Benjamin, Sohn der rechten, der südlichen, der Glücksseite.

Und Jakob zog weiter im Lande umher und kam auch nach Ägypten, als eine Hungersnot ihn und die Seinen aus Kanaan vertrieb. In Ägypten aber war sein Sohn Joseph durch die Freundlichkeit Elohims mächtig geworden; der verschaffte ihnen eine neue Heimat. Dort rüstete sich Jakob zum Sterben, nachdem er vorher noch die Söhne Josephs, Ephraim und Manasse, gesegnet hatte.

I. Mose 28,11.12.17–22; 29,15–28; 30,1–8.17–18; 31,4–45; 35,1–5; 46,1–5.

1. Der elohistische Erzähler nennt viele der Taten Jakobs, die der jahwistische Erzähler tradierte, nicht. Der Herdenreichtum ist ein Geschenk Elohims und keine große Leistung des Erzvaters. Jakob handelt getreulich nach den Worten Elohims und errichtet in Bethel und Sichem Altäre und Masseben. Jakob ist ein tadelloser Frommer, Laban neidet ihm deshalb auch nicht den Reichtum, sondern sucht nur seinen Hausgottt, als er ihm nachstellt. Elohim ist toleranter als Jahwe. Er duldet, daß die große Stammutter des Hauses Joseph einen Hausgott stiehlt und mit sich im Gepäck führt. Elohim segnet Jakob, der ihm viele Altäre errichtet, reichlich. Der elohistische Erzähler kennt das Zerwürfnis zwischen Esau und Jakob nicht. Für ihn sind die Völker freundlich gesonnene Brüder.

Die antijerusalemische Opposition der nördlichen Stämme, in denen die alte kanaanäische Frömmigkeit noch sehr lebendig ist, kommt in der Schilderung der verschiedenen Heiligtümer zum Ausdruck. Sichem und Bethel gelten als von Jakob gegründete Heiligtümer, deshalb genießen sie so hohes Ansehen.

2. Der elohistische Erzähler kennt außerdem die Namensänderung Jakobs in »Israel« nicht, die auch in die priesterliche Tradition eingedrungen ist. In dieser Namensänderung liegt nämlich der Machtanspruch der Jerusalemer Hierarchie auf die Nordstämme begründet. Die aber huldigen ihrem partikularistischen Clangedanken und lehnen die Großreichsideologie der Königszeit ab. Die mythologische Bedeutung des elohistischen Jakob ist analog der Bedeutung des griechischen Heros Amphiktyon, eines der Söhne Deukalions, der im Namen seiner Frau, der Göttin Amphiktyonis, den ersten Bund der nordgriechischen Städte schuf, welchem Akrisios von Argos, einer der berühmten Zwillingsbrüder der griechischen Mythologie, die Verfassung gab. Die Griechen sagen ihm nach, daß er die Sitte einführte, den Wein mit Wasser zu mischen, um jeden Streit zwischen Trunkenen zu verhüten (siehe auch IV,3,c,2).

c. Jakob reiste auf Befehl seines Vaters Isaak nach Haran und ehelichte dort Lea, Rahel und die Leibmägde der beiden, Silpha und Bilha. Mit ihnen und all seiner Habe kehrte er nach Kanaan zurück und blieb in Sichem. Und als Jakob einstmals nach Lus kam, erschien Elohim ihm und sprach zu ihm: Du heißest Jakob, du sollst fortan nicht mehr Jakob heißen, sondern Israel soll dein Name sein – daher nennt man ihn Israel –, du sollst fruchtbar sein und zahlreiche Nachkommen haben. Das Land, das ich Abraham und Isaak verliehen habe, will ich dir verleihen, dir und deinen Nachkommen. – Und Jakob hatte zwölf Söhne: von Lea hatte er seinen Erstgeborenen Ruben, dazu Simeon, Levi, Juda, Issašar und Sebulon. Von Rahel hatte er Joseph und Benjamin. Rahels Leibmagd Bilha hatte ihm Dan und Naphtali geboren, Leas Leibmagd Silpha aber Gad und Asser. Und mit ihnen kam Jakob nach Mamre bei Hebron zu seinem Vater Isaak. Als aber die große Hungersnot kam, zog Jakob mit seiner gesamten Nachkommenschaft, seinen Herden und allem Gut nach Ägypten. Vor seinem Tode adoptierte er noch die Söhne Josephs, die diesem in Ägypten geboren waren, Ephraim und Manasse, und sagte: Wie Ruben und Simeon sollen sie mir gelten. Die Kinder aber, die du nach ihnen zeugst, sollen dir bleiben und in ihrem Erbteil den Namen eines ihrer Brüder führen. Dann segnete er jeden einzelnen seiner Söhne mit einem besonderen Segen und befahl ihnen, ihn nach seinem Tode in der Gruft seiner Väter in Machpela bei Mamre beizusetzen. Seine Söhne gehorchten ihm und bestatteten ihn dort neben seiner Frau Lea.
I. Mose 30,22; 31,18; 33,18; 35,6.9–13.22b–26; 46,6; 48,5; 50,12.

1. Die priesterliche Jakobsgeschichte ist vor allem an zwei Themen interessiert. Einmal heiratet Jakob kultisch einwandfrei und wird auch rituell fehlerfrei begraben, und zum anderen ist es göttlicher Wille, daß Jakob Israel heißen und ein großes Volk werden soll. Dazu gehört, daß Jakob die Zwölfzahl seiner Söhne erhalten muß. Zu diesem Zweck adoptiert er die Josephsöhne Ephraim und Manasse. Der Erstgeborene Ruben hatte nämlich versucht, indem er die Nebenfrau seines Vaters beschlief (I. Mose 35,22), seinen Vater zu stürzen. Der Versuch ist mißlungen und Ruben ausgestoßen. Der zweitgeborene Simeon aber ist vermutlich bei seinem Abenteuer mit den Sichemiten (siehe IV,3,f) von diesen als Stamm aufgerieben. Das kultische Interesse der priesterlichen Kaste von Jerusalem braucht aber zwölf Stämme, die im Monatswechsel das Heiligtum in Jerusalem versorgen. Durch den Adoptionsakt werden die realen Verhältnisse der frühen Königszeit, als Ephraim und Manasse schon im Lande weilen, in die Erzväterzeit verlegt. In der Bibel ist auch Jakob öfter als Name für das Volk Israel gebraucht.

2. In der ausführlichen Darstellung der Namensänderung offenbart sich die mythologische Funktion Jakobs. Er teilt sie mit seinem griechischen Äquivalent Hellen, Vater aller Griechen, Sohn des Amphiktyon. Hellen war der königliche Stellvertreter der Mondgöttin Selene, und seine Söhne waren die Stammväter der bedeutendsten Völker Griechenlands, die als patriarchalisch organisierte Wandervölker nach Griechenland eindrangen.

Der Name Israel bedeutet »Gott (El) herrscht« oder »Gott leuchtet«. Er ist wohl kanaanäischen Ursprungs. Die jahwistische Deutung in I. Mose 32,29 (»du hast mit Gott und Menschen gekämpft und hast gesiegt«; vgl. IV,3,d) ist eine mehr volkstümliche Erklärung des Namens und entspricht nicht der ursprünglich sakralen Bedeutung des Namens, der für den Bund der Stämme seit der Landnahme gegolten haben mag. Säkulare Bedeutung hat der Name seit der Reichstrennung 932 für das Nordreich besessen. Aber nach dem Untergang des Nordreiches haben prophetische Kreise den Namen wieder nur kultisch verstanden wissen wollen, als Bezeichnung für »das wahre Gottesvolk«. Diese Bedeutung hat der Name auch im Neuen Testament, z.B. Matthäus 8,10; 10,6; 15,24 und 15,31, oder Lukas 1,68 und 1,80; Paulus hat in seinem Römerbrief die Kapitel 9–11 dem Problem gewidmet.

3. Im Gesamtrahmen der priesterlichen Tradition tritt die Jakob-Israel-Überlieferung nicht besonders hervor. Das nachexi-

lische Zeitalter hat kein großes Interesse an der politisch-historischen Leistung des Stämmebundes. Sein Interesse liegt in der Bewahrung kultrechtlicher Traditionen. Da Jakob aber überhaupt nicht mit dem Tempel von Jerusalem zu verbinden war, wohl aber mit den für diese Zeit zweifelhaften Heiligtümern von Bethel, Sichem und Hebron, wird er am Rande behandelt.

d. Jakob war allein am Ufer des Jabbok am Abend vor der Begegnung mit Esau zurückgeblieben. Da rang einer mit ihm bis zur Morgenröte. Und als dieser sah, daß er Jakob nicht bezwingen konnte, schlug er ihn auf die Hüfte und verrenkte sie ihm. Als aber die Morgenröte sich erhob, sagte der Angreifer zu Jakob: Laß mich los. Doch Jakob antwortete: Ich lasse dich erst los, wenn du mich gesegnet hast. Da sagte der Gegner zu ihm: Du sollst Israel heißen, denn du hast mit Gott und Menschen gekämpft und bist Sieger geblieben. Aber meinen Namen sollst du nicht erfragen. Und er segnete ihn. Jakob nannte die Stätte Pniel, weil er Gott von Angesicht zu Angesicht gesehen hatte und war doch mit dem Leben davongekommen.
I. Mose 32,24b–32.

1. Diese altertümliche Geschichte wird der Laienquelle aus dem Süden Palästinas zuzuschreiben sein. Die Ortsätiologie Pniel, »ich habe Gott gesehen«, ist sicher nicht an die Person Jakobs gebunden gewesen, sondern an einen anderen Heros. Aber in der Bindung an den Erzvater Jakob-Israel ergibt sich für den Vertreter der Nomadenvölker aus dem Süden Judas die Möglichkeit zu erzählen, daß Menschen Jahwe von Angesicht zu Angesicht sehen können, ohne zu sterben. Jahwe ist ein Mann, der sich auf einen Zweikampf einläßt, und keine Figur, die im Adyton thront wie die Könige von Jerusalem.

2. Der Name der Gottheit bleibt unbekannt. Wir haben aber Grund anzunehmen, daß es ursprünglich ein Mondgott gewesen ist, denn der Kampf beginnt mit der Abenddämmerung und endet bei Aufgang des Morgenrots. Jakob kämpft als Vertreter Jahwes gegen Elohim. Diese ursprüngliche Form des Mythos ist noch erhalten. Einen ähnlichen Götterkampf berichtet auch der Baal-Mythos aus Ugarit: »M't war stark, Baal war stark. Sie stießen einander wie Wildrinder. M't war stark, Baal war stark; sie bissen einander wie Schlangen. M't war stark, Baal war stark, sie stießen einander wie stürmende Pferde. M't fiel nieder, Baal fiel über ihn. Es rief aber Špš (das ist der Sonnengott, im hebr. Šamš) den Urteilsspruch zugunsten Baals aus.«

e. Als Sichem, der Sohn Chamors, die Dina, eine Tochter Jakobs erblickte, der im Gebiete Chamors lagerte, ergriff er sie und vergewaltigte sie. Jakob aber erfuhr dies und teilte es seinen Söhnen mit, als sie von den Weideplätzen mit den Herden zurückkehrten. Die Söhne wurden zornig und gingen auf das Angebot Sichems, weil er das Mädchen liebgewonnen hatte, im nachhinein den Kaufpreis in unbegrenzter Höhe zu zahlen, nicht ein, sondern Simeon und Levi überfielen nach drei Tagen die arglose Stadt, erschlugen alle Männer einschließlich Sichem und holten Dina aus seinem Hause und zogen ab. Jakob war darüber entsetzt, denn er befürchtete, daß die Bewohner des Landes ringsum nun sich rächen würden. Simeon und Levi aber hatten nur die Antwort übrig: Durfte er unsere Schwester wie eine Hure behandeln?
I. Mose 34,2–3.5.7.11–14.25–26.30–31.

1. Die Geschichte von der Ermordung der Sichemiten, im Gegensatz zu der elohistischen Version (IV,3,f), motiviert die Bluttat mit der Vergewaltigung der Dina durch Sichem. Jakob wird aus der Geschichte herausgehalten. Simeon und Levi müssen die Übeltäter sein, denn sie haben zur Zeit der Abfassung des Mythos keine Weide- und Wohnplätze mehr im Lande.

Der Hintergrund dieser Auseinandersetzung ist sicher eine Interessenkollision der Sichemiten mit zwei Jakobsöhnen, den Stämmen Simeon und Levi, gewesen. Schändungen und Vergewaltigungen im Mythos spiegeln zumeist die Auseinandersetzung zwischen rivalisierenden Göttern wider. Der Kampf um die Frau ist der Kampf um die heilige Königin, die regierende Göttin. Diese darf nicht verlorengehen. Sichem verliert den Streit. Aus diesem alten Mythos hat die Laienquelle die moralische Fabel von der Unverletzbarkeit der Ehe gemacht, wie sie die Nomaden vertreten. Das Verhalten von Simeon und Levi wird vom Erzähler gebilligt. Für ihn gilt das königliche Recht nicht, er nimmt sich sein Recht selbst. Der heilige König Jakob steht teilnahmslos dabei, als Simeon und Levi handeln. Könige und Priester sind für den Erzähler der Laienquelle unbedeutende Randfiguren, denn das Recht und die Macht liegen bei dem Clan.

Noch bestimmen die Stammesinteressen, was Recht und Unrecht ist.

f. Als Sichem, der Sohn des Chamor, ein Fürst in Sichem, Jakobs Tochter Dina sah, verliebte er sich in sie und wollte sie heiraten. Und er bat seinen Vater, für ihn um das Mädchen zu werben. Chamor verhandelte mit Jakob: Bitte gebt meinem Sohn Sichem das Mädchen aus eurer

Familie zur Frau und verschwägert euch mit uns, wir wollen euch die Mädchen aus unserer Mitte geben und euch Raum geben in unserem Lande. Die Söhne Jakobs aber antworteten: Wir wollen nur unter der Bedingung eurem Angebot folgen, daß ihr euch beschneiden laßt, wie wir auch beschnitten sind. Dann wollen wir bei euch bleiben und mit euch ein Volk werden. Wenn ihr das nicht wollt, dann ziehen wir mit Dina weiter. Chamor und die Leute von Sichem gingen darauf ein, und alle Männer ließen sich an einem Tage beschneiden. Am dritten Tage aber fielen die Söhne Jakobs über die wundkranken Sichemiten her und erschlugen alle Männer mit dem Schwert. Sie plünderten die Stadt und nahmen alle bewegliche Habe und die Herden mit. Die Kinder und Frauen führten sie als Gefangene ab.

I. Mose 34,1–2.4.6.8–10.13a.15–18.20–25a.25c–29. In Vers 27 ist die Konjektur, »wo man ihre Schwester geschändet hatte« zu tilgen.

1. Diese elohistische Erzählung gehört in die Lokaltradition von Sichem. Als Frevler werden hier eindeutig alle Söhne Jakobs, nicht der Erzvater selbst benannt, denn Jakob und die Leute von Sichem werden als verträgliche Leute dargestellt. Die alten kanaanäischen Bevölkerungsteile waren nämlich bereit, sich friedlich mit den Zugewanderten zu arrangieren. Aber diese brachen ihr Wort und richteten ein grausames Blutbad an. Ein Motiv wird zunächst nicht angegeben, es wäre dem alten Erzähler auch unverständlich geblieben. Elohim war solch brutaler Eifer unverständlich. Die elohistische Version des Überfalls auf Sichem ist kein Ruhmesblatt der Israeliten, der Söhne Jakobs. Wenn diese Geschichte die priesterliche Zensur bei der Endredaktion passieren konnte, allerdings nur in der Verbindung mit der Version aus der Laienquelle (siehe IV,3,e), ist es nur dem Ziele zu danken, jede Vermischung von Juden mit Andersgläubigen zu verbieten, um die Kultgemeinde zu erhalten.

IV.4 Die Josephsgeschichten

a. Joseph war ein Rahelsohn, und Israel liebte ihn mehr als seine anderen Söhne. Als nun einstmals seine Brüder bei Sichem die Schafe hüteten, sandte Israel den Joseph zu ihnen, um zu erfahren, ob es um die Brüder und ihre Herden gut stehe. Die Brüder haßten Joseph aber wegen seiner Vorrangstellung, und als sie ihn von ferne sahen, faßten sie den Plan, ihn zu beseitigen. Aber Juda wollte es nicht zulassen, daß sie ihn töteten, und schlug vor, ihn an eine vorbeiziehende Karawane zu verkaufen. Sie verkauften Joseph an die Ismaeliter für 20 Silberstücke. Den Rock Josephs sandten sie nach Hause, nachdem sie ihn mit Ziegenblut beschmiert hatten. Jakob aber trauerte sehr um seinen Sohn, als er den Rock gesehen hatte.

Die Ismaeliter zogen nach Ägypten und verkauften Joseph dort an einen Ägypter, der ihn bald zum Aufseher über sein Haus bestellte. Joseph war von schöner Gestalt und gutem Aussehen. Deshalb versuchte die Frau des Ägypters, ihn zu verführen. Joseph widerstand ihr aber. Eines Tages hielt sie ihn beim Gewand fest, er jedoch ließ ihr das Gewand und entfloh. Das Kleid in ihrem Besitz diente als Vorwand, Joseph in das Gefängnis werfen zu lassen; sie warf ihm nun vor, er habe sich an ihr vergehen wollen. Im Gefängnis der königlichen Gefangenen brachte es Joseph durch seine Tüchtigkeit bald zum obersten Aufseher. Als er dann entlassen war, wurde er auch bald der oberste Beamte in Ägypten. Als nun eine Hungersnot in Kanaan ausbrach, kamen die Söhne Israels nach Ägypten, um Getreide zu kaufen. Denn Joseph verkaufte aller Welt Getreide. Sie erhielten es auch und kehrten zurück. Joseph hatte aber jedem von ihnen das Kaufgeld wieder in den Sack legen lassen, denn er hatte seine Brüder erkannt, sie ihn aber nicht. Als das Getreide wieder zu Ende ging, wollten sie erneut losziehen. Doch hatte Joseph ihnen gesagt, bei der nächsten Reise müßten sie ihren Bruder Benjamin mitbringen. Zum Pfande hatten sie Simeon in Ägypten lassen müssen. Und notgedrungen ließ Israel sie ziehen mit Benjamin, mit Weihgeschenken und dem Kaufgeld auch für das Getreide der letzten Reise. In Ägypten hieß Joseph sie freundlich willkommen und lud sie in sein Haus, wo er mit ihnen aß. Dann durften sie mit neu erworbenem Getreide heimwärts ziehen. In ihre Säcke ließ er wiederum das Kaufgeld hineinlegen und dazu in Benjamins Sack noch seinen eigenen silbernen Trinkbecher. Kurz hinter der Stadt ließ er sie anhalten und ihr Gepäck nach dem Becher durchsuchen. Er bezichtigte sie des Diebstahls und wollte Benjamin, in dessen Gepäck sich der Becher fand, als Leibeigenen behalten. Juda, der Wortführer der Brüder, versuchte das Urteil Josephs umzuändern und bot sich selber als Geisel an, um nicht dem greisen Jakob diesen Kummer zu bereiten, daß er nun auch den zweiten Sohn seiner Lieblingsfrau Rahel verlieren sollte. Denn Juda hatte sich gegenüber seinem Vater Jakob für Benjamin verbürgt.

Da gab Joseph sich seinen Brüdern zu erkennen und sagte: Ich bin euer Bruder Joseph, den ihr nach Ägypten verkauft habt, und mir ist es gut ergangen. Geht hin zu meinem Vater und erzählt ihm von meiner hohen Würde in Ägypten und von allem, was ihr gehört habt, und bringt eilends meinen Vater hierher.

Sie zogen heim, und als Israel den Bericht vernommen hatte, sagte er: Ich will hin und meinen Sohn Joseph sehen, bevor ich sterbe. Er sandte Juda voraus auf dem Wege nach Gosen. Joseph kam seinem Vater entgegen, und sie feierten ein gutes Wiedersehen. Joseph siedelte sie in Gosen an, weil sie sich als Schafhirten auswiesen und der Pharao dort welche benötigte. Israel starb in Gosen. Vor seinem Tode adoptierte er noch die Söhne Josephs, Ephraim und Manasse, für Ruben und Simeon, die verstoßen waren. Er segnete mit dem Erstgeburtssegen den jüngeren, Ephraim, und sagte: Manasse soll ein Volk und mächtig werden, aber sein jüngerer Bruder soll noch mächtiger werden als er, und seine Nachkommen sollen eine ganze Völkermenge werden.

Und er starb. Da warf sich Joseph über ihn und hielt die Totenklage. Er ließ seinen Vater nach ägyptischer Art einbalsamieren und bestattete ihn in der Machpela bei Mamre in der Nähe von Hebron. Hierauf kehrte er zurück zu seinen Brüdern. Er starb in Ägypten im Alter von hundertzehn Jahren und wurde auch einbalsamiert und in ein Grab gelegt.

I. Mose 30,24; 37,3–4.14.21.25–27.31–33; 39,1–3.6–23; 42,5; 43; 44; 45,4.13.28; 46,28–17,5; 48,9.13–14.17–19; 50.

1. Die ganze Josephsgeschichte ist eher eine Novelle von dem sagenhaften Schicksal eines Hirtenknaben aus Kanaan, der zum obersten Wesir des ägyptischen Pharao wird, als ein Mythos. Denn in der gesamten Erzählung tritt Jahwe überhaupt nicht auf. Die Josephsnovelle ist vermutlich nur in den Traditionskomplex aufgenommen, um den heros eponymos einer mittelpalästinensischen Stämmegruppe, Ephraim und Manasse, die erst sehr spät in die Zwölf-Amphiktyonie eingetreten sind, im Geschichtsschema unterzubringen. Sein Grab in Sichem (wohin er nach Josua 24,32 übergeführt wurde) ist sicher der Ausgangspunkt der Legendenbildung gewesen.

2. Die Josephsnovelle muß sehr festgefügt gewesen sein, denn die vorstehende jahwistische und die unten folgende elohistische Version sind sehr ähnlich. Ein Unterschied besteht aber z.B. in der Verratsszene. Beim jahwistischen Erzähler ist es Juda, der sich dafür einsetzt, daß Joseph am Leben bleibt, beim elohistischen ist es Ruben, der den Wortführer spielt. Hier stoßen die Traditionen von Süd und Nord aufeinander. Beide bemühen sich um die Sympathie der starken mittelpalästinensischen Stämme Ephraim und Manasse. Der jahwistische Erzähler legt zudem weniger Wert auf eine anschauliche Darstellung, während der elohistische Erzähler sehr ausführlich wird. Das Fehlen jeder Gottesrede oder Theophanie vor Joseph muß dar-

auf zurückgeführt werden, daß Joseph überhaupt ursprünglich nicht zum Jahwekult gehört hat.

b. Als Joseph jung war, hütete er mit seinen Brüdern die Schafe. Und er erzählte ihnen auch, was er träumte. Einmal erzählte er folgenden Traum. Er war mit seinen Brüdern auf dem Felde beim Garbenbinden. Da richtete sich plötzlich seine Garbe auf, und die Garben der Brüder stellten sich um sie herum und verbeugten sich vor ihr. – Darauf sprachen seine Brüder zu ihm: Willst du etwa über uns herrschen und König über uns werden? – Danach erzählte er ihnen einen anderen Traum: Er sah die Sonne und den Mond und elf Sterne, die warfen sich vor ihm nieder. – Dafür schalt ihn sein Vater und sagte: »Sollen etwa ich und deine Mutter und deine Brüder dich verehren? – Der Vater konnte die Träume nicht vergessen, und die Brüder haßten ihn deshalb. Und als er eines Tages zu ihnen aufs Feld kam, beschlossen sie, ihn zu töten. Aber Ruben sagte zu ihnen: Das wollen wir nicht tun, sondern wir werfen ihn dort in die leere Zisterne. Er hatte vor, den Joseph wieder herauszuholen und seinem Vater zurückzubringen. Danach kamen midianitische Händler vorbei, die zogen Joseph heraus und nahmen ihn mit nach Ägypten. Als Ruben zurückkam, war Joseph nicht mehr da. Da war er ganz verzweifelt und sagte: Was soll nun werden? Jakob trauerte aber noch lange Zeit.

Die Midianiter verkauften Joseph in Ägypten an Potiphar, den Anführer der Leibwächter Pharaos. Der überließ Joseph sein ganzes Eigentum und ließ ihn tun und machen, was er wollte. Einige Zeit später wurden der Mundschenk des Pharao und der Bäcker in das Gefängnis im Hause Potiphars geworfen, und Joseph hatte sich um sie zu kümmern, denn er war der Oberste unter den Knechten Potiphars. Als Joseph nun einmal morgens zu ihnen kam, waren sie sehr bekümmert, denn sie hatten geträumt, wußten aber ihre Träume nicht zu deuten. Joseph deutete sie ihnen, und sie gingen in Erfüllung.

Zwei Jahre später träumte der Pharao von sieben mageren Kühen, die nach sieben fetten Kühen aus dem Nil stiegen und die fetten Kühe fraßen. Danach träumte ihm von sieben dürren Ähren auf einem Halm, die sieben dicke Ähren eines Halmes auffraßen. Als niemand ihm den Traum deuten konnte, erinnerte sich der Mundschenk an Joseph, und Joseph kam und deutete Pharao den Traum: Zuerst werden sieben Überflußjahre kommen und danach sieben Hungerjahre. Und er gab Pharao den Rat, dafür zu sorgen, daß reichlich Vorrat in den Überflußjahren eingesammelt wird, und zwar sollte der »Fünfte« erhoben werden, um für die Hungerjahre gerüstet zu sein. Der Pharao hörte auf ihn und ernannte ihn zum obersten Wesir mit unbeschränkten Herrschaftsbefugnissen. Er gab ihm aber die Aseneth, die Tochter des Priesters Potiphera, zur Frau. Und Aseneth gebar ihm zwei Söhne, Ephraim und Manasse.

Joseph regierte das Land mit Weisheit. Er sammelte beizeiten und hatte reichliche Vorräte für Ägypten wie für alle Welt angesammelt und verkaufte sie, als die Hungersnot in der Welt groß ward. Es kamen auch die Brüder Josephs aus Kanaan. Joseph erkannte sie sofort; er mußte an seine Träume denken und fuhr sie hart an. Er verdächtigte sie als Kundschafter und ließ sie einsperren. Sie durften aber nach drei Tagen heimreisen, nachdem sie versprochen hatten, den Benjamin zu Joseph zu bringen, der zu Hause geblieben war. Als Geisel behielt Joseph den Simeon zurück. Sie erhielten auch Getreide, soviel sie bezahlen konnten. Aber Joseph hatte angeordnet, ihnen das Geld wieder in die Säcke zu stecken.

Als die Söhne ihrem Vater Jakob Josephs Forderung mitteilten, weigerte er sich zunächst, Benjamin reisen zu lassen. Aber der Hunger zwang ihn, der Forderung nachzugeben. Ruben bot seine Söhne dem Vater als Unterpfand an für das Leben Benjamins, und so ließ Jakob sie ziehen. In Ägypten gab Joseph sich ihnen zu erkennen und lud sie ein, bei ihm zu bleiben und im Lande Gosen zu wohnen, wohin auch Jakob kommen sollte. Und Pharao hörte, daß die Brüder Josephs gekommen waren. Er beschenkte sie reichlich, gab ihnen auch Lasttiere und Wagen, damit sie Jakob, ihre Frauen und Kinder, ihre ganze Habe nach Gosen holten. So kam Jakob nach Ägypten, und Joseph versorgte seinen Vater und seine Brüder und die ganze Familie seines Vaters mit Brotkorn.

Durch die kluge Vorratswirtschaft verfügte allein Joseph im Namen des Pharao über das Getreide. Bereits nach dem dritten Hungerjahr war alles Geld in den Kassen des Pharao. Im vierten Jahr mußten die Bauern für Brot ihre Herden an den Pharao verkaufen, im fünften Jahr ihre Äcker, im sechsten Hungerjahr ihre Freiheit. Sie waren leibeigen geworden. Nur die Priester konnte Joseph nicht antasten, denn sie lebten auf Kosten Pharaos. Deshalb behielten sie ihre Ländereien und Herden. Aber alles andere gehörte fortan Pharao. Und die Bauern mußten seitdem stetig ein Fünftel ihrer Ernte an Pharao abführen.

Nach dem Tode Jakobs fürchteten die Brüder Josephs, daß Joseph ihnen ihre Sünden heimzahlen könnte, und sie warfen sich ihm zu Füßen. Er aber machte sie zu freien Menschen, denn er wollte nicht, daß seine Brüder Leibeigene wären, und sorgte für sie in Ägypten, solange er lebte. Er ließ aber seine Brüder schwören, daß sie bei der Auswanderung seine sterblichen Überreste mitnehmen sollten.

I.Mose 37,2.5–11.19–20.28.34; 39,6; 40,1.6–23; 41; 42; 45,1.3.5–9.10b–26; 47,12–13; 50,15–25.

1. Die elohistische Josephsgeschichte kennt im Gegensatz zur jahwistischen nur *eine* Prüfung der Jakobssöhne. Ferner ist in ihr Ruben derjenige, der sich um Joseph bemüht und der die Gruppe anführt. Endlich ist der elohistische Erzähler sehr ägyptenfreundlich und sehr gut über die ägyptischen Verhältnisse informiert. Die Geschichte der Entstehung der pharaonischen Herrschaft und ihrer Sozialstruktur durch die schonungslose Ausbeutung der ökonomisch Schwächeren in der Krise, die den Armen immer ärmer, den Reichen nur reicher macht, ist in ihrer klassischen Kürze beispielhaft für den Charakter der orientalischen Despotien. Der elohistische Erzähler schildert das ausführlich. Darin wird seine antijerusalemische Opposition sichtbar, denn dort thront ein König aus dem Stamme Benjamin, dem Liebling Josephs, mit ähnlichen Ambitionen.

2. Eine Besonderheit der elohistischen Version ist das Schema von Traum-Weissagung und Wirklichkeit-Erfüllung. Mit diesem formalen Mittel rückt der Erzähler die Heldennovelle in die Nähe des Mythos. Nun ist es Elohim, der das alles so wunderbar gelenkt und die Fäden gezogen hat, und Joseph ist ein gutes Werkzeug. Er wurde zwar in die Leibeigenschaft verkauft, war aber bald der oberste Diener seines Herrn. Joseph war nie wegen des Verdachts auf Ehebruch im Gefängnis, sondern er war dort Aufseher. Der Erzähler läßt keinen Verdacht gegen Joseph aufkommen. Joseph ist ein grundgütiger Mensch, das Vorbild für jeden königlichen Beamten.

3. Der elohistische Erzähler stammt aus den nördlichen Gebieten Palästinas, in denen die alten lokalen Traditionen lebendiger waren als im Süden. Deshalb hat er auch den Namen der Frau des Joseph tradiert, der zugleich den mythologischen Ort der Josephsgeschichten angibt. Die Frau des Joseph heißt nämlich Aseneth, d.h. zur Göttin Neith gehörig. Neith war die Göttin von Sais in Unterägypten und ursprünglich eine Kriegsgöttin und auch Totengöttin, die die Toten auf ihrer Wanderung beschützt. Platon und Plutarch haben sie mit Athena gleichgestellt. Neith ist die Urgöttin des ägyptischen Neuen Reiches, eine Göttin wie die kleinasiatische Anatha, die aus Ugarits Mythen bekannte Anat, die den ermordeten Baal zum Leben erweckt.

4. Damit greift der elohistische Erzähler eines seiner Lieblingsmotive auf, nämlich die Darstellung der Welt als einer wohlgeordneten Harmonie. Die alten kanaanäischen Völker und die Ägypter und das Haus Josephs können gut und in

Frieden zusammen leben. Sie können miteinander handeln und sich helfen. Der elohistische Erzähler verabscheut den Krieg. Er ist pazifistisch. Auch damit widerspricht er der militanten Jerusalemer Richtung, die überhaupt mit der Figur des Joseph nicht viel anzufangen wußte.

5. Die priesterliche Tradition weiß nur ein paar Angaben über das Lebensalter zu machen. Unter priesterlichem Einfluß ist allerdings der Begriff »Haus Joseph« auch für das abtrünnige Nordreich in Gebrauch gekommen (z. B. Amos 6,6; Psalm 80,2; Ezechiel 37,6; Sacharja 10,6.8), nur selten meint der Name das ganze Israel (etwa Psalm 77,16; 81,6), um den heiligen Namen Israel, den das Nordreich sich selber zumaß, nicht gebrauchen zu müssen.

c. Esau, der Zwillingsbruder Jakobs, hatte zahlreiche Nachkommen, und es erfüllte sich, was sein Vater Isaak über ihn prophezeit hatte. Jakob hatte ebenso viele Nachkommen, als er nach Ägypten aufbrach. Aber seine Söhne segnete er einzeln mit einem besonderen Segen:

Ruben, du mein Erstgeborener, meine Kraft, der erste an Hoheit und Macht, du sollst nicht mehr der erste sein, denn du hast das Bett deines Vaters bestiegen und hast es entweiht. (Siehe IV,3,c,1.)

Simeon und *Levi,* die Brüder, ich will mit ihren Entwürfen und Beschlüssen nichts gemein haben, denn sie haben in ihrem Zorn Männer gemordet und Stiere verstümmelt. (Siehe IV,3,e.)

Juda, dich sollen preisen deine Brüder und vor dir sich beugen. Das Zepter soll von dir nicht weichen, und der Herrscherstab soll dir bleiben, bis der kommt, dem sich die Völker unterwerfen.

Sebulon soll am Meere wohnen, und *Issašar* beugt seinen Nacken zum Lasttragen und wird ein Lohnarbeiter. *Dan* wird seinem Volke Recht schaffen, aber wird wie eine Schlange an der Straße und eine Hornviper am Wege sein. *Gad* wird tapfer streiten. *Asser* wird ein guter Bauer und *Naphtali* ein guter Dichter sein.

Joseph ist mit Segensfülle vom Himmel droben beschüttet, unverwundbar, unbesiegbar. Der allmächtige Gott segnet ihn mit Segensfülle auch aus der unteren Wassertiefe, mit Segensfülle aus Brüsten und Mutterschoß. *Benjamin* aber ist ein räuberischer Wolf.

I. Mose 36; 46; 49.

1. Die einzelnen Segenssprüche des Jakobssegens sind unterschiedlichen Alters und stammen aus unterschiedlichen Quellen. Die Sprüche über Rûben, Simeon und Levi stammen aus der nomadischen Laienquelle. Ruben wird getadelt, weil er

versuchte, seinen Vater Jakob zu stürzen, indem er mit dessen Nebenfrau schlief. Simeon und Levi werden wegen ihres Meuchelmordes an den Bürgern von Sichem getadelt. Die Sonderrolle Levis als Priester an den Heiligtümern Jahwes kennt der Verfasser nicht.

Die Sprüche über Juda, Benjamin, Issašar, Sebulon, Dan, Gad, Asser und Naphtali entstammen sicher jahwistischen Traditionen. Juda ist der große Heros, ihm gebührt der Sieg. Der Königsspruch: »Das Zepter soll von dir nicht weichen ...«, ist sicher als Salbungsformel im Thronbesteigungsritual verankert gewesen. Spätere haben in diesem Spruch die Ankündigung des endzeitlichen Erlösers aus dem Hause Juda gesehen. Damit offenbart sich der Machtanspruch der königlichen Theokratie von Jerusalem. Aber der Spruch über Joseph entstammt einer Tradition, die nicht in dem Emporkömmling aus dem Süden, in Juda, den Fürsten unter den Kindern Jakobs sieht, sondern für die Joseph der Fürst unter seinen Brüdern ist. Deshalb erhält Joseph die Segnungen »aus Brüsten und Mutterschoß«. In den Formulierungen dieses Segensspruches werden die alten vorisraelitischen religiösen Vorstellungen sichtbar wie auch in dem Spruch über Simeon und Levi, die zum Ärger der Tradenten ja nicht nur Männer gemordet haben, sondern »in ihrem Zorn Stiere verstümmelt« haben. Das ist eine deutliche Anspielung auf den alten Stiergott von Sichem. Diese Sprüche, die dem Mosesegen in V. Mose 31 entsprechen, sind beheimatet gewesen in der Versammlung an heiliger Stätte, wo der Herold die Untertanen seines Königs mit Namen und Amt ruft.

IV.5 Die Mosegeschichten

a. Nach Josephs Tod vermehrte sich das Volk der Josephsöhne in Ägypten sehr stark. Darüber wurden die Ägypter besorgt und versuchten, durch schärfste Fronpflicht die Josephsöhne zu knechten. Ihre alten Vorrechte hatten sie verloren. Mose aber war ein Hirte und Schwiegersohn des midianitischen Priesters Reguel. Als er einmal auf der Weide war, erschien ihm Jahwe als Feuerflamme in einem Dornbusch, ohne daß dieser verbrannte. Als Jahwe aber sah, daß Mose näher kam, um sich das Wunder anzusehen, sagte er zu ihm: Tritt nicht näher, sondern ziehe erst deine Schuhe aus, denn hier ist heiliger Boden. – Mose verhüllte sein Haupt, nachdem er sich so genähert hatte, und hörte, wie Jahwe ihm sagte: Ich will mein Volk aus Ägypten wegführen.

Du sollst zu den Israeliten hingehen und sagen, Jahwe, der Gott eurer Väter, der hat mich geschickt, der will euch aus Ägypten in ein Land bringen, in dem Milch und Honig fließen. Und sie werden auf dich hören, und du sollst mit den Ältesten zum Pharao gehen und sagen: Wir wollen drei Tagereisen in die Wüste gehen, um dort unserem Gott Jahwe zu opfern.

Und Mose sagte: Wenn sie mir nun nicht glauben und nicht auf mich hören, was dann? – Aber Jahwe lehrte ihn Wunder tun. Er konnte seinen Stab in eine Schlange verwandeln, Gliedmaßen aussätzig machen und Wasser in Blut verwandeln. Und Jethro ließ Mose gehen, nachdem dieser ihm alles erzählt hatte.

In Ägypten überbrachten sie dem Pharao Jahwes Befehl, sein Volk ziehen zu lassen, aber der Pharao ließ sie nicht frei, sondern verschärfte die Fronlast, indem er ihnen die Strohlieferungen für die Herstellung der Trockenziegel sperrte; er zwang sie, das Stroh dafür auf den abgeernteten Feldern zu lesen, setzte jedoch die festgesetzte Anzahl der Ziegel nicht herab. Jahwe aber wollte den Pharao zwingen, die Josephsöhne ziehen zu lassen, und er befahl Mose, das Nilwasser in Blut zu verwandeln. So geschah es; alle Fische starben, und das Wasser war unbenutzbar. Nach sieben Tagen sandte Jahwe eine Froschplage. Aber auch nach dieser Plage ließ der Pharao die Israeliten nicht ziehen, wie er es zunächst Mose versprochen hatte, um von der Froschplage befreit zu werden. Darauf sandte Jahwe eine Stechmückenplage und eine Bremsenplage, die, wie alle Plagen, das Land der Josephsöhne verschonten. Auch danach ließ Pharao sie nicht ziehen. Darauf schickte Jahwe eine Viehseuche, die alles ägyptische Vieh traf, und danach noch als sechste Plage die Beulenpest. Dem folgten Hagel und Gewitterschauer, die alle Lebewesen im Freien erschlugen, und die achte Plage in Gestalt eines Heuschreckeneinfalls, der alles Grün im Lande vernichtete. Aber der Pharao ließ sie immer noch nicht ziehen. Da ließ Jahwe drei Tage lang eine Finsternis über Ägypten kommen, so daß niemand sich vom Platze bewegen konnte. Nur die Israeliten hatten Licht in ihren Wohnsitzen. Als Pharao sie dann immer noch nicht ziehen lassen wollte, sprach Mose: So sagt Jahwe: Um Mitternacht werde ich über Ägypten herfallen und jedes Erstgeborene von Mensch und Tier töten, und ich werde niemanden auslassen, weder den Pharao noch seinen niedrigsten Sklaven. Erst nachdem auch das eingetroffen war, ließ der Pharao sie ziehen und drängte sie förmlich aus dem Lande. Der Abzug war so eilig, daß sie nicht ihren Brotteig fertigmachen konnten, sondern mit den Backschüsseln auf der Schulter davonzogen.

Jahwe aber zog vor ihnen her, am Tage in einer Wolkensäule, um ihnen den Weg zu zeigen, bei Nacht in einer Feuersäule, damit sie Tag und Nacht wandern konnten. Und er brachte das Volk sicher durch eine Wasserfurt, indem er durch starken Ostwind das Wasser zurücktrieb. Aber in Gestalt der Feuer- und Wolkensäule verwirrte er das Heer der Ägypter. Und als die Verfolger flohen, trieb Jahwe sie gerade ins Meer. So errettete Jahwe die Israeliten. Hierauf erzählte Mose dem Jethro, daß Jahwe Israel aus Ägypten geführt habe, und Jethro veranstaltete ein Dankopfer. Auf dem Weitermarsch zogen sie am Berge Sinai vorbei. Da fuhr Jahwe auf den Sinai herab und rief Mose zu sich auf den Berg, das Volk aber sollte sich nicht zu dicht oder neugierig zu Jahwe vorwagen, sonst würden viele sterben. Mose und siebzig von den Ältesten stiegen auf den Berg hinauf, und sie erblickten ihren Gott. Aber sie konnten nur den Ort seiner Füße sehen, und das war wie Saphirplatten anzusehen und glänzte wie der sonnenhelle Himmel. Sie aßen und tranken bei ihm.

Als Mose aber ziemlich lange wegblieb, wurde das Volk unruhig und sagte zu seinem Priester Aaron: Los, mache uns einen Gott, der vor uns herzieht. Denn Mose, der Mann, der uns aus Ägypten hergebracht hat, ist ja verschwunden. Darauf ließ Aaron den Goldschmuck einsammeln und machte ein goldenes Kalb und sagte: Das ist dein Gott, Israel, der dich aus Ägypten befreit hat. Und er veranstaltete ein großes Fest. Währenddes kam Mose vom Berge zurück, und als er das Treiben sah, zerschlug er die Gesetzestafeln, die er von Jahwe erhalten hatte; er zerschlug auch das Kalb und reinigte das Volk. Jahwe aber brachte eine Plage über das Volk wegen des Kalbes, das Aaron gemacht hatte.

Und Jahwe gab dem Mose zwei neue Tafeln und ließ ihn darauf schreiben: Ich bin dein Gott, du sollst dich vor keinem anderen Gotte beugen, du sollst dir keine gegossenen Gottesbilder machen. Du sollst das Passahmahl halten (siehe VI,1,b). Alle Erstgeburt gehört mir. Du sollst das Wochenfest und das Herbstfest feiern. Du sollst mein Opfer nicht mit Gesäuertem zusammenbringen. Ferner sollst du die ersten Früchte mir bringen und niemals ein Böckchen in der Milch seiner Mutter kochen. – Und Jahwe sprach zu Mose: Auf Grund dieser Worte schließe ich mit dir und Israel einen Bund.

Mose gewann seinen midianitischen Schwager Hobab, daß er als Wegekundiger mit den Israeliten durch die Wüste zog. Unterwegs speiste Jahwe sein Volk mit Manna und auch, als sie nach Fleisch verlangten, mit Wachteln. Bei Kitroth Mattawa, das sind die sogenannten Lustgräber, erschlug Jahwe aber viele, die gegen ihn gemurrt hatten. Und Mose führte das Volk bis an das Ostufer des Jordans. Da sagte Jahwe zu ihm: Du wirst nun bald sterben. So gab Mose dem

Josua die Befehlsgewalt über das Volk. Und Mose stieg auf den Berg Nebo, wo Jahwe ihm das ganze Land zeigte und sprach: Das ist das Land, das ich Abraham, Isaak und Jakob versprochen habe ihren Nachkommen zu geben. Ich zeige es dir, aber hinüber in das Land sollst du nicht kommen. Und Mose starb dort und wurde begraben. Aber niemand kennt sein Grab.

II. Mose 3; 5; 7–11; 12,29–34; 13,21–22; 14,10.21b.24.25b.27.30; 18,8–12; 19; 20; 24,1.9–11; 32,1–6.19–20.35; 34,10c–27; VI. Mose 10,29–31; 11,31–35; V. Mose 31,14–23; 34,1–6.

1. Die jahwistische Mosegeschichte aus der Blütezeit des davidischen Königtums beschreibt Mose als den großen Heros und Wundertäter der Frühzeit Israels. Jahwe ist ein aggressiver Gott. Er geht nicht freundlich mit der Bevölkerung Ägyptens um, und auch mit seinem eigenen Volke verfährt er wie ein orientalischer Großfürst. Aufsässige und Ungehorsame werden verbannt oder ausgerottet. Mose ist sein Knecht, wie ja alle orientalischen Könige sich als Knechte – und das ist nach damaligem Rechtsgebrauch gleichbedeutend mit Sohn – eines Gottes verstanden wissen wollten. Mose ist eine mythische Gestalt. Er taucht aus dem Dunkel der nomadischen Hirtentraditionen des südlichen Palästina auf und stirbt auch im fremden Lande. Er ist der bedeutendste Heerführer bis an die Grenze des Landes. Jahwe ist aber der übergeordnete Großkönig. Die jahwistische Tradition hat großes Interesse daran, die führende Rolle Jahwes herauszustellen. Von priesterlichen Funktionen des Mose wird wenig erzählt. Die Mosegestalt der jahwistischen Tradition ist das Vorbild der Königsideologie der Südstämme.

2. Die Gesetzgeberrolle und die Priesterrolle des Mose stammen aus anderen Interessengruppen. Der jahwistische Erzähler bezieht noch eine antiaaronitische Position. Aaron erliegt der Versuchung durch das Volk. Von einer positiven Mittlerrolle Aarons weiß der jahwistische Erzähler nichts. Jahwe redet nur mit dem Heerführer Mose, dem König. Volk und Priester werden als undankbare Geschöpfe dargestellt, mit denen der heilige König nur durch hartes und strenges Regiment fertig wird. Ohne sein Gesetz und Regiment fallen sie nur den Feinden in die Hände, können nicht leben, sondern müssen sterben. Die jahwistische Tradition nennt nur einmal den Schwiegervater des Mose Reguel. Die priesterliche Redaktion hat sonst überall den elohistischen Namen Jethro eingefügt (siehe IV,5,b,7).

3. Im Judentum wird Mose als der Mittler der Gesetzgebung verehrt. Daneben hat die jüdische Endzeiterwartung den letzt-

zeitlichen Heilskönig, den Messias, als einen wiedererstandenen Mose verstanden. Aus den Jahrhunderten um die Zeitenwende gibt es viele legendäre Moseschriften. Im Christentum ist Mose auch als Prophet und Glaubensmittler angesehen, mehr noch aber als typologisches Gegenbild zu Christus, dem Mittler des neuen Gesetzes. (Siehe auch II,4,a und II,5,c.)

b. Als die Jakobstämme in Ägypten sich sehr vermehrt hatten und auch schon ein neuer Pharao den Thron bestiegen hatte, befahl dieser den Hebammen der Hebräer (wie man die Jakobsöhne auch nannte), alle Knaben sofort nach der Geburt zu töten. Doch die Hebammen taten das nicht. Da befahl Pharao seinem Volk: Alle Knaben, die den Hebräern geboren werden, werft in den Nil, die Mädchen aber laßt am Leben. Eine levitische Mutter setzte deshalb ihren neugeborenen Sohn, um ihn zu retten, in einem Kästchen aus Papyrus, das sorgfältig abgedichtet war, auf dem Nil aus. Als die Tochter des Pharao beim Baden das Kästchen entdeckte, hatte sie Mitleid mit dem Kind. Die Schwester des Neugeborenen, die den Vorgang beobachtet hatte, holte darauf als Amme für das Kind ihre eigene Mutter herbei. Die Pharaostochter nannte das Kind Mose. Als der Knabe herangewachsen war, erschlug er einstmals im Zorn einen Ägypter, der einen hebräischen Fronarbeiter schlug. Er fürchtete die Strafe für diesen Mord und floh nach Midian. Dort erschien ihm Elohim und sagte: Ich bin der Gott deines Vaters, der Gott Abrahams, Isaaks und Jakobs. Und ich habe die Quälerei meiner Leute in Ägypten gesehen. So laß dich nun zum Pharao senden und führe mein Volk aus Ägypten. Doch ich weiß, daß der Pharao euch nicht freiwillig gehen läßt, darum werde ich Wundertaten tun, daß er euch ziehen lassen muß. Und ihr sollt mit reichem Gold- und Silberschmuck der Ägypter aus dem Lande gehen. Mose aber wollte den Auftrag nicht annehmen, denn er war kein beredter Mann. Doch Elohim sprach: Weil du nicht so gut reden kannst, soll dein Bruder Aaron für dich reden zu dem Volk. Er wird dein Mund sein, du aber wirst für ihn Elohim sein.

Und Elohims zehn große Plagen (siehe IV,5,a) zwangen den Pharao, Israel ziehen zu lassen. Die Israeliten hatten sich aber von den Ägyptern silberne und goldene Schmucksachen und kostbare Kleider erbeten; sie wurden ihnen auch gegeben, weil die Ägypter dem Volke wohlgesinnt waren; und so beraubten sie die Ägypter, indem sie all diese Kostbarkeiten mitnahmen.

Elohim ließ das Volk nicht auf geradem Wege in das verheißene Land ziehen, weil die Philister dort wohnten, die ein mächtiges Kriegsheer hatten. Er ließ sie einen Umweg machen. Sie führten aber die

Gebeine Josephs mit sich. Als die Israeliten nun fortgezogen waren, änderten die Ägypter ihre Meinung, da sie so viele Arbeitskräfte verloren hatten, und Pharao ließ eine Streitwagengruppe von sechshundert Mann ausrücken, um sie zurückzuholen. Elohim hemmte aber ihre Räder, daß sie nur mühsam vorwärts kamen.

Und die Israeliten haderten unterwegs mit Mose, weil sie nicht genug und abwechslungsreich zu essen und zu trinken hatten. Doch Elohim führte sie sicher weiter. Dabei stieß auch Jethro, der Schwiegervater des Mose, mit dessen Frauen und Söhnen zu ihnen und sah, welche Mühe Mose hatte, mit den Leuten fertig zu werden, weil er glaubte, alles allein tun zu müssen. Und der midianitische Priester riet ihm: Die Sache ist nicht zweckmäßig, wie du sie betreibst. Du selber solltest nur das Volk vor deinem Gott vertreten und die Leute dann belehren, was sie tun sollen. Für die anderen Aufgaben der Leitung, Rechtsprechung und Verwaltung solltest du tüchtige, unbestechliche und gottesfürchtige Männer aus dem Volk wählen und sie zu Vorgesetzten mit bestimmten Aufgaben für die einzelnen Stämme, Gruppen und Familien machen.

Mose hörte auf seinen Schwiegervater; er setzte überall solche Vertrauensleute als Richter und Leiter ein.

Und ihr Gott führte sie, nachdem sie sich solche Ordnung gegeben hatten, weiter auf dem Wege in das verheißene Land, bis sie zu seinem Berg Horeb kamen, wo er mit ihnen einen Bund schloß. Mose blieb auf dem Berg vierzig Tage und vierzig Nächte und erhielt dort von seinem Gott die beiden steinernen Gesetzestafeln, die vom Finger des Gottes beschrieben waren. Währenddessen aber hatte Aaron ein goldenes Stierbild errichten lassen, und die Israeliten beteten es an und umtanzten es in wilden Reigen, weil Aaron gesagt hatte: Das ist dein Gott, Israel. Als Mose herabkam vom Berg Horeb, zürnte er heftig mit Aaron und dem Volk. Zur Strafe für ihren Frevel mußten sie vom Horeb an sich all ihres Schmucks entledigen. Mose aber hatte ein Zelt, in das er hineinging, wenn er mit Elohim zu reden vorhatte. Sooft Mose im Zelt war, ließ sich die Wolkensäule vor der Zelttür nieder und redete mit ihm.

Als Mose wieder einmal Kummer mit dem Volke hatte, weil sie über die göttliche Speise des Manna und der Wachteln murrten und sich darüber beklagten, ließ Gott Jahwe ihn siebzig von den Vorstehern, die er schon eingesetzt hatte, am Zelt zusammenrufen und sagte zu Mose: Ich werde dorthin kommen und dort mit dir reden. Aber dann werde ich dir etwas von dem göttlichen Geist, der auf dir ruht, wegnehmen und auf die siebzig verteilen, damit sie dir eine bessere Hilfe sind. Und Mose verfuhr so. Aber Mirjam und Aaron lehnten sich gegen

Mose auf, weil sie nicht zu den siebzig gehörten, und warfen ihm vor, daß er ein kuschitisches Weib habe. Gott Jahwe strafte sie dafür. Mirjam war sieben Tage aussätzig. Aaron mußte aber weiterhin dolmetschen.

Mirjam starb in Kadesch, wo das Volk lange wohnte und sich ein Gesetz gab. Unterwegs war das Volk noch unzufriedener geworden und murrte gegen Jahwe und Mose. Da sandte Gott Jahwe Saraphe, Schlangen, die bissen die Leute, und viele starben. Um das Volk zu retten, fertigte Mose auf Jahwes Geheiß einen ehernen Saraph an, den er auf eine Stange steckte und hoch über dem Zeltlager aufrichtete. Alle Leute, die auf diese Schlange blickten, wurden von den Schlangenbissen geheilt und blieben am Leben, wie Gott Jahwe verheißen hatte.

Und sie zogen auf ihrem Wege auch durch das Gebiet Sichons von Hesbon, ein ammonitisches Königtum, und eroberten es. Als das aber Balak, der König von Moab, sah, ließ er den Seher Bileam von Pethor holen, um die Jakobstämme zu bannen. Der kam auch nach langem Zögern. Doch der Engel Jahwes stellte sich dem Esel Bileams dreimal in den Weg, daß Bileam nicht weiterkonnte, weil der Esel sich trotz der Schläge weigerte, weiterzugehen. Da erst begriff der Seher, daß er keine Fluchsprüche sagen dürfe, sondern nur Segenssprüche. So wurde der König von Moab um viele teure Opfer und den beabsichtigten Fluch betrogen. Bileam aber sah die große Zeit des Gottesvolkes voraus. (Siehe auch V,5.)

An der Grenze des verheißenen Landes erschien die Wolkensäule und rief Mose und Josua in das Zelt. Und Mose gab Josua, dem Sohne Nuns, seine Befehle und sagte ihm: Führe du das Volk in das Land hinein, das ich ihnen versprochen habe, und ich werde mit dir sein. – Das war auf dem Berge Pisga gegenüber von Jericho. Dort starb Mose.

II. Mose 1,15–2,15; 3,6.19–22; 4,10–16; 12,35; 13,17; 14,5–7.25; 17,1b–7; 18,13–27; 24,18b; 31,18b; 32; IV. Mose 11; 20; 21,4b–9; 22; V. Mose 31,14.23; 34,1.

1. Die elohistische Mosegeschichte beschreibt Mose zwar auch als den großen Heerführer, mehr noch aber als den, der eine sinnvolle, demokratische Ordnung mit der Einführung der Stammesältesten geschaffen hat. Die Selbständigkeit der einzelnen Gruppen ist ein Gebot Moses. Damit bezieht die elohistische Tradition eine oppositionelle Haltung zu dem Zentralismus Jerusalems.

Die zweite Besonderheit des elohistischen Berichts erklärt sich aus der geschichtlichen Vergangenheit der Tradenten, die ausführlich beschreiben, wie das heldenhafte Volk der jerusalemischen Könige in der Wüstenwanderungszeit verzagte. Der kulturlandgewohnte Bauer rühmt sich seiner Überlegenheit.

Eine weitere Besonderheit liegt in der Abwertung des Priesters Aaron. Aaron ist der Inbegriff des Abfalls. Aaron, eigentlich nur Sprachrohr Moses, der selber ein Gott genannt wird, verführt das Volk zum Stiergottesdienst und empört sich gegen Mose. Das ist offene Polemik gegen die Priesterschaft Jerusalems im Dienste des Königs.

2. Die elohistische Tradition offenbart aber auch den mythologischen Ort der Mosegeschichte. Der Name Mosis ist ägyptischer Herkunft und bezeichnet in den ägyptischen Königsnamen den von einem »Gott Geborenen«, wie etwa Ramses der vom Gotte Ra (der Sonne) Geborene heißt, wie Thutmose auch. Dieser König Mosis gehört nach Kadesch, einem alten Heiligtum mit sakraler Rechtsprechung, einer Oase im Nordosten der Sinaihalbinsel. Kadesch scheint immer in engem Kontakt zu dem Berg-, Wetter- und Kriegsgott des Sinai gestanden zu haben. War der Sinai die Mitte einer Amphiktyonie für Leviten, Keniter, Kalebiter und Josephiten im Sommer, so war es Kadesch vermutlich für dieselben Nomadenvölker im Winter. Der Gott Jahwe von Sinai gehört zu der Schlange von Kadesch, die Mose erhöht, um sein Volk am Leben zu lassen. Mose ist der Stellvertreter, der Hohepriester des Gottes, der schließlich doch alle Macht an sich reißt. Die Bindung der Schlange an Jahwe rückt ihn typologisch in die Nähe des Apollo, der auch ein Orakelgott ist. Wie Mose gibt er weise Sprüche von sich und heilt Menschen. (Siehe V,3.)

3. Wahrscheinlich haben hebräische Nomadenstämme das Heiligtum Kadesch überfallen und erobert und die ortsansässige Göttin in Schlangengestalt – das deutet auf ihre Funktion als chtonische Erdgöttin wie Hera, Persephone oder die ägyptische Herrin von Buto hin – getötet. Eine Schlangengöttin war auch die Pythia von Delphi, die Orakelgeberin. Und wie der griechische Priester Apollos Funktion in Delphi wahrnahm, nachdem Apollo den Python getötet hatte, so tritt Mose in diese Funktion von Kadesch ein.

Im Ägyptischen ist die Uräusschlange als Symbol der heiligen Königin von Buto schließlich Deutungszeichen für alle Göttinnennamen und schließlich Deutungszeichen für »Göttin« schlechthin geworden. Die Urfehde zwischen der Apophisschlange und dem Sonnengott Ra allerdings kennt die elohistische Tradition: Sie teilt die Macht zwischen Sinai und Kadesch.

4. Die eingedrungenen Nomaden, die Hebräer, wie sie die elohistische Quelle nennt, werden deutlich als Diebe und Wortbrüchige dargestellt, während die Ägypter wohlwollend beurteilt werden. Man fühlt mit ihnen und kann sie verstehen, auch wenn man wie Bileams Esel merken muß, daß man den Jakobsöhnen und ihrem Gott Jahwe nicht widerstehen kann, den die elohistische Tradition immer als den Gott Abrahams, Isaaks und Jakobs vorstellt, der großen Heroen und heiligen Könige der Frühzeit.

5. Die von Mose in der Wüste erhöhte Schlange wird im neutestamentlichen Johannes-Evangelium (Kapitel 4) auf Christus gedeutet. Deshalb konnte der Äskulapstab auch im christlichen Mittelalter Symbol für den Arzt werden.

6. Mirjam gilt nach II. Mose 2,4 als ältere Schwester des Mose, während Aaron ein Bruder (II. Mose 7,7) des Mose und jünger als Mirjam ist. Ihre Bedeutung als Prophetin (II. Mose 15,20) hat sie sicherlich als alte Priesterin von Kadesch erhalten. Als solche ist sie mit der Person des Mose verbunden.

Aaron ist vermutlich ein alter Hoherpriester von Kadesch gewesen. Der Mythos rückt ihn in die Nähe des Mose (II. Mose 4,14–16; 7,1–6); er ist der erste Priester vor Jahwe (II. Mose 28; 29; III. Mose 8); nach ihm ist der aaronitische Segen (IV. Mose 6,24–26) benannt, wie er heute von Juden und Christen gebraucht wird. Das Neue Testament vergleicht in Hebräer 7 sein Priestertum mit dem des Christus.

7. Die elohistische Tradition nennt den Schwiegervater des Mose Jethro, einen midianitischen Oberpriester (II. Mose 3,1). Sie rückt damit den Jahwekult aus nomadischer Fremde in die Nähe des Kulturlandes.

c. Als die Israeliten in Ägypten schweren Frondienst leisten mußten, redete ein Gott mit Mose und sagte zu ihm: Ich bin Jahwe. Ich bin schon Abraham, Isaak und Jakob erschienen, aber mit meinem Namen Jahwe habe ich mich ihnen nicht zu erkennen gegeben. Und so sage nun zu den Israeliten: Jahwe will euch zum Volk nehmen und will euer Gott sein. Er will euch aus Ägypten herausführen in das Land, das er Abraham, Isaak und Jakob versprochen hat.

Mose sagte das zu den Israeliten, aber sie hörten nicht auf ihn. Und Mose sagte deshalb zu Jahwe: Ich kann nicht gut reden. Und wenn ich nun mit dem Pharao reden soll, wird er kaum auf mich hören. Da erwiderte Jahwe ihm: Ich werde dich für den Pharao einen Gott sein lassen, und Aaron wird dein Prophet sein. Ich aber werde zahlreiche Zeichen und Wunder tun, damit man euch ziehen läßt.

Und Jahwe ließ Aaron vor Pharao große Wunder tun. Aaron verwandelte seinen Stab in eine Schlange, verwandelte das Nilwasser in Blut, indem er es mit seinem Stabe schlug. Aaron tat diese großen Wunder in Ägypten und ließ auch noch die Froschplage über Ägypten kommen. Dann sprach Jahwe zu Mose und Aaron: Geht hin und laßt jede israelitische Familie am 14. Abib zur Abendzeit ein fehlerfreies männliches Schaf oder auch eine Ziege schlachten. Mit deren Blut sollt ihr die Türpfosten und den Deckenbalken der Haustüren bestreichen und sollt das Tier vollständig in derselben Nacht verzehren. Ihr sollt es aber in Reisekleidung tun. In dieser Nacht wird Jahwe die männliche Erstgeburt Ägyptens erschlagen. Der Todesengel wird aber die Schwellen der Häuser nicht überschreiten, die mit Blut bestrichen sind. Und diesen Tag sollt ihr fortan in jedem Jahr mit solchem Passahmahl feiern, weil Jahwe euch aus Ägypten befreit hat. Und zwar soll das Fest sieben Tage dauern. In diesen Tagen sollt ihr nur ungesäuertes Brot essen. Doch Fremde sollen davon nicht essen.

Als die Erstgeburt der Ägypter, genau wie Jahwe angekündigt hatte, erschlagen war, zogen die Israeliten, geordnet nach Stämmen, aus Ägypten ab. Und sie lagerten zum erstenmal bei Etham am Rande der Steppe. Jahwe aber verdummte den Pharao so, daß dieser versuchte, die Israeliten zurückzuholen. Und die Ägypter, die ausgezogen waren, kamen alle im Wasser um. In der Wüste ernährte Jahwe die Israeliten mit Manna und Wachteln, und Aaron bewahrte einen Krug voll Manna bei der Gesetzeslade auf. Im dritten Monat kamen sie in die Wüste Sinai und lagerten dort. Mose stieg auf den Berg, den die Wolke verhüllte, die sie auf der Reise begleitete. Und die Herrlichkeit Jahwes ließ sich in der Wolke nieder. Sie war wie ein Feuer anzusehen. Am siebenten Tage redete Jahwe mit Mose und befahl: Sammle von jedem, den sein Herz treibt, eine Steuer ein, und errichte mir von den Gaben ein Heiligtum, wie ich es dir zeigen will. Es soll ein Zelt sein, mit Tisch, einem siebenarmigen Leuchter, Teppichen und einer Akazienlade für das Gesetz, das ich dir geben werde. Aaron und seine Söhne sollen den Priesterdienst tun.

Als aber Mose vom Berge herabstieg, die Gesetzestafeln in der Hand, da sahen Aaron und alle Israeliten, daß das Gesicht des Mose Strahlen auswarf, denn er hatte mit Jahwe geredet. Und Mose gab den Willen Jahwes bekannt. Nachdem er zu ihnen gesprochen hatte, legte er eine Decke über sein Gesicht. Die Decke legte er nur ab, solange er mit ihnen redete und wenn er in dem Zelte weilte, das die Heimstatt der

Gesetzeslade war. Und jedesmal, wenn er mit den Israeliten redete, sahen sie, daß von seinem Gesicht Strahlen ausgingen.

Die Israeliten bereiteten alles sehr sorgfältig zu, wie Jahwe es durch Mose neu befohlen hatte. Als dann die Arbeit am Zelt beendet war, bedeckte die Wolke das Offenbarungszelt, und die Herrlichkeit Jahwes zog in das Zelt hinein. Während dieser Zeit konnte Mose nicht in das Zelt. Wenn aber die Wolke sich dann erhob und auch die Herrlichkeit Jahwes aus dem Zelt gegangen war, brach das Volk zum Weitermarsch auf. Aber wenn die Wolke nicht vom Zelte wich, lagerte man. Aaron versah den Opferdienst am Vorhof des Zeltes.

Und Mose wählte sich die Oberhäupter der Familien als Berater. Alle wehrfähigen Männer über zwanzig Jahre wurden zum Wehrdienst gemustert. Ausgenommen waren die Leviten, die auch nicht die Wehrsteuer zu zahlen brauchten. Es wurde auch eine Heeres- und eine Lagerordnung festgesetzt, als die Israeliten am Sinai weilten. Die Wehrsteuer, die Ablösungsgebühr für die erstgeborenen Söhne und die Kopfsteuer sollten auf ewig den Priestern zufallen, und die Leviten sollten ihnen dienen.

Die Stammesfürsten aber brachten reiche Opfer, als die neue Kultordnung eingeführt wurde.

Und Jahwe sagte zu Mose, als sie bei Paran lagerten: Schicke Leute aus, damit sie das Land Kanaan auskundschaften, das ich euch geben will. Und Mose schickte von jedem Stamm einen Vertreter, die erkundeten das Land von Norden bis Süden. Nach vierzig Tagen kehrten sie zu Mose und Aaron nach Paran zurück. Und sie murrten über das Land und empörten sich gegen Aaron und Mose, nur Josua ben Nun und Kaleb ben Jephunneh rieten dem Volk zu dem Lande. Jahwe wurde darauf zornig und beschloß, daß von allen wehrfähigen Männern keiner in das Land kommen solle außer Kaleb und Josua: Vierzig Jahre müßt ihr noch durch die Wüste ziehen, bevor ihr in das Land kommt. In dieser Zeit werden alle wehrfähigen Männer, die sich wider mich empört haben, sterben. – Und die Kundschafter, außer Josua und Kaleb, starben auch sehr schnell.

Es waren aber Leute im Volk, die empörten sich gegen Mose und Aaron und sagten: Hört auf, euch immer über uns zu stellen! Ihr seid wie wir, denn die ganze Gemeinde ist heilig, weil Jahwe in unserer Mitte wohnt. Die meisten Empörer waren aus dem levitischen Stamm der Korahiten, die offenbar nicht mit ihren niederen kultischen Funktionen zufrieden waren. Jahwe ahndete den Aufruhr: Alle 250 Männer verbrannten. Darauf empörte sich nun die ganze Gemeinde wider Mose und Aaron und machte ihnen den Vorwurf, die Mörder der 250 Männer zu sein. Wieder strafte Jahwe das Volk und tötete 14700 Männer, bis Aaron dem Tode Einhalt durch ein Rauchopfer gebot. Danach zog das ganze Volk bis in die Steppe Zin, wo es kein Wasser gab. Da rottete sich die Gemeinde erneut wider Mose und Aaron zusammen und schrie: Warum habt ihr uns hierhergebracht, daß wir und unser Vieh hier umkommen sollen? Wären wir doch nur mit unseren Brüdern gestorben, die Jahwe getötet hat. Aber Jahwe sagte zu Mose und Aaron: Laßt die Leute zusammenkommen, und redet vor ihnen mit dem Felsen, so wird er Wasser geben. Doch Mose und Aaron redeten nicht nur mit dem Felsen, sondern schlugen ihn mit dem Priesterstabe Aarons. Der Felsen gab reichlich Wasser für Menschen und alles Vieh; Jahwe aber war zornig auf Mose und Aaron, weil sie ihm nicht geglaubt hatten, daß der Felsen auf Zureden Wasser geben würde, sondern ihn geschlagen hatten. Deshalb durften Mose und Aaron nicht das Volk in das Gelobte Land hineinbringen. Und Aaron starb am Berge Hor. Hierauf zogen die Israeliten weiter bis in die Steppen Moabs gegenüber Jericho. Regelmäßig wurde die Zahl der wehr- und priesterschaftssteuerpflichtigen Männer mit Namen festgehalten. Bei der letzten Zählung vor dem Einzug in das Land Kanaan waren es 601 730 Männer.

Sie schlugen aber auch die Midianiter und brandschatzten alles und ließen nur die minderjährigen Mädchen am Leben.

Und Mose schrieb die ganze Wanderzeit mit allen Orten und Begebenheiten auf und setzte auch die Leute ein, die im Lande selbst für die gerechte Verteilung sorgen sollten. Den Leviten sollten im ganzen Lande achtundvierzig Städte mit Weideland um die Städte herum als Erbteil zugewiesen werden. Sechs Orte aber sollten Asylstädte sein für diejenigen, die einen Totschlag begehen oder unvorsätzlich einen Menschen töten. Dort sollte ihnen Asyl bis zum Urteil oder bis zum Tode des jeweiligen Hohenpriesters gewährt sein. Denn jeder neue Hohepriester erließ eine Amnestie.

Mose starb aber auf dem Berge Nebo, nachdem er das Land gesehen hatte, das er selber nicht mehr betreten sollte. Er starb im Alter von 120 Jahren, und die Israeliten beweinten ihn dreißig Tage.

II. Mose 6–9; 12; 14,4; 16,1–4; 24,15–18; 25; 34,29; 35–40; IV. Mose 1; 7; 13; 14; 16; 17,6–7; 20; 26; 31; 33,2–3; 35; V. Mose 32,48–52; 34,7–8.

1. Die priesterschriftliche Version der Mosegeschichte beschränkt die Wirksamkeit des Mose auf seine Führungstätigkeit. Alle priesterlichen Funktionen werden Aaron zugeschrieben. Aaron ist Priester und Prophet. Mose ist der Übermittler des Jahwewillens. Als Gottheit gilt er nur gegenüber dem Pharao.

2. Die priesterschriftliche Mythologie ist wesentlich kultätiologisch bestimmt. Die Auswanderung aus Ägypten ist die Be-

gründung für das Passahfest. Die Stammesordnung im Heerbann und Lager ist das Vorbild für die priesterliche Steuerordnung. Die Beschreibung des Gotteszeltes und aller Opferzeremonien dient der Rechtfertigung des aufwendigen Tempelbetriebes nach der Rückkehr aus dem babylonischen Exil. Die priesterlicher Hierarchie ist gottgewollt, denn Jahwe bringt alle um, die sich gegen die heilige Institution empören.

3. Das priesterliche Interesse an der Gestalt des Mose war konfrontiert mit der in den einzelnen Stammestraditionen lebendigen Moseüberlieferung, die man nicht verändern konnte. Deshalb hat die priesterliche Tradition keine neuen Mythologeme eingefügt, sondern versucht, überall zu mildern. Nur in der Beurteilung des Volkes ist sie schärfer, indem sie mit Vorliebe formuliert: die ganze Gemeinde empörte sich oder murrte wider Mose und Aaron. Aaron aber rettet dann immer wieder das Volk vor dem Fluch Jahwes. Dem Priester wird die Heilsrolle zugeschrieben. Darin wird die nachexilische Situation sichtbar, in der nur noch das Priesteramt am wiederaufgebauten Tempel in Jerusalem eine Bedeutung besitzt.

4. Biographische Anmerkungen über Mose und Aaron gibt der priesterliche Text nicht. Daran hat er begreiflicherweise kein Interesse. Ihm geht es wesentlich um die historische Untermauerung seines Machtanspruches. Deshalb referiert er die vielen Steuerlisten und das ganze Abgabensystem, das vor allem auf Leistungen an Jahwe zu Händen der Priester zielt, und beschreibt ganz ausführlich das Aussehen des Heiligtums.

5. Die Zahlen der Priesterschrift sind Phantasiezahlen und stehen in keiner Relation zu tatsächlichen Gegebenheiten, wie sie aus den archäologischen Beweisstücken zu erschließen sind; denn der Orientale übertreibt gerne beim Erzählen. Deutlich wird die Position der priesterlichen Tendenz aber in der antimidianitischen Polemik. Sie läßt den Rückschluß zu, daß Mose aus midianitischer Tradition kommt.

6. Die antilevitische Haltung der Priesterschrift beruht auf der Erfahrung, daß die Leviten vermutlich ihr Recht, Asylstädte zu unterhalten (IV. Mose 35), dahin ausnutzten, allmählich eine oppositionelle Haltung zu dem Priestertum von Jerusalem zu entwickeln. Darin wurden sie sicher noch bestärkt, als sie immer mehr in die Rolle des Klerus minor hineingedrückt werden.

V.1 Das Meerwunder

a. Die Israeliten zogen kampfgerüstet aus dem ägyptischen Ramses zunächst auf Sukkoth zu, um der ägyptischen Knechtschaft zu entfliehen. Jahwe aber zog vor ihnen her. Am Tage war er in einer Wolkensäule, um sie den Weg zu führen, und in der Nacht in einer Feuersäule, um ihnen zu leuchten. Als aber Pharao mit seinen Truppen ihnen nachzog, gerieten die Israeliten in große Furcht. Da änderte die Wolkensäule ihre Stellung. Sie trat hinter das Heer der Israeliten und trennte auch nachts als Feuersäule die beiden Heere. Jahwe aber legte das Meer trocken. Die Israeliten zogen hindurch. Und in der Morgenfrühe wandte sich Jahwe in der Wolken- und Feuersäule gegen das Heer der Ägypter und brachte sie in Verwirrung, so daß sie fliehen wollten. Aber da brach schon der Tag an, und das Meer strömte zurück und überwältigte die Ägypter. So errettete Jahwe an jenem Tage Israel aus der Gewalt der Ägypter, und Israel sah die Ägypter tot am Meeresufer liegen. Und Israel erkannte die große Wundertat, die Jahwe vollbracht hatte.

II. Mose 12,37; 13,21; 14,19b.21b.24.30.

1. Die jahwistische Überlieferung des Durchzuges durch das Meer lokalisiert den Mythos an den Ostrand des Nildeltas. Jahwe läßt durch den Ostwind den Rand des Meeres für die Israeliten passierbar sein, während mit dem anbrechenden Morgen andere Windverhältnisse das Wasser zurückschlagen lassen, wodurch das Heer der Ägypter geschlagen wird.

Jahwe ist Herr über die kosmischen Mächte. Wind und Wasser gehorchen ihm. Er ist der Wettergott (siehe II,2). Der Mythos rechnet nicht mit Zuhörern, die die Ursachen des Phänomens rational erklären wollen. Seine Aufgabe ist, die Allmacht Jahwes darzustellen, der seinem kampfgerüsteten Volk beisteht. Jahwe vereint in sich die Funktionen von Zeus und Poseidon und hat wie diese die Mondgöttin überwunden, die einstmals Herrscherin von Himmel und Erde, Meer und Unterwelt war und deren dreigestaltigen Typ etwa die griechischen Göttinnen Eurynome, Eurybia und Eurydike darstellen.

2. Jahwe ist unbesiegbar. Der Sonnenaufgang besiegelt das Schicksal der Ägypter. Darin offenbart sich antiägyptische Polemik. Denn der Pharao war ja wie »Ra, wenn er im Horizonte aufgeht, damit er Licht spende dem, der im Dunkeln ist, der die

beiden Länder überschwemmt mit seinem Glanz wie die Sonnenscheibe am Morgen«, wie es in einem ägyptischen Osiristext aus dem 15. Jahrhundert v. u. Z. heißt. Und nun schlägt Jahwe die Ägypter im Zeichen des Sonnengottes Ra.

Der Mythos ist keine ätiologische Sage, sondern Bestandteil der Jahwemythologie und Tradition eines israelitischen Stammes gewesen, der in Ägypten Dienst geleistet hatte. Aus ägyptischen Urkunden geht hervor, daß die Pharaonen 'pr-Leute, das entspricht den alttestamentlichen Hebräern, beschäftigt haben. Und aus dem Erzählgut eines Stammes ist dann der Mythos in die Gesamtgeschichte aufgenommen worden. Der Mythos erzählt die politische Auseinandersetzung eines Nomandenvolkes mit dem pharaonischen Ägypten in der Gestalt eines Götterkampfes. Jahwe schlägt in dem von Ra Erkorenen, das ist Ramses, Ra selber.

b. Als Pharao das Volk hatte ziehen lassen, denn Jahwe hatte die Ägypter freundlich gestimmt, zogen sie nicht direkt in das Land, das ihnen versprochen war, weil der Weg zu beschwerlich war. Die vielen Königreiche auf diesem Wege waren starke Hindernisse. Die Ägypter aber besannen sich darauf, daß sie die Israeliten doch besser im Dienstverhältnis hätten behalten sollen, und wollten sie zurückholen. Da änderte der Engel Elohims, der dem Heere der Israeliten voranzog, seinen Platz und trat an das Ende des Zuges zwischen die beiden Heere und ließ die Räder der ägyptischen Streitwagen abfallen, so daß sie nur mühsam vorankamen und im Schilfmeergürtel des Nildeltas elend umkamen.

II. Mose 13,17; 14, 5b–6.19.25a.

1. Die elohistische Tradition erzählt den Untergang der ägyptischen Kampftruppe und den siegreichen Auszug der Israeliten aus Ägypten sehr zurückhaltend. Bei seiner Vorliebe für Ägypten stellt der elohistische Erzähler das Wunder deshalb nicht so dramatisch dar. Sein Gott Elohim will Kriege vermeiden. Deshalb wählt er für das Volk einen Weg, der nicht zu militärischen Auseinandersetzungen mit den Landbewohnern führt. Der Engel Elohims verhindert auch eine militärische Konfrontation der beiden Heere, in deren Verlauf, das ist die unausgesprochene Meinung, Israel nur verlieren wird. (Zum mythologischen Verständnis siehe unter V,I,a.)

c. Als die Israelsöhne aus Sukkoth aufbrachen, ließ Mose sie am Meere lagern in der Nähe von Pihachirot. Dort holte eine Streitwagenabteilung des Pharao sie ein. Darüber waren die Israelsöhne sehr erschrocken und schrien laut. Aber Mose gehorchte einem Befehl Jahwes und hob seinen Stab empor, reckte seine Hand aus und spaltete das Meer. Die Israeliten gingen zwischen den wie Mauern aufgetürmten Wassern hindurch. Die Ägypter aber folgten ihnen. Da sprach Jahwe zu Mose: Recke deine Hand aus und lasse die Wasser zurückfluten. Und die Wassermassen fluteten zurück und schlugen über den Wagen und Reitern des Pharao zusammen, so daß alle umkamen. Für dieses Wunder stimmten Mose und die Israeliten ein großes Danklied an.

II. Mose 13,20; 14,1.2.6.21.22.26.28.

1. Im Gegensatz zu den jahwistischen und elohistischen Erzählern interessiert den priesterlichen Erzähler, daß Mose durch seine Kraft den Untergang der Verfolger bewirkt hat. Dafür wird Jahwe durch einen großen Hymnus (in II. Mose 15) gepriesen. Der Hymnus ist sehr jungen Alters. Er setzt die vollzogene Landnahme und die Errichtung des Tempels voraus und ist wohl ursprünglich ein Tempelweihelied.

Die Erzählung des Meerwunders durch den priesterlichen Vertreter ist weniger mythologisch als die beiden anderen Versionen. Ihm geht es um den Nachweis des Primatanspruches des Mose.

V.2 Die Wüstenwanderung

a. Vom Meere aus brachen die Israeliten auf und kamen in die Wüste. Dort ernährte Jahwe sie mit Brot, das er vom Himmel herabregnen ließ. Und die Israeliten erkannten es zunächst nicht. Es war nämlich weiß und schmeckte wie Kuchen mit Honig. Das aßen sie, bis sie an die Grenze Kanaans kamen.

Am Berge Sinai empfingen sie von Gott Jahwe ein Gesetz, das das Verhältnis zwischen ihm und den Israelsöhnen regeln sollte (vgl. VI, 1). Und Jahwe versprach ihnen: Ich will einen Schrecken von mir vor euch hergehen lassen und eure Feinde vertreiben oder in eure Hand fallen lassen, bis ihr in das Land kommt, das ich euch versprochen habe. Sie wurden aber angeführt von Hobab, dem Schwager des Mose, der ein Midianiter war.

Unterwegs gab Jahwe den Israelsöhnen auch Fleisch zu essen, als sie danach schrien, und ließ Wachteln kommen, bis sie an die Grenze des Landes kamen, das sie erkundet hatten. Alle aber, die sich gegen Jahwe empörten und murrten, wie etwa die Korahiten, ließ Jahwe auf dem Wege sterben. Sie kamen nicht lebend an die Grenze. Und es starben in der Wüste auch Mirjam und Aaron, Schwester und Bruder des Mose.

Der Rest aber zog im Osten des Landes durch die Wüste, bis er an den Jordan kam. Dort blieben Ruben, Gad und ein Teil von Manasse wohnen, während die anderen bei Jericho über den Jordan zogen.
II. Mose 15,27; 16,4.15.31 b; 23,30–32; 34,1–28; IV. Mose 10, 29–32; 16; 20; 25,1–5; 32,1–5.16–24; 33,38; Josua 1–2.

1. Der jahwistische Erzähler beschreibt die Wanderung kurz und knapp wie eine orientalische Razzia, d. i. ein siegreicher Raubzug. Die Feinde weichen oder fallen in die Hände der Israeliten. Wer ungehorsam ist oder meutert, muß sterben. Diesem Gebot sind auch der Priester Aaron und seine Schwester Mirjam unterworfen (dazu siehe auch IV,5,b,6).

Die Wüstendurchwanderung ist der Prototyp des geplanten Eroberungskrieges für den Vertreter der Jerusalemer Militäraristokratie unter David. Jahwe ist der Wetter- und Kriegsgott (siehe unter II,2 und II,3).

b. Als die Israeliten vom Schilfmeer bis nach Mara gekommen waren, murrten sie, daß die Quellen nur bitteres Wasser gaben. Mose schrie deshalb zu Jahwe, und dieser wies ihm ein Holz, das warf er ins Wasser, und das Wasser wurde süß und trinkbar.

Mose ließ auch am Berg Horeb Wasser aus dem Felsen springen, indem er auf Jahwes Befehl mit seinem Stabe an den Felsen schlug. Das war am Ort Meriba (Hader) und Massa (Versuchung). Die Leute hatten sich nämlich, weil sie durstig waren, gegen Mose empört und gesagt: Warum hast du uns aus Ägypten geführt, um uns hier sterben zu lassen?

In der Nähe von Rephidim hatte Israel gegen die Amalekiter zu kämpfen. Josua, der Knecht des Mose, führte die Truppe der Israeliten. Aber Mose stand auf einem Hügel hinter den Schlachtreihen. In den erhobenen Händen hielt er den Gottesstab. Und solange er seine Hände segnend emporhielt, siegten die Mannen Josuas. Wenn er sie sinken ließ, wich das Schlachtenglück von ihnen. Da stützten Aaron und Chur die Arme Moses, bis am Abend die Amalekiter geschlagen waren.

Am Sinai waren die Leute so durch die Donnerschläge, Blitze und die rauchende Bergkuppe erschrocken, daß sie Mose baten, allein für sie zum Berge zu gehen. Und Mose empfing allein das Gesetz Jahwes, der ihm versprach: Ich will meinen Engel vor dir hergehen lassen, der dich wohlbehalten in das Land bringen soll, das ich festgesetzt habe.

Bleibt mir treu, und ich werde euer Brot und Wasser segnen und die Krankheiten von euch fernhalten. Keine Frau soll Fehlgeburten haben, und ihr sollt alle alt werden. Aber deine Feinde werde ich nicht alle auf einmal vertreiben, weil sonst das Land zur Wüste würde und zur Heimstatt der wilden Tiere. Ganz allmählich will ich sie vertreiben, bis du zahlreich genug bist, um das Land selber zu besiedeln und zu bebauen.

Mose kam zu den Leuten und teilte ihnen alle diese Worte Jahwes mit. Sie schlossen daraufhin mit Jahwe einen Vertrag und besiegelten ihn durch das Opfer von zwölf Stieren. Und Mose erhielt nach vierzig Tagen und Nächten von Jahwe Steintafeln, auf die Jahwe selber sein Vertragsgesetz geschrieben hatte.

Mose aber bewahrte die Tafeln im Offenbarungszelt auf.

Trotz aller Hilfe und Verheißungen Jahwes waren die Wanderer unzufrieden. Nichts als das Manna hatten sie zu essen und sehnten sich zurück nach Ägypten, nach seinen Fischen, Gurken, Melonen, Zwiebeln und dem Knoblauch. Durch dieses Jammern ließ Jahwe sich bewegen, ihnen Wachteln zum Essen zu schicken. Mose aber trauerte darüber, daß nicht das ganze Volk vom prophetischen Geiste Gottes ergriffen war, sondern nur sehr wenige; denn Gott hatte am Horeb gesagt: Wenn ihr auf mich hören und meinen Bund halten wollt, dann sollt ihr mein Eigentum unter allen Völkern und ein Königreich von Priestern und ein heiliges Volk sein.

Auf ihrem Wege durch das Ostjordanland umgingen die Israeliten Edom und zogen an den Jordan in die Nähe von Jericho.

II. Mose 15,22–25; 17,1–15; 19,5–6; 20,18–19; 23,20; 23,29–30; 24,4–8; 33, 7–11; IV. Mose 7,1–3; 11,4–30.

1. Der elohistische Erzähler kennzeichnet die Israeliten nicht als Heroen. Er stellt betont ihre Unfähigkeit in den Vordergrund, sich mit den Verhältnissen in der Wüste abzufinden. Ohne Mose und die Freundlichkeit seines Gottes, der sich sehr für das Wohlergehen der Leute und des Landes einsetzt, wären diese nie in das Land gelangt, zu dessen ursprünglichen Besitzern der ägyptenfreundliche Erzähler gehört, der das Heimweh nach Ägypten als Motiv kennt.

2. Seine antijerusalemische Haltung wird auch in der Meinung sichtbar, daß das ganze Volk ein königliches Priesteramt besitzen sollte. Mit Mose trauert er, daß nicht alle Isrealiten mit dem prophetischen Geist ausgerüstet sind wie Mose, der Wundertäter (siehe IV,5,b).

3. Die priesterliche Endredaktion hat konsequent den Gottesnamen Elohim auch in den elohistischen Texten nach der Theo-

phanie in II. Mose 3 getilgt und den Gottesnamen Jahwe eingefügt.

c. Auf dem Wege vom Meer gelangten die Isrealiten in die Wüste Zin. Dort speiste Jahwe sie mit Manna, das er zu Beginn jeden Tages vom Himmel regnen ließ. Und jeder sammelte täglich für seinen Bedarf. Am Freitag aber sammelten sie die doppelte Menge, denn der Sabbat, der siebte Tag, war ein Ruhetag für Jahwe. Das Manna verdarb auch an diesen beiden Tagen nicht, obwohl es sonst nur einen Tag genießbar blieb.

Aaron aber füllte einen Krug mit Manna und bewahrte es im Offenbarungszelt zum ewigen Andenken an die wunderbare Ernährung des Volkes in der Wüste auf.

Im dritten Monat nach dem Auszug lagerten sie am Sinai. Dort gebot Jahwe dem Mose, den er zu sich gerufen hatte, daß die Israeliten ihm ein Heiligtum bauen sollten. Und Jahwe bestimmte sehr genau, wie die Bundeslade, der Schaubrottisch, der goldene Leuchter und das Zelt gearbeitet sein sollten. Ebenso ausführlich beschrieb Jahwe die Kleidung für die Priester, das Ritual der Priesterweihe und den ganzen Kultbetrieb, einschließlich der Gesetze, denen sich das ganze Volk beugen sollte.

Jahwe befahl Mose und Aaron auch, ganz Israel zu zählen, die wehrfähigen Männer zu mustern und eine Lagerordnung aufzustellen. Die Leviten aber sollten nur den Dienst am Heiligtum verrichten und von allen anderen Aufgaben befreit sein. Ganz Israel sollte den Unterhalt der Priester tragen und reichlich opfern. Am Zwanzigsten des zweiten Monats im zweiten Jahr des Auszuges brachen sie vom Sinai auf und zogen in die Steppe Paran.

Als die Korahiten sich aber gegen die Priester Mose und Aaron empörten, mußten sie sterben, wie auch alle sterben mußten, die sich dem Heiligtum ungebührlich näherten. Das Betreten war nur Mose, dem Priester Aaron und seinen Söhnen gestattet.

Aaron aber starb am Berge Hor. Er durfte das Land der Verheißung nicht betreten, weil er Jahwe nicht geglaubt hatte. Von dort zogen die Israeliten weiter bis in die Steppen Moabs gegenüber Jericho.

Dort hurten die Israeliten mit den Töchtern der Moabiter. Deshalb ließ Jahwe eine schwere Plage über das Lager kommen, die erst wich, als alle fremden Frauen aus dem Lager entfernt waren und Jahwe erneut viele Gesetze gab, denen die Israeliten gehorchen sollten.

Sie sollten keine fremden Frauen ehelichen. Deshalb ließ Mose auch nach dem Sieg über die Midianiter nachträglich noch alle Frauen töten, so daß von den Midianitern nur die jungfräulichen Mädchen überlebten.

Und Mose zeichnete nach dem Befehle Jahwes den genauen Verlauf der Wanderung schriftlich auf. Ebenso auch, daß Jahwe befohlen hatte, das Land durch das Los zu verteilen. Danach starb Mose auf dem Berg Nebo, östlich von Jericho, nachdem er das Land gesehen hatte.

II. Mose 16,15.22–31; 25 bis III. Mose 16; IV. Mose 1–10; 15,1; 16; 17–20; 13. 22–29; 25,6–32; V. Mose 33,2. 33–36.

1. Der priesterliche Erzähler berichtet die Geschichte unter einem aktuellen Gesichtspunkt, denn er will den Nachweis bringen, daß die Kultgemeinde, die mit persischer Billigung nach dem Exil entstanden ist, schon eine Stiftung Jahwes am Sinai war. Deshalb wird von den Begebenheiten der Wanderung wenig, aber von den von Jahwe erlassenen Gesetzen in aller Breite erzählt.

Die gesamte Daseinsweise der Kultgemeinde um Tempel, Opfergesetze und Staatsgesetz wird in das Lager der Wanderer projiziert. So entsteht bei Isolierung dieser Tradition von Gott Jahwe das merkwürdige Bild, daß er auf der Wüstenwanderung seines Volkes nur Kleidersorgen seiner Priester und Gedanken für die Einrichtung seines Anwesens hat und daß seine größte Sorge darin besteht, daß seine Leute sich mit anderen Frauen abgeben könnten.

Dahinter verbirgt sich vermutlich das puritanische und rigoristische Vorgehen der Restauratoren der Kultgemeinde von Jerusalem nach dem babylonischen Exil, von Esra und Nehemia, wie es in den beiden gleichnamigen Büchern beschrieben wird. Der Mythos von der Wanderung durch die Wüste unter der Führung Jahwes wird zu einer ätiologischen Sage über die Gestalt der Kultgemeinde von Jerusalem. Der Mythos tritt hier über seine Grenze in die Gesetzesätiologie ein.

V.3 Das Schlangenwunder von Kadesch

Auf dem Wege nach Osten wurde das Volk Israel ungeduldig und lehnte sich gegen Jahwe und Mose auf: Warum habt ihr uns aus Ägypten herausgeführt? Sollen wir hier in der Wüste sterben? Es gibt kein Brot, kein Wasser, und wir ekeln uns vor dieser ärmlichen Nahrung. Da schickte Jahwe die Saraphe, die Schlangen. Diese bissen die Leute, und es starben viele von den Israeliten. Da kam das Volk zu Mose und

sagte: Wir haben gefrevelt, als wir uns gegen dich und Jahwe empörten; bitte Jahwe, daß er uns von den Schlangen befreit. Da bat Mose um Erbarmen für das Volk. Jahwe aber sagte zu ihm: Mache dir einen Saraph und hänge ihn auf eine Stange. Jeder, der gebissen wird, soll am Leben bleiben, wenn er den Saraphen anschaut. Da machte Mose eine eherne Schlange und hängte sie auf eine Stange. Wenn die Schlangen nun jemanden bissen und er auf die Schlange blickte, dann blieb er am Leben.
IV. Mose 21,4b–9.

1. Dieser elohistische Mythos zeugt von einer tiefen Verwurzelung im mythologischen Denken. Jahwe erscheint als Herr der Schlangen, der Saraphen. Mythologisch ist die Schlange stets eine weibliche Gottheit. In Ägypten wird die Uräusschlange als Symbol der heiligen Königin von Buto zum Deutungszeichen für alle Göttinnennamen und schließlich zum Deutungszeichen für Göttin schlechthin. Die griechischen Schlangengöttinnen Hera und Persephone waren chtonische Erdgöttinnen. Eine Schlangengöttin war auch die Pythia von Delphi. In Delphi hatte einstmals Apollo den Python getötet und sich an die Stelle der Pythia gedrängt, wie Jahwe die vermutliche Schlangengöttin von Kadesch verdrängt hatte. Kadesch ist einer der mythischen Ortsnamen auf der Wanderung. Der Name bedeutet sinngemäß »das Geheiligte« (siehe auch IV,5,b,3 und 6). Und wie der griechische Priester Apollos Funktion als Orakelgeber übernimmt, übernimmt Mose diese Funktion von Kadesch. Mose und Jahwe müssen offensichtlich den Zorn der entmächtigten Schlangengöttin von Kadesch besänftigen, indem sie ihr ehernes Bild errichten, bei dessen Anblick die Kranken genesen, die von der erzürnten Göttin geplagt wurden. Bei der Wanderung hatten die Israeliten vermutlich das alte Heiligtum und seine Priesterinnen geschändet.

2. Der Mythos ist älter als das Bilderverbot und das Gesetz von der Verehrung nur eines Gottes und ist von Leuten überliefert, die im geheimen Widerspruch zur Lehre von Jerusalem stehen. Sinai und Kadesch stehen gleichberechtigt nebeneinander (siehe auch IV,5,b und IV,5,b,2), dabei ist der hebräische Gebrauch, die Schlange als maskulines Nomen zu behandeln, nur der deutliche Hinweis darauf, daß Jahwe die Funktion der Schlangengöttin übernommen hat. Die eherne Schlange des Mose war nach II. Könige 18,4 noch bis zur Zeit des Königs Hiskia um 720 v. u. Z. in Jerusalem in kultischem Gebrauch. Man räucherte ihr als »Nechustan«, als Hiskia sie mit allen

anderen Götterbildern zertrümmern ließ. Nechusta war ein Frauenname, was darauf hindeutet, daß diese Gottheit femininen Geschlechts war (II. Könige 24,8).

3. Zur positiven Rolle der Schlange im Mythos von der Entstehung des Menschen siehe III,1,8.

V.4 Die Kundschaftergeschichten

a. Als die Israeliten in der Steppe Paran in der Nähe von Kadesch waren, sandte Mose Kundschafter in das Land aus, das vor ihnen lag; er beauftragte sie, zu erkunden, wie das Land beschaffen sei und wie sie wohnen. Sie gingen hin und kamen bis nach Hebron und trafen dort auf die Enakiter. Bei ihrer Rückkehr erzählten sie: Das Land ist reich. Aber die Leute im Lande sind stark und haben auch gute und feste Städte. Bei ihnen leben auch Nachkommen der Enakiter. Als Kaleb ben Jephunneh das hörte, wollte er sofort hinaufziehen und sagte: Wenn uns Jahwe gnädig ist, wird das Land uns schon zufallen. Denn Kaleb zog mit ihnen und sollte nach Jahwes Befehl auch mit im Lande wohnen.
IV. Mose 13,17.22.27–28.30; 14,8.

1. Der Mythos von dem tapferen Helden Kaleb stammt aus der alten Südtradition, die man als Laienquelle bezeichnet hat. Sie wurde von dem Stamm der Kalebiter tradiert. Das war ein Nomadenstamm, der um Hebron herum seine Hauptlagerstätten hatte. Er lebte in einer Art Schutzvertrag mit dem Stamme Juda. Er sicherte militärisch dessen Südgrenze. Seine Stammestraditionen sind vorwiegend militärischer Natur, wie auch aus Josua 14,6–14 hervorgeht. Deshalb kennt der Mythos keine Niederlage der Kundschafter.

b. Als die Israeliten sich dem Lande von Süden genähert hatten, beauftragte Mose Männer, das Land zu erkunden. Sie sollten prüfen, ob es auch fruchtbar sei. Und da gerade die Zeit der ersten Weintrauben war, schnitten sie im Tale Eškol eine Rebe mit einer Weintraube ab, die zwei Männer an einer Stange tragen mußten, und nahmen auch Granatäpfel und Feigen mit, weil Mose ihnen geboten hatte, auch Früchte mitzubringen. Sie überbrachten die Früchte und ihre Beobachtungen Mose und Aaron und der ganzen Gemeinde, die sich versammelt hatte. Es waren aber etliche unter den Kundschaftern, die sagten: Wir wollen nicht in das Land gehen, denn die Leute sind sehr groß und stark; damit verglichen, sehen wir wie Heuschrecken aus.

Darauf fing das Volk an zu jammern und wollte zurück nach Ägypten. Da sprach Jahwe zu Mose: Gehe hin und sage den Leuten, daß wegen ihres Unglaubens keiner von ihnen das Land betreten soll, ausgenommen ihre Kinder und Kaleb. Alle anderen sollen vorher sterben.

Als Mose das den Leuten sagte, wurden sie sehr betrübt. Sie wollten aber nicht auf ihn hören und zogen nun, wie Jahwe zuerst befohlen hatte, gegen die Amalekiter und Kanaaniter ins Feld. Von denen wurden sie jedoch geschlagen und in die Wüste versprengt. Und die Kundschafter starben alle, ausgenommen Kaleb.

IV. Mose 13,20.23.26b.31.33; 14,3–4.30.39–44.

1. Die elohistische Gestalt des Mythos wird von der Absicht geprägt, das Land als fruchtbar und gut besiedelt darzustellen und die Bewohner als furchteinflößend zu beschreiben. Hingegen fällt die Beschreibung der Israeliten nicht rühmlich aus. Jahwe läßt sein murrendes Volk unterliegen.

Der elohistische Erzähler hat sicher eine Erinnerung an eine versuchte Eroberung seines Landes vor Augen gehabt, für die er eine Erklärung gibt. Das ätiologische Moment an der Geschichte aber wird von ihm verdeckt, indem er Jahwe selber für den mißglückten Verlauf verantwortlich macht. Darin wird die latente Opposition der alten kanaanäischen Bevölkerungsteile gegen die Einwanderer sichtbar. Der heilige König und Gott wird nicht angegriffen, über seine Mannschaft kann man noch spotten.

Der Mythos konnte in der vorliegenden Gestalt die priesterliche Zensur im 4. Jahrhundert v. u. Z. passieren, weil spätestens im babylonischen Exil klargeworden war, daß man die Person Gottes retten konnte, wenn Leute dafür sterben mußten.

c. Als die Israeliten sich dem Süden des Landes genähert hatten, sagte Jahwe zu Mose: Nimm von jedem Stamme einen Mann, es sollen aber Anführer sein, und schicke sie aus, damit sie das Land erkunden. Und Mose bestimmte sie namentlich. Die Kundschafter durchzogen das Land von Süden bis Norden. Nach vierzig Tagen kehrten sie zurück und berichteten den Israeliten schlimme Dinge. Sie sagten, das Land frißt seine Bewohner. Da empörten sich die Israeliten gegen Mose und Aaron. Die aber fielen vor der versammelten Gemeinde nieder. Doch Josua ben Nun und Kaleb ben Jephunneh sagten: Das Land, das wir erkundet haben, ist ein sehr gutes Land. – Als die Leute sie deswegen steinigen wollten, erschien plötzlich die Herrlichkeit Jahwes am Gotteszelt und redete mit Mose und Aaron: In dieser Steppe sollt ihr sterben, und zwar alle, die älter sind als zwanzig Jahre. Und weil ihr vierzig Tage gebraucht habt, um das Land zu erkunden, sollt ihr nun vierzig Jahre in der Wüste herumziehen, bis alle gestorben sind, die wider mich gemurrt haben. Nur Josua und Kaleb sollen am Leben bleiben. Und so geschah es.

IV. Mose 13,1–17.21.25.32; 14,2.5–7.10.26.29.34–38.

1. Der priesterliche Erzähler formt die Überlieferung noch härter um. Für ihn ist die Gemeinde, das fromme Volk, von Grund aus ungehorsam und aufsässig, deshalb muß Jahwe sie mit dem Tode strafen. Nur Josua bleibt am Leben und auch Kaleb. Die Gestalt des Josua wird durch das historische Vorbild des ersten nachexilischen großen Hohenpriesters geprägt worden sein, für den der priesterliche Erzähler die vita parallela schafft, während der Stamm der Kalebiter offensichtlich im Lande geblieben ist, also vor der Deportation bewahrt blieb. Die jetzige Gestalt hat der Gesamtkomplex der Kundschafterberichte unter der priesterlichen Frage erhalten, wie der Neuanfang nach dem babylonischen Exil historisch legitimiert werden kann. Die Gegenwart der Jahre nach 537 v. u. Z. wird im Gewande der Vergangenheit als »gottgewollte Geschichte« gedeutet.

2. Die große Mose-Diskussion in IV. Mose 14,11–24 ist aus einer älteren jahwistischen Überlieferung aufgenommen worden, weil sie den priesterlichen Bearbeitern Gelegenheit gab, den Zorneswillen Jahwes zu explizieren. Formal ist im Rahmen der priesterlichen Gesamtdarstellung der Mythos von der Aussendung der Kundschafter eine historische Parabel geworden.

3. Der sprichwörtliche Satz: »Das Land frißt seine Bewohner«, beruht auf der altorientalischen Vorstellung, daß Land und seine heilige Königin Synonyme sind. Er bedeutet deshalb, daß das erkundete Land von einer strengen Königin regiert und ausgebeutet wird.

V.5 Bileams Esel

Als die Israeliten auf ihrer Wanderung an die Grenzen Moabs kamen, schickte Balak ben Zippor, der König von Moab, zu Bileam, einem Propheten aus Ammon, damit dieser die Israeliten verfluchen sollte. Bileam machte sich auch auf den Weg. Darüber ward Jahwe zornig, und er stellte ihm seinen Engel in den Weg. Bileam ritt aber auf einer Eselin. Als die Eselin nun den Engel Jahwes mit gezücktem Schwert auf dem Wege stehen sah, wich sie auf das Feld aus. Da trieb Bileam sie mit Schlägen zurück auf den Weg. Ein wenig später stand der Engel

Jahwes wieder auf dem Weg, der durch Mauern der Weingärten eingeengt war. Die Eselin schob sich aber an ihm so vorbei, daß sie Bileams Fuß an die Mauerwand quetschte. Und der Prophet schlug sie abermals. Ein drittes Mal versperrte der Engel Jahwes ihm den Weg an einer so engen Stelle, daß die Eselin nicht mehr ausweichen konnte. Da legte sie sich unter Bileam nieder. Und als er sie mit dem Stock schlug, tat sie den Mund auf und redete mit Bileam. Da sah auch er vor sich Jahwes Engel mit einem gezückten Schwert. Der sagte: Wäre die Eselin vor mir nicht ausgewichen, so hätte ich dich umgebracht. Bileam wollte nun umkehren. Das aber verbot ihm der Engel, und so zog der Prophet hin zu Balak von Moab, der ihn aufforderte, von drei Orten aus das Heer der Israeliten zu verfluchen. Bileam aber sagte dreimal nur das, was Jahwe ihm zu sagen eingab. Und das waren keine Fluchworte, sondern Segensworte. Darüber entbrannte Balaks Zorn gegen Bileam, und er schickte ihn zurück. Bileam aber, bevor er heimkehrte, prophezeite noch einmal und weissagte den Untergang Moabs.

Andere erzählen noch, Bileam habe sich geweigert, den zwei Gesandtschaften Balaks zu folgen, weil ihm schon zu Hause Gott Jahwe im Traum in der Nacht erschienen war und ihm verboten hatte, mitzugehen und Lohn anzunehmen. Als aber Bileam dann doch mitgegangen war, habe er mit vielen Opfern von Stieren und Widdern Jahwe zu versöhnen gesucht. Der aber habe das Opfer angenommen zugunsten Israels und durch Bileams Mund reichlichen Segen über Israel ausgeschüttet, wie er in schönen Liedern verzeichnet ist:

Siehe, das Volk (Israel) wird aufstehen wie ein junger Löwe, es wird sich erheben wie ein Löwe.

Siehe, es wird ein Stern aus Jakob aufgehen und ein Zepter aus Israel aufkommen und wird zerschmettern die Fürsten der Moabiter.

IV. Mose 22–24.

1. Die Geschichte vom Propheten Bileam ist Bestandteil der Legendenbildung nach der Einwanderung in das Land Kanaan gewesen. Der elohistische Erzähler benutzt den Esel, um die Erzählung plastisch zu machen, der jahwistische Erzähler schiebt den Traum als Hilfsmittel ein, um eine unmittelbare Mitwirkung Jahwes zu vermeiden. Zum Zeitpunkt der Entstehung beider Erzähltraditionen war das alte, präisraelitische Amt des Propheten noch nicht so fest in die kultischen Institutionen Israels eingefügt wie zwei Jahrhunderte später, als das Königtum unterging. Der Gott des elohistischen Erzählers will durch Bileam ein Völkermorden verhindern, der jahwistische Erzähler aber benutzt die Gelegenheit, in den Sprüchen Bileams die mili-

tanten Absichten der Königspartei in Jerusalem mit unterzubringen.

2. Der jahwistischen Erweiterung der Bileamsprüche durch Hinweise auf einen mächtigen Stamm Jakob-Israel im Bilde des Löwen verdankt die Geschichte die priesterliche Billigung nach dem Exil, als man auf eine wunderbare Restituierung der alten Herrlichkeit bedacht war.

3. Der mythologische Ort dieser Art Heldengeschichten ist wie in der Geschichte des griechischen Teiresias die Auseinandersetzung zwischen zwei Zeiten, zwei Welten, eben zwei Götterreichen. Teiresias wurde zur Frau und noch wieder zum Manne. Bei Bileam verbannt die Erzählung diese mythologischen Bilder in seine Sprüche. Sie stellt ihn so als getreues Abbild des Gottes dar, der in sich selber noch zweigestaltig ist, zwei verschiedene Bevölkerungsgruppen vertritt, die noch um den Primat kämpfen.

Die Opfer Bileams wie die des Teiresias offenbaren zugleich ihre Stellung: Sie sind nicht Herren des Schicksals, sondern Knechte; der Gott bedient sich ihrer nach seinem Willen. Sie sind Zwitter, halb Gott und halb Mensch, halb der Zukunft zugehörig, halb der alten vergangenen Welt.

VI Die Göttliche Gesetzgebung

VI.1 Am Sinai

a. Als die Israeliten in der Wüste am Berge Sinai lagerten, kam Jahwe auf den Berg herab (vgl. II,2,a) und sprach:

Ich bin dein Gott Jahwe, der dich aus dem Sklavenhaus Ägypten weggeführt hat. Du sollst neben mir keinen anderen Gott haben. Du sollst dir kein Gottesbild machen noch sonst irgendein Abbild von Himmlischem oder Irdischem oder Unterirdischem und sollst dich vor solchen auch nicht niederwerfen oder sie verehren, denn ich, dein Gott Jahwe, bin ein eifersüchtiger Gott, der die Verschuldung der Väter an den Kindern, Enkeln und Urenkeln derer ahndet, die mich hassen, der aber gnädig sein wird bis ins tausendste Glied denen, die mich lieben und meine Gebote halten. Du sollst den Namen deines Gottes Jahwe nicht frevlerisch gebrauchen, denn Jahwe wird den nicht ungestraft sein lassen, der seinen Namen so mißbraucht. Achte darauf, daß du den Sabbat heilig hältst. Sechs Tage sollst du arbeiten und deine Geschäfte erledigen, aber am siebenten Tage, dem Sabbat zur Ehre deines Gottes Jahwe, sollst du keine Geschäfte machen, weder du noch dein Sohn, weder deine Tochter, Knecht, Magd noch dein Vieh, noch der Fremde in deiner Familie. Denn Jahwe hat in sechs Tagen den Himmel, die Erde, das Meer und alles, was in ihnen ist, gemacht und danach am siebenten Tage geruht. Darum hat Jahwe den Sabbat gesegnet und zum heiligen Tag erklärt.

Halte deinen Vater und deine Mutter in Ehren. So wirst du lange in dem Lande leben, das dein Gott Jahwe dir geben wird. Du sollst nicht morden. Du sollst nicht ehebrechen. Du sollst nicht stehlen. Du sollst gegen deinen Nächsten kein falsches Zeugnis ablegen. Du sollst nicht das Haus deines Nächsten begehren. Du sollst auch keine Begierde nach der Ehefrau deines Nächsten haben oder nach seinen Leuten, seinem Vieh oder einem anderen Besitzgegenstand von ihm.

Als aber das Volk das hörte, wollten sie dieses Gesetz wohl halten.
II. Mose 20,1–17.

b. Andere erzählten, Gott Jahwe habe Mose ein anderes Gesetz auf dem Sinai gegeben, nämlich:

Du sollst dich vor keinem anderen Gott niederwerfen. Du sollst dir keine gegossenen Gottesbilder machen. Du sollst das Fest der ungesäuerten Brote halten. Alle Erstgeburt von Vieh und Mensch gehört mir. Du sollst das Wochenfest einhalten. Du sollst das Herbstfest zur Jahreswende feiern. Du sollst das Blut des Opferlammes nicht zusammen

mit Gesäuertem opfern. Du sollst das Opfer des Passahlammes nicht bis zum nächsten Tage aufbewahren. Du sollst das Tierjunge nicht in der Milch seiner Mutter kochen. Du sollst die ersten Früchte des Ackerlandes zum Hause deines Gottes Jahwe bringen.
II. Mose 34,1–26.

1. Die zehn Gebote (der griechische Begriff Dekalog ist kirchengeschichtlich festgelegt) sind zum Inbegriff des Gottesgesetzes geworden. Die verschiedenen Überlieferungen dieses Gesetzes stammen aus unterschiedlichen Bevölkerungsgruppen und haben die Zeitverschiebungen nur überdauert, weil die verschiedenen Bevölkerungsgruppen sehr lange an ihren Besonderheiten festgehalten haben. Das Grundgerüst des Dekalogs aus der Laienquelle, wie es aus II. Mose 34 zu erschließen ist, spiegelt die alte Institution des Stammeskultes wider. Der Familienälteste ist verantwortlich für die Beachtung der Opferriten. Dieser Dekalog ist reines Kultrecht. Er enthält keine zivilrechtlichen oder familienrechtlichen Bestimmungen. Die Ordnung der Großfamilie, des Clan, braucht solche Bestimmungen noch nicht, weil sie das Privateigentum an Produktionsmitteln, zu denen auch die Frau gehört, noch nicht kennt. Die gesellschaftliche Funktion der Eltern ist noch bedeutungslos.

2. Im Gegensatz dazu ist der etwas jüngere elohistische Dekalog aus II. Mose 20, der zu der Bevölkerungsgruppe der alten, ehemals kanaanäischen Bevölkerungsreste gehört, wesentlich stärker zivilrechtlich orientiert. Hier sind nur die ersten drei Gebote kultischen Inhalts. Sie legen den Anspruch des Gottes fest, des heiligen Königs. Die anderen sieben Gebote sind rein zivilrechtlichen Charakters. Sie setzen das Privateigentum an Produktionsmitteln wie auch die Ehe voraus. Dabei ist der ursprüngliche Wortlaut des zehnten Gebotes: »Du sollst nicht das Haus deines Nächsten begehren«, schon durch die nachfolgende detaillierte Angabe, was zum Hause gehört, erweitert.

Die Ähnlichkeiten mit dem altbabylonischen Codex Hammurapi und den alten hethitischen oder assyrisch-babylonischen Gesetzessammlungen sind auf die vergleichsweise ähnlichen sozialökonomischen Verhältnisse vor der israelitischen Eroberung zurückzuführen. So heißt es z. B. in einer hethitischen Gesetzessammlung:

»Wenn ein Mann seine eigene Mutter vergewaltigt, er soll bestraft werden.

Vergewaltigt ein Mann seine Tochter, er soll bestraft werden ... Wenn ein Mann seine Stiefmutter vergewaltigt, soll er nur bestraft werden, wenn sein Vater noch lebt.

Wenn jemand ein Rind stiehlt, so tilge er seine Schuld und zahle fünfzehn Rinder, fünf zweijährige, fünf einjährige, fünf nicht einjährige Rinder.«

3. Der Dekalog aus der elohistischen Tradition unterscheidet sich von dem späteren Dekalog aus der deuteronomischen Tradition (siehe VI,2) der späten Königszeit. Der elohistische Dekalog führt die Einrichtung des Sabbattages auf die Schöpfungstheologie zurück, und er nennt im zehnten Gebot das Haus des Nächsten zuerst, nach dem der Israelit nicht trachten soll. Darin liegt noch ein stiller Vorwurf an die Usurpatoren, die ja die Häuser der ehemaligen Landesbewohner annektierten. Der deuteronomische Dekalog aber führt das Sabbatruhegebot auf die ehemalige Knechtschaft in Ägypten zurück und bemerkt ausdrücklich, daß alle im Hause ruhen sollen »wie du«. Das »du« in den beiden jüngeren Dekalogen ist schon nicht mehr das Clanoberhaupt, sondern der einzelne Landesbewohner. (Siehe IV,5,c.)

Der andere Unterschied des deuteronomischen Dekalogs liegt in der Formulierung des zehnten Gebotes, in dem die Ehefrau zuerst genannt wird, während das Haus, als Inbegriff des Besitzes an Produktionsmitteln, erst an zweiter Stelle steht. Zwischen dem elohistischen und deuteronomischen Dekalog liegt nämlich eine bedeutsame rechtsgeschichtliche Entwicklung. Die Ehefrau wird zum Begriff für Amt, Macht, Besitz. Als z.B. Abšalom die Nebenfrauen seines Vaters David beschläft, eignet er sich damit förmlich die Königswürde und das Reich an. Deshalb formuliert die deuteronomische Tradition das zehnte Gebot anders.

Die elohistische Tradition kennt keine pessimistische Untergangsstimmung wie die deuteronomische. Indem sie die Gesetzgebung auf den Sinai lokalisiert, nimmt sie die von Jerusalem ausgehende Leitidee auf und prägt sie um. Religionsgeschichtlich sind der mythologische Ort für die »göttliche Gesetzgebung« die schwindenden Möglichkeiten des Königs. Mit seinem durch Gebietsannexionen größer werdenden Machtbereich schwindet die Möglichkeit, überall persönlich die Entscheidungen zu treffen, die er in den alten, kleinen Gemeinden noch treffen konnte. Der Großkönig braucht den Staat und das Recht, den allgemeinen Ausdruck seines autarken Willens (siehe auch II,6,1).

Als die Israelsöhne auf dem Wege von Ägypten am Berg Horeb vorbeikamen, ließ Mose sie dort lagern. Mose hatte schon aus den Ältesten und Weisen jedes Stammes einen Rat gebildet, der für Recht und Ordnung sorgen sollte. Jahwe aber redete am Berg Horeb aus dem Feuer zu dem versammelten Volk. Er ließ vom Himmel seine Stimme hören und auf der Erde ein großes Feuer sehen. Aus dem Feuer aber redete er mit ihnen und verkündete ihnen sein Gesetz:

Ich bin Jahwe, dein Gott, der dich aus Ägypten, dem Lande eurer Sklaverei, weggeführt hat. Du sollst neben mir keinen anderen Gott haben. Du sollst dir kein Gottesbild machen noch sonst irgendein Abbild von Himmlischem oder Irdischem oder Unterirdischem und sollst dich vor solchen auch nicht niederwerfen oder sie verehren, denn ich, dein Gott Jahwe, bin ein eifersüchtiger Gott, der die Verschuldung der Väter an den Kindern, Enkeln und Urenkeln derer ahndet, die mich hassen, der aber gnädig sein wird bis ins tausendste Glied denen, die mich lieben und meine Gebote halten.

Du sollst den Namen deines Gottes Jahwe nicht frevlerisch gebrauchen, denn Jahwe wird den nicht ungestraft lassen, der seinen Namen so mißbraucht.

Achte darauf, daß du den Sabbat heilig hältst, wie dein Gott Jahwe befohlen hat. Sechs Tage sollst du arbeiten und alle Geschäfte erledigen, aber am siebenten Tage, dem Sabbat zur Ehre deines Gottes Jahwe, sollst du keine Geschäfte machen, weder du noch dein Sohn, noch deine Tochter, weder dein Knecht noch deine Magd, weder dein Ochse noch dein Esel noch ein anderes deiner Tiere, noch der Fremde in deiner Familie, damit sie ruhen wie du. Denke daran, daß du selbst Knecht gewesen bist in Ägypten, woher dich Jahwe befreit hat. Darum sollst du den Sabbat feiern. Halte deinen Vater und deine Mutter in Ehren, wie dein Gott Jahwe dir befohlen hat. So wirst du lange leben, und es wird dir gut gehen in dem Lande, das dir dein Gott Jahwe geben wird.

Du sollst nicht morden. Du sollst nicht ehebrechen. Du sollst nicht stehlen. Du sollst gegen deinen Nächsten kein falsches Zeugnis ablegen.

Du sollst nicht die Ehefrau deines Nächsten begehren und auch keine Begierde nach dem Hause deines Nächsten, nach seinem Felde, seinen Leuten, seinem Vieh oder einem anderen Besitzgegenstand von ihm haben.

Diese Worte und nichts weiter redete Jahwe mit lauter Stimme zu dem ganzen Volk vom Berge her in Feuer, Gewölk und Dunkelheit.

Mose aber lehrte die Israelsöhne auf Geheiß Jahwes noch viele Satzungen und Rechte, die sie befolgen sollten.
V. Mose 5–6,3.

1. Die deuteronomische Überlieferung geht auf die Tempelpriesterschaft in Jerusalem zurück, die im 7. Jahrhundert v.u.Z. versucht, die Institution des Königtums der davidischen Dynastie von Jerusalem zu retten, die nicht mehr in der Lage ist, das Land richtig zu lenken und zu verwalten. Die alten sozialen Ordnungen befinden sich wie die ökonomischen in voller Auflösung. Den neu entstandenen Großreichen an Euphrat und Nil mit ihrem staatlichen und ihrem ökonomischen Zentralismus waren die kleinen, nach außen abgeschlossenen Königtümer am Rande der Wüste nicht gewachsen.

Darum wird mit dem Gesetz vom Horeb noch einmal der eifersüchtige Gott beschworen, der grausamste Rache an den Abtrünnigen nimmt. Das alte Idealbild der sozial ausgewogenen Clanordnung wird beschworen, um den Fortschritt aufzuhalten, der zum Großreich tendiert. Wie das Gesetz den Willen des abwesenden Königs vertritt, soll nun das Gesetz Jahwes die verlorengegangene Zentralgewalt ersetzen. Der Mythos vom Gesetz erhält die Funktion der Heroenlegende; wie einst Mose, der mythische Heros, alle Schwierigkeiten überwand, so soll nun das Gesetz die Rettung bringen. Deshalb soll das ganze Volk gehorsam sein und Verantwortung tragen. Die dem Untergang entgegentreibende Tempelkaste von Jerusalem will die Klassenunterschiede aufgehoben wissen, ohne sie wirklich aufzuheben. Das apodiktische Recht (erkennbar an der Formel »du sollst«) soll die Brücke sein, um sich von der Verantwortung für die entstandene Notsituation zu befreien.

2. Über die historische Ausgangssituation hinaus ist dieser deuteronomische Dekalog religionsgeschichtlich ein unvergängliches Denkmal für die Entstehung der Monolatrie, der Verehrung nur eines einzigen Gottes; wobei man aber sehr wohl weiß, daß es auch andere Götter, andere Könige gibt; denn für den Monotheismus, d.h. die Lehre von der Vorstellung, daß es nur einen Gott gibt, bestanden im 7. Jahrhundert v.u.Z. in Jerusalem die schlechtesten Voraussetzungen.

Der ausgesprochen soziale Aspekt des gesamten deuteronomischen Gesetzwerkes im V. Buch Mose findet seine Erklärung, wenn man bedenkt, wie sozialökonomisch zerrissen die Bevölkerung im Südreich Juda zu dieser Zeit war.

Als Josua mit den Israeliten den Jordan überschritten hatte, kamen sie zum Berge Ebal. Mose aber hatte ihnen gesagt: Wenn ihr den Jordan werdet überschritten haben, sollen sich Simeon, Levi, Juda, Issašar, Joseph und Benjamin auf den Berg Garizim stellen, um das Volk zu segnen. Aber die anderen, Ruben, Gad, Asser, Sebulon, Dan und Naphtali, sollen sich auf den Berg Ebal stellen, um den Fluch auszusprechen. Der Fluch sollte allen denen gelten, die ein fremdes Gottesbild verehrten oder ihre Eltern nicht ehrten, die die Grenzen des Nachbarn nicht respektierten, Blinde irreleiteten, das Recht der Witwen, Waisen und Fremden beugten, ihre Mutter, Schwester, Schwägerin oder Schwiegermutter beschliefen, einem Tiere beiwohnten, denen, die Mörder waren, ihre Nächsten verleumdeten oder die das Gesetz nicht hielten. Und das ganze Volk sollte sprechen: So sei es!

Der Segen aber sollte sich auf die Arbeit in der Siedlung und auf dem Felde erstrecken, auf die Kinder und Ackerfrüchte, die Tiere und die Handelsgeräte, auf Eingang und Ausgang.

Und Josua schrieb am Ebal vor den Augen Israels auf Steine das Gesetz des Mose. Alle Israeliten samt den Ältesten, Amtsleuten und Richtern standen vor der Lade den Leviten gegenüber, welche die Lade mit dem Gesetz Jahwes trugen. Ein Teil aber sah auf den Ebal, ein Teil auf den Garizim, wie Mose befohlen hatte. Und Josua verkündete das ganze Gesetz des Mose dem Volk.

Andere erzählen, Josua habe auf dem Berge Ebal für Jahwe einen Altar gebaut, wie Mose befohlen hatte, und habe dort Opfer dargebracht.

V. Mose 27,11–13.15–26; 28; Josua 8,30–35.

1. Die Verkündung des Dekalogs vom Ebal, der eigentlich ein Dodekalog, ein Zwölfgebot ist, erfolgt in der Sprache theokratischen Rechtes, erkennbar an der Formel: »Verflucht sei der ...« oder »gesegnet sei der ...« Zwölfmal ertönt die Formel: »Verflucht sei ... Und das ganze Volk soll sagen: So sei es!« Die Zwölfzahl hängt offensichtlich mit der Zwölfzahl der Stämme zusammen, für die je ein Sprecher aufgerufen ist.

2. Das Deuteronomium unterteilt die vergangene Geschichte in Abschnitte, die jeweils durch Gesetzverkündungen markiert werden. Es kennt als höchste Form der göttlichen Offenbarung nur das Gesetz.

Die deuteronomische Gestalt der Erzählung ist der Versuch, die alte kultische Bedeutung des nordisraelitischen Heiligtums Ebal/Garizim zu verdrängen, von dem der elohistische Erzähler weiß, daß Josua dort einen Altar gebaut hat. Deshalb wird ein Dekalog mit diesem Berg in Verbindung gebracht. Der deuteronomische Erzähler will erreichen, daß sich der Gedanke der einen, zentralen Kultstätte in Jerusalem durchsetzt, Offenbarungsorte für Gesetze sind ungefährlicher als im Lande verstreute Kultplätze. Darum setzt der Erzähler bewußt diese altertümliche Rechtssatzung an den Ebal/Garizim.

Diese Fiktion haben die Samariter nach ihrer Trennung von Jerusalem lebendig gehalten und sehen bis heute im Berge Garizim den Ursprungsort von Jahwes Gesetz.

VI.4 Zu Sichem

Als Josua das Land erobert hatte, dachte er an Moses Befehl, das Volk Israel an das Gesetz des Mose zu erinnern, damit die Israeliten in dem Lande, das Gott Jahwe ihnen geben wollte, ruhig wohnen blieben. Denn es war ein Land, das von Milch und Honig überfloß. Und als er merkte, daß er sterben müßte, rief er das ganze Volk nach Sichem zusammen, nämlich die Ältesten, Familienvorsteher, Richter und Amtsleute, und sagte zu ihnen: Wenn ich nun den Weg gehe, den alle Welt gehen muß, so denkt daran, daß von Jahwes Verheißungen bisher alle erfüllt sind. Aber Jahwe wird auch alle Drohungen verwirklichen, bis zur Vertreibung aus diesem schönen Lande, wenn ihr seinem Gesetze untreu werdet. So fürchtet nun Gott Jahwe und schafft eure Götter ab, die ihr in Ägypten, in Mesopotamien und früher gehabt habt. Wollt ihr aber lieber diesen Göttern dienen oder den Göttern in diesem Lande, so entscheidet euch heute. Ich aber und mein Haus wollen Jahwe dienen.

Da antwortete das ganze Volk: Auch wir wollen Jahwe dienen. Daraufhin verkündete Josua das Bündnis des Volkes mit Jahwe und gab dem Volk in Sichem Recht und Gesetz. Nun aber war in Sichem schon ein Heiligtum, mit einer großen Eiche. Und Josua richtete dort einen großen Stein auf und sagte: Dieser Stein hat alle Worte Jahwes gehört. Darum sei er unser Zeuge für den Bund.

Danach starb Josua ben Nun im Alter von einhundertzehn Jahren.
V. Mose 27,1–7; Josua 23; 24.

1. Sicher ist, daß Sichem ein vorisraelitisches Heiligtum war, das von einigen Stämmen des Nordens erobert und als Kultstätte übernommen worden war. Der deuteronomistische Erzähler unterdrückt die alte kultische Bedeutung des Ortes und weist ihm lediglich einen Platz in der Josualegende, nicht in der Mo-

selegende, zu. Weil das Heiligtum von Sichem nach der Trennung des Nordreiches von Jerusalem durch Jerobeam (I. Könige 12,25) zur Königsresidenz geworden war, berichtet der Jerusalemer Erzähler, daß Josua in Sichem das Volk nur an das Gesetz des Mose erinnert und es darauf neu verpflichtet hat. Sicher aber ist, daß Sichem eine größere Bedeutung gehabt hat. Der Bundesschluß von Sichem unter Josua war die Gründung des Verteidigungsbundes der im Lande ansässig gewordenen Stämme. Davon erzählt der deuteronomistische Erzähler nichts mehr, weil er nur interessiert ist, die Besonderheit und Einmaligkeit Jerusalems zu beweisen.

Die Bezeichnung des Siedlungsgebietes als »Land, das von Milch und Honig überfließt«, ist ein weitverbreitetes religionsgeschichtliches Motiv. So lebt z. B. in der griechischen Mythologie die goldene Rasse im Zeitalter des Kronos ohne Sorgen und Arbeit. Sie ernährte sich vom Honig, der von den Bäumen tropft – das ist der Nektar –, und von der Milch der wild lebenden Schafe und Ziegen. Das Motiv deutet auf die matriarchalische Gesellschaftsform: die Bienenkönigin ist das Symbol für die große heilige Mutter und Königin.

Für die nomadisierenden israelitischen Stämme war das Kulturland Kanaan noch vollgültig das Gelobte Land, das von Milch und Honig fließt. In der Jahrhunderte späteren mythologischen Sprache wird in diesem Bilde die Sehnsucht nach dem verlorengegangenen »Goldenen Zeitalter« lebendig, das ja schon immer eine retrospektive Utopie war.

VI.5 Zu Jerusalem

Als König Josia von Jerusalem und Juda achtzehn Jahre regiert hatte, ließ er den Tempel restaurieren. Dabei traf es sich, daß der Priester Hilkia im Tempel ein Buch fand, das das Gesetz Jahwes enthielt. Der Priester gab es dem obersten Schreiber Saphan, der davon dem König erzählte. Josia ließ sich das Buch vorlesen. Beim Zuhören geriet er außer sich, denn die Vorschriften des Gesetzes und die Wirklichkeit im Lande deckten sich nicht. Der König erbat deshalb von dem Priester ein Orakel Jahwes für die Zukunft. Hilkia wandte sich an die Prophetin Hulda, die im zweiten Bezirk von Jerusalem wohnte und mit dem königlichen Kleiderhüter verheiratet war. Diese weissagte Land und Stadt den Untergang, weil sie von Jahwe abgefallen waren, doch sollte Josia wegen seiner Reue den Untergang nicht erleben, sondern vorher sterben. Josia hörte das und versammelte die Ältesten aus Juda und Jerusalem und erneuerte mit ihnen den Bund mit Jahwe, wie es in dem gefundenen Buch beschrieben war.

Danach befahl er, daß alle fremden Götter und Kultstätten in Jerusalem und auf den Höhen im ganzen Lande zerstört werden sollten. Übrigbleiben sollte nur der Tempel in Jerusalem. Aus diesem Tempel aber wurde auch Baal und die Göttin Ašera verbannt und ihr Bild zerstört. Josia vertrieb die Priester, die den Sternen, dem Heere des Himmels, dienten, die Sonnen- und Mondgötter. Ebenso vertrieb er die Hurer und Dirnen der Ištar und zerstörte das Molochheiligtum im Tale Hinnom. Alle im Lande verstreuten Heiligtümer der Feldgötter ließ er entweihen. Ebenso die Götter Kamoš und Milkom. In seinem Eifer drang er auch über die Landesgrenze bis nach Bethel und Samaria vor und zerstörte dort die Heiligtümer und Altäre, auf denen er ihre Priester schlachten ließ, um die Kultstätten für ewige Zeiten zu entweihen. Und dazu ordnete der König Josia an, daß fortan das Passahfest gemäß dem Buch des Gesetzes gefeiert werde. Das war das erstemal, daß zu Ehren Jahwes ein solches Passah in Jerusalem gefeiert wurde. Ebenso befahl er, alle Totenbeschwörer, Zeichendeuter, die Hausgötter, die Stammesgötter und alle anderen Gottesbilder im Lande auszurotten.

Einen solch gottesfürchtigen König hat es bis dahin und auch später nicht in Israel gegeben. Er fiel dann im Kriege gegen Necho von Ägypten.

II. Könige 22–23.

1. Die Sage von dem großen König Josia und seiner Kultreform (622 v.u.Z.) stammt aus der deuteronomischen Tradition Jerusalems. Die Sage ist die Erklärung für die Besonderheit eines rigoros monolatrisch geformten Gesetzbuches. Es ist sicher, daß weitere Partien des V. Buches Mose aus dieser Zeit stammen. Sie spiegeln das Interesse der erneut stark gewordenen Zentralgewalt und ihrer Priesterschaft wider, alle kultischen Rechte, die mit großen ökonomischen Vorteilen verbunden waren, auf Jerusalem zu konzentrieren. Dem dient das »neue Gesetz«, das plötzlich gefunden wird, als man den Tempel restauriert. Es vereinigt in sich, wie das V. Mosebuch zeigt, ein vollständiges Corpus juris. Bis zu dieser Kultreform bestand in Jerusalem noch kein für alle Stämme verbindlicher Festkalender mit einheitlichem Ritual. Der wird jetzt durch königliches Dekret festgelegt. Ebenfalls waren bis zu dieser Reformation fremde Götter, fremde Kulte und die Überreste der ehemaligen Volksfrömmigkeit in Gestalt der Totenbeschwörer und Zei-

chendeuter lebendig. Ihre Ausrottung bedeutete, daß der königlichen Zentralgewalt nunmehr alle Zuwendungen zuflossen, die bisher in fremden, auch landfremden, Kultorganisationen versickerten. Dieser ökonomische Aderlaß – denn die Kultorganisationen waren gleichzeitig autarke Wirtschaftseinheiten, weil jeder Tempel Ländereien und Werkstätten besaß – hörte auf. Die Jerusalemer Stadtbevölkerung und die königliche Priesterschaft errangen mit dem neuen Gesetz für sich das absolute Handelsmonopol. So wichtig dieser Schritt für die Stabilisierung der Zentralgewalt Josias auch war, trieb er doch das Land dem Untergang entgegen. Denn die nun entrechteten und entmachteten Bevölkerungsteile ließen sich in die aufnahmebereiten Arme der Großstaaten Ägypten und Babylon fallen, von denen sie sich eine Bestätigung ihrer früheren Privilegien erhofften.

2. Die einzelnen Angaben im Bericht zeigen zuverlässig, wie vielfältig die mythologische Umwelt in Israel und Juda lebte. Ašera und ihr Mann Baal sind die vorderasiatischen Fruchtbarkeitsgötter Ištar und Tammuz (in Ugarits Mythen Aštart und Alijan Baal). Kamoš und Milkom sind syrophönizische und moabitische Götter, Stadtgötter und Kriegsgötter zugleich. Ziemlich sicher ist, daß mit den Sonnengöttern und Sonnenrossen der vorderasiatische Sonnengott Šamaš, mit dem Mondgott Sin der babylonische Gott gemeint sind. Diese Götter sind vermutlich im Gefolge der lebhaften Beziehungen zwischen den Großreichen an Euphrat und Nil über die Landbrücke Palästina nach Jerusalem gekommen und lebendig geblieben. Die ausländischen Kaufleute und Handwerker brachten ihre Götter mit. Zusammen mit den alten bodenständigen kanaanäischen Fruchtbarkeitskulten im Lande ergibt die Schilderung im Kapitel 23 ein zutreffendes Bild. Die Hurer und Dirnen sind die kultischen Prostituierten von Tammuz und Ištar. Im Dienst der Ištar standen Frauen; die Jünger des Tammuz waren verschnittene Männer, die auch Frauenkleider trugen.

3. Der Moloch im Tal Hinnom bezeichnete ursprünglich wohl eine Opferart, wie man aus punischen Inschriften schließen kann, und nicht einen Gott, obwohl in manchen semitischen Religionen ein »Malk« als Gottesname auftritt. Es handelt sich aber in jedem Falle um Kinderopfer. Aus der Praxis darf man schließen, daß es sich dabei um eine Todesgottheit gehandelt haben muß.

4. Die »Heere des Himmels« sind vermutlich eine euphemi-

stische Umschreibung für Geister und Dämonen, ober- und unterirdische Fabelwesen, wie die assyrischen Igigi und Anunaki. Die eindeutige Aussage des Kapitels ist ein markantes Beispiel für den religiösen Synkretismus in Israel-Juda im 7. Jahrhundert v.u.Z.

VII Die großen Heiligtümer und Heroen der Frühzeit

VII.1 Die Lade

Als Mose auf dem Berge Sinai weilte, gab Jahwe ihm eine Anweisung für den Bau einer Lade aus Akazienholz, die innen und außen mit Gold überzogen werden sollte. An zwei vergoldeten Stangen sollte sie getragen werden, welche an den Längsseiten der Lade durch goldene Ringe gesteckt waren. Die Stangen durften nie aus den Ringen genommen werden. In der Lade aber wurde das Gesetz aufbewahrt. Die Deckplatte des Kastens war aus purem Golde. Bekrönt war sie mit zwei goldenen Cheruben, die einander gegenüber thronten und ihre Flügel über die Lade breiteten. Von dort, zwischen den Cheruben hervor, wollte Jahwe mit Mose reden, wenn er Befehle für die Israeliten hatte.

Die Lade begleitete das Volk auf seiner Wanderung durch die Wüste, und als die Israeliten durch den Jordan zogen, staute sich das Wasser oberhalb der Furt, weil die Lade an der Spitze des Zuges zog. Vor ihr wichen die Wasser zurück. Zur Erinnerung daran richtete Josua zwölf Steine im Jordan an der Stelle auf, wo die Füße der Priester, die die Lade trugen, gestanden hatten, als das Volk durch das Flußbett ging. Das war in Gilgal.

Bei der Belagerung von Jericho (siehe II,3,c) zog die Lade an der Spitze des Heerbannes um die Stadt herum. Nach der Eroberung des Landes stand sie im Tempel von Silo, wo sie vom Hause Elis betreut wurde. Sie ging aber an die Philister verloren, als die Israeliten sie mit in die Schlacht bei Aphek nahmen.

Jedoch nicht lange konnten die Philister die Lade behalten, denn sie richtete schweres Unheil im Lande an. Die Philister hatten sie in den Tempel ihres Gottes Dagon gestellt. Am Tage darauf fanden sie ihren Gott umgefallen vor der Lade auf dem Boden. Da nahmen sie ihn und stellten ihn wieder auf. Am nächsten Morgen jedoch war er wieder umgefallen; und diesmal waren Kopf und Arme abgebrochen. Gleichzeitig brach im Gebiet von Asdod die Beulenpest aus. Deshalb schickten die Leute von Asdod die Lade nach Gath, von Gath brachte man sie weiter nach Ekron: Überallhin folgte die Pest. Da traten die Priester und Wahrsager der Philister zusammen und sagten: Gebt die Lade zurück mit einem Sühnegeschenk in Gestalt fünf goldener Nachbildungen eurer Pestbeulen und fünf goldener Mäuse, denn diese Plage hat euch ja auch betroffen. Fünf müssen es sein wegen der fünf Philisterkönige. Dann nehmt einen neuen Wagen, bespannt ihn mit zwei erstsäugenden Kühen, die bisher noch kein Joch getragen haben, und legt Lade und Sühnegaben auf den Wagen. Die Kälber der Kühe aber laßt im Stall. Und wenn die Kühe sofort hinweg nach Bethšemeš ziehen, dann wissen wir, daß Jahwe, der Gott Israels, uns wegen der Lade so peinigt. Das taten die Philister, und die Kühe rannten auch sofort, ohne daß ihnen jemand den Weg gewiesen hatte, nach Bethšemeš. Dort freuten sich die Leute sehr, daß die Lade wiedergekehrt war. Nur die Söhne Jechonjas nicht. Deshalb schlug Jahwe von ihnen siebzig Mann, daß sie starben. Die Lade aber wurde nach einem großen Opferfest zu Eleasar ben Abinadab nach Kirjat Jearim gebracht, wo sie fortan blieb. Von dort holte erst König David sie in seine neue Residenz nach Jerusalem. Die Reise dauerte lange: Unterwegs, als die Zugrinder strauchelten, griff ein Mann mit Namen Ussa nach der Lade, um sie vor dem Umfallen zu schützen, und starb. Da fürchtete David sich sehr vor der Lade und ließ sie bei Obed Edom abstellen. Als er nach drei Monaten merkte, daß von der Lade großer Segen ausging, holte er sie in einem Festzug in seine Stadt. Aber erst Salomo brachte sie aus dem Königspalast in das Adyton des von ihm gebauten Tempels. Dort blieb sie bis zur Zerstörung des Tempels durch die Babylonier. Danach war sie nicht mehr auffindbar.

II. Mose 25,10–25; Josua 3,6–17; 4; 6; I. Samuel 3–6; II. Samuel 6; I. Könige 3–6; 8,1–9; 25,8–17.

1. Die Herkunft der Lade ist unsicher. Vermutlich war sie ein altes kanaanäisches Kultgerät, das zum Heiligtum von Silo gehörte. Silo war der kultische Mittelpunkt einer Stämmegruppe. Die Lade scheint das Palladium, das Kriegszeichen dieses Kultverbandes gewesen zu sein.

2. Über ihr Aussehen gibt es nur den detaillierten Bericht der priesterlichen Überlieferung aus II. Mose 25. Dabei ist die Bekrönung der Deckplatte sicher eine Erfindung dieser Überlieferung, die in der Lade den Gottesthron sieht, der in Analogie zu dem Thron Salomos steht. In der Frühzeit fehlte diese Bekrönung sicher. Denn in allen älteren Berichten wird sie nicht erwähnt (Josua 3,4; Richter 2,1–5; II. Samuel 11,11). Sinnvoll wurde die Umdeutung in den Gottesthron erst, als Salomo sie aus der Davidstadt in den Tempel überführte.

Die Angaben über den Inhalt sind aus späterer Zeit. Die deuteronomische und die priesterliche Tradition lehren, daß in der Lade die Gesetzestafeln enthalten sind (V. Mose 10,1–5; II. Mose 25,16). Deshalb heißt sie auch »Lade des Bundes Gottes« oder »Lade des Zeugnisses«.

3. Die Entwicklungsgeschichte der Lade zeigt deutlich die

Entwicklung der israelitischen Religion. Sie endet damit, daß das Gesetz, einst von jedermann für jedermann zu sprechen, in einem Kasten verborgen ist, auf dessen Deckel der König thront. Sein Wort, ohnehin nur von dem Priester vernehmbar, ersetzt das alte Gesetz des Stammes.

4. Die älteste Bezeichnung als »Lade Elohims« (I. Samuel 4,11) führt zur Verbindung mit alten kanaanäischen Kultgeräten. Die wörtliche Bedeutung Kasten (aron) schließt jede ursprüngliche Thron- oder Thronschemelvorstellung aus. Denkbar ist ihre Funktion als Behältnis der zum Kultverband gehörenden Stammeszeichen. Die Notiz in II. Samuel 6,2 deutet noch darauf hin, daß die Inbesitznahme der Lade durch Jahwe späteren Datums ist.

5. Die Wirkung der Lade, wie sie in der Erzählung von der Pest und der Mäuseplage sichtbar wird, soll erklären, vor allem auch durch den Zwischenfall mit Ussa, daß niemand die Lade antasten soll, weshalb man sie besser im Adyton des Tempels von Jerusalem verbirgt.

VII.2 Die Asylstädte

Als Mose von Jahwe das Gesetz erhielt, forderte Jahwe von ihm, drei Städte im Lande auszusondern, die zu heiligen Stätten erklärt werden sollten. Das ganze Land sollte so aufgeteilt werden, daß für jede Stadt ein Bezirk bestimmt war. Diese Orte sollten eine Freistatt für alle sein, die wider Willen einen Menschen getötet hatten. Wenn die Totschläger diese Stätten erreicht hatten, durften sie nicht mehr dem Vollstrecker der Blutrache ausgeliefert werden. Nur die Mörder, d.h. die mit Vorsatz einem Menschen nach dem Leben trachteten, sollten ausgeliefert und zum Tode verurteilt werden.

Danach sonderte Mose im Ostjordanland drei Städte aus, nämlich Bezer, Ramoth und Golan.

Als die Israeliten aber auch Kanaan erobert hatten, fügten sie zu den drei ostjordanischen noch drei westjordanische Freistädte hinzu, wie Mose sie gelehrt hatte. Dabei sollte gelten, daß die einzelnen Dörfer den Flüchtling bei freiem Geleit auch zu einem ordentlichen Rechtsverfahren holen konnten. Er genoß aber den Schutz des Asyls, bis der Hohepriester starb, unter dessen Regierungszeit er flüchtig geworden war. Mit dessen Tod erlosch das Recht auf Vergeltung, die Blutrache. Im Westjordanland waren die Freistätte Kedeš, Sichem und Hebron.
V. Mose 19,1–17; 4,41–43; 19,8–10; IV. Mose 35,1–15; Josua 20.

1. Die Einrichtung der Asylstädte hängt nachweislich nicht mit der Einwanderung in das Land zusammen. Sie ist auf die Kultreform unter Josia von Jerusalem zurückzuführen. Sie wurde nötig, nachdem durch diese Reform alle lokalen Heiligtümer aufgehoben wurden, die bis dahin die Zufluchtsorte für Gesetzesverletzer wider Willen gewesen waren.

2. Jerusalem wird ausdrücklich nicht genannt. Der heilige Ort des Tempels soll nämlich nicht durch die Anwesenheit von Mördern entweiht werden. Dieser kultische Vorwand bewirkt aber vor allem, daß in Jerusalem, am Sitz der Regierung, die Zahl der notorisch Unzufriedenen klein bleibt, während Hebron z.B. eine Stätte des Aufruhrs und der staatlichen Unsicherheit war, wie die anderen fünf Städte auch, die diese religionsgeschichtlich weit verbreitete Sitte pflegten, am Altar eines Gottes für Flüchtige Asyl zu geben.

3. Die Asylstädte waren schon alte kanaanäische Heiligtümer. Kedeš war nach Josua 12,22 der Sitz eines kanaanäischen Königs, der sicher für seine Residenz auch ein besonderes Heiligtum hatte. Sichem war ein altes kanaanäisches Baumheiligtum, das schon von der Abrahamtradition und für die Erzväter Jakob und Joseph in Anspruch genommen war (siehe IV,1; IV,3; IV,4). In Sichem befand sich auch das Kultzentrum des Stämmeverbandes der eingedrungenen Israeliten (siehe VII,3,d). Hebron war Sitz einer alten Baumgöttin. Die israelitische Tradition hat alle Erinnerungen an sie durch die Ansiedlung der Abraham- und Isaaktraditionen an diesen Ort ausgerottet (siehe IV,1–3). In der Frühzeit Israels war es der Mittelpunkt des kalebitischen Stammes, mit dessen Unterstützung David die anderen Stämme unterwarf.

Die Asylstädte des Ostjordanlandes Bezer, Golan und Ramoth waren ähnliche Kultstätten. Von ihnen gingen häufig Unruhen aus, weil die in ihren Mauern weilenden und aus den Familienbindungen gelösten Männer sehr schnell bereit waren, politischen Abenteurern zu folgen.

VII.3 Gilgal, Bethel, Dan und Sichem

a. Als Josua und die israelitischen Stämme den Jordan überquert hatten, schlugen sie das erste Lager beim Gilgal auf. Und Josua blieb im Gilgal, um von dort die Eroberung des Landes zu leiten. Dort wohnte auch der Engel Jahwes, bis er nach Bethel zog. Gilgal aber blieb ein

Heiligtum. Und König David erwartete im Gilgal die Ältesten seines Volkes, um sich feierlich in seinen Palast zurückführen zu lassen, aus dem er vor seinem Sohn Abšalom geflohen war; denn Gilgal war der Ort, an dem das Königtum in Israel eingesetzt war. Saul war der erste König gewesen, der vom Gilgal ausging.

Andere sagen, daß ein Gilgal nicht nur nördlich von Jericho am Jordan gelegen hat, sondern auch östlich von Sichem. Dort sprach nämlich Samuel Recht, und nach ihm weilten dort auch Elia und Elisa, die großen Propheten und Wundertäter. Wieder andere sagen, daß ein Gilgal, was auch Geliloth genannt wurde, an der Küste gelegen sei; Josua schlug dessen König und besetzte das Land.

Josua 4,19–20; 9,6; 10,6–7; 14,6; Richter 2,1; II. Samuel 19,16; I. Samuel 10,8; 11,14–15; 13; I. Samuel 7,16; II. Könige 2,1; 4,38–39; Josua 12,23; 15,7; 18,17.

1. Der Name Gilgal rührt von einem Begriff her, der ursprünglich Steinkreis bedeutet. Die kreisförmig aufgestellten Steinsäulen sind Symbole der Kultvereine an diesem Orte. Jeder Stein repräsentiert einen Stamm und dessen kalendarisch festgelegten Dienst am Heiligtum. Der Gilgal nördlich von Jericho und die anderen sind älter als die israelitische Religion. Die einwandernden Israeliten usurpierten mit dem Lande auch dessen Kultur und Kultstätten. Sie gaben ihnen aber später eine andere Kultlegende bei. Die israelitische Kultlegende des Gilgals nördlich von Jericho ist die Geschichte vom Überqueren des Jordans durch die zwölf Stämme. Die ältere Kultlegende ist endgültig verlorengegangen. Es ist nur aus der Einsetzung des Krönungsrituals im Gilgal für die israelitischen Könige zu vermuten, daß dieser Gilgal ein früherer Kultort war. Dafür mag gelten, daß die anderen Orte mit Namen Gilgal immer mit alten kanaanäischen Opferstätten verbunden erscheinen (siehe auch unter VII,1).

b. Als Jakob auf Brautsuche war, kam er auch nach Lus. Dort erschien ihm sein Gott im Traum. Und danach nannte er diesen Ort Bethel, das ist »Haus Gottes«. Jakob baute dort einen Altar.

Später, als die Israeliten schon im Lande waren, befand sich die Lade Jahwes in Bethel im Heiligtum, an dem Pinchas, der Enkel Aarons, Priester war. Deshalb kam auch der Richter Samuel oft nach Bethel, um dort Recht zu sprechen.

Nachdem das Reich Salomos zerbrochen war, machte Jerobeam, der König des Nordreiches Israel, Bethel zu einem Staatsheiligtum, wo er ein goldenes Stierbild aufstellen ließ, vor dem der Gottesdienst stattfand. Aber Josia von Juda drang bis Bethel vor und zerstörte den Altar, den Jerobeam errichtet hatte.

In Bethel lebte und wirkte auch der Prophet Amos, der im Namen des Gottes Jahwe versuchte, das Nordreich zur Umkehr, zur Botmäßigkeit unter Jerusalem zu bekehren.

I. Mose 28,19; Richter 20,26–28; I. Samuel 7,16; I. Könige 12,24–32; II. Könige 23,15; Amos 3,14; 5,5; 7,10.

1. Bethel, Haus Gottes, ist vermutlich ein Ort 16 km nördlich von Jerusalem gewesen, der schon ein altes Heiligtum beherbergt hat (siehe auch IV,3,b). Der Ort muß so bedeutend gewesen sein, daß die israelitische Mythologie sich seiner nur bemächtigen konnte, indem sie ihn in die Geschichte Israels einbezog und seine ursprüngliche Bedeutung verdrängte.

c. Als Rahel, die zweite Frau Jakobs, keine Kinder gebar, gab sie Jakob ihre Magd Bilha zur Nebenfrau. Diese gebar einen Knaben, den Rahel Dan benannte, denn sie sagte: Gott hat mir zu meinem Recht verholfen. Dan wurde ein tapferes Volk unter den Jakobsöhnen, und es eroberte sich, nachdem es von den Kanaanäern bedrängt war, die Stadt Laisch, die es in Dan umbenannte. Die Daniten waren tapfer und wurden wegen ihres Gerechtigkeitssinnes gerühmt. Aus dem Stamme Dan stammte auch der große Held Simson. Im Reich Jerobeams wurde Dan ein Staatsheiligtum.

I. Mose 30,6; 49,16–17; Josua 19,47; Richter 18,29; Richter 13–16.

1. Dan ist wie Bethel, Gilgal und Sichem ein altes kanaanäisches Heiligtum gewesen. Der lokale Heros ist vergessen, denn sein Kult ist gründlich ausgerottet worden. Da aber Jerobeam in Dan ein Stierbild als Gottesbild aufstellen ließ, ist anzunehmen, daß Dan vielleicht ein Heiligtum eines Stiergottes und einer dazugehörigen Fruchtbarkeitsgöttin gewesen war (siehe II,4,b).

d. Chamor, der Sohn und Erbe Sichems, verkaufte Jakob ein Stück Land außerhalb der gleichnamigen Stadt, als dieser aus Haran zurückkam. Das war aber nahe der Stätte (dem Hain Mamre), an der Abram schon für Jahwe einen Altar errichtet hatte, als Jahwe ihm dort versprach, daß einstmals das ganze Land den Nachkommen Abrams (so hieß Abraham, als noch die Kanaaniter im Lande waren) gehören sollte. Andere erzählen, daß Jakob in Mamre bei Sichem alle seine Hausgötter und Amulette Jahwe geopfert habe. Später wurde auch Josephs Sarg dort beigesetzt. Das Heiligtum war Grund dafür, daß Sichem später eine Freistatt für Totschläger wurde. Das Gesetz der Blutrache galt uneingeschränkt. Als die Israeliten das Land Kanaan erobert hatten, kamen in Sichem die Stämme zusammen, um von Jahwe das Gesetz zu hören und ihm Treue zu schwören. Josua versammelte die Stämme auch in Sichem, um ihnen vor seinem Tode noch einmal den Gehorsam gegenüber Gott einzuprägen, und beendete seine Mahnung, indem er sagte: Ich aber und mein Haus, wir wollen Jahwe dienen.

Josua stellte im Hain Mamre auch eine Stele zur Erinnerung an den Treueschwur Israels auf. Die Kultstätte von Sichem war das Zentralheiligtum für die zehn nördlichen Stämme. Deshalb kam auch Rehabeam nach dem Tod seines Vaters Salomo nach Sichem, um dort die israelitische Königskrone zu empfangen. Aber die Leute von Sichem verweigerten sie ihm, weil er ihnen keine Zugeständnisse machen wollte, und trennten sich von Juda und Jerusalem mit den Worten: Was kümmert uns David? – Wir haben kein Erbe am Sohne Isais! Auf, in deine Zelte, Israel! Sieh allein nach deinem Hause, David! – Sie wählten an der Stelle Rehabeams dann den Jerobeam zum König, der Sichem zu seiner Residenz machte. (Siehe auch VI,4; IV,3,b; IV,3,e und f.)

I. Mose 33,19; 12,6–8; 35,4; Josua 8,30–35; Josua 24,1.26.27; I. Könige 12; Josua 20,7.

1. Die Rolle Sichems als Kultstätte und Asyl beruht nicht erst auf israelitischen Traditionen. Der Hain Mamre mit der Orakel-Terebinthe, einer Eichenart, deutet darauf hin, daß diese Stätte ursprünglich einer Göttin gehört haben muß, wie alle Baumheiligtümer, insonderheit die Eichen, den Fruchtbarkeits- und Liebesgöttinnen zugehören. Die griechische Dione war z. B. die dreifaltige Göttin des Tauben- und Eichenkultes, und ihre Tochter war Aphrodite. Zeus, der Gott der eindringenden Griechen, wurde zum orakelspendenden Zeus Dodonos, nachdem die Griechen das Heiligtum der Diana oder Dione von Dodona erobert hatten. Der biblische Jahwe wird zum orakelgebenden Gott von Sichem, nachdem die eindringenden Israeliten die ehemaligen Besitzer verdrängt haben. Aus dem Rauschen der Blätter oder dem Klirren der kupfernen Röhren im Geäst vermochten die Priesterinnen und Priester die Stimme ihrer Herrin zu hören und zu deuten.

2. Von dieser vermuteten alten Kultätiologie finden sich nur noch Anklänge in der Rolle Sichems als Stätte der Anhörung des gesetzgebenden Jahwe und seines Stellvertreters Josua. Die mythischen Anekdoten aus den Erzvätergeschichten sind Zeugen für die ungebrochene kultische Tradition an diesem Ort, der auch heute noch für die Religionsgemeinschaft der Samaritaner der heilige Ort ist.

Als Mose mit dem Volk in der Wüste Paran lagerte, schickte er auf Jahwes Befehl zwölf Kundschafter aus in das Land Kanaan. Darunter war auch Hosea ben Nun, der für den Stamm Ephraim aus dem Hause Joseph gewählt war. Mose aber nannte den Sohn Nuns Josua (d.i. Jahwe hilft).

Auch schon früher war Josua ein enger Vertrauter und Diener des Mose gewesen und hatte ihn auf den Berg begleitet, wo Mose das Gesetz in Empfang nahm. Später war er beständig im Offenbarungszelte Jahwes, wie einige zu wissen glauben. Andere aber sagen, daß er im Gegenteil immer in der ersten Schlachtreihe gefochten hat, gegen die Amalekiter und auch die Bewohner Kanaans.

Josua war auch neben Kaleb der einzige der Kundschafter, die bei ihrer Rückkehr den Leuten zuredeten, doch das Land zu erobern. Dafür belohnte Jahwe ihn: Er ließ ihn das Land erobern und verteilen, nachdem Mose gestorben war. Als nämlich dieser von Jahwe einen Nachfolger erbat, hatte Jahwe gesagt: Nimm Josua ben Nun, einen geistbegabten Mann, lege ihm in Gegenwart des Priesters Eleasar und der ganzen Gemeinde die Hand auf, damit du ihn in sein Amt einsetzt. Eleasar aber soll das Urim-Tumim-Orakel befragen. Da tat Mose, wie Jahwe ihm befohlen hatte.

Und Josua führte das Volk in das Land Kanaan, eroberte es und teilte es unter die Stämme auf. Jahwe war mit ihm und segnete ihn. Er starb im Alter von einhundertzehn Jahren. Und man begrub ihn im Bereiche seines Erbbesitzes Themath Serach auf dem Gebirge Ephraim. Diesen Ort hatte er sich erbeten, als er mit dem Priester Eleasar das ganze Land durch das Los unter die Stämme verteilte. Sie hatten seinerzeit die Verteilung in Silo vorgenommen, vor der Tür des Jahwezeltes.

Josua war ein treuer Knecht Jahwes und ermahnte auch sein Volk, Jahwe treu zu bleiben. Zu diesem Zweck hielt er noch vor seinem Tod einen großen Landtag in Sichem ab. (Siehe auch IV,5; V,4,c; VI,3; VI,4; VII,3,d.)

II. Mose 24,13; 33,11; 17,8–13; IV. Mose 13; 14; 27,15–23; Josua 19,50–51; 23–24.

1. Die biblische Gestalt des Josua hat ihre stärkste Prägung durch die priesterliche Überlieferung erhalten, der es darum ging, für den ersten Hohenpriester Josua nach dem Exil in Form einer Vita heroica ein Vorbild zu haben. Ganz deutlich wird das in IV. Mose 27,23, wo der Erzähler von Mose sagt, daß er Josua genauso einsetzte, »wie Jahwe es ihm befohlen hatte«.

2. Seine ursprüngliche Funktion war sicher viel bescheidener. Er wird auch bis zu der priesterlichen Bearbeitung eine Rolle als Heerführer mit seinem alten Namen Hosea (d.i. Rettung) gespielt haben. Aus dieser Funktion hat ihn die mythische Legendenbildung mit dem Diener Josua des Mose verbunden.

Sicher ist, daß er in den Landeroberungsberichten und in den Kundschaftergeschichten kaum von Anfang an verankert war. Er ist vermutlich einer der ersten Priester des Orakelheiligtums Sichem gewesen, der sich zu den eindringenden Israeliten bekannt hat. Als solcher gehört er in die mythologische Funktion eines Heros eponymos.

3. Die Figur des zweiten Josua, dem der mythische Josua ben Nun seine Vita parallela verdankt, war der erste Hohepriester nach dem Exil (Esra 2–5; Haggai 1,1.12; 2,2.4 und öfter), dem die Aufgabe zufiel, nachdem das Königtum erloschen war, dessen Aufgaben mit seinen priesterlichen zu verbinden.

VII.5 Debora

Debora war eine Prophetin, die in Israel Recht sprach, nachdem das Volk zwanzig Jahre lang unter kanaanäischer Herrschaft gelebt hatte. Ihr Platz war die Deborapalme zwischen Rama und Bethel auf dem Gebirge Ephraim, wohin die Israeliten pilgerten, wenn sie Recht brauchten. Die sandte zu Barak, der in Kedeš in Naphtali wohnte, und beauftragte ihn, ein Heer aufzustellen und den Philisterkönig Jabin zu schlagen. Barak aber sagte zu ihr: Wenn du mit mir gehst, will ich es wagen. Aber wenn du nicht mit mir gehst, bleibe ich zu Hause. Darauf sagte Debora zu ihm: Gut, ich gehe mit dir. Aber der Ruhm des Sieges über Sisera, den Feldherrn des Königs Jabin, wird dann nicht dir zufallen, sondern einer Frau.

Und Debora zog mit Barak und dessen Truppen aus Sebulon und Naphtali zum Berg Tabor. Dort schlugen sie den Sisera und seine Truppe von Kampfwagen. Sisera aber floh zu Fuß. Auf der Flucht kam er an das Zelt des Keniters Cheber, der mit seinem König Jabin im Frieden lebte. Jael, die Frau Chebers, lud den Fliehenden ein ins Zelt, erquickte den Flüchtling und versteckte ihn unter einer Decke. Als er aber vor Ermattung eingeschlafen war, ermordete sie ihn, indem sie mit dem Hammer einen Zeltpflock ihm durch die Schläfe trieb. Danach kam Barak heran, der den Flüchtling verfolgte, und Jael führte ihn an die Leiche des Erschlagenen in ihrem Zelt.

Nach dem Sieg über Jabin sangen Debora und Barak ein Lied:
Jahwe, als du auszogst aus Seir,
einhertratest von Edoms Gefilden,
da bebte die Erde, die Himmel strömten,
die Wolken strömten von Wasser.
Berge wankten vor Jahwe,
vor Jahwe, dem Elohim Israels. ...
Los, los, Debora, los, los, singe ein Lied!
Erhebe dich, Barak, fange, die dich fangen, Sohn Abinoams! ...
Es kamen Könige, sie kämpften,
damals kämpften die Könige Kanaans
in Taanach an den Wassern von Miggiddo,
aber reiche Beute machten sie nicht.
Vom Himmel her kämpften die Sterne,
sie kämpften aus ihren Bahnen heraus mit Sisera.
Fort riß sie der Bach Kison,
der Bach Kison, der Bach Kedumim. ...
Damals stampften die Hufe der Pferde
vom Jagen, vom Jagen der Helden.
Fluch über Meros, sprach der Engel Jahwes,
Fluch über ihre Bewohner,
denn sie eilten Jahwe nicht zur Hilfe,
nicht zur Hilfe Jahwes unter den Helden.
Gepriesen aber sei Jael unter den Frauen,
die Ehefrau Chebers, des Keniters,
sie sei gepriesen über alle Frauen im Zelt.
Wasser bat er, sie gab Milch,
in prunkvoller Schale reicht sie ihm Milch.
Aber ihre Hand streckte sie aus nach dem Zeltstock,
nach dem Arbeitshammer ihre Rechte,
und ein schlug sie auf Sisera,
sie zerschmetterte sein Haupt,
und seine Schläfe durchbohrte sie.
Zu ihren Füßen brach zusammen Sisera,
und wo er zusammenbrach, blieb er erschlagen liegen.
...
So müssen zugrunde gehen alle deine Feinde, Jahwe,
aber deine Freunde sind wie der Aufgang der Sonne.

Richter 4 und 5.

1. Im Deboralied sind alle Details über die einzelnen Jakobsöhne ausgelassen, ebenso die Spottverse auf die Mutter des Sisera. Das Kapitel 4 ist die wesentlich jüngere, anekdotenhafte,

erklärende Einleitung zu dem vermutlich ältesten Stück biblischer Poesie in Kapitel 5. Es ist sehr wahrscheinlich, daß das Lied von Debora (d.i. die Biene) ein Lied von einer großen Königin ist, die in die Vorgeschichte der biblischen Mythologie gehört.

2. Es ist sicher, daß die Schlacht gegen den König Jabin eine Schlacht der Debora ist und erst später zu einer Schlacht der Israeliten gegen die Kanaanäer wurde. Jael tötet den König, wie die Bienen die Drohnen. Es wäre ohne einen mythologischen Hintergrund nicht denkbar, daß der Mord an einem asylsuchenden Fremden im eigenen Zelt nicht laut als Frevel, sondern als preisenswertes Heldentum einer Frau dargestellt wird.

3. Die Dichtung von der Heldentat der Debora ist vermutlich in den südlichen Nomadenstämmen Judas tradiert worden, die auch die zur Laienquelle gezählten Texte bewahrten. Denn es ist unverkennbar, daß das Königtum und das Bauerntum abgelehnt werden, während die Nomaden angeredet werden: »... die ihr reitet auf rötlichen Eselinnen, die ihr sitzet auf Decken und die ihr auf den Straßen lebt« (5,10–11). Aber schon der alte Erzähler hat aus der Deboraschlacht eine Schlacht Jahwes und Israels gemacht.

4. Die Amme der Rebekka aus I. Mose 35,8 ist nicht mit der Prophetin identisch. Die Bezeichnung »Prophetin« ist offensichtlich eine dichterische Verhüllung der ursprünglichen Funktion der Debora, heilige Königin zu sein.

5. Das Lied der Debora und des Barak gehört mit zu den eindrucksvollsten Zeugen hebräischer Poesie. Es ist ein Sieges- und Triumphlied. Sein Rhythmus ist mit den uns geläufigen kaum zu vergleichen, er kommt allenfalls dem anapästischen Maß nahe. Formal tritt sehr schön der parallelismus membrorum in Erscheinung.

VII.6 Gideon

Als die Israeliten in das Land Kanaan eingewandert und seßhaft geworden waren, fielen die Könige ringsum öfter in ihre Gebiete ein, um sie zu plündern. So waren die Israeliten auch einmal sieben Jahre in midianitischer Tributpflicht. Sie versuchten dabei, ihr Getreide vor den Midianitern zu verbergen. Deshalb drosch Jerubbaal, der Sohn des Joas aus Ophra, sein Getreide auch nicht auf der Tenne, sondern in der Kelter. Dort erschien ihm einmal der Engel Jahwes und befahl ihm:

Gehe hin in deiner Kraft und schlage die Midianiter. Ich werde bei dir sein in der Schlacht. Du brauchst keine Zweifel an meinem Siege zu haben.

Da ging Jerubbaal ins Haus und holte ein Opfer für Jahwe; der Engel hatte versprochen, freundlich darauf zu warten. Und der Engel Jahwes nahm das Opfer an: Er berührte es mit seinem Stabe, da schlug Feuer aus dem Felsen und verzehrte es. Als Jerubbaal erschrak, rief Jahwe selber ihm zu: Sei ruhig und sorglos, du wirst nicht sterben. – Jerubbaal baute ihm darauf an derselben Stelle einen Altar und nannte das Heiligtum »Jahwe ist Frieden«.

Als sich nun die Midianiter wieder einmal zu einem Raubzug versammelt hatten, bot Jerubbaal den Heerbann aus Asser, Manasse, Sebulon und Naphtali auf, und das Heer ihrer Feinde lagerte unter ihnen in der Ebene. Zur Nacht aber erschien Jahwe bei Jerubbaal und befahl ihm, das Lager der Midianiter zu stürmen. Jerubbaal gehorchte, nachdem er noch durch einen nächtlichen Erkundungsgang erfahren hatte, wie mutlos die Midianiter waren. Mitten in der Nacht ließ er seine Truppe in die Posaunen stoßen und Tonkrüge zerschlagen und machte damit solch mächtiges Getöse, daß er den Gegner verwirrte. Mit seiner kleinen Schar schlug er dann die Feinde. Nachdem er ihre Könige gefangen und getötet und ihren Heerbann zerstreut hatte, kehrte er zurück und erbat von seinen Mannen nur die goldenen Ringe, die sie erbeutet hatten. Daraus ließ er sich einen Ephod, einen Hausgott, machen, den er in seinem Heimatort Ophra aufstellte. Dort blieb Jerubbaal, bis er in hohem Alter starb. Er hinterließ siebzig Söhne, denn sein Harem war groß. Seine Nebenfrau in Sichem gebar ihm den Abimelech (siehe IX,1).

Andere erzählen, daß Jahwe dem Jerubbaal eines Nachts erschienen sei und ihn aufgefordert habe, den Baalsaltar und die Ašera seines Vaters zu zerstören, dafür einen Altar für Jahwe zu errichten und auf ihm einen Stier zu opfern. Jerubbaal gehorchte; er schlug den Baalsaltar und die Ašera um. Deshalb wurde Jerubbaal auch Gideon (d.i. der Fäller) genannt. Jahwe war immer mit Gideon. Vor der Schlacht mit den Midianitern befahl er ihm, die meisten Leute zu entlassen. Und es gingen 22000 Mann aus dem Heerbann nach Hause. Von den restlichen 10000 Mann wählte Jahwe die dreihundert Mann für die Schlacht aus, die beim Trinken aus dem Bache sich keine Zeit ließen, die Waffen aus der Hand zu legen, sondern wie die Hunde das Wasser schleckten.

Und so schlug Jahwe dann durch Gideon und seine dreihundert Männer die 138000 Mann der Midianiter.

Als er dann nach Hause siegreich zurückkehrte, wollten die Israeliten ihn zum König machen. Aber Gideon lehnte es ab: Weder ich will über euch herrschen, noch mein Sohn soll es tun, sondern Jahwe soll euer König sein. Doch als Gideon tot war, trieben die Israeliten wieder die Abgötterei mit den alten Baalen und erkoren sich sogar den Bundesbaal von Sichem zum Gott und vergaßen alles, was Jahwe an Gideon und Israel Gutes getan hatte.

Wieder andere wissen noch zu erzählen, daß Gideon ein großer Zauderer gewesen sei, der sich sehr gesträubt habe, in den Krieg zu ziehen. Und deshalb bat er Elohim zweimal um ein Zeichen. In der ersten Nacht erbat er, daß das Schafvlies auf dem Druschplatz allein vom Tau befeuchtet sein sollte, der Druschplatz aber nicht.

Als Elohim ihm dieses Zeichen gab, erbat Gideon für die folgende Nacht, das Vlies möge trocken sein, der Druschplatz aber taufeucht. Und Elohim gewährte ihm auch diese Bitte.

Richter 6,1.4–6.11–24.33–34; 7,9–8,1; 8,24–27a.29–32; 6,25–32; 7,2–7; 8,22–23.33–35; 6,36–40.

1. Die Legende von Gideon, mit dem man im Bauernkrieg Thomas Müntzer verglich, ist eindrucksvoll geschildert. Sie war bestimmend für die Anforderungen an den Führer des Heerbannes. Dieser gilt den Überlieferern mehr als der König. Die Geschichte von Gideon ist vermutlich in den nomadischen Randgebieten Judas tradiert, aus denen die Laienquelle stammt.

2. Der ursprüngliche Name des Helden war sicher Jerubbaal, d.i. Baal streitet. Dieser Name deutet auf die Frühzeit der israelitischen Geschichte hin. Es ist ziemlich sicher, daß Jerubbaal ein kanaanäischer König war, der für die Israeliten deshalb von Bedeutung wurde, weil er in Durchsetzung der Blutrache für seine Brüder (Richter 8,13–21) in den midianitischen Königen Sebach und Zalmunna auch zwei mächtige Gegner Israels schlug. Dadurch rückte er in die Reihe der Helden der israelitischen Stämme, ohne selber ein Israelit zu sein. Der alte Mythos erzählt noch, daß er nach der Schlacht mit seinem Haus- und Orakelgott, den er aus der Beute anfertigen ließ, in sein Haus zurückkehrte.

3. Daß dieser Jerubbaal-Gideon Jahwe einen Altar baut, ist dem alten orientalischen Erzähler selbstverständlich. Der biblische Erzähler verknüpft eine Kultlegende mit dem großen Helden und deckt somit dessen ehemalige königliche Göttlichkeit für den Israeliten zu.

4. Der späteren deuteronomistischen Überlieferung war der Name Jerubbaal für den Heros unbequem. Ihr entspringt der Mythos von dem gehorsamen Gideon, der das Heiligtum des

Baals und der Ašera umreißt und der zugunsten Jahwes, d.h. der Priester, auf den Thron verzichtet. Sie versucht, eine Erklärung des Namens Jerubbaal (= Gideon) zu geben, die im Widerspruch zu der eigentlichen Bedeutung des Namens steht. Aber der deuteronomistischen Tradition ist es zu verdanken, daß sie den Namen Gideon konsequent in der Geschichte durchgesetzt hat. Gideon heißt »der Fäller«, d.i. derjenige, der Menschen erschlägt. Diese Apposition für einen Heerführer wird nun durch die Bilderstürmerei erklärt. Gideon ist nun weniger der große Held als vielmehr gehorsamer Knecht Jahwes.

5. Der elohistische Erzähler des alten Heldenbuches, in dem die Taten der großen Heroen einstmals zusammengefaßt waren, kommt nicht umhin, mit dem Kriege viel vorsichtiger umzugehen. Die Laienquelle beschreibt gerne die Schlachten Jahwes, denn sie repräsentiert die alten Nomadenstämme am Rande Judas, die für Juda Kriegsdienste leisten. Der elohistische Erzähler dagegen läßt Gideon erst nach zweimaliger Befragung Elohims zum Schwerte greifen. Für ihn ist es selbstverständlich, daß Gideon kein König Israels, sondern Herr von Ophra ist.

VII.7 Jotham

Jotham war der jüngste Sohn Gideons, der einem Mordanschlag seines Bruders Abimelech entrinnen konnte, als dieser alle übrigen Brüder erschlug (siehe IX,1). Als Jotham hörte, daß Abimelech sich zum König machen wollte, ging er auf einen Bergvorsprung des Garizim gegenüber Sichem und sprach: Hört her, Bürger von Sichem! Einstmals gingen die Bäume hin, um sich einen König zu wählen. Und sie gingen zuerst zum Ölbaum und baten: Sei König über uns. Aber der Ölbaum sagte: Soll ich aufhören, Öl zu spenden, für das mich Menschen und Götter preisen, nur um über euch zu stehen? Und der Feigenbaum sagte auf dieselbe Bitte: Soll ich aufhören, meine köstlichen Früchte zu bringen, nur um über euch zu stehen? Auch der Weinstock wies sie ab: Soll ich etwa keinen Most mehr spenden, der Götter und Menschen fröhlich macht, nur um über euch zu stehen? – Da sprachen alle Bäume zum Dornbusch: So sei du unser König. Der Dornbusch aber sagte: Wenn ich denn euer König sein soll, so kommt her zu mir und beugt euch meinem Schatten. Wenn ihr es nicht tut, dann wird von mir ein Feuer ausgehen und die Zedern des Libanon verzehren.

Danach entwich Jotham nach Süden und wohnte dort.
Richter 9,7–15.21.

1. Jotham ist nur durch seine Fabel bekannt, die er den Leuten von Sichem vorträgt, um sie vor dem Königtum zu warnen, das nur üble Folgen für die einstmals freien Leute bringt. Er ist nicht zu verwechseln mit dem König Jotham, der über Juda regierte, zunächst als Stellvertreter seines an Aussatz erkrankten Vaters Usia, dann als Souverän, etwa um 730 v.u.Z. (siehe etwa II. Könige 15,2.32–38; II. Chronik 27).

Die Legende macht den Fabeldichter zum Gideoniten. Vermutlich ist er aber ein fahrender Sänger gewesen.

2. Die Fabel gehört zu den schönsten Beispielen alter biblischer Poesie, sie ist eindeutig. Die nachfolgende historisierende Novelle von Abimelechs Gewaltherrschaft macht die Fabel erst zur Allegorie. Das ist sie sicher ursprünglich nicht gewesen. Fabeln brauchen zu ihrem Verständnis keine historischen Beispiele. Der aus dem mittleren Bergland Palästinas stammende Erzähler hat vermutlich diese ältere Fabel vorgefunden und hier verwendet. Jotham zeigt sich selbst als Vertreter der alten Nomadengesellschaft, der die Notwendigkeit einer starken Zentralgewalt, eines Königtums, nicht einsieht. Deshalb huldigt er einer romantisch verklärten Gesellschaftsordnung, die den gesellschaftlichen Erfordernissen nicht mehr entspricht. Vor dem berechtigten Zorn der Leute flieht er nach Süden, in die Steppe.

3. Sichem war die Stätte eines alten kanaanäischen Kultheiligtums, sein Stadtgott war der »Herr des Bundes« (biblisch Baal berit), der dem Bundesgott der Israeliten viele Züge geliehen hat. Er repräsentierte den sozialökonomischen Fortschritt gegenüber dem Nomadentum und dessen Träumen vom »Goldenen Zeitalter«. (Siehe VII,3,d.)

4. Tradiert wurde die antiroyalistische Novelle von Abimelech, um den Anspruch der Priester auf Unterwerfung unter Jahwe, den König, zu befestigen; nach ihrer Konzeption ist Jahwe der König, und sie sind seine Stellvertreter.

VII.8 Jephta

Schon bald nach der Einwanderung der einzelnen Stämme Israels in das Land kam es zu Streitigkeiten mit den einzelnen Königen, in deren Gebiete sie eingedrungen waren. Zu den ärgsten Feinden gehörten auch die Ammoniter, die im Ostjordanland ihre Raubzüge veranstalteten. Dagegen wehrten sich die Söhne Gileads, die dort wohnten.

Zum Heerführer wählten sie Jephta, einen Sohn Gileads, der aber aus ihrer Mitte verstoßen war. Jephta hatte sich deshalb eine Schar von verwegenen Männern gesammelt, mit der er von seinem Orte Tob aus in die Umgebung zog und sich für Militärdienste verdingte. Und als nun die Ammoniter gegen Gilead zu Felde zogen, baten die Ältesten Gileads Jephta, ihnen zu helfen. Sie versprachen ihm dafür das Fürstenamt. Unter dieser Bedingung sagte er zu. Und der Geist Jahwes kam über ihn, und Jephta schlug die Ammoniter.

Jephta schlug auch die Ephraimiten, die sich gegen ihn empört hatten, und ließ nach dieser Schlacht die Jordanfurten besetzen und dabei alle Ephraimiten töten: Die Ephraimiten konnten nämlich »Schibboleth« (d.i. »Strom«) nur »sibboleth« aussprechen. Daran wurden sie erkannt, wenn sie über die Furten wollten.

Nun hatte Jephta vor der Schlacht ein Gelübde getan: Wenn ich als Sieger wohlbehalten zurückkommen sollte, werde ich dasjenige Jahwe als Brandopfer darbringen, was mir dann aus der Tür meines Hauses entgegenkommt. Als Jephta nach Hause kam, da trat ihm seine Tochter, sein einziges Kind, entgegen. Darüber war er tief betroffen. Aber die Tochter mahnte ihn, sein Gelübde einzuhalten. Nachdem sie zwei Monate getrauert hatte, kehrte sie zu Jephta zurück, und er vollzog an ihr das Gelübde, das er Jahwe gegeben hatte. Seitdem trauern in jedem Jahre die Töchter Israels vier Tage lang um die Tochter Jephtas.

Er aber regierte dann noch sechs Jahre in Mizpa.

Richter 10,17–18; 11,1–11.29.33; 12,1–6;11,12–28.30–32.34–40.

1. Die Heldengeschichte Jephtas ist wie die Geschichte der anderen sogenannten »großen Richter« ursprünglich eine kanaanäische Heldensage gewesen. Jephta war ein König, residierte in Tob und wurde zum Wahlkönig von Gilead gemacht, nachdem er dieses Land von dem Druck der Ammoniter, Moabiter und Ephraimiten befreit hat.

Gilead ist zwar ein Landschaftsname, wird aber auf einen mythischen Ahnherrn zurückgeführt. Daher ist auch ziemlich sicher, daß Jephta von Hause aus kein »Richter in Israel« gewesen ist. Die Institution »Richter in Israel« ist sicher Bestandteil der Bundesgründung von Sichem gewesen. Vermutlich waren die Richter die Rechtswalter des Bundesrechtes, wie es in Sichem beschworen war. Die sogenannten »kleinen Richter« (Richter 10,1–5; 12,8–9) waren sicher solche Sprecher. Die bei ihnen genannten Zahlen ihrer Amtsjahre sind vertrauenerweckend. In Assur waren die limus Beamte, die eine vergleichsweise ähnliche Aufgabe hatten.

Die sogenannten »großen Richter« sind samt und sonders,

wie Jephta, Gideon und Simson zeigen, kanaanäische Helden gewesen.

2. Die Geschichte Jephtas weist mit der Davidgeschichte gewisse Ähnlichkeiten auf. Jephta und David sind beide Anführer von Banden gewesen, mit deren Hilfe sie sich einen Thron eroberten. Beide waren Exulanten. Das beiden Helden Gemeinsame ist ein bestimmter allgemeingültiger topos: Der Held bahnt sich seinen Weg zur Macht mit Meuterern und Rebellen, die sich in die Wüstengebiete zurückziehen mußten, um den Schergen ihrer Gerichte zu entgehen.

3. Die Historizität Jephtas ist nicht sicher. Der Name läßt eher auf eine mythische Person schließen. Jephta bedeutet nämlich »er befreit«. Vermutlich ist deshalb die Person mythologischen Charakters und die Geschichte von Jahwes Zuwendung zu ihm, mit der er alle seine Siege erringt, nur der Versuch frommer Israeliten im 8. Jahrhundert, diese alte kanaanäische Heldengestalt in die Tradition der Stämme einzugliedern. Dadurch hat Jephta die ursprüngliche geschichtsätiologische Funktion verloren, die in ihm den Befreier sieht. Seine Tat ist sicher die Befreiung eines kleinen kanaanäischen Stadtkönigtums, etwa Mizpa oder auch Gilead, aus der Dienstbarkeit eines größeren Reiches, wie etwa Moab, gewesen.

4. Der elohistische Erzähler betont im Gegensatz wieder zu dem südjudäischen Erzähler der Heldengeschichte, wie Jephta erst einmal versucht, durch Verhandlungen zu einem gütlichen Ausgang des Streites zu kommen. Ferner erzählt er die kultätiologische Anekdote von dem Opfer der Tochter durch den Vater. Die Sitte des Menschenopfers ist für den Erzähler nichts Außergewöhnliches. Jephta vollzieht das Opfer, ohne daß Jahwe eingreift wie bei Abrahams Opfer (I. Mose 22) oder Artemis bei der Opferung der Iphigenie in Aulis. Iphigenie sollte geopfert werden, um Poseidon günstig zu stimmen für die Flotte der Griechen, Jephtas Tochter für das Schlachtenglück des Vaters. Das analoge mythologische Schema birgt den Schlüssel zum Verständnis des Mythos. Die Opferung eines Mädchens befreit von der Vorherrschaft der großen Mutter und heiligen Königin. Jephta flieht die Heimat und das alte matrilineare Erbrecht (Richter 11,2) und kehrt als Sieger mit neuem Recht zurück. Die matrilineare Erbfolge wird durch die Opferung seiner einzigen Tochter ausgeschlossen. Das alte Recht lebt nur noch als mißverstandenes Fest im Ritus fort, wie die Anmerkung von der Trauer der Töchter Israels zeigt.

VII.9 Simson

In Zorea lebte zu der Zeit, als die Philister noch sehr mächtig im Lande waren, Manoah aus dem Hause Dan. Ihm wurde nach langer Kinderlosigkeit von seiner Frau ein Sohn geboren, den sie Simson nannte.

Ihr war nämlich ein Engel Jahwes erschienen und hatte ihr geweissagt, daß sie einen Sohn gebären würde. Zugleich hatte er ihr befohlen, fortan keinen Wein zu trinken und auch keine unreinen Speisen zu essen und ihrem Sohn auch nie die Haare zu schneiden; denn dieser sollte ein Gottgeweihter sein. Die Frau hatte das ihrem Mann erzählt, und Manoah hatte dasselbe Orakel von dem Engel Jahwes noch einmal gehört. Da brachten sie Jahwe ein Ziegenböckchen als Brandopfer dar, und der Engel Jahwes fuhr in der Opferflamme hinweg.

Simson wuchs unter dem Segen Jahwes im Lager Dans auf. Seine Frau aber suchte und fand er bei den Philistern in Timnat. Auf der Brautwerbefahrt schlug er einen jungen Löwen ohne jede Waffe nieder. Als er nun später hinabzog, um sie zu ehelichen, fand er in dem Kadaver des erschlagenen Löwen einen wilden Bienenschwarm, den er plünderte. Von dem Honig gab er auch seinen Eltern. Auf der Hochzeit stellte Simson aus diesen Begebenheiten ein Rätsel auf, das er der Hochzeitsgesellschaft zum Raten aufgab: Speise ging aus von dem Fresser, und Süßes ging aus von dem Starken.

Weil die Gäste es aber nicht lösen konnten, drang man in die Frau, aus Simson die Lösung herauszulocken. Und er verriet sie ihr, weil sie zu hartnäckig geworden war. Als die Hochzeitsgäste ihm dann die richtige Antwort gaben, antwortete er verärgert: Hättet ihr nicht gepflügt mit meinem Kalbe, ihr hättet mein Rätsel nicht gelöst; und er ging fort nach Hause. Seine Frau aber wurde einem der Brautgesellen gegeben.

Nach einiger Zeit kam Simson zurück und nahm bittere Rache an den Philistern, indem er durch gefangene Füchse, denen er brennende Fackeln an die Schwänze gebunden hatte, die Felder und Pflanzungen vernichten ließ. Aus Rache verbrannten nun die Philister das Haus seiner Frau mit allen Bewohnern.

Darüber ergrimmte Simson so, daß er, von seinen Landsleuten an die Philister ausgeliefert, etwa tausend Mann mit einem Eselskinnbakken erschlug, den er zufällig fand. Von da ging er nach Gaza. Als man ihn dort fangen wollte – er verbrachte die Nacht bei einer Hure –, hob er um Mitternacht das verschlossene Stadttor mit seinen Angeln aus und trug es auf einen Berg bei Hebron.

Simson war stark und unbesiegbar. Aber seine nächste Freundin war die Philisterin Delila. Die versuchte das Geheimnis seiner Kraft und Unverletzbarkeit herauszulocken. Etliche Male hatte er sie mit falschen Auskünften irregeführt, und Delila mußte stets die gedungenen Mörder wieder fortschicken. Einmal verriet er ihr sein Geheimnis doch; es bestand darin, daß Simson so lange unbesiegbar und unverletzlich blieb, wie sein Haupthaar nicht geschnitten wurde. In der nächsten Nacht nun schnitt sie ihm das Haupthaar ab, die Philister drangen ein, überwältigten ihn und stachen ihm die Augen aus. Sie behielten ihn dann als Sklaven im Gefängnis. Neben der Arbeit holten sie ihn bei Festen auch zur Belustigung der Gäste herauf. Bei solch einer Gelegenheit rächte sich Simson für die Schmach: Seine Stärke war ihm wiedergekommen, weil sein Haupthaar lange Zeit nicht geschnitten worden war, und so ließ er sich bei einem Fest der hohen Philisterfürsten an die Mittelpfeiler des Saales führen, in dem er zur Belustigung der Anwesenden hatte dienen müssen, und riß die Pfeiler um. Dabei stürzte das Dach ein und erschlug alle Gäste im Saal. Zugleich starben auch die dreitausend Leute, die auf dem Dach weilten. Simson starb mit unter den Trümmern. Seine Stammesbrüder aber holten ihn von dort und begruben ihn in der Gruft seines Vaters Manoah.

Richter 13–16.

1. Die Geschichte von Simson ist in sich geschlossen. Die Versuche der biblischen Erzähler, ihn unter die Richter Israels zu zählen, sind fadenscheinig. Überall dringt durch, daß der Heros, dessen Name den »Sonnegeborenen« meint, kein Richter in Israel gewesen sein kann, weil er seine ganze Lebenszeit nicht in Israel verbracht hat.

2. Verschiedene Details haben zu der Annahme geführt, im Simsonmythos eine Analogie zum Heraklesmythos zu sehen und für beide eine gemeinsame vorderasiatische Vorlage anzunehmen. Diese Theorie ist wahrscheinlich nicht ganz falsch. Sie ist eine Hypothese, deren Tragfähigkeit davon abhängt, ob es gelingt, die Voraussetzung dafür, nämlich die vergleichsweise ähnlichen sozialökonomischen Bedingungen, zu fixieren. In der biblischen Geschichte ist die Landschaft Philistäa, die Gesellschaft, die gut funktionierende philistäische Despotie (siehe dazu IV,4,b,1). Delila wird als Hure dargestellt. Die sozialökonomische Basis des Mythos vom Sonnenheros, der durch die Mondgöttin geopfert wird, indem sie ihm die Haare schneidet, ist aber die Großfamilie, die von der heiligen Königin und großen Mutter regiert wird.

3. Deshalb ist nur anzunehmen, daß der alte Mythos in der biblischen Rezeption schon weiter von dieser Ausgangssituation entfernt liegt als die griechische. In der biblischen Rezep-

tion wird das Schema noch beibehalten, daß der Heros stets noch die Gewalt seines göttlichen Vaters benötigt. Wie Herakles noch Zeus und im alten tyrischen Mythos der Stadtgott noch Šamaš, so braucht Simson noch seinen Gott und Vater Jahwe. Denn in der mythischen Sprache ist die Weissagung des Engels Jahwes an die Frau des Manoah: »Du sollst schwanger werden und einen Sohn gebären« (Richter 13,3c.5), gleichbedeutend mit Zeugung, wie denn auch fromme, mythische Denkweise die gleiche Botschaft des Engels an Maria, die Mutter Jesu (Lukas 1,31), nie anders verstehen konnte, als daß der Gott selber die Frau geschwängert hat.

4. Die Geburtsgeschichte Simsons hat Ähnlichkeiten mit der Geburtsgeschichte Samuels (I. Samuel 1; vgl. VIII,1). Die Ähnlichkeiten bedeuten keine Abhängigkeit der Mythen voneinander, sondern zeigen nur die gemeinsame Funktion an: Der Heros ist nicht wahrer Gott, sondern ein göttlicher Mann. Herakles war nie einer der vollblütigen zwölf Olympier, Simson nie ein Gott wie Šamaš oder Sin, Samuel nie Elohim.

5. Die Angaben im Bibeltext, die bestimmte geographische Punkte mit der Simsonsage verknüpfen, sind geschichtsätiologische Versuche, den Heros kultisch und rituell zu verankern. Sie sind Teile des Mythos.

6. Typologisch ist Simson in der christlichen Überlieferung das Beispiel für den sich der Wollust ergebenden Mann geworden, der dafür schmählich gestraft wird. Eine Reduktion des Mythos auf eine solche moralische Fabel geht aber an der biblischen Intention vorbei. Denn die biblische Rezeption feiert noch seinen Tod als hohe, bewundernswerte Leistung: Die Zahl derjenigen, die er mit in seinen Tod gerissen hat, war größer als die Zahl derer, die er im Leben getötet hatte.

VII.10 Ruth

In den alten Zeiten, als es in Israel noch keinen König gab, zog Elimelech aus Bethlehem mit seiner Frau Naëmi und seinen beiden Söhnen in das Moabiterland. Dort heirateten die Söhne moabitische Mädchen. Aber bald starben die Männer. Übrig blieben Naëmi und ihre kinderlosen Schwiegertöchter Orpa und Ruth. Da zog Naëmi zurück nach Bethlehem. Ruth wollte unbedingt mit ihrer Schwiegermutter mitgehen und sagte: Wo du hingehst, will ich auch hingehen, wo du bleibst, will ich auch bleiben. Dein Volk sei mein Volk, und dein Gott sei mein Gott.

Und so kamen beide nach Bethlehem zurück. Ruth verdingte sich bei dem Bauern Boas auf dem Felde, der war auch ein Anverwandter ihres Vaters und fand Gefallen an ihr. Auf Anraten ihrer Schwiegermutter hielt sie sich an ihn und folgte ihm des Nachts in die Scheune, wo er neben der geworfelten Gerste schlief. So begab es sich, daß er sie schwängerte. Boas aber ehelichte daraufhin die Ruth nach bethlehemischem Recht in vieler Zeugen Gegenwart. Und alles Volk im Tor samt den Ältesten sprach: Jahwe mache deine Frau fruchtbar wie Rahel und Lea, die beide das Haus Israel gebaut haben. Sie möge wachsen in Ephrata und sei gepriesen in Bethlehem.

Ruth gebar den Obed und legte ihn ihrer Schwiegermutter Naëmi in den Schoß, wie es Sitte war. Und die Frauen priesen die Naëmi, daß sie nicht ganz kinderlos geblieben sei. Obed aber wurde der Vater Isais, der den David zeugte.
Ruth 1–4.

1. Das Buch Ruth ist von der Anlage her eine klassische Novelle. Der mythische Charakter wird durch die detaillierte Milieuschilderung fast verdeckt, die den Erzähler als vertraut mit den Landesverhältnissen des 8. Jahrhunderts, eines vorexilischen Zeitalters, erweist. Der mythische Charakter wird nur durch die Fabel noch erkennbar. Die Fabel ist aber, daß durch eine wunderbare Fügung Jahwes die kinderlose Naëmi, d.i. »die Holde«, noch ein Kind erhält. Indem sie das Kind der Ruth auf ihren Schoß nimmt, wird es ihr eigenes Kind, so wie Herakles zum Olympier erst werden konnte, nachdem er durch die gespreizten Beine der Hera gekrochen war.

2. Diese mythologische Form des Adoptionsaktes gehört zu den üblichen Königsgeschichten der Antike. Ein Gott erweckt der kinderlosen Ahnfrau unverhofft noch einen Erben. Der mythische Gestus war sicher die Voraussetzung dafür, daß die Geschichte den Davidstammbaum an sich ziehen konnte. Der Adoptionsakt ist ein radikaler Akt. Er macht aus Menschen Götter und aus Moabitern, den Erzfeinden Israels, Israeliten. Denn Obed wäre nach geltendem Recht ein Moabiter gewesen: Erst der Adoptionsakt tilgt den Makel aus Davids Stammbaum.

3. Das Buch Ruth wird im Judentum unter die »Schriften« gezählt, die nicht so wichtig sind, während die Christen es zu den »vorderen Propheten« zählen. Weil seine Handlung in der vorköniglichen Zeit spielt, muß es zwischen Richterbuch und I. Samuelbuch stehen. Seine Stellung innerhalb der Bibel hat das Büchlein nur dem Umstand zu verdanken, daß es schon frühzeitig mit der David-Genealogie verbunden war. Mit ihr zusammen ist es auch tradiert.

VIII Wunder und Begebenheiten der Propheten

VIII.1 Samuel

In Rama lebte der Ephraimit Elkana. Er hatte zwei Frauen, von denen die eine, Hanna, lange kinderlos blieb. Bei der jährlichen Wallfahrt nach Silo stahl Hanna sich in das Heiligtum und erbat von Jahwe ein Kind. Sie gelobte: Jahwe Zebaoth, wenn du deiner Magd einen Sohn schenkst, so will ich ihn Jahwe weihen. Der alte Priester Eli, der an der Tür des Tempels saß und sie beobachtete, dachte zuerst, sie wäre betrunken, und stellte sie deshalb zur Rede. Er verhieß ihr dann aber, als sie ihm von ihrem Kummer erzählte, daß Jahwe auf ihr Gelübde hören und ihre Bitte erfüllen werde.

Hanna gebar nach Jahresfrist ihren ersten Sohn und nannte ihn Samuel, d.i. »der von Gott Erhörte«. Und als Samuel von seiner Mutter entwöhnt war, brachte sie ihn zu Eli nach Silo, damit dieser ihn aufnahm, wie es das Gelübde vorsah. Alljährlich kam sie mit ihrem Manne Elkana und brachte Kleider für Samuel. Eli segnete sie deshalb, und Hanna gebar dem Elkana noch drei Söhne und zwei Töchter. Samuel wuchs bei Eli auf und schlief im Tempel, wo die Lade stand. Dort erschien ihm auch nächtens Jahwe und offenbarte ihm den Untergang des Hauses Eli, denn dessen Söhne, Hophni und Pinchas, waren üble Priester, die die Opfernden betrogen und mit den Tempeldirnen ihren Mutwillen trieben. Andere aber erzählen, daß ein Mann Elohims dem Eli das schon selber erzählt hatte und daß er das nicht erst von Samuel vernommen habe.

Samuels Ruf als guter Prophet verbreitete sich schnell im ganzen Lande, und er war unbestritten der größte Prophet und Richter in ganz Israel sein Leben lang, nachdem Eli und seine Söhne umgekommen waren, als die Lade in einer Schlacht an die Philister verlorenging.

Aber Samuel rettete später Israel aus der Hand der Philister, und es war Friede zwischen Israel und den Philistern und Amoritern, solange er lebte. Das Jahr über wanderte er zwischen den Tempeln von Bethel, Gilgal, Mizpa und Sichem-Rama hin und her, um Recht zu sprechen. Als er alt geworden war, seine Söhne sich jedoch beim Volke unbeliebt gemacht hatten, kamen die Ältesten zu ihm und baten, daß er einen König über sie einsetze. Samuel wollte es nicht, aber Jahwe sagte ihm, daß er ihrem Drängen nachgeben solle. Und so salbte Samuel den Saul zum König, nachdem er dem Volk noch in einer Rede alle Untugenden eines Königs geschildert hatte. Er aber war bald unzufrieden mit Saul und dessen Taten, und er salbte deshalb mit Jahwes Hilfe den

David zum König, während Saul noch lebte. Als Samuel dann starb, versammelte sich ganz Israel und betrauerte ihn; er wurde bei Rama begraben.

I. Samuel 1; 2,18–21; 3,1–18; 2,27–36; 3,19–21; 4; 7,7–17; 8; 10,1–8; 15,10–30; 16; 25,1.

1. Samuel ist eine mythische Gestalt. Seine wunderbare Geburtsgeschichte kennzeichnet ihn als Heros. Seine überragende Bedeutung als gerechter Richter, Prophet und Priester hat dazu geführt, daß unter seinem Namen die Königsgeschichten von Saul und David erzählt werden (I. und II. Buch Samuel), obwohl von ihm nur in den ersten Kapiteln ausführlicher gehandelt wird.

2. Sicher ist, daß Samuel seine mythologische Bedeutung in der Verbindung mit dem Kultort Silo erhalten hat, an dem die Bundeslade, das Palladium des Zwölf-Stämme-Bundes, stationiert gewesen sein muß (siehe VII,1). Von dort ist ihm auch seine Rolle als Stifter von Sauls Heereskönigtum bei Mizpa zugeflossen, dessen Traditionen in offenem Widerspruch zu den Interessen des davidischen Jerusalems standen.

3. Daher kommt, daß Samuel einerseits als Vertreter einer königsfeindlichen Partei (z.B. I. Samuel 8; 10,19–27) gilt, ihm andererseits auch ausgesprochen königsfreundliche Berichte (9.1–10; 16) zugeschrieben werden. Die königsfreundlichen Reden sind dabei kein Widerspruch zu den königsfeindlichen. Aus beiden geht hervor, daß Samuel der Kronzeuge für das Wahlkönigtum ist, wie es vor allem von den Nordstämmen geübt wurde, das natürlich im Gegensatz zu der erblichen Despotie der Davididen in Jerusalem steht.

4. Diese Samueltradition konnte die priesterliche Endredaktion nur passieren, weil das Judentum im 5. und 4. Jahrhundert v.u.Z. vor allem interessiert war, sich nicht als politisch-nationale Größe herauszustellen, sondern als fromme Kultgemeinde zu gelten, die den Normen des persischen Reiches entsprach. Die nördliche, israelitische Überlieferung von Samuel als einem Streiter gegen König Saul, der die alten Kultordnungen politischen Interessen unterordnete, entsprach diesen Normen.

5. Mythologisch ist Samuel ein Heros, der etwa dem griechischen Theseus vergleichbar ist. (Theseus bedeutet etwa: »göttliches Pfand«.) Theseus gilt als gesetzestreuer Herrscher, der die zwölf attischen Kultgemeinden verband, indem er ihnen zwar versprach, die Monarchie abzuschaffen, diese aber tatsächlich dadurch errichtete – wenn man Plutarch glauben darf –, daß er

sich zum Oberkommandierenden ernannte. Theseus steht auch wie Samuel auf der Schwelle zwischen mythischem und historischem Geschichtsbewußtsein, ist auch göttlicher wie menschlicher Natur wie der Heros Samuel.

VIII.2 Elia

Als der Omride Ahab König über Israel war, nahm er zu seinen anderen Frauen auch noch Isebel, die Tochter des Königs von Sidon, zur Frau und ließ ihrem Gott Baal Sidon einen Altar in seiner Hauptstadt Samaria errichten. Darüber erboste sich Elia aus Tisbe in Gilead und prophezeite dem Ahab eine Dürrezeit. Elia selber verbarg sich danach auf Befehl Jahwes im Ostjordanland, am Bache Krith, wo ihm die Raben Jahwes am Morgen Brot und am Abend Fleisch zu essen brachten. Als nun in der Dürre der Bach versiegte, befahl Jahwe dem Elia, nach Sarepta im Königreich Sidon zu gehen, wo ihn eine Witwe versorgen werde. Elia gehorchte und zog nach Sarepta, und eine Witwe teilte ihr letztes Mehl und Öl mit ihm. Doch Jahwe ließ ihnen Öl und Mehl während der ganzen Dürrezeit nicht ausgehen. Auch machte Elia den Sohn der Witwe, der während dieser Zeit krank wurde und starb, wieder lebendig.

Als drei Jahre vergangen waren, befahl Jahwe dem Elia, nach Samaria zurückzukehren und sich vor Ahab zu zeigen, der ihn lange vergeblich hatte suchen lassen, um ihn zu töten. Elia erschien auf dem Höhepunkt der Hungersnot vor dem König, und jetzt gehorchte dieser ihm: Nach Elias Weisung ließ er alle Baals- und Ašerapriester auf dem Berg Karmel versammeln. Hier forderte Elia ein Gottesurteil, indem er dem Volke vorschlug, zwei Brandopfer zu veranstalten: eines wollte er, das andere aber sollten die Baalspriester anrichten, keiner sollte Feuer gebrauchen, sondern derjenige sollte der Gott sein, der mit Feuer auf den Anruf antworten würde, Jahwe oder der Gott Baal von Sidon. Das versammelte Volk stimmte zu. Und nachdem Elia Jahwe angerufen hatte, fiel das Feuer Jahwes vom Himmel und verzehrte das Brandopfer, obwohl Elia es noch hatte mit viel Wasser begießen lassen. Die Baalspriester aber beteten und tanzten einen ganzen Tag, ohne daß ihr Opfer sich entzündete.

Als das Volk das sah, schrien sie alle laut: Jahwe sei Gott! Jahwe soll Gott sein! Elia zwang die Leute, die Baalspriester zu greifen, und er brachte sie hinab an den Bach Kison und ließ sie dort töten. Am Abend zog dann der Regen herauf, der die Dürre beendete.

Isebel hörte, was Elia an ihren Priestern getan hatte, und wollte ihn umbringen lassen. Er aber floh in die Wüste, wo ihn der Engel Jahwes bis zum Berg Horeb führte. Dort erschien ihm Jahwe in einem sanften Wind und befahl ihm, Chasael zum König von Aram, Jehu zum König von Israel und Elisa zu Elias' eigenem Nachfolger zu salben. Und Elia prophezeite dem König Ahab und seiner Frau Isebel den Untergang, weil er mit dem König von Aram, den er hatte entkommen lassen, ein Bündnis geschlossen und auch sonst das Recht gebeugt hatte.

Als die Zeit herankam, daß Elia gen Himmel fahren sollte, ging er mit seinem Diener und Nachfolger Elisa vom Gilgal über Jericho bis über den Jordan. Die Propheten von Jericho wußten schon, daß Jahwe den Elia holen wollte. Jenseits des Jordans kam auf einmal der feurige Wagen Jahwes mit den feurigen Rossen und trennte Elia von Elisa; und Elia fuhr in einem Wetter gen Himmel. Elisa rief laut: Mein Vater, mein Vater! Israels Wagen und Reiter!

I. Könige 16,29–34; 17–19; 21,17–20.27–29; II. Könige 2,1–12.

1. Die Geschichten von Elia stammen vermutlich aus der Mitte des 9. Jahrhunderts v. u. Z. Elia gilt als Prophet Jahwes. Das Amt des Propheten ist in der Antike verbreitet gewesen, nicht nur in Griechenland, sondern auch in Ägypten. Der Prophet entstammt priesterlichen Traditionen, er nimmt priesterliche und richterliche Funktionen wahr. Der historische Ort für die Entstehung des vom Kultus abgelösten Prophetentums ist die Endphase der Macht des Königtums. Wo die königliche Macht, zu der auch Priester und Tempel gehören, schwindet, erheben sich aus der unterdrückten Schicht der ehemaligen lokalen Stammespriesterkasten einzelne Sprecher, die sich auch in Gruppen zusammenschließen.

2. Um solche Sprecher, die sich eigentlich immer auf vergangene Rechtsnormen und gesellschaftliche Traditionen stützen, sammeln sich nicht nur Menschen, sondern mehr noch mythologische Stoffe und Motive. Sie dienen dazu, dem normalerweise unbedeutenden Sprecher eine überragende Bedeutung beizufügen.

3. Die besonderen Mythologeme in der Eliageschichte sind der Wüstenaufenthalt mit der Ernährung durch die Raben, die Erscheinung Jahwes am Horeb und die Himmelfahrt. Die Speisung der armen Witwe, die Wiederbelebung ihres Sohnes, die Verfluchung des Königs und seines Hauses und der Eifer um das Gebot Jahwes gehören zu den auch sonst bekannten Mythologemen.

Die Wüste gilt als der Kulturwelt feindlicher und gottnaher Raum. Der Rabe ist Anzeichen des Schlachten- und des Lichtgottes, der dem Menschen den Weg zeigt. Raben sind die Begleiter Apollos, der Todesgott, Gott der Weisheit, Gott der Erde und der Sonne ist. Der Rabe ist auch das Zeichen für den babylonischen Schaltmonat. Von Raben ernährt werden bedeutet mythologisch, göttlichen Wesens zu sein. Deshalb kommt dem Wirken des Elia eine besondere Bedeutung zu. Die Himmelfahrt des Elia ist nur die Bestätigung seiner Göttlichkeit, für die auch die fehlende Geburtsgeschichte spricht.

4. Die historische Verankerung des Propheten Elia in der Regierungszeit namentlich genannter Könige ändert an seiner mythologischen Bedeutung nichts, die vor allem darin liegt, daß Vertreter der alten stammespriesterlichen Traditionen durch die Mythen von Elia ihre Interessen durchzusetzen versuchen, nachdem sie fast ein Jahrhundert unterdrückt worden waren. Der archaische Charakter der Eliaerzählung ist mehr ein Hinweis auf die konservative Grundhaltung der Tradenten als Anzeichen für ein hohes Alter.

5. Das Gottesurteil (ordal) am Karmel entbehrt jeder historischen Grundlage. Dem Propheten Elia (der Name bedeutet Elijahu, »mein Gott ist Jahwe«) wird durch diese Szene nur eine Rolle zugeschrieben, wie sie anders Mose und Josua auch spielen. Sie wollen durch das Wunder das versammelte Volk von der Einmaligkeit Jahwes überzeugen.

6. Wie in allen anderen Propheten manifestiert sich auch in Elia eine Opposition gegen das Königtum, die Zentralgewalt, und gegen das königliche Priestertum am Tempel der Residenz und die Hofpropheten. Jahwe erscheint dem Elia nicht am Kultort Jerusalem, sondern am Berge Horeb.

7. Elia hat in der biblischen Frömmigkeit wegen seiner moseähnlichen Funktion große Bedeutung erlangt. Das schriftstellerisch ›Prophet Maleachi‹ genannte Buch am Ende des Alten Testaments sagt als einen Gottesspruch, daß der Prophet Elia vor dem kommenden großen und schrecklichen Tag Jahwes erscheinen wird, um die Menschen zur Buße zu rufen. Deshalb nennt z.B. der Verfasser des Matthäusevangeliums neben Johannes dem Täufer als Vorläufer des Jesus von Nazareth auch Elia (Matthäus 11,14; 17,10–13), wie denn auch Mose und Elia nach dem Mythos von der Verklärung Jesu dem Jesus erschienen sind und mit ihm geredet haben. Der Evangelist Lukas aber, der ein anderes Interesse vertrat, läßt Jesus seine Jünger deutlich vor Elia warnen (Lukas 9,54). In der Passionsgeschichte Jesu erzählt Matthäus (27,46–49) darum auch, daß die Leute noch in

der Sterbestunde Jesu daran dachten, daß Elia kommen könnte, um zu helfen.

Die Himmelfahrt des Elia ist wie die Entrückung des Henoch (I. Mose 5,24) die Ursache gewesen, daß in den Jahrhunderten um die Zeitwende zahlreiche apokryphe Eliasapokalypsen und Henochschriften entstanden, in denen das Hauptthema der Kampf des Elia oder des Henoch mit dem bösen Gegengott ist. Der Ehrentitel des Propheten: »Wagen Israels und seine Reiter«, der auch dem Elisa bei dessen Tod zugelegt wird (II. Könige 13,14), ist ein vermutlich altes Königsattribut gewesen. Der Begriff stammt aus der Militärtechnik, Kampfwagen und Reiterei waren die stärksten Waffen. In der Anwendung auf den Propheten legen sie diesem hohe Würde und Bedeutung bei.

Die bildkräftige Darstellung von Elias' Wundertaten ist auch der Grund, warum das Neue Testament sich seiner oft als Beispiel bedient (Lukas 4,25–26; 9,54; Römer 11,2–5; Jakobus 5,17).

VIII.3 Elisa

In Abel-Mechola war einstmals Elisa, der Sohn Saphats, beim Pflügen, als Elia vorüberkam. Der warf ihm seinen Mantel über. Darauf verließ Elisa seine Arbeit und seine Heimat und folgte dem Elia und diente ihm. Als Elia gen Himmel fahren sollte, zog er mit Elisa an den Jordan und fragte ihn: Was kann ich noch für dich tun, bevor ich von dir genommen werde? Ich will deine Bitte erfüllen. Da erbat sich Elisa zwei Drittel von dem Geist des Elia. Der antwortete ihm: Du hast dir etwas Schweres erbeten. Aber du wirst es erhalten, wenn du sehen kannst, wie ich entrückt werde. Und Elisa sah, wie Elia in einem Wetter gen Himmel fuhr. Allein geblieben, hob er den Mantel des Elia auf, ging durch den Jordan trockenen Fußes zurück, denn der Fluß teilte sich vor ihm, als er ihn mit dem Mantel berührte, und begab sich zu den Propheten Jerichos, die ihn als Nachfolger Elias anerkannten. Sein erstes Wunder vollbrachte er, indem er das Trinkwasser Jerichos wieder genießbar machte. Dann verschaffte er den Truppen Israels, Judas und Edoms in der Wüste Trinkwasser, als sie gemeinsam gegen Moab stritten. Er verhalf auch einer Witwe zu Reichtum, indem er ihren Ölkrug eine Zeitlang unversiegbar sein ließ, so daß sie reichlich davon verkaufen konnte, und verhalf einer Frau zu Sunem, die lange kinderlos war, zu einem Sohn. Als dieser in der Blüte seiner Jugendjahre starb, erweckte ihn Elisa wieder zum Leben; er verhalf der Frau auch zu ihrem Eigentum, als man es ihr genommen hatte.

Einstmals setzte er sich mit seinen hundert Prophetenjüngern zu Tisch und hatte nur zwanzig Gerstenfladen für alle, denn es war gerade eine Hungersnot im Lande. Doch sie aßen, und es blieb noch übrig, wie Jahwe es zuvor durch Elisa verheißen hatte.

Elisa heilte auch den aramäischen Feldhauptmann Naëman vom Aussatz, indem er ihn hieß, siebenmal im Jordan zu baden. Er konnte auch Eisen im Wasser schwimmen lassen. Bei all diesen und noch manchen andern Wundertaten blieb er bescheiden und nahm keinen Lohn und trat dafür ein, daß man nicht unnötig Blut im Kriege vergoß. So ließ er die Heere des aramäischen Königs Benhadad in die Irre gehen und, als sie Israels Hauptstadt Samaria belagerten, vor einem mächtigen Heereslärm Jahwes fliehen, so daß die Söhne Israels ohne Schlacht in den Besitz des reichen Lagers gerieten. Aber als kleine Kinder ihn verspotteten und einen Kahlkopf nannnten, ließ er ihrer zweiundvierzig von Bären zerreißen. Elisa vollstreckte auch den Auftrag Jahwes an Elia, den Chasael zum König in Damaskus zu machen, von dem er doch wußte, daß er einst die Städte Israels verbrennen, die Heere Israels schlagen und Frauen und Kinder töten lassen würde. Ebenso erfüllte Elisa auch Jahwes Auftrag an Elia, den Hauptmann Jehu zum König von Israel zu salben.

Als Elisa sich zum Sterben legte, trat weinend der israelitische König Joas an sein Lager und sprach: Mein Vater, mein Vater! Israels Wagen und Reiter! – Und Elisa ließ sich noch auf dem Sterbebett bewegen, einen Sieg über die Aramäer zu versprechen. Selbst im Tode tat Elisa ein Wunder. Als man nämlich wegen des Einbruchs feindlicher Streifscharen in aller Eile noch einen Toten in Elisas Grab legte, stand dieser lebend wieder auf, weil er das Gebein des Propheten berührt hatte.

I. Könige 19,19–21; II. Könige 2,1–22; 3; 4,1–37; 8,1–6; 4,38–42; 5; 6; 2,23–25; 8,7–15; 9,1–10; 13,14–21.

1. Elisa ist eine mythologische Gestalt wie Elia. Die Beziehung zu Königen in Israel und Aram-Syrien ändert daran nichts. Der Erzähler der Elisageschichten benutzt vielmehr ein Schema, das auch auf die Eliatradition angelegt werden kann. Der Wundertäter spendet Regen und politische Erfolge, erweckt Tote, ernährt auf wunderbare Weise Menschen und verhilft kinderlosen Frauen zur Fruchtbarkeit. Wie von Mose will der Erzähler auch von Elisa wissen, daß er mit dem Geiste Jahwes begabt ist. Die Analogien zu den Aussagen über Mose und Elia lassen nur den Schluß zu, daß Elisa eine vergleichbare Funktion besitzt, er ist

der Antipode der zentralisierten geistlichen und politischen Macht, von Tempel und Palast.

2. Der Name Elisa (er bedeutet etwa »Gott hilft«) ist Symbol für die Kräfte, die unter dem auch im Nordreich sich anbahnenden despotischen Staatsgefüge zu leiden haben, nämlich die bäuerliche Landbevölkerung. Für diese ist der Typus des Nichtpriesters – der Prophet – der Garant für die Bewahrung der alten Landrechtbestimmungen, die z.B. jede willkürliche Aneignung von Boden durch den König verbieten. Der Prophet als Nichtpriester stammt deshalb hier auch aus der bäuerlichen Bevölkerung selbst. Er repräsentiert ebendeshalb auch die Aversion gegen kriegerische Unternehmungen.

3. Die einzelnen Wunderberichte sind zuerst Zeichen für die religiöse Grundhaltung der Leute, die diese Erzählungen überliefern. Stärker als in dem ökonomisch weiter entwickelten Südstaat Juda lebt die bäuerliche Landbevölkerung noch in alten kanaanäischen religiösen Traditionen. Die Anekdote von dem König Ahasja, der zu dem Baal-Sebul von Ekron, einem Philistergott, schickt, um von ihm ein Orakel zu erlangen, wie sie II. Könige 1 erzählt wird, macht deutlich, daß die alten kanaanäischen Vorstellungen noch lebendig sind. In Ugarits Mythen ist Zebul z.B. der Name des Meeresgottes; der Meeresgott ist hier, in einer mit der Seefahrt verbundenen Stadt wie Ugarit, durchaus eine respektable Person. Der Baal-Sebul von Ekron bedeutet darum ursprünglich »Herr des Fürsten«, d.h. er bezeichnet einen höchsten Gott, den erst biblische Polemik als »Fliegengott« (Beelzebub) desavouiert und zum Gegengott gemacht hat (Matthäus 10,25; Markus 3,22 u.ö.).

4. Die biblische Frömmigkeit hat sich aber mehr der Person des Elia (siehe VIII,2) als des Elisa bedient. Dazu hat nicht unwesentlich der Mythos von der Himmelfahrt des Elia beigetragen und die Bedeutung, die Elia in der jüdischen Frömmigkeit der Jahrhunderte vor der Zeitenwende erlangte.

VIII.4 Jesaja

In dem Jahre, als der König Usia starb, sah der Prophet Jesaja Jahwe. Der saß auf einem hohen prächtigen Thron, der Saum seines Mantels erfüllte den Tempel, Saraphen schwebten vor ihm, jeder mit sechs Flügeln. Von diesen bedeckten je zwei ihr Gesicht, zwei ihre Füße, und mit zweien bewegten sie sich. Die Saraphen sangen im Wechsel: Heilig, heilig, heilig ist Jahwe Zebaoth, voll ist von seiner Herrlichkeit die ganze Welt. – Dabei erbebte das Haus und füllte sich mit Rauch.

Jesaja erschrak davon sehr und dachte, daß er nun sterben müsse, weil er mit seinen Augen Jahwe Zebaoth gesehen hatte. Aber einer der Saraphen kam und berührte mit einem glühenden Stein vom Altar den Mund Jesajas und reinigte ihn damit, so daß er den Willen Jahwes hören konnte, dem Volke Israel seinen Untergang zu weissagen.

Und Jahwe trug ihm auf, eine Tontafel zu nehmen und darauf »Raubebald, Eilebeute« zu schreiben. Als die Frau Jesajas bald danach einen Sohn gebar, nannte Jesaja ihn Raubebald-Eilebeute, weil Jahwe gesagt hatte: Bevor der Knabe Vater und Mutter sagen kann, werden Damaskus und Samaria dem König von Assur zugefallen sein. Seinen ersten Sohn hatte Jesaja schon Šear-Jašub (»ein Rest kehrt zurück«) genannt. Jesaja bewahrte diese Offenbarungen und verschwor seine Jünger auf sie und sagte: Ich will auf Jahwe warten und auf ihn meine Hoffnung setzen, denn ich und die Söhne, die Jahwe mir geschenkt hat, sind ein Zeichen Jahwes für Israel. Das galt auch für seinen Sohn Immanuel (»Gott mit uns«).

Seit jenen Tagen ging auch die Hoffnung auf Jahwes Hilfe nicht verloren, wie es in dem Liede heißt: Ein Kind wird uns geboren, ein Sohn uns gegeben, und die Herrschaft wird auf seiner Schulter liegen. Und man wird ihn rufen: Wunder-Rat, Gott-Held, Ewig-Vater, Friedensfürst. Seine Friedensherrschaft vom Throne Davids aus wird ewig währen. An jenem Tage wird ein Rest vom Hause Jakobs sich zu Jahwe, dem Gott-Held, bekehren, wenn nämlich Jahwe das Völkergericht abhält.

Auf dem Stumpfe Isais wird ein Reis ausschlagen, und Jahwes Geist, der ein Geist des Verstandes, der Weisheit, des Rates, der Kraft, der Erkenntnis und Furcht ist, wird über diesen Sproß kommen, der gerecht, gütig und friedfertig sein wird. Dann werden die Wölfe bei den Lämmern wohnen und die Parder bei den Böcken liegen. Ein kleiner Junge wird Kälber und junge Löwen und Mastvieh zusammen weiden. Kühe und Bären werden auf der Weide zusammen sein, ihre Jungen werden zusammen lagern. Säuglinge und Kleinkinder werden mit Ottern und Schlangen spielen.

An jenem Tage des Völkergerichts wird Jahwe mit seinem großen harten Schwert den Leviathan bestrafen, dazu die flüchtige Schlange, und den Drachen töten, der im Meere haust.

Und Jesaja schrieb auf eine Tafel den Urteilsspruch über das Gottesvolk, damit er für immer ein Zeugnis geben sollte für die Verlogenheit und Widerspenstigkeit der Söhne Israels.

Als aber dann das Unglück vor den Toren Jerusalems stand und als

der König von Juda, Hiskia, Buße tat, bewog Jesaja den Jahwe, König Sanherib von Assur durch einen Engel in die Flucht zu schlagen, daß er nicht in die Stadt eindringen konnte. Und er ließ auch Hiskia von einer schweren Krankheit genesen. Zum Zeichen, daß er gesunden werde, ließ Jahwe an dem Tage die Schatten auf der Sonnenuhr um zehn Stunden zurückgehen. Jesaja heilte den König von seinen Geschwüren, indem er ihm ein Feigenpflaster auflegte.
Jesaja 6; 7,3; 8,1–4.16–18; 9,1–7; 10,20–27; 11,1–10; 27,1; 30,8–9; 36,10–37,1; 38,1–8.21.

1. Jesaja wird allgemein die Geschichtlichkeit nicht abgesprochen. Seine Geschichte allerdings ist mythologisch überhöht. Sicher ist, daß seine Wirksamkeit etwa in die Jahre von 740 bis 690 v.u.Z. fällt. Von seiner Geburt und seinem Tode erzählen nur die nachbiblischen Legenden. Sein theophorer Name bedeutet »Jahwe hilft«.

2. Das nach ihm genannte Jesajabuch ist nur in bestimmten Texten auf die für Jesaja angenommene Zeit zurückzuführen. Dazu ist vor allem Kapitel 1–23 und 28–32 zu zählen, während Kapitel 36–37 nur wenig später anzusetzen, Kapitel 24–27 aber wesentlich jünger ist. Die übrigen Kapitel des Jesajabuches stammen aus noch jüngerer Zeit. Dabei ist man gut beraten, mit der Forschung die Kapitel 40–55 von den Kapiteln 56–66 zu trennen und sie mit den geläufigen Begriffen Deuterojesaja (d.i. der zweite Jesaja) und Tritojesaja (d.i. der dritte Jesaja) zu bezeichnen. Der zweite Jesaja reflektiert die Zeit während des babylonischen Exils, der dritte Jesaja hat die nachexilische Situation im Auge. Über die mythologische Bedeutung von Deutero- und Tritojesaja siehe XIV,2,4; XIV,3,1 und XIV,3,7.

3. Jesaja, Sohn des Amos (der nicht mit dem Propheten Amos identisch ist), war vermutlich ein Weisheitslehrer am Tempel in Jerusalem. Er gehört nicht zu den priesterlichen oder königlichen Beamtenfamilien, sondern scheint aus den Kreisen der wohlhabenden Landbevölkerung zu stammen, die ein ausgesprochenes Selbstbewußtsein gegenüber Thron und Tempel bewahrten. Er greift nicht nur die sozialen Mißstände an, sondern auch die Priester und deren Lehre vom Kult (z.B. Kapitel 10,1–4). Das ist weniger auf seine Vision Jahwes zurückzuführen, in der ihm die Saraphen das »Heilig, heilig, heilig ist Jahwe Zebaoth« zurufen, und auf die Offenbarungen Jahwes als auf seine Herkunft aus der Landbevölkerung, die nicht nur wesentlich konservativer, sondern vor allem noch enger mit den ursprünglichen Landeseinwohnern verbunden war, die gewisse

religiöse Eigenheiten bewahrten. Aus dieser Landbevölkerung sind fast alle Propheten in Israel hervorgegangen.

4. Die Berufungsvision ist das Mythologem, das den Worten Jesajas ihre göttliche Autorität verleiht. Jahwe ist dabei unsichtbar. Die Saraphen verhüllen ihn. Die Einführung der Saraphen in die Vision stammt sicher aus der Bindung des Propheten an ältere nichtisraelitische Vorstellungen. Die Saraphen sind ursprünglich Schlangen (siehe V,3 und IV,5,b). Sie repräsentieren die verdrängten Muttergöttinnen. Ihre bildhafte Erweiterung mit Flügeln, die ihre Gestalt völlig zudecken, ist der Versuch, ihre ursprüngliche Bedeutung noch weiter zu verdrängen, die der zeitgenössische Hörer noch ahnte.

Deutlich von ihnen abgehoben werden Leviathan, Schlange und Drachen in der Rede Jesajas vom Gericht über die Weltreiche. Die Tiere sind hier offensichtlich Symbol für die großen Reiche an Euphrat und Nil: der Meder, Babylonier und Ägypter. Jesaja läßt Jahwe diese Schlacht selber schlagen, nur so kann er dem König von Juda zur allseitigen Neutralität und Friedensbereitschaft raten.

5. Mythologisch bedeutsam sind auch die Namen der Söhne Jesajas, die sicher legendäre Erfindung sind. Wie die Söhne des Herakles, die Omphale gebiert, repräsentieren sie Zeitabschnitte. Dabei ist die Dreizahl wichtig, weil sie als geometrischer Ausdruck der Ausdehnung in der Religionsgeschichte das Transzendente bezeichnet. Es ist darum auch mehr als eine Hypothese, wenn in den sogenannten »messianischen Liedern« vom Völkergericht und Friedensreich weniger an eine Person göttlicher Natur gedacht wird als an den Prophetensohn Immanuel. Schwer denkbar ist, daß der Prophet einen Davididen gemeint hat, nachdem sein Urteil über das Haus Davids so negativ ist. Sein Sohn Immanuel soll das Symbol für den wahren Frommen sein, der sich nur auf Jahwe verläßt.

6. Sicher ist ferner, daß der Prophet Jesaja das Heil und das Unheil in seiner Zeit erwartet. Den Gerichtstag erwartet er noch zu seinen Lebzeiten. Er tritt deshalb aus dem Rahmen der Weisheitslehrer nicht heraus. Die spätjüdische und die christliche Tradition hat ihn zusammen mit den Überlieferungen der anderen Teile des Jesajabuches zum Urheber der Messiaserwartungen gemacht.

7. Auf Jesaja geht auch der Brauch zurück, das Gottesvolk mit dem Bilde vom Weinberg zu beschreiben (Kap. 5,1–7). Er ist der erste, der dieses Motiv verwendet hat. Es ist im Neuen

Testament (Matthäus 20,1; 21,28–41) und in der christlichen Mythologie weit verbreitet. Im Johannesevangelium wird Jesus z.B. der richtige Weinstock und Gott der Weingärtner genannt (Johannes 15,1).

VIII.5 Jeremia

In den Jahren, bevor das Königreich Juda durch Babylon zerstört wurde und ein Teil des Volks in die Verbannung gehen mußte, lebte der Prophet Jeremia, der Sohn Hilkias aus Anathot. Er wohnte in Jerusalem und diente am Tempel. Dort erschien ihm Jahwe, berührte mit seiner Hand den Mund Jeremias' und sagte: Siehe, ich lege meine Worte in deinen Mund, damit du Juda und Jerusalem meinen Willen kundtust. Von Norden her will ich ihren Untergang heraufführen wegen all ihrer Bosheit und ihrer Gottlosigkeit. Denn die Priester fragen nicht: Wo ist Jahwe?, und die Richter kümmern sich nicht um mein Gesetz, und die Könige wurden abtrünnig. Israel ist schon untergegangen, weil es mir nicht folgte, und so wird es euch nun auch ergehen. Der Tempel Jahwes wird euch nicht retten, sondern allein ein guter Wandel und Gerechtigkeit gegenüber den Fremden, Witwen und Waisen, den Armen und Unschuldigen.

Und Jahwe sprach zu Jeremia: Kaufe dir einen Gürtel aus Leinen und lege ihn dir um die Hüften. Aber hüte ihn vor dem Wasser. Bald darauf sagte er wieder zu Jeremia: Gehe hin und verbirg den Gürtel in einer Erdspalte am Euphrat. Jeremia tat, wie Jahwe ihm befohlen hatte. Nach einiger Zeit befahl Jahwe dem Jeremia, hinzugehen und den Gürtel zu holen. Aber der Gürtel war in der feuchten Erdspalte mürbe geworden und verdorben. Und Jahwe erklärte Jeremia an dem Gürtel das Schicksal Judas: So wie Jeremia sich mit dem Gürtel schmückte, habe sich Jahwe mit Juda geschmückt, nun aber werde es verderben.

Jeremia verzagte an seinem Auftrag und vor den Schwierigkeiten, die ihm die Leute in Jerusalem machten, als er ihnen die Drohreden hielt; er verfluchte sich und den Tag seiner Geburt. Aber Jahwe redete mit ihm und tröstete ihn, verbot ihm jedoch, ein Weib zu nehmen und Kinder zu zeugen, denn Jahwe wollte in Jerusalem allem Freudenjubel, Braut- und Bräutigamsjubel ein Ende machen.

Wegen seiner vielen aufrührerischen und drohenden Reden wurde Jeremia in den Block gelegt und ins Gefängnis gebracht. Aber Jahwe rettete ihn vor dem Tode, während doch der Prophet Urija, der wie Jeremia gegen Juda geweissagt hatte, dann aber voll Furcht nach

Ägypten geflohen war, vom judäischen König Jojakim entführt und ermordet wurde.

Jeremia trug ein hölzernes Joch; Jahwe hatte ihm dies geboten, um zu zeigen, welche Last auf Jerusalem lagern werde. Das empörte die Priester und Propheten. Einer der Propheten, Hananja, zerbrach das Joch Jeremias und weissagte, binnen zwei Jahren werde Jahwe genauso das Joch Nebukadnezars von den Völkern nehmen. Dagegen verkündete Jeremia das Wort Jahwes: Du, Hananja, hast zwar ein hölzernes Joch zerbrochen, aber nun werde ich, Jahwe, ein eisernes Joch auf euch legen, ihr werdet dem König von Babylon untertan sein; du, Hananja, aber wirst noch in diesem Jahre sterben, weil du das Volk belügst.

Als die Juden nach Babylon weggeführt wurden, hörte Jeremia nicht auf, zu sagen und zu schreiben, daß sie sich dort einfügen und heimisch werden sollten. Jahwe selber werde sie nach Jerusalem heimbringen, wenn er es wolle.

Und Jeremia blieb, als die Stadt zerstört war, in Jerusalem, um denen zu helfen, die das Land nicht verlassen mußten.

Das Volk aber empörte sich gegen den babylonischen Statthalter und ermordete ihn. Danach flohen sie nach Ägypten und nahmen auch Jeremia und seinen Begleiter Baruch gewaltsam mit. Weiter wird von seinem Leben nichts berichtet.

Baruch hatte schon vorher die Reden Jeremias aufgeschrieben. Einmal war die Rolle, auf der alles verzeichnet stand, durch den damaligen König von Juda verbrannt worden, der Furcht hatte, daß diese Reden verbreitet würden. Darauf hatte Baruch von Jeremia auf Jahwes Weisung den Befehl erhalten, alles noch einmal aufzuschreiben. Und Baruch tat dies erneut, außerdem wurden noch viele Reden gleicher Art beigefügt, vor allem auch Reden Jeremias über die Nachbarvölker.

Jeremia 1,1–9; 2,8; 3,1–11; 7,1–7; 13,1–4; 15,10–21; 16,1–2; 27,1–11; 28,1–17; 29; 36,1–2.32–33; 41–44.

1. Jeremia – der Name bedeutet etwa »Jahwe erhöht« – ist vermutlich eine geschichtliche Person gewesen. In dem nach ihm benannten Buche sind so viele historische Reminiszenzen enthalten, daß das vermutet werden darf. Seine Wirksamkeit erstreckte sich etwa auf die Jahre 626–580 v. u. Z. Sein Vater war vermutlich in Anathot Priester und dort nach der Kultreform durch Josia 624 v. u. Z. brotlos geworden. Das Familienvermögen muß so stattlich gewesen sein, daß auch Jeremia davon noch leben konnte.

2. Seine priesterliche Herkunft ist vermutlich der Grund für

seine Zustimmung zu der Kultreform und zu der neuen Gesetzgebung durch die Priester von Jerusalem, zu denen Jeremia wohl gehört haben muß. Darüber kann seine antipriesterliche Polemik nicht hinwegtäuschen. Jeremia greift nicht Tempel, Priester- und Königtum als solche an, sondern nur ihre würde- und charakterlosen Vertreter, die für ihn die Hauptursache des gottgewollten Zerfalls des Landes sind.

3. Eindeutig ergreift er Partei für den König von Babylon. Er nennt Nebukadnezar den »Knecht Jahwes«. Sein Bestreben, Jerusalem und Juda aus ihrer verkehrten politischen Haltung, die sich gegen Babylon richtete, zu befreien und zu einer friedfertigen und wohlwollenden Neutralität zu bewegen, läßt sich vermutlich aus seiner Herkunft erklären. Die Landbevölkerung sah ihre Interessen unter den Königen Jerusalems mehr gefährdet als unter einem babylonischen König.

4. Die Sprache des Jeremiabuches zeigt nicht nur die literarische Begabung des Verfassers, sondern auch seine eigene religiöse Haltung: Anders als die Jerusalemer Theologen redet er davon, daß Jahwe ganz unmittelbar und direkt mit ihm, dem Menschen Jeremia, umgeht und redet. Jahwe tritt häufig in den Erzählungen als handelnde Person auf, die sich einer bildhaften Sprache bedient, wie sie den Orient auszeichnet. Jahwe ist Weltenschöpfer, Weltenlenker, Schmied, Bauer, Töpfer, Vater, Mutter, Richter, Priester oder Arzt. Die von Jeremia verwandten Mythologeme sind bildhaft und leicht eingängig.

5. Jahwe ist Eheherr seiner Braut Israel (Kapitel 2–3), und Israel ist zugleich sein Sohn, Erbe, Lieblingskind (3,4; 3,19; 31,20). Dabei ist nicht zu übersehen, daß diese Begriffe nicht nur Bilder für eine andersgeartete Wirklichkeit, sondern Mythologeme sind, wie sie dem aus der alten orientalischen Frömmigkeit Kommenden geläufig sind. Wenn Gudea von Lagaš die Göttin Ninlil als Mutter anredet, Enlil der Vater des sumerischen Königs ist oder der Mondgott Sin als »Vater der Götter und Menschen« in Babylon angerufen wird, dann verbirgt sich darin immer noch die Erinnerung an den einstmaligen heiligen König, der auf Erden wandelte und regierte und Gott genannt wurde. Darin macht Israel keine Ausnahme.

Der Anthropomorphismus Jahwes als Bild des heiligen Königs ist auch die Erklärung für das Motiv der Ehe zwischen Jahwe und Israel. Man hat gemeint, die Sammlung der Liebeslieder im sogenannten ›Hohenlied Salomos‹ als Ritual der heiligen Hochzeit zwischen König und Priesterin sehen zu sollen, wobei die Priesterin das Land und seine Bewohner vertritt. Diese Vorstellung steht sicher nicht hinter dem Hohenlied als Motiv einer Ehe zwischen Jahwe und Israel, wohl aber ist sie in der Volksfrömmigkeit verbreitet gewesen. Das umfassendste Material für diese Vorstellung liegt in den vorderasiatischen Tammuz-Ištar-Liedern vor. Das Bild von der Ehe zwischen Jahwe und Israel ist auch das Hauptmotiv oder Hauptmythologem des Hosea (siehe VIII,7; XIV,2,e,1–3).

VIII.6 Ezechiel

Als der Priester Ezechiel, der Sohn Busis', mit den Verbannten aus Jerusalem in Babylon am Flusse Kebar saß, hatte er eine Vision (siehe II,6,h): Er sah einen Sturmwind von Norden her kommen, in dem eine große Wolke war, aus ihr kam strahlendes Licht und flammendes Feuer. Aus dem Licht wieder wurden vier Gestalten sichtbar, menschenähnlich, doch jede mit vier Gesichtern und vier Flügeln. Unter den Flügeln hatten sie menschliche Hände. Ihre Gesichter wandten sich nicht um, wenn sie gingen. Jeweils eines von ihnen sah geradeaus, und das war ein menschliches Gesicht. Das rechte war bei allen ein Löwen-, das linke ein Stiergesicht, das rückwärtige war ein Adlergesicht.

Mit je zwei Flügeln berührten die vier Gestalten einander, mit den beiden andern verhüllten sie sich selbst. Mitten zwischen den vieren war ein loderndes Feuer, von dem Blitze ausgingen. Neben den Gestalten befanden sich Räder, deren Felgen mit Augen besetzt waren und die sich nach allen Seiten in Bewegung setzen konnten, wenn die Gestalten mit den Flügeln schlugen. Und über den Flügeln der vier war noch etwas wie ein Thron von Saphiren, auf dem eine menschenähnliche Gestalt saß, gehüllt in gleißendes Licht und Feuer. So war die Herrlichkeit Jahwes anzusehen. Und das Rauschen der Flügel war wie das Brausen gewaltiger Wassermassen. Ezechiel fiel nieder, hörte aber eine Stimme, die ihm befahl, sich aufzurichten, zum Hause Israel zu reden. Es streckte sich zu ihm auch eine Hand aus, gab ihm eine beidseitig eng beschriebene Buchrolle zu essen und sagte: Menschensohn, verzehre sie und erfülle dein Inneres mit ihr. Und sie schmeckte wie Honig. Die Worte aber, die Ezechiel schlucken mußte, waren hart für Israel.

Danach erhob sich die Herrlichkeit Jahwes mit gewaltigem Getöse wie ein Erdbeben und verschwand. Ezechiel aber befand sich bei den Verbannten zu Tell Abib in Babylon.

Und sooft die Herrlichkeit Jahwes Ezechiel wieder erschien, so oft erhielt er einen Auftrag für das Haus Israel, das Jahwe beschlossen hatte zu verderben, weil es ihm untreu war. Jahwe gab Ezechiel auf, Zeichen zu tun, an denen die Leute erkennen sollten, was ihnen bevorstand:

Als erstes erging der Befehl an ihn, einen Ziegelstein zu nehmen und darauf die Stadt Jerusalem einzuritzen. Dazu sollte er dann gegen sie Wälle und Türme bauen, wie bei einer Belagerung, und eine eiserne Pfanne gegen die Stadt aufrichten.

Danach befahl Jahwe Ezechiel, gefesselt auf dem Boden zu liegen, hundertneunzig Tage auf der linken Seite für die Sünden Israels und dazu vierzig Tage, auf der rechten Seite liegend, für die Sünden Judas.

Ein andermal befahl Jahwe dem Ezechiel, unreines Brot zu essen, auf Rindermist gebacken, und wenig Wasser zu trinken, denn Jahwe wollte zeigen, daß er das Brot in Jerusalem verderben und das Wasser mit Entsetzen trinken lassen werde.

Auch wurde Ezechiel aufgetragen, ein scharfes Haumesser zu nehmen und sein Haupt- und Barthaar zu scheren, ein Drittel davon zu verbrennen, ein Drittel zu zerkleinern und das letzte Drittel in den Wind zu streuen, um damit Jerusalem zu sagen: Ein Drittel deiner Einwohner soll an der Pest sterben, ein Drittel soll durch das Schwert umkommen, und ein Drittel soll verstreut und verfolgt werden. Das alles sollte geschehen, weil die Leute sich von Jahwe und seinem Gesetz abgekehrt hatten.

Nachdem Jahwe den Ezechiel noch Greuel und Abgötterei hatte sehen lassen, die die zurückgebliebenen Ältesten und Vornehmen in Jerusalem im Tempel und in der Stadt begingen, ließ er ihn einen Topf mit Fleisch über Feuer sieden, um zu zeigen, wie Jerusalem untergehen sollte. Aber die Leute in Babylon, zu denen Ezechiel redete, wollten nicht auf ihn hören. Da erging eine weitere Aufgabe an Ezechiel, nämlich sein Reisegepäck zu nehmen und vor aller Augen aus seinem Hause zu gehen, und zwar sollte er durch ein Loch, das er sich in die Wand brechen mußte, hinausgehen. So sollte Jerusalem entvölkert werden und sein Fürst gefangen nach Babylon gebracht werden.

Ezechiel redete dieses und noch andere Zeichenreden, insgesamt zwölf, getreulich zu den Ältesten, aber befragen ließ er sich auf Jahwes Weisung von ihnen nicht, sondern wenn sie ihn nach der Zukunft befragten, rief er ihnen nur die eigene Geschichte ins Gedächtnis zurück.

Es kam auch die Hand Jahwes über Ezechiel und führte ihn im Geiste in eine Ebene voller Totengebein. Dort sprach Jahwe zu ihm: Weissage über diese Knochen mein Wort, daß ich sie wieder lebendig machen will. Und Ezechiel weissagte, wie ihm befohlen war. Und es geschah, daß unter einem gewaltigen Brausen die Gebeine sich zusammenfanden. Sie bekamen Sehnen, es wuchs Fleisch an ihnen, und sie wurden mit Haut überzogen. Und der Geist kam von den vier Winden, hauchte die Erschlagenen an, und sie wurden wieder lebendig, ein sehr großes Heer. Das aber war das Zeichen Jahwes durch Ezechiel dafür, daß Jahwe sein Volk aus den Gräbern zurückholen wollte als Lebendige in das Land Israels.

Und noch eine andere Aufgabe stellte Jahwe dem Propheten, nämlich zwei Holzstäbe zu nehmen, auf den einen »Juda und die verbündeten Israeliten«, auf den anderen »Joseph und das ganze verbündete Haus Israel« zu schreiben und die Stäbe dann fest zusammenzulegen. Dann aber sollte der Prophet den Leuten sagen, Jahwe wolle bald die Söhne Israels aus den Völkern sammeln, zu *einem* Volke, unter *einem* König und *einem* Hirten, unter dem Knechte David, und dann solle es ein ewiges Friedensreich sein. In der Mitte des Reiches aber wolle Jahwe dann seine Wohnung aufschlagen, im wiederaufgebauten Tempel; den ließ er Ezechiel in allen Einzelheiten sehen.

Das alles sollte eintreten, wenn Jerusalem durch die Babylonier zerstört ist. Und Jahwe ließ den Ezechiel heftig gegen die Nachbarvölker Israels schelten, gegen Edom, Sidon, Ammon, Moab, die Philister und Ägypter.

Über den König von Tyrus ließ Jahwe den Propheten sagen: Du hast gesagt, ein Gott bin ich und sitze auf dem heiligen Götterberg mitten im Meer und bin durch dich auf den heiligen Götterberg berufen. Nun aber, nachdem du dich versündigt hast, werde ich dich vom Götterberge stoßen und dich den Königen preisgeben, und du bist dahin für immer.

Aber an Nebukadnezar von Babylon ließ Jahwe keinen Tadel zu.
Ezechiel 1; 10; 3,1–18; 22; 4,1–17; 5,1–12; 8,1–17; 11,7–12; 12,1–12; 37,1–14.17–28; 40–48; 25–32; 28,1–19; 29,17–21.

1. Das Ezechielbuch ist innerhalb des Alten Testaments sicher das Buch mit der meisten Dramatik. Es ist eine Dichtung, deren Entstehung vermutlich einen längeren Zeitraum umfaßt, mindestens von 592 bis 530 v.u.Z., wenn nicht noch länger. Der Name des Propheten Ezechiel (»Gott möge stärken«) und die spärlichen biographischen Notizen zwingen eher zu der Annahme, hinter der Person eine poetische Gestalt anzunehmen als in ihr eine historische Figur zu sehen.

2. Das Buch ist außerdem in seiner sprachlichen Form nicht gerade leicht. Zahlreiche Textverderbnisse lassen oft nur ahnen, welchen Sinn der Text früher gehabt haben muß. Die griechi-

schen und lateinischen Übersetzungen bieten einen vergleichsweise einfacheren Text, sind aber in der Bildhaftigkeit dem hebräischen Text durchaus ebenbürtig. Die sprachlichen Schwierigkeiten hängen auch damit zusammen, daß das Buch nicht nur von einer Hand geschrieben ist. Ziemlich sicher ist, daß die zahlreichen Datierungen der Visionen weniger die historische Zuverlässigkeit verbürgen sollen, sondern mehr den schriftstellerischen Rahmen des Buches darstellen.

3. Das Buch zwingt zum Vergleich mit den Werken Homers und der Lösung der homerischen Frage, nämlich anzunehmen, daß ein großer Dichter und Mythograph den Grundstock gelegt hat, dessen Erweiterung dann von nachfolgenden Sängern vorgenommen wurde, die aus unterschiedlichen Gebieten gekommen sein müssen, aus Jerusalem, aus Babylon und aus dem ägyptischen Exil. Das Auftreten von einzelnen Begriffen in bestimmten Texten sollte man so erklären und nicht annehmen, daß Ezechiel in Babylon und Jerusalem gewirkt habe.

4. Ezechiel ist der Dichter der großen biblischen Bildreden. Stärker als die Hirtengleichnisse der anderen Propheten hat seine Hirtenrede (Kapitel 34) gewirkt. Die dunkle Drohrede des apokalyptischen Krieges von Gog und Magog (Kapitel 38) hat die jüdische und die christliche Mythologie angeregt. Seine drastischen Scheltreden über Israel (Samaria) und Juda (Jerusalem), in denen er sie Ohola und Oholiba nennt und sie der größtmöglichen Geilheit mit Bildern beschuldigt, die sonst ihresgleichen in der Bibel suchen (Kapitel 23) und seine Trostreden über den neuen Geist (Kapitel 36,25–30) sind eindrucksvoller als die sehr lyrischen Lieder Jesajas oder die Reden und Briefe Jeremias.

5. Der Dichter ist deutlich antiägyptisch eingestellt. Seine offenkundige Sympathie gehört Nebukadnezar von Babylon, »der für Jahwe arbeitet« (Kapitel 29,18). Seine antijerusalemische Opposition ist wie die der anderen Propheten in seiner Position begründet. Er gehört nicht zu den Hofpropheten und -priestern, sondern zu der Landbevölkerung. Wenn die Kapitel 40–48 eine detaillierte Darstellung des neuen Tempels in Jerusalem bringen und auch Vorschriften enthalten über den pflichtschuldigen Kultbetrieb, so ist das kein Widerspruch zu der großen Vision des Dichters, sondern der allein mögliche Schluß, den seine Nachfolger noch dichten konnten und mußten, um mit der persischen Kabinettsorder über die Errichtung der Kultgemeinde in Jerusalem nicht in Konflikt zu geraten. Christliche Mythologie hat das verschlossene Osttor des von Ezechiel

beschriebenen neuen Tempels, das nur der neue Fürst benutzen darf, auf Maria, die Mutter Jesu, gedeutet, durch die Jesus auf die Welt gekommen ist.

6. Die Beschreibung des Thronwagens ist auch zur vielbenutzten Grundlage für altkirchliche Gottesdarstellungen geworden. Die Quadriga Domini ist das beliebteste Motiv gewesen, weil sie auch an die antiken Vorbilder des Wagens von Helios, Poseidon und anderer Götter erinnert.

Die vier Gesichter der Cheruben sind die altkirchlichen Symbole für die vier Evangelisten geworden. Den Anfang machte damit Offenbarung 4. Seit dem Kirchenvater Hieronymus ist der Löwe das Symbol für Markus, der Stier das Symbol des Lukas, der Adler das Symbol des Johannes, der Mensch das Symbol des Matthäus.

Ursprünglich aber, und darauf deutet Daniel 2 und 7 noch hin, waren es die Symbole der vier Weltteile, der vier Elemente Sonne, Mond, Himmel und Erde, wie sie in den alten babylonischen und assyrischen Königsinschriften auftreten. Der Löwe ist das Tier der Göttin Ištar, der Stier ist das Bild des Marduk, der adlerköpfige Drache das Tier Nergals, das menschenähnliche Wesen ist Gott Enlil, »der Marduk der Herrschaft und des Regiments«, wie es in einem babylonischen Hymnus heißt, in dem Marduk mit allen großen Göttern gleichgesetzt wird. Das Bild des Thronwagens ist darum eindeutig: Jahwe ist der Großkönig, alleiniger Herrscher und deshalb Nergal, Enlil, Ninurta und Marduk, alles in einem.

7. Ezechiel ist als Mythograph und Dichter zugleich auch Zeuge für die geschichtliche Entstehung des Gottesbegriffes. Götter sind eigentlich Könige, und Könige sind Götter. In der Prophezeiung auf den König von Tyrus (Kapitel 28) zitiert er die tyrenische und gemeinorientalische Königsformel: »Ein Gott bin ich«, und läßt Jahwe sagen, daß Jahwe den König auf den heiligen Götterberg berufen hat. Es gehört aber zu seinem Eifer für den Großkönig Jahwe, daß dieser den König und Gott von Tyrus aus seinem Rat verstößt und ihn vernichtet. Das zeichnet den Dichter aus, daß er, wie Homer den Zeus, hier Jahwe ganz anthropomorph darstellt. Jahwe liebt die Jungfrau Israel, die er sich erwählt hat, wie Zeus etwa die Europa.

8. Bedeutsam ist auch, daß der Dichter zwölf symbolische Aufgaben erfüllen muß, an denen das Schicksal Jerusalems und Israels deutlich werden soll. Die Zahl zwölf deutet, obwohl sie im Buche selber nicht mehr auftaucht, auf die Geschlossenheit

und Vollendung hin. Alles, was Ezechiel tat, mußte getan werden zur Warnung für Juda und Jerusalem, damit sie nicht noch mehr verdürben. Durch das Bild der fest verbundenen Stäbe mit Juda und Joseph wollte der Prophet die Unzerstörbarkeit der vereinigten Verbände demonstrieren, während jeder einzelne Stab leicht zerbrochen werden kann. Zugleich aber ist die Zwölfzahl der Aufgaben wie bei den zwölf Arbeiten des Herakles auch der Topos für die Erlösung und Befreiung des göttlichen Heros.

9. Wie in keinem anderen Buch der Bibel ist der ästhetische Wert des Hauptmythos bei Ezechiel, der Untergang Jerusalems und sein Wiederaufstieg, von jedem religiösen Empfinden völlig unabhängig. Darin gleicht er Homer. Nur erscheint der Untergang Trojas in der Schilderung Homers als launische Fügung der Olympier, während Ezechiel nicht aufhört zu betonen, daß der Frevel der Einwohner die Ursache für den Untergang Jerusalems ist. Wie kein anderer biblischer Dichter individualisiert Ezechiel Schuld und Sühne, Ethik und Moral. Damit allerdings wird auch sein Standort, die Epoche des Zerfalls der geschlossenen gesellschaftlichen Sitten und Gebräuche, des Niedergangs des Reiches, deutlich gekennzeichnet.

VIII.7 Hosea

Jahwe redete zu Hosea, dem Sohn Beeris, als Jerobeam, der Sohn des Joas, König von Israel war: Gehe und heirate eine Hure und laß dir Hurenkinder gebären. Und ihre drei Kinder sollen »Israel«, »Nichtgeliebt« und »Nicht-mein-Volk« heißen. Und daran soll man erkennen, daß ich, Jahwe, an dem Volke hänge und es liebe. Nimm dir noch ein Weib, das auch die Ehe mit einem anderen gebrochen hat, und lasse sie dann einsam sitzen, denn Israel soll auch so einsam sitzen, ohne Gott, ohne König, ohne Kult. Als Israel jung war, gewann ich es lieb und holte sie mir aus Ägypten. Aber je mehr ich sie umwarb, um so mehr gab sie sich anderen Göttern hin.

Ich will sie aber nicht ganz verderben. Ich will die Folgen ihres Abfalles vergessen und sie lieben. Ich will wie ein Tau für Israel werden, ich allein will es erhören, ich allein gleiche einer grünenden Zypresse.

Hosea 1,1–8; 3,1– 5; 11,1–4; 14,5–9.

1. Hosea ist ein Titel für eine Sammlung von Liedern und Gleichnissen geworden, ohne daß dahinter eine historische Per-

son vermutet werden kann. Formal haben einige Gedichte in diesem Buch, das man zu den kleinen Propheten zählt, viele Ähnlichkeiten mit Liebesliedern. Aus der Sammlung hat psychologisierende Interpretation einen unglücklichen Ehemann als Verfasser eruieren wollen. Das ist sicher nicht zutreffend. Der mythologische Inhalt des Buches spricht dagegen.

2. Wie schon Jeremia (siehe VIII,5) benutzt der Dichter das Gleichnis der Ehe zwischen König und Land, Gott und Menschen, das auf konkreten historischen Überlieferungen beruht. Im alten Sumer (um 2000 v. u. Z.) vollzog der König des Landes die heilige Hochzeit mit der Göttin, die durch die Hohepriesterin der Innana-Ištar vertreten wurde. Die Göttin vertrat das Land und wählte sich ihren Mann und König; in Sumer war es der Hirte Dumuzi, den die Göttin dem Bauern Enkimdu vorzieht; aber Dumuzi hat die Innana-Ištar bald verdrängt.

3. Wie Jeremia und Ezechiel (siehe VIII,5 und VIII,6) führt der Dichter in dieser mythologischen Vorstellung den Untergang des Nordreiches Israel, das er Ephraim nennt, auf die Hurerei mit fremden Göttern zurück, das ist eine metaphorische Umschreibung für politische Bündnisse mit benachbarten Königen. Seine Meinung, dieses solle eine Warnung für Juda sein, offenbart ihn als Parteigänger für den Südstaat.

VIII.8 Jona

Eines Tages erging das Wort Jahwes an Jona, den Sohn des Amitthai: Mache dich auf und gehe nach der Stadt Ninive, und predige ihr den Untergang, weil ihre Bosheit bis zu mir ruchbar geworden ist. Jona floh vor diesem Auftrag; er bestieg ein Schiff, das von Jaffa aus nach Tharsis fuhr. Doch unterwegs ließ Jahwe einen großen Sturm aufkommen, daß es schien, das Schiff würde kentern. Die Seeleute warfen zunächst alles Gerät über Bord, um das Schiff zu erleichtern. Jona, der währenddes im unteren Schiffsraum schlief, wurde vom Schiffsherrn geweckt, damit er seinen Gott anrufe. Als die Gefahr immer größer wurde, warfen die Schiffsleute das Los, um den herauszufinden, den sie als Ursache dieses Unglücks ansehen könnten. Das Los fiel auf Jona. Da fragten sie ihn: Warum geht es uns so übel? Er sagte ihnen, daß er ein Hebräer sei und den Gott anbete, der den Himmel und die Erde gemacht habe, und verschwieg ihnen auch nicht, daß er vor diesem Gott davonlaufen wollte. Da fürchteten sich die Schiffsleute noch mehr und sprachen zu ihm: Was sollen wir nun mit dir anfangen, damit

wir wieder ruhige See haben? Er sprach aber zu ihnen: Werft mich über Bord, so wird das Meer still werden, denn das große Unwetter ist nur meinetwegen über euch gekommen. Da warfen sie ihn über Bord, nachdem sie vergeblich noch versucht hatten, das Schiff an Land zu bringen. Danach beruhigte sich das Meer. Aber Jahwe ließ einen großen Fisch kommen, der Jona verschlang. Drei Tage und drei Nächte war Jona im Bauch des Fisches und betete um seine Rettung und gelobte, den Willen Jahwes zu tun. Da redete Jahwe mit dem Fisch, und der spuckte Jona an Land. Nun ging Jona nach Ninive und hatte mit seiner Untergangspredigt Erfolg. Ninive bekehrte sich von seinem bösen Wandel, und Jahwe sah von der Zerstörung der Stadt ab. Das verdroß Jona nun erst recht und machte ihn zornig, so daß er lieber sterben wollte als zusehen zu müssen, daß seine Prophezeiung nicht eintraf. Aber Jahwe ließ ihn nicht sterben, sondern versuchte ihm zu erklären, daß er eine solche Stadt, in der mehr als 120000 Menschen leben und dazu noch viele Tiere, nicht einfach zerstören konnte.
Jona 1–4.

1. Der Name eines Propheten Jona, Sohn des Amitthai aus Gath-Hepher, ist aus II. Könige 14,25 bekannt. Er soll unter dem gottlosen König Jerobeam II. von Israel (784–744) das Land mit Jahwe ausgesöhnt haben. Aber die Verbindung der obigen Geschichte mit seiner Person ist eine Fiktion. Die Geschichte ist vermutlich im 4. Jahrhundert v. u. Z. konzipiert und wegen der Verdienste des Propheten Jona diesem zugeschrieben worden.

2. Der märchenhafte Zuschnitt der Erzählung mutet wie Seemannsgarn an, um so mehr, als das Mythologem, das Verschlungenwerden durch den Fisch, nur in drei kurzen Sätzen beschrieben wird. Babylonier, Ägypter, Assyrer und Phönizier erzählen es ausführlicher. Dort erhält der vom Fisch verschlungene Mensch eine neue Existenz. Jona aber bleibt der alte Zweifler. Drei Tage ist auch in Babylon die Frist der götterlosen Zeit vor dem Neujahrsfest. Diese kargen mythologischen Elemente sind charakteristisch für die hebräische Poesie. Der orientalische Mythos wird in der Jonageschichte entwertet; der Fisch hat nur die Aufgabe, Jona wieder an die Küste Palästinas zurückzubringen.

3. Die Geschichte soll dem Israel des 4. Jahrhunderts v. u. Z. durch das Beispiel des großen, schon längst verstorbenen Propheten Jona lehren, daß Jahwe seine Feinde nicht ausrottet. Ninive ist die Chiffre für Persien und vielleicht auch das Großreich Alexanders von Mazedonien. Israels Glaube an den Gott

der Rache wird korrigiert. An die Stelle der Vergeltung soll die Vergebung treten, weil auch eine fremde Welt Buße tun und das Wohlgefallen Jahwes erringen kann.

Christliche Ikonographie hat das Bild des Jona, der drei Tage im Bauch des Fisches weilt, als alttestamentliche Vorwegnahme der Höllenfahrt Christi gedeutet.

IX.1 Abimelech

Nach dem Tode des Richters Gideon-Jerubbaal ging Abimelech, einer seiner siebzig Söhne, nach Sichem, wo die Brüder seiner Mutter wohnten. Dort verschaffte er sich den nötigen Beistand, um alle seine Brüder zu ermorden und allein König zu sein. Das gelang ihm auch, und er herrschte drei Jahre über Israel. Die Einwohner Sichems gingen aber dazu über, Wegelagerer zu dingen, die die Straßen des Königs unsicher machten. Unter ihnen waren Gaal und seine Bundesgenossen die angesehensten. Gaal schürte auch den Widerstand der Einwohner Sichems gegen Abimelech. Der königliche Vogt Sichems, Sebul, hinterbrachte dies dem Abimelech; darauf schlug Abimelech den Gaal und die Bürger in Sichem, die alle im Tempel des Bundesgottes Schutz gesucht hatten. Alle Einwohner ließ er töten; die Stadt wurde geschleift. Danach zog er auch gegen die Burg von Tebez. Aber sie konnte er nicht erobern, denn in der Mitte der Stadt befand sich ein fester Turm, auf den sich die Einwohner geflüchtet hatten. Als Abimelech nun an den Turm trat, um das Tor in Brand zu stecken, warf eine Frau vom Dach einen Mahlstein auf ihn, der ihm den Schädel zerschmetterte. Er hatte nur noch so viel Kraft, seinem Diener zu befehlen, ihn zu töten, damit es nicht heißen sollte: ein Weib hat ihn getötet. Als die Israeliten hörten, daß Abimelech tot war, lief der Heerbann auseinander, und alle gingen nach Hause. So vergalt Elohim die Freveltaten Abimelechs und der Sichemiten.
Richter 9,1–6.25–57.

1. Der Text stammt aus der frühen Königszeit und ist sicher nicht in Jerusalem tradiert, sondern in den nördlichen Siedlungsgebieten. Dafür spricht, daß der Gott Elohim die Verantwortung für den Untergang Abimelechs und der Stadt Sichem übernimmt; es spricht auch dafür die antiroyalistische Grundtendenz der Sage. Das Königtum Salomos ist den Bewohnern der Nordstämme so suspekt wie das Königtum Abimelechs.

2. Ferner ist der Untergang des Stadtgottes von Sichem, der ein Baal berit, d.h. ein Bundesgott ist, ein untrügliches Merkmal für den antijudäischen Charakter der Überlieferung. Die Israeliten hatten den Gedanken von dem Bund zwischen sich und ihrem Gott, der dem Bund zwischen sich und ihrem erkorenen Anführer ähnlich war, mit nach Kanaan gebracht. In Sichem und seinem Heiligtum verehrten nun Israeliten und Kanaanäer

gemeinsam den Stadtgott von Sichem, der ihrem Gotte Jahwe ähnlich war. Gegen diese fromme Symbiose richtet sich die Polemik des Erzählers. Elohim behauptet sein Territorium gegen den Bundesbaal; Abimelech versucht mit den alten Landbewohnern, sich gegen die neuen Eindringlinge, die Israeliten, zu behaupten.

3. Zur weiteren Bedeutung von Sichem siehe VII,3,d. In die Abimelechgeschichte ist auch die Jothamfabel eingebettet (siehe VII,7). Die Abimelechgeschichte ist sicher in das Geschichtsgut aufgenommen, weil sie den nachexilischen priesterlichen Anspruch auf die Alleinherrschaft Jahwes unterstreichen konnte. Aber die unbeabsichtigte Übernahme des Gottesnamens Elohim läßt noch deutlich den ursprünglichen Sinn der Legende erkennen.

IX.2 Saul

a. Es war ein Mann aus Gibea in Benjamin, der hieß Kiš. Er hatte einen Sohn, den er Saul rief und der auserlesen schön war: Keiner unter den Israeliten war schöner als er. Zudem überragte er alle, denn er war einen Kopf größer als seine Bundesgenossen. Nun waren einmal seinem Vater Eselinnen verlorengegangen. Saul machte sich mit einem Knecht auf, um sie zu suchen. Sie kamen dabei auch in die Landschaft Zuph zu dem Propheten Samuel und wollten ihn nach dem Weg fragen. Der aber hatte von Jahwe eine Offenbarung erhalten, Saul zum Fürsten über Israel zu salben. So nahm denn Samuel den Saul auf und bewirtete ihn fürstlich. In der Frühe des nächsten Tages ging er mit Saul aus der Stadt, salbte ihn zum Fürsten über Israel und befahl ihm, davon zunächst niemandem etwas zu sagen. Er teilte ihm auch noch drei Dinge mit, die Saul am selbigen Tage erleben werde, zum Zeichen, daß diese Salbung gelten solle. Und das Vorhergesagte trat ein: Er traf zwei Männer, die ihm sagten, daß die Eselinnen gefunden sind; an der Eiche Tabor wurden ihm von drei Männern zwei Brote gegeben; zuletzt traf er auch eine Schar Propheten in Verzückung; er schloß sich ihnen an, weil der Geist auch über ihn kam. Darüber wunderten sich die Leute, die ihn kannten, und fragten: Gehört denn Saul auch zu den Propheten?

Danach ging Saul wieder nach Hause an seine Arbeit. Einmal kam er gerade mit den Zugrindern vom Felde, wo er gepflügt hatte, als die Leute aus Jabeš in Gibea um Hilfe gegen die Ammoniter baten, von denen sie stark bedrängt wurden. Da zerstückelte Saul die Rinder, sandte die Fleischstücke in das Land und ließ sagen: So soll es den Rindern eines jeden ergehen, der nicht hinter Saul zum Krieg gegen die Ammoniter auszieht.

Als die Ammoniter dann unter Saul besiegt waren, zog das ganze Volk nach Gilgal und setzte ihn vor Jahwe zum König ein. Saul schlug auch mit der Hilfe seines Sohnes Jonathan die Philister. Aber Samuel hatte sich schon von ihm abgewandt, weil Saul selber in Abwesenheit Samuels ein Brandopfer veranstaltet hatte, um vor der Schlacht gegen die Philister Jahwe zu begütigen, und weil er entgegen dem Willen Jahwes im Kriege gegen den König Agag von Amalek den Gottesbann nicht genau beachtet, sondern den besiegten König, das beste Vieh und die wertvollste Habe als Beute mit sich genommen hatte. Außerdem war einmal das Losurteil des Orakels Urim und Tumim, das Sauls Sohn Jonathan wegen Mißachtung des Fastengebots zum Tode verurteilte, durch Einspruch des Volkes aufgehoben worden. Den zweiten Frevel verzieh Samuel dem Saul nicht und sagte ihm: Weil du den Befehl Jahwes geringgeachtet hast, so hat er dich nun für das Königsamt zu gering befunden.

Samuel salbte deshalb den David zum neuen König. Der war schon als Waffenträger bei Saul am Hofe, und wenn der böse Geist Elohims den König plagte, spielte ihm David auf der Zither vor, so daß der böse Geist wich. Saul wurde aber bald eifersüchtig auf die Erfolge Davids, dem alle Herzen zuflogen. So floh David vor Saul, der ihn und seine Freunde grausam verfolgte. Währenddessen erstarkten die Philister zusehends und rüsteten sich gegen Saul. Da Samuel gestorben war und weder die Propheten noch das Losorakel Urim und Tumim ihm eine Auskunft gaben, war Saul ratlos; und so traf ihn denn die Übermacht der Philister bei Gilboa unvorbereitet. Als er sah, daß seine Söhne gefallen waren, stürzte er sich selber in sein Schwert. Die Philister eroberten danach das Land und setzten sich darin fest.

I. Samuel 9,1–10,16; 11,1–15; 13,10–15; 15,1–23; 16,13–23; 22,6–23; 31,1–13.

b. Andere erzählen, daß Samuel das Volk zu Jahwe nach Mizpa berief und zu ihnen sagte: Ihr wollt einen König haben. So stellt euch denn nun auf, geordnet nach Stämmen und Tausendschaften. Hierauf ließ Samuel das Los entscheiden, und es traf den Stamm Benjamin. Aus diesem traf das Los das Geschlecht der Matriter. Aus diesem Geschlecht traf das Los dann Saul, der sich zunächst beim Gepäck aufgehalten hatte. Sie liefen hin und holten ihn, und er überragte alle um Haupteslänge. Da rief das ganze Volk: Es lebe der König! Danach trug Samuel dem Volk die Königsgesetze vor, schrieb sie auf und legte sie vor Jahwe nieder.

Kurz vor seinem Tode ging Saul nach Endor zu einer Frau, die Totengeister beschwören konnte; er wollte Samuel, der gestorben war, um Rat fragen, denn die Schlacht gegen die Philister stand bevor. Und Samuel weissagte Saul seinen und des Volkes Untergang. Jahwe hatte nämlich den Untergang Sauls und des Volkes beschlossen, weil sie ihm ungehorsam geworden waren.

I. Samuel 10,17–24; 28,3–25.

1. Die Geschichten vom König Saul sind Traditionsgut aus den Südstämmen. Sie haben ihre endgültige Gestalt sicher schon in der Königszeit unter Salomo angenommen. So ist erklärlich, daß diese Tradition mit Vorliebe Saul nicht als König, sondern als Fürsten bezeichnet. Der Unterschied zwischen nagid (»Fürst«) und melek (»König«) liegt in ihrer Aufgabenstellung. Der Fürst ist eine Ehrenfunktion, mit der eine militärische Führungstätigkeit verbunden ist. Das Königtum umfaßt auch zivile, kulturelle und ökonomische Aufgaben. Die priesterlichen Hofchronisten Salomos hatten nun größtes Interesse daran, die Position Sauls so zu schildern, daß die Schilderungen von David und Salomo sich gut davon abhoben. – Nur der elohistische Vertreter erzählt, daß Saul ein ordnungsgemäßer König war, denn er sei durch das Los bestimmt und durch die Akklamation: »Es lebe der König«, ordnungsgemäß eingeführt worden. Die Schilderung gibt ziemlich wahrheitsgemäß das Ritual einer Wahl zum Heereskönig wieder. Wahlbeteiligt und -berechtigt sind alle wehrfähigen Männer. Wehrfähig wiederum sind alle freien Einwohner des Landes. Frauen, Kinder, Knechte und Mägde sind vom öffentlichen Leben ausgeschlossen.

2. Die ökonomische Grundlage der einzelnen selbständigen Stammesverbände ist einmal das Privateigentum an Herden, das auf gemeinsamen Weideflächen aufwuchs. Zum anderen das Privateigentum an Grund und Boden, auf dem mit Hilfe von Knechten, Mägden und Frauen Ackerbau betrieben wird. Die Städte sind zu dieser Zeit noch vorwiegend von den früheren Landesbewohnern Kanaans besiedelt und nehmen an der Königswahl nicht teil. Sie sind aber auf den militärischen Schutz der nomadisierenden Landbevölkerung angewiesen, die vorwiegend in Zeltdörfern lebt. Die Städte sind Handelszentren und als Fliehburgen gebaut, d.h. sie bieten Platz für Herden und Leute in Zeiten der Gefahr. Sofern sich größere Tempel in der Nähe oder in den Städten selbst befinden, sind auch Handwerker in den Städten, die zumeist in der Dienstbarkeit der Tempel stehen. Die Stadtkönigtümer, die das Heereskönigtum ablösen,

sind immer mit einem Tempel verbunden. Der lokale Gott repräsentiert den Großkönig, dem Stadt, Land und Leute gehören. Die altorientalischen Königreiche werden deshalb zutreffend theokratische Despotien genannt. Soziologisch ist ihre Zeit die Übergangsphase von der Clangesellschaft zur antiken Sklavenhaltergesellschaft.

3. Es muß als gesichert gelten, daß Saul (der Name bedeutet »der Erbetene«) eine historische Gestalt gewesen ist, auch wenn dafür keine eindeutigen außerbiblischen Belege beizubringen sind. Historische Anhaltspunkte bieten sicher die Feldzüge gegen die Nachbarvölker. Da solche Feldzüge (Razzien) aber keineswegs selten waren, ist jeder Versuch zum Scheitern verurteilt, für Saul eine genaue Zeitangabe zu finden. Sicher ist, daß er etwa um 1000 v.u.Z. gelebt haben muß.

4. Abgesehen von diesem Lokalkolorit, das den Späteren den König vertraut machen soll, ist die Geschichte von Saul ein aufschlußreiches Modell für die mythologische Vorstellung des göttlichen Großkönigs Jahwe. Als nämlich der Unterkönig Saul die Gebote Jahwes übertritt, wird er gestraft. Der Prophet Samuel (siehe VIII,1) übt die Funktion des göttlichen Stellvertreters aus. Das Prophetentum ist aus dem alten kanaanäischen Priestertum hervorgegangen, wie es noch deutlich an den theophoren Namen der großen Propheten Samuel, Elia und Elisa zu sehen ist, wo die Silbe El auf Elohim, den Vertreter der alten kanaanäischen Götter, deutet.

Die ekstatische Prophetengruppe, die Samuel kennt und in die Saul gerät, ist darum sicher auch aus solchen ehemaligen kanaanäischen und kleinasiatischen Gruppen hervorgegangen, wie sie etwa in den bacchanalischen Dionysosgruppen, den Ištarmysterien oder später den islamischen Derwischgruppen lebten.

5. Denn es ist sicher nicht zufällig, daß nach der Legende Saul die Eselinnen seines Vaters suchen muß. Eselohren auf einem Rohrzepter waren das Symbol der herrschenden Götter Ägyptens; der ägyptische Gott Set hatte Eselsgestalt. Die Esel waren auch dem Gotte Dionysos heilig, der nach der Legende zwei Esel unter die Sterne setzte. Dionysos gilt als Sohn der Semele, der rücksichtslos seinen Platz an der olympischen Göttertafel erringt, indem er die bescheidene Hestia verdrängt. Die Teilnahme an seinem Kult bewirkt vollkommene Seligkeit. Die Teilnehmer verwandeln sich in andere Menschen. Dieses weis-

sagt Samuel auch dem Saul und rät ihm ausdrücklich, sich der ekstatischen Prophetengruppe anzuschließen.

6. Für den jerusalemischen Erzähler liegt in diesem Bericht sicher schon die Ursache für den Abfall Sauls. Samuel wird noch als Gottesmann dargestellt, der Prophet, Priester und Seher ist. Seine Aufgaben in Zuph sind noch die des vorisraelitischen Kultbeamten. Das weiß die Tradition noch: »Denn früher sagte man in Israel, wenn man Elohim befragen wollte: Laßt uns zum Seher gehen! – Früher hießen die nämlich Seher, die heute Propheten genannt werden« (Kapitel 9,9).

Die Krankheit Sauls, »ein böser Geist Elohims«, ist vermutlich Bestandteil der judäischen Polemik gegen Saul, der nach wie vor den Praktiken der ekstatischen Prophetengruppen anhing.

7. Der elohistische Erzähler, der die Interessen der ehemaligen Landesbewohner vertritt, erzählt auch die Episode bei der Frau von Endor. Für ihn ist der Besuch des Königs nichts Außergewöhnliches. Bedeutsam ist nur, daß er Jahwe als eifernden Herrn und Großkönig darstellt, dessen Unmut nur durch das Opfer der Sauliden und großer Teile des Heeres gestillt werden kann.

IX.3 David

a. Als der Geist Jahwes von König Saul gewichen war und der böse Geist Elohims Saul quälte, fanden seine Diener in David, einem schönen Jüngling und tüchtigen Helden, den Mann, der durch Zitherspiel den bösen Geist vertreiben und die Qualen Sauls lindern konnte. Und Saul nahm den David in seinen Dienst.

David machte sich verdient als Heerführer Sauls und erhielt dessen Tochter Michal zur Frau. Als Saul dann merkte, daß David bald bei allen Leuten beliebter wurde als er selbst, versuchte er ihn umbringen zu lassen. David wurde jedoch durch seinen Freund Jonathan, den Sohn Sauls, gewarnt und floh. Zu ihm stießen bald viele Leute, die sich in ihren Zeltdörfern nicht mehr sehen lassen durften, weil sie mit den Gesetzen in Konflikt geraten waren. Mit denen ging David auf Raubzüge. Zu dieser Zeit hatte er zwei Frauen bei sich, nämlich Ahinoam aus Jesreel und Abigail, die Witwe des reichen Nabal aus Maon.

Später verdingte sich David dem Philisterkönig Achis von Gath und raubte und mordete von Ziklag aus in den Gebieten der Amalekiter. Aber an dem Feldzug der Philister gegen Israel nahm er nicht teil: Die anderen Philisterfürsten trauten ihm nicht. So kämpfte dann David gegen die Amalekiter, die seinen Wohnsitz Ziklag überfallen hatten. Von der Beute machte er Geschenke an die Bewohner der Gebiete des Südlandes um Hebron. Als er vom Tode Sauls und Jonathans in der Schlacht gegen die Philister hörte, ließ er den Boten der Todesnachricht töten, weil der berichtete, Saul auf dessen Bitte hin den Todesstoß gegeben zu haben. Über den Tod Sauls und Jonathans dichtete er ein Trauerlied. Danach zog er auf Befehl Jahwes nach Hebron. Dort salbten ihn die Leute von Juda zum König über das Haus Juda, während im Norden Esbaal, der Sohn Sauls, über Israel herrschte. Darüber erhob sich ein langwährender Krieg zwischen beiden Königen. David wurde immer mächtiger, das Haus Sauls immer schwächer. Schließlich wurde Esbaal von seinen eigenen Leuten an David verraten und ermordet. David strafte die Mörder an ihrem Leben und ließ sich dann von den Vornehmen Israels zum »Fürsten über Israel« salben. Danach eroberte er die Burg Zion vor Jerusalem von den Jebusitern, nannte sie die Stadt Davids und ließ sich mit Hilfe des Königs von Tyrus einen prächtigen Palast erbauen. In Jerusalem nahm er auch Bathseba, die Frau des Hethiters Uria, zu sich. Er hatte nämlich, als Uria beim Heere war, Bathseba geschwängert und, um dies zu verbergen, zunächst den Mann aus dem Feldzug heimholen lassen, damit er bei seinem Weibe schliefe. Als jedoch Uria, den Kriegsregeln gemäß, sich geweigert hatte, zu Bathseba zu gehen, hatte David dem Uria einen Brief an den Hauptmann ins Feld mitgegeben, in dem er diesem befahl, dafür zu sorgen, daß Uria nicht lebend aus der Schlacht zurückkomme. Und Uria kam um. Jahwe aber ließ das Kind der Bathseba sterben, wie auch zuvor der Prophet Nathan geweissagt hatte. Danach gebar Bathseba noch einen Sohn, Salomo, der von dem Propheten Nathan aufgezogen wurde.

David hatte daneben noch Söhne von seinen anderen Frauen. Von denen fiel Amnon durch die Hand seines Halbbruders Abšalom, weil er dessen Schwester Tamar vergewaltigt hatte und sie nicht heiraten wollte. Abšalom aber gewann das Vertrauen seines Vaters wieder, nachdem er drei Jahre in der Fremde geweilt hatte. Er war ein großer schöner Mann mit stattlichem Haarwuchs. Weil er nicht warten wollte, bis sein Vater sterben und ihm den Thron überlassen würde, versuchte er, ihn zu stürzen. Der Aufstand mißlang. Die Freunde Davids durchkreuzten den Plan Abšaloms – dem sich auch Davids Ratgeber Ahitophel schon angeschlossen hatte –, und Joab, Davids Feldhauptmann, tötete Abšalom, der sich mit seinen langen Haaren im Gestrüpp bei einer Eiche verfangen hatte. Einige meinten, Jahwe habe das alles geschehen lassen, weil David in die Ehe des Uria eingebrochen war.

David selbst war sehr betrübt und ließ sich nur durch Bitten und Drohen bewegen, wieder das Regiment anzutreten. Dazu kam die Unzufriedenheit der Nordstämme, die mit den Südstämmen haderten und sich von David lossagen wollten. Aber Joab schlug sie, bis die Leute von Abel Beth Maacha den Kopf des Anführers der abtrünnigen Nordstämme auslieferten. Auf diesem Feldzug hat Joab auch Amasa, den Anführer des Heerbannes von Juda, heimtückisch ermordet. Nun war um David nur eine tapfere Heldenschar versammelt.

Als David alt geworden war, wurde er im Bette nicht mehr warm, und man gab ihm ein junges Mädchen bei, Abisag aus Sunem. Die war immer um ihn. Vor seinem Tode ernannte er noch Salomo zu seinem Nachfolger und ließ ihn durch den Priester Zadok und den Propheten Nathan, die verhinderten, daß sein anderer Sohn Adonia mit Hilfe des Joab den Thron bestieg, am Quell Gichon zum König über Israel salben. Bevor David starb, trug er Salomo auf, Joab ermorden zu lassen. Vierzig Jahre hatte er über Israel geherrscht.

I. Samuel 16,14–22; 18,17–28; 25; 27,1–12; 29; II. Samuel 1; 2; 4; 5,1–14; 11; 12,15–25; 13–16; 12,11–12; 17–20; I. Könige 1; 2.

b. Andere erzählen, daß David noch durch Samuel zum König gesalbt worden sei: Als Saul schon bald ein Jahr König in Israel war, achtete er nämlich Jahwe so gering, daß Jahwe beschloß, einen neuen König über sein Land zu setzen. Er beauftragte Samuel, der schon längst sich öffentlich nicht mehr betätigte, aus den Söhnen des Isai aus Bethlehem einen neuen König zu salben. Die Wahl Jahwes fiel auf den jüngsten Sohn Isais, auf David, der damals noch die Schafe hütete, aber ein schöner Knabe war.

David hielt seine Salbung geheim. Und so kam es, daß Saul erst in einer Philisterschlacht auf den mutigen und tüchtigen Soldaten aufmerksam wurde. Er nahm ihn dann zu sich, weil sein Sohn Jonathan ihn sehr liebte. Bald aber verfolgte Saul ihn eifersüchtig, so daß David zu Samuel nach Rama floh und im Prophetenhause blieb. Dort ließ Saul ihn mehrmals suchen, aber alle Boten wurden von der Verzückung in der Prophetengruppe ergriffen. Als er schließlich selbst hinzog, um David zu greifen, wurde auch er vom Geiste Elohims ergriffen, daß er sich ebenfalls einen Tag und eine Nacht nackt auf dem Boden wälzte, weshalb man zu sagen pflegte: Ist Saul auch unter den Propheten?

Und Saul konnte David nie greifen, weil sein Sohn Jonathan den David so sehr liebte, daß er sich mit ihm verschwor und ihn jeweils warnte. David aber achtete stets das Leben Sauls und schonte ihn.

I. Samuel 16,1–13; 17,55–18,5; 19,18–24; 20.

c. Wieder andere erzählen, daß David, der Sohn Isais aus Bethlehem, ein tapferer Soldat gewesen sei, der in einer Schlacht gegen die Philister als junger Knabe den riesenhaften Goliath aus Gath nur mit der Hirtenschleuder umgebracht und so die Schlacht entschieden habe. Als die Israeliten dann aus der Schlacht heimkamen, verbreitete sich der Ruf über das Land: Saul hat Tausende geschlagen, David aber Zehntausende. Darüber geriet Saul so in Zorn, daß er David umbringen lassen wollte. Aber Jahwe war mit David, während er von Saul gewichen war. David floh vor Saul nach Kegila, nach Maon, und mit ihm sechshundert Mann, das waren allerlei Bedrängte, Leute, die vor ihren Gläubigern geflohen waren, und andere Unzufriedene. Er tastete aber nie das Leben Sauls an, obwohl er ihn oft hätte töten können.

Hingegen schonte er, als er König geworden war, die Philister nicht und schlug sie und ihre Riesengarde. Jahwe stritt für ihn. Nachdem Jahwe ihm Ruhe verschafft hatte vor seinen Feinden, dachte David daran, für die Lade, die er nach Jerusalem geholt hatte, einen Tempel zu bauen. Aber Jahwe ließ ihm durch den Propheten Nathan sagen: Wenn deine Zeit voll ist und du dich zu deinen Vätern gelegt hast, dann will ich deinem Leibesnachkommen sein Königtum bestätigen. Er soll meinem Namen ein Haus bauen, und ich werde seinen Königsthron für immer bestätigen. Ich will ihm ein Vater und er soll mir ein Sohn sein. So errichtete David für den Namen Jahwes kein Haus, wohl aber sammelte er einen großen Schatz, mit dem Salomo bauen sollte.

Noch zu seinen Lebzeiten ließ David alle Nachkommen Sauls töten und verschonte nur Meribbaal, den Sohn Jonathans, weil er dem verschworen war.

Sein letztes großes Werk war eine Volkszählung, zu der Jahwe selbst ihn anregte. Noch im selben Jahre sandte Jahwe den Propheten Gad zu David, kündigte ihm drei mögliche Strafen an und ließ ihn selbst entscheiden, mit welcher Strafe das Land geschlagen werden sollte, denn Jahwes Zorn war neu entbrannt. Und David wählte die Pest, die drei Tage lang wütete, bis Jahwe dem Würgeengel Einhalt gebot, als der schon bei der Tenne des Jebusiters Ornan vor Jerusalem stand. Da kaufte David diesen Platz und errichtete dort einen Altar und opferte ein Heilsopfer, mit dem er Jahwe versöhnte. Das war aber der Platz, auf dem Salomo dann den Tempel baute.

I. Samuel 17,1–54; 18,28–19,17; 23; 24; II. Samuel 5,17–18; 21; 24;

1. Es ist sicher, daß David eine geschichtliche Person gewesen ist. Mythologisch bedeutsam ist aber die Gestalt, die die Überlieferung diesem ersten König in Israel gegeben hat, der vermutlich um die erste Jahrtausendwende v. u. Z. regiert hat. David ist

für die Überlieferung nicht nur ein schöner Mann und bedeutender Held gewesen, sondern wird auch als Dichter dargestellt. Einzelne Lieder in den Büchern Samuel und Könige werden vielleicht rechtens ihm zugeschrieben, die meisten der nach ihm genannten Psalmen dürften ihn nicht zum Verfasser haben.

2. Die Entstehung seines Königtums wird mit größter Wahrscheinlichkeit so verlaufen sein, wie sie in der priesterlichen Überlieferung tradiert wird. David war ein Freibeuter, der mit Hilfe von geflohenen Rechtsbrechern sich eine Truppe aufbaute, durch die er sich so viel Respekt verschaffte, daß die Judäer ihn zu ihrem König wählten. Darin gleicht er Jephta (siehe VII,8). Diese Form dürfte ziemlich allgemeingültig für die Entstehung der altorientalischen Despotien gewesen sein.

3. Daß David neben Frauen auch Männer liebte, wie aus dem Kapitel über seine Freundschaft mit Jonathan hervorgeht, ist für den altorientalischen Erzähler kein anstößiges Thema, wie es ja auch sicher ist, daß es in Jerusalem neben der weiblichen auch eine männliche kultische Prostitution gegeben hat, deren Ausrottung vielleicht erst durch den König Josia erfolgt ist (siehe VI,5,1). Die Vielehe ist selbstverständlich. Die Streitigkeiten unter den verschiedenen Frauen in Davids Harem werden durch die Kinder ausgefochten. Die ersten Frauen Davids werden von ihm noch nicht gekauft, sind noch keine Ware, sondern sind umworbenes Symbol von Macht und Einfluß. Erst die Geschichte mit Bathseba zeigt, daß der etablierte König ein schrankenloser Despot ist.

4. Typisch ist auch, daß David nicht unwesentlich dazu beiträgt, daß alle Sauliden umgebracht werden. Die Legende will wissen, daß David nicht im Krieg gegen Saul gestanden hat, obwohl seine zahlreichen Begegnungen mit ihm das andererseits doch nahelegen. Sicher ist jedenfalls, daß David in der Schlacht gegen die Philister nicht auf der Seite Sauls stand.

Das Ende der Davidsöhne zeigt zugleich, daß David dem Ränkespiel tatenlos zusieht, das seinen Sohn Salomo als einzigen Thronfolger übrigläßt. Die Überlieferung zeigt auch sehr deutlich, wie unter David die alten sozialen Stammesordnungen zerbrochen werden. Denn Joab ist am Ende der Regierungszeit Davids, nachdem er Amasa umbringen ließ, oberster Machthaber im Lande. Mit Amasa ist der judäische Heerbann als freie Leistung der wehrpflichtigen Männer Judas zusammengebrochen und mit ihm auch die Macht, durch die die einzelnen familiären Großverbände ihre Rechte gegen die erstarkende

Zentralgewalt behaupten konnten. Dieser historische Fortschritt aber endete an den Grenzen der Nordstaaten, die es wagen konnten, David die Gefolgschaft aufzukündigen.

5. In der Thronfolgegeschichte wird historisch zutreffend erzählt, wie an die Stelle der freien Königswahl durch die Stammesältesten die Priester treten, die die Königswahl bestimmen. Die altorientalischen Despotien sind tatsächlich weithin Theokratien ähnlich dem alttestamentlichen Königtum gewesen. Die Priester erzogen die Thronfolger und bestimmten, wer König werden sollte. David war bei Samuel in Rama, und Salomo wurde von Nathan erzogen und auf den Thron mit Hilfe des Priesters Abjathar gesetzt. David wie alle Könige in Juda und Israel hatten ihre »Seher«, ihre Propheten, die ihnen rieten; was der Gott Jahwe wollte, das geschah.

6. Die Erzähler aus den nördlichen Stammesteilen (siehe b) wissen zu erzählen, daß David durch Samuel zum König gesalbt wurde und nicht durch seine eigenen Leistungen sich zum König gemacht hat. Und sie wissen außerdem, daß Saul auch später noch im Besitz des Geistes Elohims gewesen ist, wie aus der Episode in Rama hervorgeht, als Saul auf der Suche nach David auch in Ekstase gerät. Für die Nachkommen der alten Kanaanäer ist es gar nicht anders denkbar. Sie erzählen auch, daß David nur deshalb den Nachstellungen Sauls entrinnen konnte, weil sein geliebter Jonathan ihn jedesmal warnte. Sie schreiben ihm keine großen militärischen Heldentaten zu, denn sie wünschen sich einen friedfertigen König, der Sinn und Zeit hat für die Liebe, für den Kultus, der seinen Rivalen schont und am Leben läßt. Ihr Wunschbild unterscheidet sich darum wesentlich von dem der Bewohner in den südlichen Randgebieten Judas und Jerusalems:

7. Für diese (siehe c) kann die Geschichte Davids nur mit einer großen Schlacht beginnen und enden. Und so übertragen sie die Heldentat des Elchanan ben Jair aus Bethlehem, der in der Schlacht bei Gob den Philister Goliath aus Gath erschlug (II. Samuel 21,19), auf David und schmücken sie zudem noch beträchtlich aus. Der Hirtenjunge schlägt mit der Steinschleuder ein Heer in die Flucht. Für sie ist David der große Held, der seine Gegner nicht schont, weder die im Lande noch die außer Landes. Der heimtückische Mord an den Sauliden, an Amasa, an Abšalom, erscheint gerecht. Jahwe selbst rät zu der Volkszählung, die die Grundlage für die Einführung einer neuen Wehrordnung ist. Sie sehen auch im Fortbestand der davidi-

schen Dynastie kein Problem. Für sie ist es eine unbezweifelbare Offenbarung Jahwes, daß der Thron Davids für immer bestehenbleibt. Sie sind die Parteigänger der neuen Sozialordnung der theokratischen Despotie mit erblicher Thronfolge. Der zukünftige Tempelstaat wirft seine Schatten voraus. Die Kriegsbeute wird nicht mehr unter die Wehrleute geteilt, sondern dem königlichen Tempelschatz zugeführt. Fortan gilt der Name Jahwes, wie ihn Priester und Propheten vertreten, mehr als der Wille der versammelten Ältesten des Volkes. Sie zählen darum auch nicht mehr die Ruhmestaten der Stämme, sondern die Ruhmestaten der Helden Davids, das sind seine königlichen Söldnertruppen.

8. Die Geschichtsschreibung über David ist vermutlich zur Regierungszeit seines Nachfolgers Salomo abgeschlossen gewesen. Sie erfolgt nach feststehendem Topos. Der junge, unbescholtene Knabe wird durch göttliche Führung auf die Höhe seines Ruhmes geführt. Der göttliche Großkönig Jahwe fördert ihn nach besten Kräften. Er ist ihm Vater und der König ihm Sohn, wie Jahwe es für den Thronfolger verheißt. Davids Größe erscheint als Wirksamkeit Jahwes, ein Tadel am König würde sofort zum Tadel an dessen göttlichem Vater Jahwe. Das Gericht über den König steht nun aber nicht mehr dem Volke zu, sondern Jahwe allein. Denn nur der Großkönig kann den Unterkönig, und dieser den Statthalter, tadeln, verurteilen und richten. Und als die Nordstämme in Verkennung der veränderten geschichtlichen Situation abfallen wollen, werden sie mit Gewalt wieder zum Gehorsam gebracht.

Es ist darum zunächst auch nur hymnischer Stil, wenn dem regierenden Königshause ewige Dauer verheißen wird, und noch keine Aussage über eine eschatologische oder messianische Vorstellung. Erst jüdische und christliche Lehre hat gemeint, aus dieser Weissagung ein Gleichnis für kommende Zeiten machen zu müssen und den transzendenten Heilsbringer aus Davids Stamm hervorgehen zu lassen, wie es im Stammbaum Jesu, Matthäus 1, steht.

9. Religionshistorisch schließen die Königsmythologien, die den König als Gottessohn darstellen, die Epoche ab, in der die Zentralisation der Wirtschaft, Kultur und Verteidigung um Tempel und Palast in Jerusalem vollzogen ist. Die sozial und politsch benachteiligte Land- und Stadtbevölkerung, die sich als Eigentum eines Tempelkönigs vorfindet, kann ihren Unmut nicht mehr artikulieren. Kritik am König und an seiner Politik

ist Sünde gegen den Gott. Nur prophetische Kritik wird nicht geahndet, weil sie im Namen des Großkönigs Jahwe geübt wird.

Die eingetretene Divergenz von Gottesbild und institutionalisiertem Kultus ist aber die wesentliche Ursache für die unvergleichliche Entwicklung der alttestamentlichen Jahwemythologie geworden. Im Gottesbild entwirft der Fromme sich eine Welt, in der auch der König einem Herrn untergeordnet ist. In diesem Entwurf überwindet er subjektiv zugleich die vorfindliche Welt; indem er den König als höchste Instanz negiert, schafft er sich zugleich die subjektive Voraussetzung, der Geschichte einen Ausgang zu schaffen, eine Verlängerung, die ein anderes Gesicht tragen wird als die Gegenwart. Darin liegen Dauer und Vergänglichkeit dieser menschlichen Idee, die Wirklichkeit in ihrer totalen Dialektik zu erfassen.

IX.4 Salomo

a. Schon zu Lebzeiten König Davids bestieg Salomo den Thron. Nach Davids Tod suchte und fand er bald Gründe und Vorwände, um die Gegner seines Vaters umzubringen. Und so ließ er seinen Halbbruder Adonia töten, auch den Feldhauptmann Joab und den reichen Simeï aus Bachurim. Den Priester Abjathar verbannte er nach Anathot. Nachdem Salomo so seinen Thron gefestigt hatte, ehelichte er die Tochter des Pharaos aus Ägypten.

Salomo opferte noch in Gibeon, weil das die vornehmste Opferstätte im Lande war. Dort erschien ihm eines Nachts im Traum Jahwe und stellte ihm frei, sich etwas zu wünschen. Salomo sagte zu Jahwe: Du wollest deinem Knechte ein aufmerksames Herz geben, daß er dein Volk regieren kann und zu unterscheiden weiß zwischen gut und böse. Das gefiel Jahwe sehr, und er sagte zu ihm: Weil du dir dieses erbeten hast und nicht ein langes Leben oder Reichtum oder den Tod deiner Feinde, so will ich dir ein weises und verständiges Herz geben. Aber auch das, worum du nicht gebeten hast, nämlich Reichtum, Ehre und daß dir keiner unter den Königen dein Leben lang gleichkommt, das sollst du auch erhalten. Und Salomos Weisheit nahm zu.

So kamen auch einmal zwei Huren zu ihm, damit er Recht sprechen sollte. Beide hatten etwa zu gleicher Zeit einen Sohn geboren und wohnten in einem Hause. Der Sohn der einen war nach drei Tagen gestorben, weshalb seine Mutter noch in derselben Nacht heimlich die Kinder umgetauscht hatte. Die Mutter des lebenden Kindes hatte es aber am kommenden Morgen bemerkt und begehrte nun vom König ihr Recht, während die andere es bestritt. Salomo ließ ein Schwert holen, um das lebende Kind teilen zu lassen, damit jede Frau ein Teil hätte. Da rief die Mutter des lebenden Kindes: Gebt ihr das Kind, nur tötet es nicht. – Die andere bestand darauf, das Kind müsse geteilt werden. Daraufhin gab Salomo das Kind der rechten Mutter, die gebeten hatte, man solle das Kind am Leben lassen.

Die Größe seines Reiches machte es erforderlich, daß Salomo das Reich in zwölf Vogteien ordnete. Er führte ein großes Hoflager. So besaß er viertausend Gespanne Rosse für seine Kriegswagen und noch zwölftausend Reitpferde. Und jeder der Vögte hatte jährlich einen Monat lang für den Hof und die Garnisonen zu sorgen. Salomo herrschte aber über alle Königreiche zwischen Euphrat, Philistäa und Ägypten. Er hatte mit allen Nachbarn Frieden und erhielt von allen reiche Geschenke. Jeder in seinem Reiche konnte sicher wohnen, jeder unter seinem Weinstock und unter seinem Feigenbaum. Elohim verlieh Salomo sehr viel Weisheit und Einsicht und reichen Geist. Seine Weisheit war größer als die Weisheit aller aus dem Osten und aus Ägypten. Und er redete dreitausend Sprüche, und von seinen Liedern zählte man eintausendfünf. Er redete über alle Bäume, über das Vieh, die Vögel und die anderen Lebewesen. Zu ihm kamen Leute aus allen Ländern, um seine Weisheit zu hören.

Nach einiger Zeit baute Salomo dann auch den Tempel, wie er David versprochen hatte. Dabei half ihm der König von Tyrus. Salomo zahlte für das Holz der Zedern vom Libanon und die anderen Baumaterialien mit Weizen und Öl. Für die Arbeiten ließ er Fronarbeiter ausheben. Sieben Jahre baute er am Tempel, während der Palastbau dreizehn Jahre dauerte. Als der Tempel fertig war, versammelte Salomo alle Häupter der Stämme, um die Bundeslade samt dem Zelt und allen Geräten aus der Davidstadt feierlich in den Tempel zu geleiten. Salomo aber dichtete den Weihespruch:

> Jahwe, der du gesagt hast, im Wolkendunkel zu wohnen,
> Nun habe ich ein Wohnhaus für dich gebaut,
> eine Stätte für ewige Zeiten zu deinem Wohnsitz.

Damals trat Salomo an den König von Tyrus für den Tempelbau zwanzig Städte ab (die diesem jedoch nicht so recht gefielen). Vom Pharao hatte er als Mitgift für dessen Tochter die Lande um Gezer erhalten. Diese Stadt ließ er zur Festung ausbauen, wie auch noch andere Städte. Zu jener Zeit erhielt Salomo auch den Besuch der Königin von Saba, die von seiner Weisheit und seinem Reichtum gehört hatte. Salomo beantwortete alle ihre Rätsel und Fragen und beschenkte sie reichlich, wie auch sie reiche Geschenke dem König gebracht hatte. Die Reichtümer sammelte Salomo in seinem Tempel.

Jahwe ließ jedoch Salomo auch einen starken Widersacher in dem Edomiter Hadad erwachsen, der in Ägypten aufgewachsen war und gegen den Willen des Pharao in seine Heimat aufbrach, die David einst erobert hatte.

Elohim ließ Reson aus Zoba stark werden, der sich das Königtum in Damaskus eroberte und ein Widersacher Salomos wurde. Er stützte auch den Hadad in Edom. Ferner war Jerobeam ein geschworener Gegner Salomos. Jerobeam war nämlich der oberste Aufseher der Fronarbeiter aus den nördlichen Stämmen im Dienste Salomos und empörte sich gegen den König. Der drohenden Verfolgung entzog er sich durch die Flucht nach Ägypten. Vierzig Jahre regierte Salomo über Israel, dann starb er und wurde in der Stadt seines Vaters David begraben.

I. Könige 2–7; 8,1–13; 9,10–18; 10,1–20; 11,14–29.41–43.

b. Andere erzählen noch, wie Salomo den Tempel mit einem großen Gebet und vielen Schlachtopfern eingeweiht habe und daß er nur noch an diesem Ort geopfert habe. Als Salomo den Tempel so vollendet hatte, erschien Jahwe ihm und sagte zu ihm: Ich habe diesen Tempel, den du gebaut hast, zur Wohnstatt für meinen Namen erkoren, und meine Augen und mein Herz sollen für immer dort sein. Aber wenn ihr und eure Kinder meine Gebote und Satzungen nicht haltet und anderen Göttern dient, so werde ich euch und den Tempel vertilgen lassen.

Salomo wandelte zunächst auch in den Gesetzen Jahwes. Er baute viele Städte. Zu den Bauarbeiten zog er nur Leute als Fronarbeiter heran, die keine Israeliten waren, sondern die zu den unterworfenen Völkern gehörten. Seine Kriegsleute und obersten Beamten aber waren Israeliten. Später übertrat er Jahwes Gesetze, denn er liebte zahlreiche ausländische Weiber neben der Tochter Pharaos. So hatte er siebenhundert fürstliche Frauen und dreihundert Nebenfrauen. Und die verführten ihn dazu, daß er sich an andere Götter hielt und ihnen opferte, so der Göttin Ištar und dem Gott Milkom. Er ließ auch Opferstätten für den moabitischen Kamoš und den ammonitischen Moloch errichten.

Darüber wurde Jahwe sehr zornig und sagte zu Salomo: Weil du mir ungehorsam geworden bist, will ich nach deinem Tode das Königtum deinem Knechte geben. Nur einen Stamm will ich deinem Sohne lassen, um meines Knechtes David und um Jerusalems willen, das ich erwählt habe.

I. Könige 8,14–66; 9,1–9; 10,22–24; 11,1–13.

1. Der Name Salomo (er bedeutet eigentlich als Schalomo etwa »der Friedreiche«) ist vermutlich ein Krönungsname gewesen, der ihm zugelegt wurde, um zu bezeugen, daß Gott Jahwe nach den unaufhörlichen Kriegen Davids Frieden geschlossen haben wollte. Ursprünglich hieß er vielleicht wirklich Jedidjah, wie aus der Notiz II. Samuel 12,25 noch hervorgeht. Er ist sicher eine historische Gestalt gewesen, und seine Regierungszeit fällt in das zweite Drittel des 10. Jahrunderts v.u.Z.

2. Der erste Bericht über den König ist etwa im 8. Jahrhundert v.u.Z. in Jerusalem entstanden. Er enthält deshalb kaum Notizen über Begebenheiten in den Nordstämmen. Das Wichtigste ist die Beschreibung der Bauten, des Reichtums und der Weisheit Salomos. Die Tendenz ist eindeutig: Der König ist die Repräsentationsfigur, die im Auftrage Jahwes handelt, der ein Tempelherr ist. Dieser braucht aber keine Kriege, sondern ein Zeitalter des Handels und des Wohlstandes. Darum werden alle jene Beamten des Vaters David umgebracht, die noch die alte Politik verfolgen.

3. Salomos Politik ist die eines orientalischen Despoten. Zu den Aufgaben, die die Erhaltung von Staat und Tempel stellen, werden Fronarbeiter verpflichtet. Der Jerusalemer Erzähler berichtet, daß Salomo aus Israel Fronarbeiter verpflichtet habe. Darin wird ein Anspruch Jerusalems und Judas auf die abgefallenen Nordstämme, die sich nach dem Tode Salomos als Königtum Israel unter Jerobeam abspalteten, erhoben, den z.B. der zweite, jüngere Erzähler aus dem 6. Jahrhundert v.u.Z. nicht mehr erhebt, wenn er ausdrücklich feststellt, daß Salomo nur aus den unterworfenen Völkern die Fronarbeiter verpflichtet hat, während die Israeliten den Kriegsdienst und die Beamtenschaft versorgt hätten.

4. Die Vorliebe des Berichterstatters für die Weisheit Salomos und seine großen dichterischen und rhetorischen Leistungen sind Bestandteile des Topos vom guten und gerechten König, der den großen Abstand zwischen König und Volk offenbart und die Aufgabe hat, Würde, Besonderheit und Notwendigkeit des Königs zu untermauern. Der Topos findet sich in allen Königsmythologien wieder und sagt nichts über die reale Gestalt Salomos und seiner Gaben aus.

5. Für den alten Erzähler ist noch klar, daß Elohim und Jahwe verschiedene Götter sind. Elohim läßt für Salomo einen anderen Gegner stark werden als Jahwe. Auf der Seite Jahwes stehen Jerobeam und Hadad aus Edom, auf der Seite Elohims kämpft

Reson von Damaskus. Politische Gegner sind in der Sprache des Mythos rivalisierende Götter.

Der wesentlich jüngere Erzähler, der zur deuteronomischen Tradition gehört, führt den Niedergang Salomos auf dessen Abfall von Jahwe, dem Gott Israels, zurück und auf die Hinwendung zu den Göttern seiner zahllosen Frauen. Die Polemik gegen den Polytheismus in Jerusalem zur Zeit Salomos ist zutreffend. Er hat sich dort sicher bis in das letzte Drittel des 7. Jahrhunderts v. u. Z., bis zur Kultreform des Königs Josia, gehalten.

(Siehe auch zu der Geburtsgeschichte Salomos IX,3,a und IX,3,5, zum Tempelbau X,2,2.)

IX.5 Jerobeam und Rehabeam

Jerobeam war der Sohn Nebats aus Zereda in Ephraim. Sein Vater war schon verstorben, als er dank seiner Tüchtigkeit von Salomo zum obersten Aufseher über die Fronarbeiter aus den Nordstämmen bestimmt wurde.

Jerobeam aber lehnte sich gegen Salomo auf. Einmal traf er unterwegs auf freiem Felde den Propheten Achia aus Silo. Achia zerriß seinen Mantel in zwölf Stücke und gab davon zehn Stücke an Jerobeam und weissagte ihm, daß Jahwe ihm nach dem Tode Salomos zehn Stämme aus dem Reiche geben und ihn zum König über Israel setzen werde. Salomos Sohn aber sollte nur Juda und Jerusalem behalten. Und Jerobeam floh vor Salomo nach Ägypten und blieb dort, bis er die Nachricht von des Königs Tode hörte. Da kehrte er zurück und traf in Sichem ein, wo der Landtag zusammengekommen war, um Rehabeam, den Sohn Salomos, zum König über Israel zu machen, nachdem er schon König in Jerusalem und Juda geworden war. Jerobeam und die ganze Gemeinde redeten mit Rehabeam und sagten: Wir wollen dir untertan sein, wenn du uns versprichst, nicht mehr solche harten Lasten und Frondienste uns aufzuerlegen, wie es dein Vater getan hat. Rehabeam erbat sich drei Tage Bedenkzeit und befragte die königlichen Ratgeber. Die älteren, die schon unter seinem Vater gedient hatten, rieten ihm, die Forderungen zu erfüllen, aber die jungen, denen er dann folgte, rieten ihm zu folgender Antwort: Mein kleiner Finger ist dicker als meines Vaters Lenden. Und wenn mein Vater euch ein schweres Joch auferlegt hat, so will ich euer Joch noch härter machen. Wenn euch mein Vater mit Peitschen züchtigte, so will ich euch mit gedornten Geißeln züchtigen. – Als nun Rehabeam am dritten Tag Jerobeam diese Antwort gab, rief ganz Israel:

Was haben wir für Teil an David?
Wir haben kein Erbteil am Sohn Isais!
Auf, in deine Zelte, Israel,
kümmere dich um *dein* Haus, David!

Und sie wählten Jerobeam zum König. Rehabeam aber mußte fliehen, als er mit seinem obersten Fronvogt Adoniram versuchte, die Widerspenstigen botmäßig zu machen. Adoniram selbst wurde dabei gesteinigt. Dem Rehabeam befahl Jahwe durch den Propheten Semaja: Ihr sollt nicht gegen eure Brüder in Israel kämpfen, denn durch mich ist es so gekommen. – Und so kämpfte Juda nicht gegen Israel.

Jerobeam befestigte danach Sichem und machte es zu seiner Stadt. Um aber sein Volk nicht durch die Anziehungskraft des Tempels in Jerusalem zu gefährden, richtete er in Bethel und Dan zwei goldene Stierbilder auf und ließ ausrufen: Das ist dein Gott, Israel, der dich aus Ägypten befreit hat. Er richtete auch kleine Höhenheiligtümer ein und ließ zu, daß auch Nichtleviten zu Priestern gemacht wurden. Und Jahwe sandte einen Propheten aus Juda nach Bethel, um Jerobeam vor solchen Götterdiensten zu warnen, und drohte Israel deswegen den Untergang an.

Nach zweiundzwanzigjähriger Regierungszeit starb Jerobeam. Ihm folgte sein einziger Sohn Nadab, nachdem ein anderer Sohn schon als Kind gestorben war. Achia aus Silo in Juda hatte schon bei der Krankheit des Kindes den Untergang des Hauses Jerobeams und auch den Untergang des Königreiches Israel im Auftrage Jahwes vorhergesagt.

Rehabeam aber war nur siebzehn Jahre König in Jerusalem und Juda und tat alles, was Jahwe mißfiel. Er rief die Kulte der Völker wieder ins Leben, die früher im Lande lebten. Ihm folgte sein Sohn Abiam auf den Thron Davids.

I. Könige 11,26–12,33; 13,1–14,21; 15,1–2.

1. Die Geschichten von Jerobeam und Rehabeam sind in Jerusalem tradiert worden, nachdem das Nordreich schon untergegangen war. Der Erzähler stellt im letzten Drittel des 7. Jahrhunderts v. u. Z. die Vorgänge so dar, wie sie in Jerusalem gesehen wurden.

2. Die Auflösung des Reiches ist nach der Meinung des Erzählers mit Zustimmung Jahwes geschehen. Die Darstellung der Trennung zwischen beiden Reichshälften ist sicher zutreffend. Die Nordstämme – Israel ist fortan der Begriff für den Stämme-Bund um Bethel und Sichem – sind konservativer als

Juda gewesen. Die Einflüsse des Jerusalemer Hofes waren im Norden nicht so wirksam, daß sie die alten Stammesordnungen brechen konnten; vor allem bestand die Ordnung des Heerbannes weiter. Sozialökonomisch waren die beiden Reichsteile zwei verschiedene Welten. Der Süden war viel weiter entwickelt als der Norden.

3. Der Zorn des priesterlichen judäischen Erzählers richtet sich vor allem gegen die Wiederbelebung der alten Heiligtümer in Bethel und Dan. Jerobeams Maßnahme gegen die Pilgerfahrten seiner Landeseinwohner nach Jerusalem brachte dem Tempel in Jerusalem nämlich einen empfindlichen Verlust an Einnahmen. Zugleich sahen die Jerusalemer Priester ihr mühsam und kunstvoll errichtetes Lehrgebäude von dem einen und einzigen Gott Israels in Gefahr, wenn sie zuließen, daß in Bethel und Dan derselbe Gott unter ganz anderen Vorstellungen verehrt werden sollte. Jerobeams Proklamation der Stierbilder von Bethel und Dan als Gott, der Israel aus Ägypten befreit hat, kann dabei auf vorhandene Überzeugungen von Jahwe als einem Gott-Stier zurückgegriffen haben, denn eine derartige Proklamation ist nicht ohne Traditionen möglich (siehe II,4).

4. Die Prophezeiung Achias von Silo über den Untergang der Dynastie Jerobeams und Israels ist eine nachträgliche jerusalemische Reprojektion der schon erfahrenen und vergangenen Geschichte. Der Mythos von Jahwe als Herrn, der Geschichte macht, ist die Erklärung für den kurzen Zeitraum der Existenz des Nordreiches von 932 bis 722 v. u. Z. Der Erzähler sieht nicht in der sozialökonomischen Struktur der Gesellschaft und der instabilen und unfähigen Staatsgewalt die Ursache für den raschen Zerfall, sondern schreibt ihn dem Willen Jahwes zu. Die Trennung zwischen religiösem Leitbild und gesellschaftlicher Wirklichkeit ist so weit vorangeschritten, daß der Erzähler nicht mehr die Menschen als unmittelbar Betroffene in den Mittelpunkt der Erzählung rückt, sondern den göttlichen Großkönig Jahwe, von dessen Wohl oder Wehe nun die Geschichte abhängt. Rilke hat einmal in seinem Kunstmärchen »Wie der Verrat nach Rußland kam« gesagt: »In den primitiven Sprachen haben viele Dinge denselben Namen. Da ist dann wohl ein Land, das heißt Gott, und der es beherrscht, heißt auch Gott. Einfache Völker konnten ihr Land und ihren Kaiser oft nicht unterscheiden, beide sind groß und gütig, furchtbar und groß.« Für den Erzähler der biblischen Königsmythologien ist diese ursprüngliche Naivität nicht mehr anzunehmen, sondern viel-

mehr festzustellen, daß sie geradezu entgegengesetzt überwunden wird. Die in ihrer geschichtlichen Eigenart einzigartige klassische biblische Prophetie überwindet nämlich die primitive Dialektik von Land-König und Land-Gott, indem sie behauptet, daß die katastrophale Geschichte des einstmaligen Gottesvolkes die Strafe Gottes für das fehlerhafte Verhalten der Könige und Fürsten seines Volkes ist. Damit transzendiert sie die Zuständigkeit Jahwes über die Grenzen seines Landes ins Universale, sie macht ihn zum Weltenkönig, zum »Herrn der vier Weltteile«, wie es in der assyrischen Königstitulatur heißt.

5. Die Zahl der nachfolgenden Könige im Nordreich Israel offenbart zugleich ein anderes, schwerwiegendes Phänomen. Die Nordstämme bleiben bei dem historisch überholten Wahlkönigtum, wie sie es unter Saul und David geübt hatten. Das bedeutet, daß bei jeder Wahl große Rivalenkämpfe stattfinden, die auch in die Regierungszeiten hineinwirken. Regierungsstürze und Königsmorde sind darum in der Geschichte des Nordreiches keine Seltenheiten. Die von einem beliebigen Propheten designierten Nachfolger verstanden es zudem gut, nachdem sie ihre Salbung auf oft merkwürdigem Wege erreicht haben, sich durch illusionäre Versprechungen soviel Anhänger zu verschaffen, wie zum Sturz eines Königs nötig sind. All das trug wesentlich dazu bei, daß das Nordreich schwach blieb.

IX.6 Jehu

Der Prophet Elisa hatte die ganzen Greuel mit angesehen, die die Königin Isebel in Israel anrichtete (vgl. VIII,2). Und so beauftragte er einen seiner Jünger, nach Ramoth in Gilead zu gehen und Jehu, den Sohn Nimsis, im Auftrage Jahwes zum König über Israel zu salben. Zur selben Zeit war noch Joram König über Israel, der Sohn Isebels.

Nachdem die Salbung Jehus seinen Genossen bekannt geworden war, huldigten sie ihm und brachen nach Jesreel auf, wo der König sich vom Kampf gegen den Syrerkönig erholte. Bei ihm weilte auch Ahasja, der König von Juda. Jehu war Feldhauptmann Jorams, und so fuhren die beiden Könige ihm entgegen, als der Wächter ihnen sein Nahen meldete. Jehu aber erschoß beide mit Pfeilen. Als er vor dem Palast anlangte, wurde die Königin Isebel von ihren eigenen Kämmerern in ihrem ganzen Staat aus dem Fenster gestürzt und durch Jehus Reiterei zerstampft. Die Hunde kamen und fraßen ihr Fleisch, wie der Prophet Elia einstmals geweissagt hatte.

Jehu ließ danach auch alle lebenden Anverwandten des Königs in Samaria erschlagen, ebenso alle Ratgeber und alle Priester. Als er unterwegs Brüder des Königs von Juda traf, ließ er die auch alle erschlagen. Hierauf veranstaltete er ein großes Baalsfest in Samaria, zu dem sich alle Baalsgläubigen versammeln mußten. Sie alle ließ Jehu erschlagen und den Baalstempel zerstören und entweihen. Darum sprach Jahwe zu Jehu: Weil du mein Wohlgefallen durch deine Taten erworben hast, so soll dein Thron durch vier Generationen in deiner Familie bleiben.

Aber von dem Gottesdienst vor den goldenen Stierbildern in Dan und Bethel, die Jerobeam, der erste König in Israel nach der Auflösung des Davidreiches, eingeführt hatte, wich Jehu nicht ab. Er starb, nachdem er achtundzwanzig Jahre regiert hatte. Zu seiner Zeit wurde Israel schon kleiner und schwächer, denn der König von Syrien hatte große Landesteile erobert.

II. Könige 9; 10.

1. Die Geschichte des Königs Jehu zeigt deutlich, wie ein Feldhauptmann das Königtum an sich reißt. Er stürzt mit Hilfe einer ihm treu ergebenen Schar verwegener Soldaten den König, indem er ihn und alle Anhänger ermorden läßt. Der Erzähler rühmt ausdrücklich in einem Gottesspruch Jahwes das eifrige Eintreten Jehus für Jahwe durch die Ermordung aller Baalsdiener. Die Begleitumstände des Thronwechsels wirken historisch überzeugend. Jehu ist vermutlich so zur Regierung gekommen.

2. Mythologisch bedeutsam ist, daß der Erzähler, der in Juda ansässig gewesen sein muß, in der Mitte des 7. Jahrhunderts v. u. Z. diesen grauenvollen Eiferer Jahwes so schildern kann. Selbst wenn die angegebenen Zahlen geringer sind als die sonst üblichen in den altorientalischen Königsinschriften, sind sie sicher nicht real. Davon abgesehen, ist es aber bedeutsam, daß der Prophet Elisa offenbar in diesem Vorgehen kein anstößiges Handeln sieht, wie auch der alte Erzähler bei der sprichwörtlichen Grausamkeit des Alten Orients darin nur das abschrekkende Beispiel für alle jene geben will, die eventuell auch mit dem Gedanken spielen, den Gesetzen ihres Großkönigs Jahwe untreu zu werden.

IX.7 Hiskia

Zur Zeit des letzten Königs von Israel wurde Hiskia König von Juda und Jerusalem, wo er neunundzwanzig Jahre regierte. Er tat nur, was

Jahwe wohlgefiel. Er schaffte die Höhenheiligtümer ab und reinigte Jerusalem von allen fremden Kulten. Er schlug die Philister und konnte sich auch zunächst durch eine Tributzahlung von der Oberhoheit der Assyrer befreien, die eben zu der Zeit das Nordreich Israel eroberten und seine Bevölkerung teilweise nach Assur deportierten. Hiskia versuchte bald, seine volle Unabhängigkeit wiederzuerlangen. Das gelang ihm auch: Als die Assyrer versuchten, durch eine Belagerung Jerusalems das abtrünnige Juda wieder unter ihre Botmäßigkeit zu bringen, mußten sie vorzeitig abziehen, weil Jahwes Engel im Lager in einer Nacht Tausende erschlug. Der assyrische Feldherr hatte vorher versucht, durch Unterhandlungen vor der Mauer die Unterwerfung zu erreichen, und gewarnt, sich auf Ägypten oder gar auf Jahwes Hilfe zu verlassen. Hiskia aber hörte auf den Ratschlag des Propheten Jesaja (vgl. VIII,4) und reagierte auch auf einen Brief des Assyrerkönigs Sanherib nicht, denn Jesaja hatte ihm in einem Spruch Jahwes geweissagt, daß Sanherib wegen seiner Gotteslästerung gestraft werden würde: So will ich dir meinen Ring in die Nase legen und meinen Zaum in deine Lippen und will dich desselben Weges zurückführen, auf dem du gekommen bist. Und ich, Jahwe, will diese Stadt beschirmen, daß ich sie errette.

Zu jener Zeit erkrankte Hiskia schwer. Da kam Jesaja zu ihm und kündigte ihm den Tod an. Als der König darüber sehr klagte, erbarmte sich Jahwe seiner und schenkte ihm noch fünfzehn Jahre hinzu. Danach erhielt Hiskia eine Botschaft des Königs von Babel, dem sich Hiskia sehr gewogen erwies; er zeigte den Boten alle Schätze seines Reiches. Jesaja aber richtete deshalb die Botschaft Jahwes an Hiskia: Es wird die Zeit kommen, wo alles, was sich in deinem Palast befindet, nach Babel gebracht werden wird. Und von deinen Nachkommen wird man welche zu Kämmerern im Palaste des Königs von Babel machen.

Was sonst noch von Hiskia zu erzählen ist, auch daß er die Wasserversorgung in Jerusalem durch den Bau einer Wasserleitung sicherte, das steht alles im Buche der Geschichte der Könige von Juda aufgezeichnet.

II. Könige 18–20. Zu diesen Texten gibt es eine fast wörtliche Parallele in Jesaja 36,1–22; 37; 38,1–8; 21–22; 39.

1. Die Skizze der Königsherrschaft Hiskias von Juda und Jerusalem ist historisch abgesichert durch die assyrischen Königsinschriften, in denen es von Sanherib heißt: »Von dem Judäer Hiskia eroberte ich nach Belagerung 46 Festungen (d.h. größere Städte) und zahllose kleinere Städte (d.h. Dörfer). Als Beute nahm ich weg 200150 Menschen, junge und alte, Männer und

Frauen. Ihn selbst sperrte ich wie einen Vogel im Käfig in seiner Hauptstadt Jerusalem ein.«

Es ist fernerhin ziemlich sicher, daß die Gesandten des babylonischen Königs Merodachbaladan, das ist der babylonische König Mardukapalidinna, sich um Hiskia von Juda bemühten, weil Mardukapalidinna mehrmals versuchte, den assyrischen König zu stürzen und dessen Thron zu annektieren. Der Versuch gelang erst hundert Jahre später (604 v. u. Z.) dem König Nebukadnezar, der dann auch 586 v. u. Z. Jerusalem eroberte und die Prophezeiung Jahwes durch Jesaja (siehe VIII,4), die allerdings erst einer späteren Quelle zuzuschreiben ist, erfüllte.

2. Hiskia ist neben Josia (siehe VI,5) der bedeutendste König Judas gewesen. In seine Regierungszeit fällt das Auftreten des Propheten Jesaja. Daß die Königsgeschichte des Hiskia im Prophetenbuch und in den Königsbüchern fast denselben Wortlaut enthält, ist ein sicherer Hinweis auf eine gemeinsame schriftliche Vorlage, eben das sonst verschollene ›Buch der Geschichte der Könige von Juda‹, für das es ein Gegenstück in Israel gegeben hat, das ebenso verschollen ist. Beide sind aber zu unterscheiden von den biblischen ›Büchern der Chronik‹, welche in Jerusalem entstanden sind und einstmals mit den Büchern Esra und Nehemia vereint waren. Die Chronikbücher haben die Aufgabe gehabt, die Geschichte des Reiches Juda, das man als Reich Gottes verstand, darzustellen. Deshalb beginnen sie mit der Geburt Adams und enden mit der Wiedererrichtung des Tempels durch Nehemia. Die Darstellung greift auf die älteren Quellen von den Mosebüchern bis auf die Königsbücher zurück. Die Chronikbücher sind etwa in der Mitte des 4. Jahrhunderts v. u. Z. abgefaßt, die Königsbücher und die Geschichte des Hiskia sind etwa am Ausgang des 7. Jahrhunderts v. u. Z. entstanden.

3. Mythologisch bedeutsam ist an der Hiskiageschichte, daß Jahwe seinen Sinn sehr schnell ändern kann. Zuerst verurteilt er den König zum Tode, dann aber läßt er ihn noch fünfzehn Jahre länger leben. Der Großkönig braucht keine Gründe, um eine Sinnesänderung zu erklären. Gnade und Ungnade sind unberechenbar. Der Unterkönig ist dem Großkönig auf Gedeih oder Verderb ausgeliefert, der seine Unterwerfung annehmen oder verwerfen kann. Hiskia verhält sich zu Jahwe wie ein Unterkönig zum Großkönig. Er gelobt Sinnesänderung und erneuten Gehorsam. Darauf nimmt Jahwe ihn gnädig wieder an und

läßt ihm das Lehensamt als Fürst in Juda noch fünfzehn Jahre. Das ursprüngliche Vasallen-Herr-Ritual wird für die biblische Frömmigkeit dann zum Modell für den barmherzigen Gott, der dem reuigen Sünder verzeiht.

X Jerusalem, Stadt und Tempel

X.1 Die Stadt

In Jerusalem herrschte schon ein König zur Zeit Abrahams. Als die Israeliten anfingen, das Land zu besiedeln, eroberten sie auch Jerusalem und äscherten es ein.

Aber erst David eroberte und besetzte nach seiner Krönung zum König von Juda Jerusalem, das damals noch eine jebusitische Stadt war, mitsamt der Burg Zion. Die Burg nannte er Davids Stadt. Er erweiterte sie beträchtlich. Dort hinein ließ er auch die Lade Elohims bringen, der man den Namen gab: »Der Name Jahwe Zebaoths wohnt auf ihr über den Cherubim.« Sein Nachfolger Salomo erbaute in ihr einen prächtigen Palast und vor allem den Tempel Jahwes. Um die Stadt Jerusalem ließ Salomo die Mauern erhöhen und befestigen, die dann zum erstenmal Joas, der König Israels, einriß, als er den König Amasja von Juda bekriegte und Tempel und Stadt plünderte, wie es schon der Ägypter Sisak zur Zeit des Königs Rehabeam getan hatte. Aber König Hiskia befestigte Jerusalem wieder, so daß sie dem Sturm der Assyrer noch widerstand. Der Belagerung Nebukadnezars hielt sie nicht stand, sondern ergab sich ihm. Nebukadnezar ließ darauf Stadt und Tempel plündern und die königliche Familie sowie alle Beamten und Handwerker nach Babylon abführen. Als Statthalter setzte er den Zedekia ein, einen Onkel des letzten Königs Jojachin. Als Zedekia abtrünnig wurde, erstürmte Nebukadnezar die Stadt und ließ sie einäschern. Zedekia wurde geblendet in die Gefangenschaft geführt, nachdem man zuerst vor seinen Augen seine Kinder getötet hatte. Nur die Bauern durften im Lande bleiben, während alle anderen weggeführt wurden.

Erst nach dem Untergang Babylons konnten die Jerusalemer auf Befehl des Perserkönigs Cyrus zurückkehren und ihren Tempel und die Stadt wieder aufbauen. Aus dem babylonischen Tempelschatz durften sie alle Tempelgeräte mitnehmen, die Nebukadnezar hatte rauben lassen. Cyrus ließ ihnen zudem – und sein Nachfolger Darius bestätigte dies – aus den königlichen Einkünften so viel Mittel zuweisen, wie sie zum Wiederaufbau benötigten. Der jüdische Priester Esra reiste mit königlicher Order nach Jerusalem, um alles so zu erledigen, wie es dem Gesetz des »Gottes des Himmels« entsprach, damit nicht eine Strafe über das persische Königreich käme. Und Esra sowie der vom Perserkönig ernannte jüdische Statthalter Nehemia regelten alles getreulich und erbauten die Stadt und den Tempel, wie Jahwe es einst den Vätern geboten hatte, und verpflichteten auch die Einwohner von neuem auf das Gesetz Jahwes. Die Rückkehrer beschlossen, daß von jedem Stamm aus dem Hause Israel der zehnte Teil in der Stadt, die anderen neun Zehntel aber auf dem Lande wohnen sollten. Sie losten nach altem Brauch aus, wer fortan in Jerusalem leben sollte.

Die Stadt wurde erst wieder vergrößert, als Herodes der Große unter römischer Oberherrschaft König in Jerusalem war. Herodes ließ den Tempel erneuern, die Stadt mit prächtigen Gebäuden ausstatten und die dritte Stadtmauer errichten. In dieser prächtigen Stadt wirkte Jesus. Sie fiel in Staub und Asche, als die Römer die aufsässigen Juden zum Gehorsam zwingen wollten.

Damit war auch von der Stadt Davids nur noch ein Trümmerhaufen vorhanden; die Prophezeiung Jesajas, daß in der letzten Zeit der Berg, wo des Herrn Haus steht, fest stehen wird – höher als alle Berge – und Pilgerstätte aller Völker sein wird, war nicht eingetroffen. Auf den Trümmern war Klagen und Jammern zu hören, aber nicht das versprochene »Jauchzen der Erlösten Jahwes, die wiederkommen werden«.

Und Jahwe hatte doch geschworen, die Stadt zu beschirmen um Davids willen und um seinetwillen. Denn er hatte Jerusalem geliebt, wie ein Jüngling seine Braut liebt, sie umworben und reich beschenkt, mit Kleinodien und einer Schönheit, deren Ruhm unter den Völkern verbreitet war, und er hatte mit Trauer gesehen, wie seine Braut die Liebe nicht erwiderte, sondern sich mit anderen Göttern einließ. Dennoch liebte er die Jungfrau Jerusalem so sehr, daß er ihr auch diese Fehltritte verzeihen wollte in Erinnerung an seinen Treueschwur. Und Jahwe schwur, daß er die Hirten, die seine Herde, sein Volk, seine Stadt nun weideten, schlagen wollte, um selber für seine Herde zu sorgen, der dann ein neuer König David als Hirte dienen sollte; denn immer sollte ein kleiner Rest seines Volkes übrigbleiben bis auf den Tag, wo ein neuer Himmel und eine neue Erde sein sollten und die heilige Stadt, das neue Jerusalem, aus dem Himmel herabfahren würde, die geschmückte Braut ihres Mannes Jahwe.

I. Mose 14,18–20; Josua 10,1; Richter 1,7; II. Samuel 5,6–9; 6; I. Könige 6–7; II. Könige 14,12–14; I. Könige 14,25–26; II. Könige 18; 24,10–17; 25; Buch Esra; Buch Nehemia; Jesaja 2,2–4; 35,10; 37,35; Ezechiel 16; 34; Micha 4,1–3; Offenbarung 21,2–10.

1. Jerusalem (d.i. »Stadt des Friedens«) ist heute noch der heilige Ort für Juden, Christen und auch für Muslime, die den Ort el Quds, »die Heilige«, nennen; gemeint ist dabei die ganze Stadt. Diese Bedeutung ist Jerusalem durch seine Geschichte zugewachsen. Die Stadt Davids und die Residenz der Könige von Juda wird stärker noch als das Staatsvolk Juda zum Symbol

und zur Chiffre für das Gottesvolk Jahwes, Elohims und Allahs, nachdem Jahwe den Tempel Salomos als seine Wohnstatt angenommen hat. Der persische Titel für Gott als »Herrn des Himmels« tritt seit II. Chronik 36,23 und Esra 1,2 u.ö. im biblischen Sprachgebrauch auf. In dieser Übernahme wird eine der Assimilationsformen des antiken Judentums sichtbar. Diese Praxis teilte es mit den orientalischen Völkern, die öfter den höchsten Gott des Siegers mit ihrem eigenen höchsten Gott identifizierten.

2. Die historischen Angaben der Bibel dürften hier im allgemeinen zutreffend sein: Daß Jerusalem älter ist als die israelitische Geschichte, geht aus den Amarna-Texten hervor, die für das 14. Jahrhundert v.u.Z. einen König Abdihipa von Urusalim nennen. Es mag an der Stadt gelegen haben, daß die eindringenden Stämme der Israeliten sie erst so spät erobert haben. Sicher ist, daß der Burghügel mit seinem alten Namen Zion, den David zu seiner Festung machte, zunächst außerhalb der Stadt lag und erst durch die Stadterweiterungen unter Salomo und den Herodianern in die Stadt eingeschlossen wurde. David führte die Lade zunächst auf seine Burg. Die spätere Vorliebe, den Namen Zion für Jerusalem zu verwenden, hängt mit der prophetischen Intention zusammen, zuungunsten des Tempels die alte Stammesfrömmigkeit der nomadisierenden Väter wieder zu beleben. Wenn der Prophet Sacharja (Kapitel 9) die Einwohnerschaft Jerusalems als Tochter Zions anredet, so nimmt er bewußt Bezug auf die soziologischen Verhältnisse der Frühzeit und nicht auf die kultische Institution der späten Königszeit.

3. Die Stadt selbst wurde durch den Salomonischen Tempel anziehender als durch die königliche Residenz. Spätestens seit der Kultreform des Königs Josia erstarkte sie zusehends und hat auch die verschiedenen Plünderungen und Brandschatzungen bis zu der endgültigen Zerstörung durch die Römer immer wieder überwunden. Ihre Lebenskraft beruhte auf der Einmaligkeit des Tempels, zu dessen jährlich dreimaligem Besuch der gläubige Jude verpflichtet war. Durch den Tempelbetrieb lebte die Stadt. Wie jeder antike Tempel, in Griechenland, Rom oder Babylon, birgt er, geschützt durch starke Mauern, in seinen Räumen Warenlager, Bank, Staats- und Tempelschatz. Die eschatologischen Prophezeiungen haben nicht zuletzt diese Lebenskraft der Stadt als Motiv für die Überlebenschancen des Gottesvolkes gewählt und daraus abgeleitet, daß Jahwe seiner Stadt die Treue halten und am Ende der Zeiten von Jerusalem

aus das neue Weltzeitalter des Friedens und der Gerechtigkeit eröffnen werde. Es versteht sich von selbst, daß diese priesterliche Lehre von den Einwohnern Jerusalems lebhaft begrüßt und unterstützt wurde, weil sie ihre Existenz in allen politischen Wirren ideologisch sicherte.

4. Zur Zeit Jesu war das prächtige Herodianische Jerusalem auch ein Zentrum frommer Weltverbesserer und Eiferer. Nur hatte die Stadt zu dieser Zeit noch nicht den Charakter des »heiligen Ortes«, weil die jüdischen Frommen jener Tage das Heil des Menschen nicht in ihrer Anwesenheit an dieser Stätte sahen, sondern in der Ankunft und Herrschaft eines göttlichen Königs aus dem Hause David. Darin unterschied sich Jerusalem z. B. von dem griechischen Olympia. Nur so ist zu erklären, daß in der Vision vom neuen Jerusalem in der Offenbarung des Johannes das neue Jerusalem keinen Tempel mehr hat. Der Tempel ist überflüssig geworden, weil der Gott selber nun leibhaftig als König anwesend ist und regiert wie jeder andere König. Diese Auffassung teilt auch das nachbiblische Judentum.

5. Der biblische Sprachgebrauch von Jerusalem als der Geliebten Gottes beruht auf den alten Vorstellungen, wonach die Städte und Heiligtümer ursprünglich Sitze heiliger Königinnen waren, die von den eindringenden patriarchalischen Fremdvölkern erobert worden waren. Städte und Königinnen sind Synonyme. Es ist allerdings sicher, daß dieser reale Hintergrund zur Blütezeit der biblischen Prophetie schon in Vergessenheit geraten ist. Nur das feminine Genus für Stadt ist das letzte Rudiment jener Vorstellungswelt, in der Heimat, Haus und Volk mit Vorliebe in das Symbol der »großen Mutter« gehüllt werden, der vielbrüstigen magna mater der Spätantike. Der Name des ersten historisch bezeugten Königs von Urusalim, Abdihipa, das ist »Knecht der Chiba«, deutet noch darauf hin, denn Chiba ist sonst als Name einer hethitischen Göttin bezeugt.

6. Bedeutsam wird Jerusalem für die christliche Mythologie. In Jerusalem sind die wichtigsten Begebenheiten aus dem Leben Jesu angesiedelt. Die Stadt ist heute noch angefüllt mit christlichen Heiligtümern. Dazu gehören die Grabeskirche, das heilige Grab Jesu am Hügel Golgatha, das Katholikon, in dem man das Grab Adams und Malkisedeks, des legendären Königs von Jerusalem, zeigt (siehe IV,1,c), wie die Stätten des Martyriums Jesu und die Gethsemane-Gärten (siehe XIII,1). An diesen Stätten sind alle großen christlichen Konfessionen vertreten. Die

frühchristliche Mythologie erwartete, daß Jesus nach seiner Himmelfahrt sehr bald nach Jerusalem zurückkehren werde, um das angefangene Reich des Heils, das Königreich Gottes oder auch Königreich der Himmel genannt, zu vollenden. In dieser Erwartung spielt der Tempel keine Rolle mehr, sondern nur noch die radikale endliche Umkehr der bestehenden Verhältnisse in der Welt.

7. Das Bild von der Stadt Jerusalem als Frau ist besonders einprägsam in der Hymnen- und Lieddichtung verwendet worden, wie beispielsweise in den ›Klageliedern des Jeremia‹, die allerdings nicht von dem Propheten, sondern aus verschiedenen Jahrhunderten v.u.Z. stammen, wobei Lied 2 und 4 im babylonischen Exil entstanden sein können, während 1 und 5 im nachexilischen Jerusalem entstanden sind. So heißt es z.B. im ersten Klagelied, Vers 1:

> Ach, wie so einsam liegt die Stadt,
> einst reich an Volk,
> wie ist zur Witwe geworden,
> die groß war unter den Völkern.
> Die Fürstin unter den Städten,
> sie muß Fronarbeit tun.

Im zweiten Klagelied, Vers 13:

> Was soll ich dir gleichsetzen,
> du Tochter Jerusalem,
> was soll ich dir gleichstellen, um dich zu trösten,
> jungfräuliche Tochter Zion.

8. Im zeitlichen Übergang vom antiken theokratischen Königtum zur klassischen Epoche der Sklaverei Roms setzt die soziale Spannung zwischen Herrn und Diener das Problem von Gnade und Verdienst frei. Es beherrscht zunehmend die Religiosität und wird gerade in dem Bilde von Gott als Liebhaber bleibend verankert. Aus der Gnade des Despoten wird die Liebe des höchsten Gottes zur Menschheit. Die Liebe soll bringen, was die eigene Leistung nicht bringt, den Zugang in das Gottesreich der Herrlichkeit.

X.2 Der Tempel

Nachdem Salomo den Thron seines Vaters bestiegen und sich Ruhe und Ordnung im Lande verschafft hatte, erinnerte er sich an das Wort

Jahwes an seinen Vater, daß sein Sohn für den Namen Jahwes ein Haus bauen sollte. Deshalb schickte er Boten an den König von Tyrus und erbat Handwerker und Baumaterialien von ihm, insbesondere Zedern vom Libanon. Sein Wunsch wurde erfüllt. Zahllose Fronarbeiter waren an dem Transport der Baumaterialien und in den Steinbrüchen tätig. Alle Baumaterialien waren aber schon zugerichtet, bevor sie auf den Bauplatz kamen, und so hörte man dort keinen Hammer, kein Beil noch sonst ein eisernes Gerät. Der Tempel wurde ganz aus Haustein gebaut und wurde sechzig Ellen lang, zwanzig Ellen breit und dreißig Ellen hoch. Ringsherum liefen noch Seitenräume in drei Stockwerken, die durch Treppen verbunden waren. An der Ostseite befand sich eine große Vorhalle. Im Tempel selbst teilte eine Querwand das Allerheiligste, in dem die Lade stand, vom Tempelraum. Das Allerheiligste war mit vergoldetem Zedernholz getäfelt, der andere Raum nur mit geschnitztem Holz. Die Schnitzereien waren vornehmlich Cherubimen, Blumen und Früchte. An der hinteren Wand des Allerheiligsten waren zwei zehn Ellen hohe Cherubime aufgestellt, die die ganze Wand bedeckten. Vor dem Allerheiligsten, im Tempelraum, errichtete Salomo einen vergoldeten Altar; vor dem Tempel ließ er rechts und links der Halle zwei Bronzesäulen aufstellen, die achtzehn Ellen hoch waren. Ihre Lilienkapitelle waren mit Granatäpfeln geschmückt.

Für den Opferdienst im Tempelraum ließ der König ein Wasserbekken aus Bronze gießen, das von zwölf Stierbildern getragen wurde, wobei in jede Himmelsrichtung drei Stiere blickten. Dazu zehn Kesselwagen aus Bronze, die mit Cherubimen, Löwen und Palmetten verziert waren. Der Gießer aus Tyrus verfertigte auch die goldenen Leuchter, Kannen, Schaufeln, Töpfe, Lampen, Türangeln, die Schautische und den Altar. Sieben Jahre dauerte die Bauzeit, bis der Tempel vollendet war. Und Salomo weihte den Tempel mit Pomp und Pracht ein, nachdem er die Lade in das Allerheiligste hatte bringen lassen. Dazu opferte er riesige Mengen Vieh. Das Tempelweihfest dauerte vierzehn Tage. Andere sagen, daß er das Volk schon am achten Tage nach Hause gehen ließ.

Danach erschien Jahwe dem Salomo und sagte zu ihm: Ich habe dieses Haus geheiligt und meinen Namen für ewig dorthin gesetzt. Wenn ihr aber aufhört, meine Gesetze und Gebote zu beachten, und anderen Göttern nachlauft, so werde ich euch ausrotten in diesem Lande und das Haus einreißen lassen, so daß alle Vorübergehenden fragen werden: Wie konnte Jahwe das zulassen!?

In den Kammern sammelten König und Priester den Tempelschatz, den dann unter Rehabeam der ägyptische König Sisak als erster plünderte, während Joas von Israel später auch das goldene und silberne

Tempelgerät raubte. Hiskia von Juda nahm danach auch vom Tempelschatz, dazu die Goldbleche von den Wänden im Tempel, um die Tributforderungen Sanheribs zu erfüllen. Nebukadnezar aus Babylon nahm schließlich den Rest mit, bevor er den Tempel niederbrennen ließ.

Nach dem Untergang Babylons kehrten die Juden unter ihrem Statthalter Serubbabel mit königlich-persischer Vollmacht nach Jerusalem zurück und errichteten an der früheren Stelle den Tempel wieder so, wie er unter Salomo errichtet worden war. Der Tempel Serubbabels stand, bis König Herodes ihn erneuerte. Diesen Tempel zerstörten die Römer, als sie Jerusalem stürmten.

Jahwe hat all die Zerstörungen zugelassen, wie er denn schon durch den Propheten Jeremia geredet hatte: Ich will diese Stadt in die Hände Nebukadnezars, des Königs von Babel, geben, und der wird sie verbrennen lassen. Denn seitdem diese Stadt gebaut ist, hat sie mich zornig und grimmig gemacht, daß ich sie wegtun muß, und mein Haus haben sie durch fremde Götzen verunreinigt. Aber später will ich sie wieder auferstehen lassen und sie im Frieden und Heil bevölkern.

Durch Ezechiel (siehe VIII,6) ließ Jahwe die Verbannten in Babylon den neuen Tempel und das neue Jerusalem in einer Vision sehen, die den Propheten in den inneren Vorhof des Tempels entrückte. Die Herrlichkeit Jahwes erfüllte dabei das ganze Haus, und Ezechiel hörte, wie Jahwe ihm sagte: Menschensohn, dies ist mein Thronsitz und der Ort meines Wandelns, wo ich ewig unter den Söhnen Israels wohnen will. Und nun beschreibe das Haus den Israelsöhnen, daß sie sich ihrer Sünden schämen und sich bessern, damit ich sie wieder hineinbringen kann in diese Stadt und zu meinem Berge, auf dem mein Haus stehen soll, das Allerheiligste. Das aber soll auch gelten, daß von meinem Hause ein reicher Segenstrom fließen wird für Land und Stadt.

Der Prophet Haggai machte dann dem Serubbabel und den Leuten, die den zweiten Tempel erbauten und dabei unlustig wurden, Mut; er sagte ihnen den Spruch Jahwe Zebaoths: Nur eine kleine Weile noch, dann werde ich Himmel und Erde und alle Völker erschüttern, und dann will ich dies Haus mit Herrlichkeit erfüllen, einer Herrlichkeit, die größer ist als die des letzten Tempels, des ersten Hauses, und Heil an diesem Orte dem geben, der dorthin kommt.

Ebenso ließ Jahwe den Propheten Sacharja in Nachtgesichten die Wiedererstehung des Tempels, der Stadt Jerusalem und des Hohenpriestertums sehen und sprach zu ihm: Ich kehre mich wieder zu Zion und will zu Jerusalem wohnen. Jerusalem soll heißen eine Stadt der Wahrheit, der Berg Jahwe Zebaoths, der Berg der Heiligkeit. Und die Straßen Jerusalems sollen bevölkert sein von lauter rüstigen Greisen und Greisinnen und ebenso von spielenden Kindern. Sie sollen ein Same des Heils sein. Und alle Völker werden dann mit zu dem Berge Jahwes pilgern wollen.

I. Könige 5,15–6,37; 7,13–51; 8; 9,1–9; 14,25–28; II. Könige 14,13–14; 18,14–16; 25; Jeremia 52; 32; Esra 2,64–70; 3; 6; Ezechiel 43,5–7; 40–48; Haggai 2,6–9; Sacharja 1–8,17.

1. Die geschichtlichen Überlieferungen aus den Tempelbauberichten sind glaubwürdig. Der Tempel Jerusalems ist vergleichbar mit denen von Tyrus und Sidon, den phönizischen Metropolen Vorderasiens, die vom Typ her den ägyptischen Tempelanlagen ähnlicher sind als den assyrischen oder babylonischen. Die Überlieferung ist an Jerusalem und seine Priesterschaft gebunden. Wenn der Tempel dennoch in der prophetischen Literatur hervortritt, dann ist es sicher, daß die Propheten aus den priesterlichen Kreisen Judas kommen.

2. Die detaillierte Beschreibung des Tempels und des Palastes in Jerusalem einschließlich des Inventars, auch die Darstellung der merkantilen Gepflogenheiten Salomos (siehe IX,4) geben ziemlich zutreffend das Bild eines vorderorientalischen theokratischen Königtums wieder und zeigen, wie eng die Kultur der Königreiche miteinander verschmolzen ist. Dieselben Künstler und Handwerker arbeiten in Tyrus wie in Sidon wie in Jerusalem. Sie bringen ihre Formen und Bildelemente mit. Rinder, Löwen, Cheruben, Lämmer und Fruchtmotive dringen zwanglos in das Motivarsenal der israelitischen Kunst ein. Keiner der Erzähler verdächtigt Salomo deshalb der Abgötterei, denn Jahwe selber hat dieses prächtige Haus angenommen. Von dessen Größenordnung kann man sich leicht ein Bild machen, wenn man bedenkt, daß eine Elle etwa 45 cm beträgt.

Das Bildverbot ist hier nicht angewendet worden. Dem Erzähler geht es zudem sicher darum, nachzuweisen, daß es viele andere Bilder im Tempel gegeben hat, aber kein Jahwebild. Die religionsgeschichtliche Entwicklung von dem Stiergott Jahwe zu dem gestaltlosen Jahwe ist dem Erzähler offenbar nicht bewußt gewesen.

Das Opferzeremonial, das sehr genau im II. und III. Buch Mose festgelegt ist, entspricht etwa den auch sonst im Alten Orient üblich gewesenen Opfern.

3. Von den Tempeln ist nichts mehr erhalten geblieben, abgesehen von dem Tempelplatz des Herodes (20 v. u. Z.): Der heilige Felsen unter dem Felsendom, der islamischen Moschee Rubbet es sachra auf dem Tempelplatz, wird vermutlich der

Mittelpunkt des Tempelbaues gewesen sein. Nach der Mythologie des Islam soll der Prophet Muhammad an dieser Stelle zum Himmel aufgefahren sein. Kalif Abd al Malik (637–691) errichtete den Felsendom zu Ehren der Himmelfahrt Muhammads.

4. Der Tempelplatz ist nur für die jüdische und islamische Mythologie von Bedeutung. Die christliche Mythologie ist mehr an der übrigen Stadt Jerusalem interessiert, in der wesentliche Begebenheiten der christlichen Mythologie angesiedelt wurden. Bei ihr rückt der Tempel in der eschatologischen Erwartung aus dem Mittelpunkt des Interesses, an seine Stelle tritt das Bild Gottes oder das Bild des frommen Volkes selber, wenn etwa I. Korinther 3,16–17 die Christen als Gottes Tempel bezeichnet werden.

5. Einmalig in der Religionsgeschichte ist die Bindung Jahwes durch die Jerusalemer Priesterschaft an *ein* Tempelhaus und die ethisch-moralische Gesetzgebung, die der Erzähler als zusammengehörig ansieht (siehe VI,5). Während sonst in der Antike die Götter mehrere Häuser besitzen, legt Jahwe Wert darauf, für alle Zeit nur ein Haus zu haben, in Jerusalem, wohin Jahwe immer wieder zurückkehrt, auch wenn er es zeitweilig verlassen hat und sein Haus eine Trümmerstätte geworden ist. Das Priestertum Jerusalems leitet damit eine Entwicklung ein, die aus dem Staate Davids eine Kultgemeinde Jahwes werden läßt. Aus allen Völkern können die »Erlösten« nach Jerusalem kommen. Die Zugehörigkeit zur Kultgemeinde Jahwes ist nicht mehr an die Ansässigkeit im Lande Jahwes gebunden. Darin gehen bestimmte Forderungen der Propheten (etwa Amos oder Jesaja, siehe VIII,4) auf. Ökonomisch ist damit die Existenz des Tempels gut abgesichert. Die Tempelsteuer wird von allen Juden erhoben, auch wenn sie in Ägypten oder in Rom wohnen.

6. Für die biblische Mythologie ist bedeutsam, daß Jahwe mit der Umwandlung der Staatsreligion in eine Kultreligion aus einem Landesgott zu einem Weltgott wird. Zu diesem Topos gehört, daß seine Wohnstatt zum Mittelpunkt der Erde erklärt wird (Ezechiel 5,5). Für die Griechen war ein Stein in Delphi der omphalos (Nabel) der Erde, der genaue Mittelpunkt, in Rom auf dem Forum der umbilicus urbis Romae et orbis (Nabel der Stadt Rom und der Welt). Bestandteil dieses Topos ist auch die Fruchtbarkeit, die von dem Tempel ausgeht. Nicht nur das Land (Maleachi 3,11–12), sondern auch die Stadt Jerusalem

werden reich gesegnet sein, was in dem Bild der Straßen mit den rüstigen Greisen und spielenden Kindern zum Ausdruck kommt.

Das Bild des glücklichen Jerusalem wird in der Apokalyptik wieder aufgenommen. Siehe XIV,3,c und XIV,3,c,7.

XI Die wunderbaren Erlebnisse und Taten von Hiob, Esther und Daniel

XI.1 Hiob

Im Lande Us lebte einstmals Hiob, ein rechtschaffener, gottesfürchtiger, frommer Mann. Er hatte sieben Söhne, drei Töchter und dazu einen Herdenreichtum, der ihm das höchste Ansehen einbrachte; seine Söhne luden abwechselnd jeden Tag zu einem festlichen Mahle ein, an dem auch ihre Schwestern teilnahmen. Hiob aber brachte jeden Tag für seine Kinder Brandopfer dar, weil er verhindern wollte, daß Jahwe ihnen zürnte.

Als nun die Söhne des Elohim einstmals sich wieder vor Jahwe versammelten, fragte Jahwe den Satan auch nach dem Ergehen seines frommen und redlichen Knechtes Hiob. Satan antwortete Jahwe: Du hast ihn ja förmlich mit Segen überschüttet. Sicher wird er sofort von dir abfallen, wenn du deine Hand von ihm abziehst. Da stellte Jahwe es Satan frei, alles dem Hiob zu nehmen, nur ihn selbst durfte er nicht anrühren. Und Satan schlug zu: Die Sabäer raubten Hiob alle Rinder und Esel, der Blitz erschlug alle Schafe, und die Chaldäer trieben ihm alle Kamele weg. Es starben zur selben Zeit auch Hiobs Kinder, als während eines Gelages das Haus über ihnen zusammenstürzte. Da stand Hiob auf, zerriß sein Gewand, schor sein Haupthaar und betete Jahwe an und sang: Nackt ging ich hervor aus meiner Mutter Schoß, und nackt werde ich dorthin zurückkehren. Jahwe hat es gegeben, und Jahwe hat es genommen, der Name Jahwes sei gepriesen.

Jahwe hörte dies und stellte Satan bei der nächsten Thronversammlung zur Rede. Satan antwortete: Wenn du aber zuläßt, daß ich seine Gesundheit antasten darf, dann wird Hiob dir offen fluchen. Da durfte Satan den Hiob mit Aussatz schlagen; nur sein Leben mußte er schonen. Hiob wurde von seiner Frau verstoßen und saß nun auf dem Aschehaufen vor dem Dorf. Bei alledem blieb er gottesfürchtig.

Es besuchten ihn aber seine drei Freunde Eliphas, Bildad und Sophar und versuchten ihn zu trösten, als er in seinem Leiden den Tag der Geburt und die Nacht seiner Empfängnis verfluchte. In langen Reden erklärten sie ihm, daß er allein schuldig an seinem Unglück sei. Hiob aber wußte sich seiner Unschuld und Sündlosigkeit sicher und meinte, nur Jahwe könne ihm solch Unrecht widerfahren lassen. Er haderte und rechtete mit Jahwe. Darüber erschraken die Freunde, Hiob aber war sicher, daß Jahwe ihn peinigte und ihn einmal auch von seinen Plagen befreien werde.

Und Jahwe verließ ihn nicht, sondern als die Weisheit der Freunde erschöpft war, redete er selber aus einem Wettersturm mit Hiob. Er stellte ihm dar, wie voller Wunder die Weite der Erde von Jahwe eingerichtet ist und gelenkt wird und daß Hiob nicht in der Lage sei, alles zu durchschauen und auch die Ungeheuer auf der Welt zu lenken. Da antwortete Hiob Jahwe und bereute seine unverständigen Reden; nur vom Hörensagen habe er ja bislang Jahwe gekannt, nun aber habe er ihn mit eigenen Augen gesehen. Der Gott aber schalt die Freunde Hiobs, weil sie nicht recht von ihm geredet hatten, und befahl ihnen, sich durch Brandopfer und durch die Fürsprache Hiobs vor Jahwe von ihrer Schuld zu befreien. Und Jahwe wendete das Geschick Hiobs, als dieser für seine Freunde eintrat, und gab ihm seine Gesundheit und das Zweifache seines Besitzes wie auch Kinder, Freunde und Bekannte zurück. Hiob starb alt und lebenssatt, nachdem er noch vier Generationen seiner Nachkommen erlebt hatte.
Hiob 1–32,1; 38–42.

1. Das Buch Hiob ist vermutlich im 4. Jahrhundert v.u.Z. entstanden. Sprachlich legen die vielen Aramaismen im Text die Vermutung nahe, daß der Dichter im Bannkreis der persischen Amtssprache, eben des Aramäischen, gelebt hat. Es ist sicher, daß Hiob 9,24 auf Alexander von Mazedonien anspielt und 12,17–13,2 die Vorgänge beschreibt, die der Eroberung des persischen Reiches durch Alexander folgten.

2. Das Buch Hiob ist eine Dichtung, ein Epos. Die Angabe Ezechiel 14,14 und 14,20, wo Hiob neben Noah und Daniel als Vorbild eines Gerechten genannt wird, rückt seine Person wie die Noahs und Daniels in die Reihe mythischer Helden und ist ein sicherer Hinweis darauf, daß Hiob keine historische Gestalt gewesen ist. Die nicht metrisch gebundenen Teile des Buches, 1,1–2,13 und 42,7–17 – die eigentliche Rahmenhandlung um die großen Redenkapitel –, sind vermutlich die schon Ezechiel bekannte Hiobnovelle gewesen. Diese ist also vermutlich älter als das Buch Ezechiel. Die große Leistung des Dichters des Hiobbuches besteht darin, daß er aus dieser »kleinen Vorlage« das große Epos vom Verhältnis zwischen Gott und Mensch gemacht hat.

In der Septuaginta ist am Schluß des Buches eine Notiz angefügt, wonach Hiob niemand anderes sei als der König Jobab von Edom. Die Angabe ist auch sonst tradiert, aber unwahrscheinlich, auch wenn sonst schon biblische Autoren auf nichtisraelitische Erzählstoffe zurückgegriffen haben. Denkbar ist allerdings, daß der Dichter auf eine Sagengestalt aus jenem Gebiet zurückgreift, denn er siedelt im Kapitel 1,1 Hiob im Land Us an: Nach der priesterlichen Überlieferung gehört Us zu Aram, Sohn des Noahsohnes Sem (I. Mose 10,21–23), während die jahwistische Überlieferung weiß, daß Us ein Sohn Nahors, des Bruders von Abraham, war (I. Mose 22,21), der als Stammvater der Aramäer gilt. Es ist darum wahrscheinlich, daß der Stoff aus ostjordanischem Gebiet stammt und mit dem Vordringen der Edomiter in das durch Nebukadnezar von Judäern entvölkerte Gebiet und in die Sagenwelt Judas eingedrungen ist.

3. Der Text des vorliegenden Buches trägt durchgängig die Handschrift *eines* Dichters, abgesehen von den Kapiteln 32–37 und einigen kleineren Passagen, wozu auch das Kapitel 28 zu zählen ist, das als Kapitel über die Weisheit – nur Jahwe weiß den Weg zu ihr – an dieser Stelle die Handlung stört, ebenso wie die Reden Elihus, Kapitel 32–37, der ganz unvorbereitet in der Erzählung auftritt, vier Reden hält, wobei er Hiob nicht zu Worte kommen läßt, und ebenso spurlos wieder verschwindet. Seine Reden haben das Ziel, Hiobs Anklagen gegen Jahwe zurückzuweisen. Elihu lehrt, daß Jahwe Leid schicke, um die Menschen zu prüfen, zu erziehen. Er sei nicht ungerecht, denn als der oberste Regent der Welt ist er die Gerechtigkeit selbst. Da der Leser die Rahmenhandlung kennt und weiß, wie Hiob in die mißliche Lage gekommen ist, erweisen sich die Reden Elihus als ein Versuch, die von Hiob angetastete Ehre Jahwes zu retten. Sie sind offensichtlich die gelehrte Abhandlung eines sprachgewaltigen Priesters, der sich die Aufgabe gestellt hat, das aufrührerische Element im Buche Hiob zu neutralisieren.

4. Das Hauptproblem des Buches ist nämlich die Auseinandersetzung des gerechten Menschen mit seinem ungerechten Herrn oder Gott. Die Personen Herr, Jahwe, Satan sind die tradierten Namen für die in der Welt des Erzählers im 4. Jahrhundert v. u. Z. vorfindlichen Situationen, daß Könige und Despoten und deren Statthalter in Ausübung ihres Rechtes andere Menschen ihrer Rechte, Besitztümer, Ehre, Kinder und Gesundheit berauben. So wie in einer Spiellaune der Großkönig dem Statthalter konzediert, eine getreue Provinz auszubeuten, so konzediert Jahwe dem Satan, seine Behauptung zu beweisen. Der gerechte Großkönig, der sonst unsichtbar und seinen Untertanen nur vom Hörensagen bekannt ist, erscheint dann allerdings zum Ende und richtet alles wieder auf, was sein Statthalter zerstört hat. Aber die eigentliche Bedeutung des Epos liegt darin, daß Hiob die Auffassung, daß der unter Ungerechtigkei-

ten leidende Mensch den Glauben an seine Unschuld nicht verlieren, sondern vielmehr an die Wiederherstellung von Unschuld und gutem Ruf glauben soll, nicht von vornherein hat, sondern sie sich erst erwirbt. Die Hiobsnovelle, die dem Dichter vorlag, hat sicher so ausgesehen, daß Jahwe den Hiob reichlich für seine Glaubenstreue belohnt. Nachdem Hiob bekannt hat, daß er den Namen des Jahwe-Königs auch dann loben wird, wenn Jahwe ihm alles genommen hat, kann dieser ihm alles doppelt zurückgeben. Der Unterschied des Hiobbuches zu der Novelle liegt darin, daß der Dichter an Hiob durch die Auseinandersetzung mit seinen Freunden und mit Jahwe selbst den Prozeß darstellt, wie der Mensch seine Differenzen mit der ihn beherrschenden Macht austrägt. Das einfache und landläufige Schema von Schuld und Strafe, das theologische Vergeltungsdogma, mit dem Priester und Propheten die politische Wirklichkeit des 3. Jahrhunderts v. u. Z. erklären wollen, wird hier ganz offen angefochten. Hiobs Anklagen gegen Jahwe sind Anklage des Dichters gegen seine Welt. Der Dichter leidet und lebt mit Hiob, nicht mit dem Hiob der Rahmenerzählung, die die Wirklichkeit verfremdet, sondern mit dem Hiob der Reden, der sein Recht sucht. Die Rahmenerzählung zeigt in ihrer *jetzigen* Stellung im gesamten Buch, daß die vorfindliche Welt vom Rat der Götter abhängig ist und daß der Mensch wie Hiob, dem die Absprachen zwischen Satan und Jahwe ja auch verborgen geblieben sind, wenn er sich nur müht und den Glauben an sein Recht nicht aufgibt, die Zusammenhänge erkennen kann, die sein Lebenslos bestimmen. Hiob hat am Ende Jahwe selber gehört, gesehen und verstanden, nachdem er bislang nur vom Hörensagen etwas gewußt hat.

5. Mythologisch bedeutsam sind nicht die oft mythisch verstandenen Tiere Behemoth, d. i. das Nilpferd (etwa Hiob 40,15–24), und Leviathan, d. i. das Krokodil (Hiob 40,25–41,26), sondern die aus der Weisheitslehre stammenden Bilder. Die Funktion des Königs oder Gottes wird an Beispielen aus Natur und Gesellschaft verdeutlicht. Andere Beispiele ähnlichen literarischen Charakters liegen in den biblischen »Sprüchen Salomos« und dem »Prediger Salomo« vor. Die Gattung der Weisheitsliteratur war sowohl in Ägypten wie in Babylon verbreitet. Die biblische Weisheitsliteratur gehört dazu. Sie unterscheidet sich nur durch ihren Optimismus, der z. B. der ägyptischen Dichtung ›Gespräch des alten Mannes mit seiner Seele‹ fehlt, das eine Analogie eher in dem pessimistischen Kapi-

tel 3 der ›Klagelieder Jeremiae‹ findet, einer Dichtung etwa auch aus dem 3. Jahrhundert v.u.Z. (Zu den Engeln siehe II,1,c, zu Satan siehe XII,1.)

XI.2 Esther

Im dritten Jahr seiner Regierung veranstaltete der Perserkönig Ahasveros in Susa ein großes Fest. Es endete damit, daß der König seine Frau Vasti verstieß, weil sie sich geweigert hatte, auf seinen Befehl vor ihm zu erscheinen, denn er war betrunken. Der König verstieß sie aber vor allem auf den Ratschlag seiner obersten Beamten hin, die meinten, daß ein solches Beispiel schlimme Folgen für das Land haben könne, weil alle anderen Frauen nun auch den Befehlen ihrer Männer nicht mehr gehorchen würden.

Danach ließ der König durch seine Beamten im ganzen Königreiche schöne Jungfrauen für das Frauenhaus des Palastes suchen. Diejenige, die ihm gefiel, sollte dann Königin werden. Dabei fiel die Wahl auf Esther, eine elternlose Jüdin, die bei ihrem Onkel Mardochai in Susa lebte. Sie war sehr schön und zudem auch sehr bescheiden und hatte während der langen Wartezeit im Frauenhaus sich bald allerseits beliebt gemacht. Im siebenten Jahre des Königs wurde die Hochzeit und Krönung gefeiert.

Mardochai gelang es bald darauf, eine Verschwörung gegen den König aufzudecken und sie der Esther anzuzeigen. So konnte sie Ahasveros das Leben und den Thron retten. Die beiden Kämmerer, die den Aufstand geplant hatten, wurden gehenkt. An ihrer Stelle ernannte der König den Agagiter Haman zum Oberkämmerer, der damit Anspruch auf fußfällige Verehrung hatte. Nur Mardochai beugte seine Knie nicht vor ihm, weil er Jude war. Darüber geriet Haman in Zorn und beschloß, alle Juden im Lande ausrotten zu lassen. Er erlangte die Zustimmung des Königs, weil er ihm gesagt hatte, daß er das Vermögen dieses Volkes für die Krone einziehen werde. Das große Blutbad sollte im ganzen Reich an *einem* Tage, am 13. Adar, geschehen. Eilboten brachten den Befehl sofort in alle Provinzen. Als Mardochai das hörte, bewegte er Esther, sich für die Juden beim König einzusetzen, und Esther lud darauf für den nächsten Abend den König mit Haman zu einem Gastmahl ein, auf dem der König alle ihre Bitten erfüllen wollte.

Haman hatte nun auf den Rat seiner Frau hin geplant, Mardochai noch vor dem 13. Adar umzubringen. Zu diesem Zwecke ließ er schon einen großen Galgen errichten. Da wurde er in der Frühe des nächsten Tages zum König gerufen; der hatte die Nacht nicht schlafen können und sich deshalb aus der Chronik der Könige von Medien und Persien vorlesen lassen; dabei war er wieder an Mardochais Hilfe bei der Entdeckung jener Verschwörung erinnert worden und hatte nun beschlossen, Mardochai deswegen zu ehren. Er fragte den Haman, wie man einen verdienstvollen Mann ehren könne. Haman, der glaubte, er sei gemeint, schlug vor, den Mann auf des Königs Roß in königlichem Gewande durch die Stadt führen zu lassen. Da befahl der König ihm, den Mardochai so zu ehren. Noch am selben Abend wurde Haman dann bei dem Gastmahl zum Tode am Galgen verurteilt, als der König durch Esther erfuhr, was Haman mit Mardochai vorhatte, und auch noch sehen mußte, wie Haman in unziemlicher Form bei Esther um sein Leben bat. Mardochai wurde über das Haus Hamans gesetzt und trug den Siegelring des Königs wie vor ihm Haman.

Um nun das Unheil von den Juden abzuwenden, ließ der König einen neuen Befehl im Reiche verbreiten, der den Juden erlaubte, am 13. Adar sich gegen ihre Feinde zu verteidigen und alle Gegner, einschließlich der Frauen und Kinder, zu töten. Daraufhin wurden viele vor Angst auch Juden. Und so rechneten an jenem Tage die Juden grausam mit ihren Gegnern ab. Die königliche Verwaltung unterstützte dabei die Juden. In Susa durften sie auch am 14. Adar ihre Feinde morden. Deren Eigentum jedoch rührten sie nicht an.

Am 14. und 15. Adar feierten sie auf Vorschlag Mardochais das Purimfest, zum Zeichen des Sieges über ihre Feinde. Die Königin Esther machte diese Vorschrift Mardochais zum bleibenden Gesetz. Und Mardochai, Ahasveros und Esther standen in hohem Ansehen bei den Juden und allen Einwohnern des Landes.

Esther 1,1–9,19; 10,1–3.

1. Das Buch Esther ist eine Legende. Die Angabe der Namen des persischen Königs Ahasveros, in der griechischen Übersetzung Artaxerxes, ist sowenig historisch wie Mardochai, Haman oder Esther und Vasti. Das Buch der persischen Königschronik ist eine Erfindung. In keiner persischen Chronik tauchen diese Namen auf. Denkbar ist allerdings, daß der König die Gelegenheit nicht versäumt hat, durch einen Pogrom seine Kassen aufzufüllen, und daß es ihm gleichgültig gewesen ist, wer umgebracht werden sollte. Diese Erfahrung ist gemeinorientalisch.

2. Schauerlich ist die Erzählung als Kultlegende für das Purimfest, das im Judentum heute noch gefeiert wird. Historisch glaubwürdig ist sie nicht. Ein hebräisches Wort »Pur« in einer Bedeutung von »Los«, »Orakel«, wie im Buch Esther angegeben, gibt es nicht. Der Ursprung von Fest und Name liegt nach wie vor im Dunkel. Es besteht nur die Möglichkeit, eine Kom-

bination der Geschichte von dem jüdischen Feldherrn Nikanor mit der Mardochaigeschichte anzunehmen, die durch die beieinanderliegenden Gedenktage im Kalender zustande kam. Es kann sein, daß dieses Fest in einer Gruppe des Judentums verankert war und von diesen mit in den biblischen Kanon eingebracht wurde, obwohl in der ganzen Erzählung der Name oder Begriff Gottes fehlt. Die Aufnahme in den Kanon ist also nur über den kultischen Festkalender möglich geworden, zu dessen Erklärung von einem Redaktor des 1. Jahrhunderts v. u. Z. vermutlich der Einschub zur Stiftung des Purimfestes, Kapitel 9,20–32, gemacht wurde.

3. Das Buch selber ist vermutlich in der vorliegenden Form im ersten Drittel des 1. Jahrhunderts v. u. Z. entstanden. Der Verfasser hat sicher keine klare Vorstellung mehr vom Perserreich haben können und auch sicher nicht mehr gewußt, daß in der Legende, die er verwandt hat, ein alter Mythos verborgen war. Der Mythos handelte von dem Kampf zwischen dem babylonischen Gott Marduk (das ist hier der Jude Mardochai) und dem elamitischen Gott Humman (der Kämmerer Haman), in dem Marduk siegte, wie auch die babylonische Göttin Ištar (das ist Esther) die elamitische Göttin Waschti (die Königin Vasti) verdrängte, während der König Ahasveros Symbol für das von Marduk umworbene Land Babylon-Assur-Medien gewesen sein muß.

Aus diesem Mythos hat der Erzähler durch die Beifügung zeitgenössischen Kolorits, wie etwa die genaue Beschreibung der Brautzeremonie, der Ausfertigung der königlichen Befehle und der Hofetikette zeigen, eine historische Erzählung gemacht. Wenn der Dichter die Zugehörigkeit Esthers zu den Exiljuden verschwiegen wissen will wie es Mardochai von seiner Nichte verlangt, so mag dem Dichter an dieser Stelle noch die Beziehung zum Ištar-Mythos lebendig gewesen sein. Deshalb wird er »Hadassa«, was etwa »Myrte« bedeutet, als jüdischen Namen für Esther in die Erzählung eingefügt haben.

4. Die Dichtung hat ihren Platz im Kanon sicher behauptet, weil sie den Juden im 1. Jahrhundert v. u. Z. die Aussicht eröffnete, sich auch einmal an ihren Feinden grausam zu rächen, von denen sie nun schon jahrhundertelang unterdrückt waren.

Unter den Deportierten Jerusalems in Babylon befand sich auch Daniel, der aus vornehmer Familie stammte. Wegen seiner Schönheit und Klugheit wurde er ausersehen, im königlichen Palaste Dienst zu tun. Daniel und seine drei Gefährten aus Juda achteten aber sehr darauf, daß sie sich gemäß dem Gebot Elohims nicht an den Speisen und Getränken verunreinigten, die an des Königs Tafel gereicht wurden. Der König Nebukadnezar bemerkte, daß sie zehnmal klüger waren als alle Wahrsager und Zauberer in seinem Reich, denn Elohim hatte Daniel und seine Gefährten die Kunst gelehrt, jede Schrift und Wissenschaft zu verstehen, und Daniel konnte selbst Träume deuten. So rettete er einmal sich und seinen Gefährten und allen Weissagern Babylons das Leben, als der König Nebukadnezar befohlen hatte, alle Wahrsager umzubringen, weil sie ihm seinen Traum nicht sagen und deuten konnten; Daniel konnte es, denn Elohim hatte es ihn wissen lassen. Es war aber in diesem Traum die Vision der Zukunft dargestellt an einem mächtigen Helden, der teilweise aus Gold und teilweise aus Silber, aus Erz und aus Ton bestand und durch einen Stein zertrümmert wurde. Die Bestandteile des Helden deutete Daniel als die Reiche, die Nebukadnezar folgen sollten.

Der König erhob daraufhin Daniel zum Obervorsteher über alle Weisen Babylons und ließ ihm königliche Ehren erweisen. Wenig später errichtete Nebukadnezar in Babylon ein neues Gottesbild aus Gold und ordnete an, daß jedermann die Statue anbeten solle. Aber die Gefährten Daniels weigerten sich. Darauf verurteilte Nebukadnezar sie zum Tod im Feuerofen. Doch die Flammen taten ihnen nichts, denn ein Bote des Himmels hatte sich im Feuerofen zu ihnen gesellt. Darauf verordnete Nebukadnezar, daß niemand ihren Gott angreifen dürfe, und gab selber einen Erlaß an seine Untertanen heraus, in dem er ein Wunder beschrieb, das ihm widerfahren war: Lange Zeit bin ich krank gewesen, aus der Gemeinschaft der Menschen ausgestoßen, und habe wie das Vieh auf dem Felde Gras gegessen. Erst nach sieben Zeiten bin ich wieder genesen, wie auch Daniel es mir auf Grund eines Traumgesichtes vorhergesagt hat. Jetzt lobe, preise und danke ich, der König Nebukadnezar, den König des Himmels, alle seine Taten sind wahr und seine Wege gerecht.

Dem König Nebukadnezar folgte sein Sohn Belsazar auf den Thron. Als der einstmals ein großes Fest in Babylon feierte und dabei die Kultgeräte aus dem Jerusalemer Tempel beim Gelage frevlerisch benutzte, erschien plötzlich eine Hand auf der Wand, gegenüber dem Leuchter, und schrieb auf der Wand Worte, die niemand lesen und deuten konnte. Den König ergriff die Angst, und sein Gesicht verfärbte sich. Da erinnerte sich die Königin an Daniel, den Nebukadnezar ja zum Obersten der Zeichendeuter, Wahrsager, Chaldäer und Sterndeuter bestellt und ihm den Namen Beltsazar gegeben hatte. Und Daniel erschien, las und deutete dem König die Schrift: mene, mene, tekel peres – der Gott des Himmels hat dein Reich gezählt, gewogen, zerteilt und den Persern gegeben. Und der König ernannte Daniel zum obersten Machthaber im Lande, noch bevor man ihn in derselben Nacht ermordete und der Meder Darius die Macht ergriff.

Unter Darius versuchten Daniels Neider, ihn durch ein heimtückisches Gesetz von der Verehrung seines Gottes abzuhalten. Als Daniel weiter mit dem Gesicht nach Jerusalem seine Gebete verrichtete, wurde er in die Löwengrube geworfen. Doch die Löwen rührten ihn nicht an. Darius erkannte daran, daß der Gott Daniels der lebendige Gott ist, dessen Reich unzerstörbar und ewig ist, der Zeichen und Wunder am Himmel und auf der Erde verrichtet. Und Daniel blieb auch unter Darius und dem Perser Cyrus der oberste Beamte im Reich; seine Neider aber wurden ihrerseits in die Löwengrube geworfen und von den Löwen zerfleischt.

Als Belsazar noch König in Babylon war, sah Daniel in Traumgesichten die Zukunft voraus: Zuerst erkannte er in einer Vision von vier kämpfenden Tieren, daß der Hochbetagte in den Wolken schließlich auf seinem Feuerthron Gericht über die Weltreiche halten wird und das Regiment den Heiligen des Höchsten geben wird, die durch einen Menschensohn, der mit den Wolken des Himmels kommt, vertreten werden.

Im dritten Regierungsjahre erkannte Daniel in dem Kampf eines Widders aus Persien mit einem Ziegenbock aus dem Westen, aus dessen einem Horn vier wurden und von denen eines dann gewaltig bis an den Himmel wuchs, daß die Endzeit auch das Ende eines gewaltigen und verderbenbringenden Reiches im Westen bringen wird.

Im dritten Regierungsjahre des Cyrus sah Daniel schließlich, wie in einer großen Engelschlacht das Schicksal der Völker entschieden werden wird und wie denselben Kampf auf Erden die Könige ausfechten werden. Aber den Zeitpunkt, wann der Engelfürst Michael die Söhne Israels erretten wird, deren Namen eingetragen sind im Buch des Lebens, verriet ihm der Engel nicht, denn die Worte bleiben geheim und versiegelt bis zur Endzeit, und nur die Weisen werden sie verstehen.
Daniel 1–12.

1. Das Buch Daniel ist etwa um das Jahr 164 v.u.Z. entstanden. Es ist sicher ursprünglich aramäisch verfaßt gewesen, wie jetzt noch Kapitel 2,4b–7,28. Anfang und Ende des Buches sind si-

cher ins biblische Hebräisch übertragen worden, um dem Buche die Aufnahme in die heiligen Schriften des Alten Testaments zu ermöglichen. Die Entstehung inmitten des 2. Jahrhunderts v. u. Z. erklärt auch, daß der Dichter in der Geschichte so unbewandert ist, daß er die babylonischen und persischen Könige nicht richtig einordnet. Einen König Belsazar hat es z. B. nachweislich nicht gegeben.

2. Die historischen Bezugnahmen haben zudem auch nur die Aufgabe, den Dichter zu autorisieren. Es gibt keinen Anhaltspunkt dafür, daß es in Babylon zur Zeit des Exils einen jüdischen Beamten mit solchem Einfluß gegeben hat. Vermutlich ist die auch Ezechiel bekannte Person Daniel eine volkstümliche Figur gewesen, die wie Hiob und Noah, mit denen zusammen Ezechiel Daniel nennt, geeignet war, solche Erzählungen an sich zu ziehen. Anzunehmen ist, daß Daniel wie Hiob eine Gestalt war, der man Klugheit, Tapferkeit und Frömmigkeit als Tugenden zuschrieb – sein Name bedeutet etwa »Gott ist Richter« – und die nicht ursprünglich in der erzählerischen Tradition Israels und Judas vor dem Exil beheimatet gewesen ist, sondern vielleicht zu einem der Aramäerstämme gehört, die mit den Deportierten im babylonischen Völkerschmelztiegel zusammengestoßen waren. (Siehe auch XI,1,2.)

3. Die gute Kenntnis der Verhältnisse in Palästina zur Zeit des syrischen Königs Antiochus IV. Epiphanes legt es nahe, den Dichter als Zeitgenossen dieses Königs anzusehen. Er ist in den Nachtgesichten Daniels das eine Horn, das größer wird als die anderen drei, mit denen es gemeinsam an die Stelle des Horns trat, das der Ziegenbock aus dem Westen trug. (Mit dem Ziegenbock ist Alexander der Große gemeint, der den persischen Widder schlägt.) Antiochus IV. Epiphanes hat nämlich den Versuch unternommen, den Jerusalemer Kult zu hellenisieren. Antiochus gehörte zu den Seleukiden, den Nachfolgern des Seleukos auf dem Thron des Teilreiches Syrien, das aus dem Erbe von Alexanders Großreich neben dem ptolemäischen Ägypten die geschichtliche Bewegung in den letzten Jahrhunderten v. u. Z. im Vorderen Orient vorantrieb. Er verbot bei Todesstrafe die Feier des Sabbats, der Beschneidung und den Besitz des Torahbuches, d. h. der fünf Bücher Mose, und errichtete im Dezember des Jahres 168 v. u. Z. auf dem Tempelplatz in Jerusalem einen Altar für den Zeus Olympikos, dem er auch den Tempel widmete. Die Zeit dieser Unterdrückung hat der Ver-

fasser gekannt. In der Person des frevlerischen Königs Belsazar ist darum die Schilderung des Antiochus IV. zu sehen.

4. Die für den Gott Daniels und seiner Gefährten und in den Nachtgesichten Daniels verwandten Begriffe lassen kaum Analogien zu älteren biblischen Gottesepitheta zu. Der »höchste Gott«, Gott des Himmels, Hochbetagter, Gott der Götter, Ewiglebender sind Epitheta, die eher an persische Königstitulaturen erinnern als an biblische Götter. Der in Begriffen der Jahwelehre gehaltene Abschnitt Kapitel 9,1–20 ist wesentlich jünger als das übrige Buch und ist (ähnlich wie andere, aber nicht in den Kanon aufgenommene Erweiterungen, die das Danielbuch in der griechischen Übersetzung, der Septuaginta, enthält) der sichtbarste Hinweis darauf, daß ein Jerusalemer Priester versucht hat, das sonst so jahwefremde Buch dem Gesamtkanon anzugleichen. Zu den Erweiterungen in der griechischen Übersetzung gehören die Geschichte von Susanna im Bade, dem Baal zu Babylon, dem Drachen von Babylon, das Gebet Asarjas und der Gesang der drei Männer im Feuerofen. Diese derb und drastisch antibabylonisch artikulierten Motive sind dem hebräisch-aramäischen Buche fremd, das eine wesentlich feinere Polemik gegen Babylon treibt. Der Hinweis auf die Bitte Daniels, ihm und seinen Gefährten aus kultischen Gründen zu erlauben, sich vegetarisch zu ernähren (Daniel 1,8–16), mag zudem die Vermutung erhärten, daß der Verfasser vielleicht aus der persischen Religiosität hervorgegangen ist, da ja die Anhänger Zarathustras sehr auf die Reinerhaltung ihrer Seele und ihres Leibes bedacht waren und die vegetarische Ernährung bevorzugten. Der Umstand würde auch die Gottesbegriffe leicht erklären.

5. Die Lehre von den sich ablösenden Weltreichen und dem zukünftigen Reiche des Heils und Glückes, das Menschengestalt hat, nicht tierförmig ist wie die vorangegangenen, ist typologisch von der alttestamentlichen Prophetie zu unterscheiden, die eine solche Zeitalterlehre nicht kennt. Sie stammt aus der persischen Tradition. Das Danielbuch ist eschatologisch motiviert. Es rechnet mit dem Kommen einer letzten Zeit, einer Nach-Zeit, die es aber nicht mehr konkret beschreiben kann, sondern deren Nahen durch Bilderreden angedeutet wird.

Diese Bilderreden von der letzten Zeit werden Apokalypsen genannt. Das Buch Daniel ist einer der frühesten Zeugen für das Eindringen dieses religionsgeschichtlichen Topos in die biblische Religiosität. Die Lösung der geschichtlich wahrnehmbaren

Krisen in Wirtschaft und Gesellschaft wird auf eine Nach-Zeit vertagt, sie wird transzendiert. Die kleinen theokratischen Königtümer mit ihrer patriarchalischen Sozialstruktur zerbrachen. Im Gefolge der Reiche Alexanders des Großen und seiner Nachfolger bürgerte sich zusehends die Sklaverei ein. Die Glaubwürdigkeit der Vision von der wunderbaren Zukunft wird durch die historisierende Darstellung von Machtbeweisen des »höchsten Gottes« begründet, der sich schon immer als der mächtigste Gott erwiesen hat.

XII Der Teufel: Satan, Asasel, Beelzebul und andere Götter

XII.1 Satan

a. Der Satan war einer der Gottessöhne, die gelegentlich vor dem Thron ihres Vaters erschienen, um Rechenschaft über ihr Tun abzulegen. Er verdächtigte den Hiob vor Jahwe der unlauteren, weil eigensüchtigen Frömmigkeit und den Hohenpriester Josua der Unreinheit, und Jahwe prüfte seine Anschuldigungen. Er war einer der Göttersöhne wie Gabriel und Michael, die wie ihre heiligen Brüder sich sehr um das Schicksal der ihnen anvertrauten Menschen sorgten. (Siehe auch II,1,c,1.)

Der Satan aber war besorgt um die Rechte Jahwes, damit diese nicht durch die Menschen geschmälert würden, er prüfte auch das Gottesvolk, als David Israel zählen ließ, wozu ihn der Zorn Jahwes bewogen hatte. Satan prüfte auch, ob Menschen das ihnen zustehende Recht erhielten, ob zum Beispiel Eheleute ihren ehelichen Pflichten nachkamen.

Hiob 1,6–2,7; Sacharja 3,1–2; I. Korinther 7,1–5; Daniel 9,21; 10,13; 8,13 I. Chronik 21,1.

b. Als Jesus vom Geiste in die Wüste geführt wurde, erschien ihm dort auch der Satan, um ihn auf die Probe zu stellen, ob er seinem Vater gehorsam sei. Jesus bestand diese Probe, beschwor ihn, wegzugehen, und sagte zu ihm: Gehe weg, Satan, denn es steht geschrieben, du sollst allein Gott, deinem Herrn, dienen und ihn anbeten. – Satan hatte ihm nämlich Macht, Wunderkräfte und die Weltherrschaft versprochen, wenn er ihn als Herrn anerkennen würde. Doch so schnell gab Satan nicht auf und bemächtigte sich endlich des Judas Ischariot, um Jesus zu überwinden (siehe XIII,1).

Matthäus 4,1–11; Markus 1,12–13; Lukas 4,1–13; Johannesevangelium 13,2; Matthäus 26,14–25; Lukas 22,3.

c. Dem Satan unterstanden viele Dämonen, Geisterwesen der Bosheit in den himmlischen Regionen, denn er war nicht nur ein Fürst in dieser Welt, sondern herrschte auch in den Himmeln. Manchmal war er verkleidet wie ein Engel des Lichtes.

Andere nannten ihn auch Beliar und glaubten, daß er Gott dieser Welt sei, weil er Menschen beherrschte. Andere erzählen, Jesus kämpfte mit seinen Jüngern gegen diesen Fürsten der Welt, weil der Teufel der Vater der Lügensöhne in der Welt war und ein Menschenmörder; deshalb sind die Sünder unter den Menschen seine Kinder, die

Gotteskinder dagegen sind sündenfrei. Teufel und Gott streiten um die Vorherrschaft auf dieser Welt, solange sie besteht; schon Kain war ein Sohn des Teufels. Überall, wo das Wort Gottes verkündet wird, ist Satan eifrig dabei, es den Leuten aus dem Herzen zu reißen; er schafft sich selber auch Lehrhäuser.

Lukas 10,17–20; Epheser 6,11–12; II. Korinther 4,4; 6,15; 11,14; Johannesevangelium 12,31; 14,30; 8,37–47; I. Johannesbrief 3,8–15; Markus 4,14–15; Lukas 8,12; Matthäus 13,19. Offenbarung 2,9–10.

1. Der biblische Satan ist die Bezeichnung für einen der Göttersöhne, das sind die Götter im Gefolge Jahwes, der der oberste der Götter ist. Dieser wird im Neuen Testament nur noch Herr (Kyrios) und Gott (Theos) genannt (siehe XIII,1,7). Die angeführten Texte beschreiben seine ursprüngliche Aufgabe, die ihm zu seinem Namen (»der Widersacher«) verholfen hat. Er hat die Aufgabe, Jahwes Recht gegenüber den Menschen durchzusetzen und die Rechtsverletzer der Rechtsbeugung anzuklagen. Er ist der Ankläger der Menschen im Namen Jahwes, ihr Widersacher. Die Bezeichnung seiner Tätigkeit wird dann im Bericht von der Davidischen Volkszählung (I. Chronik 21) zum Eigennamen, erkennbar daran, daß der bestimmte Artikel vor dem Namen fehlt.

2. Auch in der neutestamentlichen Überlieferung ist der Satan zunächst keine völlig negative, verabscheuungswürdige Gestalt. Die Versuchungsgeschichte Jesu zeigt nämlich, daß der Geist Gottes Jesus zum Teufel führt, der ihn prüfen soll. Der griechische Begriff für Teufel, Diabolos, wird vom Erzähler durchgängig verwendet. Nur als Jesus den Teufel anredet, legt der Erzähler Jesus den Namen Satan in den Mund. Damit greift der Erzähler auf die alttestamentliche Vorstellung zurück, wonach Satan, der Teufel, ein Gottessohn ist, der die juristische Funktion des Versuchers, des Prüfers und Anklägers hat.

3. Im biblischen Sprachgebrauch werden auch Menschen gelegentlich mit der Bezeichnung Satan genannt. Etwa David in I. Samuel 29,4, die Söhne der Zeruja in II. Samuel 19,23, die Gegner Salomos in I. Könige 5,18 oder auch Petrus bei Matthäus 16,23 und der Parallelstelle Markus 8,35. Hier ist ganz deutlich die Funktion des Widersachers gemeint, das ist derjenige, der in einem Sachstreit die Gegenposition vertritt, wobei damit keine ethisch-moralische Diskriminierung verbunden ist. Für die biblische Religiosität ist zunächst die monolatristische Idee von der Einzigartigkeit des eigenen Gottes ausschlaggebend. Neben diesem Gott kann es keinen gleichartigen Gott

geben. Der Satan ist der vom Gott selbst bestimmte Gegenspieler des Menschen.

4. Anders als die altpersische Religion Zarathustras kennt die biblische Religiosität zunächst keinen allmächtigen Dualismus, der die Welt und ihr Schicksal als das Ergebnis eines ewigen Kampfes zwischen den Kräften des Lichtes und der Finsternis ansieht. In der biblischen Religiosität ist dieser in der Diesseitigkeit lokalisiert. Er erscheint biblisch als Bestandteil einer dialektischen Gesetzmäßigkeit.

Der Mensch hat als Lebewesen immer einen Widersacher, der eine andere Meinung und andere Interessen als er selber hat und vertritt, das ist – im Bilde seines Herrn und Königs – sein Gott. Indem von David und Jesus erzählt wird, daß sie Widersacher haben, wird ihre Bedeutung relativiert. Der Widersacher ist notwendiger Bestandteil prophetisch-priesterlicher Polemik gegen jedes Streben nach Autarkie. Volk und König sind nicht allmächtig, sondern haben einen Widersacher in dem Gott, der den Gehorsam gegenüber seinem Recht durch Engel prüfen läßt und vollstrecken läßt (siehe etwa II. Samuel 24,10–17; I. Chronik 21,15; Maleachi 3,1). Die Engel können Gabriel, Michael und auch Satan heißen.

5. Der Mythos vom Engelsturz aus dem Himmel und der Entstehung eines Gegensatzes zwischen Satan oder Uriel und Gott Jahwe ist außerbiblischer Herkunft und erst in der christlichen Mythenbildung bedeutsam geworden, die wesentlich vom dualistischen Erbe des Hellenismus beeinflußt ist. Dazu gehören die Texte aus dem II. Korintherbrief, dem eng mit der gnostischen Weltdeutung verwandten Johannesevangelium, dem I. Johannesbrief und dem Epheserbrief aus dem Ende des 1. Jahrhunderts u.Z. In der späteren kirchlichen Mythologie wird der Teufel entweder als ursprünglicher Engelfürst, d.i. der oberste der Engel und Cherubime, oder auch als älterer oder jüngerer Bruder Christi dargestellt. In der ersten Deutung empört sich Satan gegen Gott, weil er ein Gott werden will, in der zweiten mythenpoetischen Deutung nach Augustin ist er auf die offensichtliche Bevorzugung Christi eifersüchtig und wird deshalb von Gott für ewig in die Feuerpfuhle der Hölle verbannt.

Asasel war ein Gott, der in der Wüste wohnte. Jahwe befahl während Israels Wüstenwanderung dem Aaron, dem Bruder des Mose, in jedem Jahre einmal den Versöhnungstag zu feiern. An diesem Tag sollte Aaron Jahwe einen Stier opfern und einen Bock, der durch das Los aus zweien gewonnen wurde. Der andere Ziegenbock war für Asasel in der Wüste bestimmt. Und das ganze Volk sollte sich entsündigen und heiligen, indem es für Jahwe einen Stier und einen Ziegenbock als Brandopfer darbrachte, während man dem Asasel einen Ziegenbock in die Wüste brachte, auf den ebenfalls Aaron die Sünden des Volkes legte.

In den Zeiten der Könige opferten die Israeliten den ziegenbockgestaltigen Göttern noch regelmäßig und hielten auch deren Priester – sehr zum Ärger der Propheten Jahwes – hoch in Ehren. Außerdem verehrten die Israeliten auch noch die Šedim und opferten ihnen ihre Kinder. Das waren aber Geister, die nicht Gott sind, und Götter, die die Väter nicht kannten und die aus der Nähe gekommen waren.

III. Mose 16; Jesaja 13,21; 34,12.14; II. Chronik 11,15; III. Mose 17,7; V. Mose 32,17; Psalm 106,37.

1. Asasel ist sicher ein Gott aus der Frühzeit eines der Stämme Israels gewesen. Der Name ist sonst in der Bibel unbekannt. Er ist aus der Tradition gedrängt. Aus der Überlieferung III. Mose 16 ist aber zu schließen, daß Asasel und Jahwe gleichbedeutend waren. Denn erst durch die Opfer für beide wird das Volk entsühnt und kultfähig.

2. Es ist deshalb kaum anders denkbar, als daß Jahwe und Asasel für die Existenz des Volkes beide gleich wichtig waren. Naheliegend ist, anzunehmen, daß Jahwe der Gottkönig in den Toren des Zeltdorfes gewesen ist, während Asasel der Gottherr über das Weideland war. Beide müssen durch ein Opfer gleichmäßig gütig gestimmt werden. Als nach der Rückkehr aus dem Exil die priesterlichen Tradenten die alten Feiertagsregeln der Gemeinde vortrugen, war aber diese Tradition schon vergessen. Übrig blieb ein Ritus, der so erklärt werden mußte, daß die Einmaligkeit Jahwes deutlich wurde. Jahwe erhält das Brandopfer eines Stieres und eines Ziegenbockes, Asasel nur den ungeschlachteten Bock.

3. Vor dieser priesterlichen Regelung war der Kult des ziegenbockgestaltigen Gottes mit Priestern und Altären noch im Lande geduldet. Asasel ist vermutlich ein Halb- oder Ziehbruder Jahwes gewesen, wie der ziegenbockgestaltige Pan der Zieh-

bruder des Zeus gewesen ist. Pan gilt auch sonst im arkadischen Fruchtbarkeitskult als Mythologem für den »Teufel« oder »aufrechten Mann«, der in ein Ziegenfell gekleidet war und die Mänaden auf ihren orgiastischen Zügen begleitete. Er galt auch als Herr der Wahrsagekunst und des Flötenspiels, von dem Apollo diese Fähigkeiten erworben hat. So wie Pan dem Zeus unterlag und zum Bocksgestaltigen wurde, unterlag Asasel Jahwe.

4. Die Šedim waren vermutlich schwarze stiergestaltige Götter analog dem assyrischen Stiergott Šedu, die ursächlich Fruchtbarkeitsgötter in Kanaan waren und von den biblischen Autoren in polemischer Form »Göttchen« (Götzen) genannt werden. Die Diminuitivform soll dabei die Bedeutungslosigkeit der genannten Personen darstellen, obwohl sie nicht weniger Bedeutung für die allgemeine Religiosität besaßen als der Jahwekult (siehe auch II,4). Es dürfte Zufall sein, daß die Šedim in II. Könige 23 nicht namentlich aufgeführt werden (siehe dazu VI,5).

XII.3 Beelzebul, die Dämonen und der Drachen

a. Baal-Sebul hieß der Gott von Ekron. Er half den Menschen in Krankheitsnöten und Bedrängnissen und herrschte über die Krankheitsmächte; er allein konnte Heilung geben oder versagen.

Als Jesus nun auch Menschen von Krankheiten heilte, glaubten die Leute, daß der Beelzebul ihm behilflich sei, und sie sahen in ihm einen Diener des Beelzebul, denn er konnte die bösen Geister vertreiben; einmal ließ er diese sogar in eine Schweineherde fahren, die sich dann ins Meer stürzte. Jesus wehrte sich dagegen, daß man ihn mit Beelzebul in Verbindung brachte, und sagte, daß er durch den Geist seines Vaters wirke und nicht durch Beelzebul, den obersten der Dämonen. Beelzebul wurde nämlich von Jesus bezwungen.

II. Könige 1; Matthäus 12,24–32; Lukas 11,15–23; Markus 3,22–30; 5,1–20.

b. An anderen Stellen heißt es, Beelzebul stritt mächtig gegen die Anhänger Jesu, und irreführende Geister und Dämonen verbreiteten Lehren, durch die etliche vom Glauben an Christus abgefallen sind; deshalb sollten die Frommen wachsam sein, denn der Teufel ginge wie ein brüllender Löwe umher auf der Suche nach einem, den er verschlingen könnte.

Galater 4,8–12; I. Timotheus 4,1.

c. Wieder andere sagen, der Versucher, die große Schlange, der alte Drachen, wird erst in den letzten Tagen versuchen, die Herrschaft an sich zu reißen. Michael und seine Engel führen dann Krieg mit dem gekrönten siebenköpfigen Drachen und dessen Engeln und stürzen sie auf die Erde, denn im Himmel ist kein Platz mehr für sie. Auf der Erde aber kämpft der Drache noch eine kurze Frist, bis er unterliegt, der große Drache, auch der Teufel, der Satan oder die alte Schlange genannt. Am großen Tag des allmächtigen Gottes wird er noch versuchen, die Könige des ganzen Erdkreises zum Kriege aufzuhetzen. Das ist die kurze Zeit, für die ihn der Engel des Himmels von der Kette in der Unterwelt losbindet, nachdem er dort tausend Jahre gefesselt lag, damit er die Völker nicht verderben kann.

Danach aber wird der Teufel in den See des Feuers und Schwefels geworfen, wo er bis in alle Ewigkeiten gepeinigt wird. Zu ihm werden auch alle Menschen getan, die im Gericht Gottes die Prüfung nicht bestanden haben.

Offenbarung 12,1–17; 16,12–14; 20,1–3; Matthäus 25,41.

1. Beelzebul steht in der religionsgeschichtlichen Entwicklung zunächst im Neuen Testament für sich. Als Reinkarnation des Krankenheilands Baal-Sebul von Ekron genießt er hohe Anerkennung auch bei den Leuten zur Zeit Jesu und später. Im Alten Testament wird sein Name als »Gott der Fliegen« (Beelzebub) gedeutet, um seine Bedeutung zu mindern (siehe VIII,3,3). Krankheit erscheint dem nichtwissenschaftlichen Denken oft als Fatum, als willkürliche Schickung von Göttern und Dämonen. Heilung von Krankheit demgemäß als Sieg eines Dämons über einen anderen.

2. Der Abfall vom Glauben an Jesus ist für solch Denken auch nur als eine Krankheit zu erklären. Diese Dämonen müssen ausgetrieben und verbrannt werden. Noch die christliche Inquisition bis ins 18. Jahrhundert u. Z. – so lange wurde sie noch in Spanien geübt – lebte in dieser Mythologie.

3. Die Bilder vom großen Drachen, der alten Schlange, von Teufel und Satan fließen in der apokalyptischen Bilderwelt ineinander. Die prophetischen Naturwunderbeschreibungen Jesaja 14,12 und Hiob 41 werden zur Darstellung des Bösen verwendet, der erst der vereinten Kraft Michaels und seiner Engel unterliegt. Diese eschatologische Ausweitung ist die Folge der apokalyptischen Frömmigkeit seit dem 4. Jahrhundert v. u. Z. im Vorderen Orient. Der Fromme kann die Folgen der Sklaverei unter den Diadochen Alexanders des Großen und den Römern nicht mehr ertragen und auch nicht mehr als Prüfung

seines Gottes erklären. Unter dem Einfluß des persischen Dualismus setzt er eine Macht des Bösen der allmächtigen Macht des Guten absolut gegenüber und leitet ihre Unversöhnlichkeit aus seinem Schicksal ab. Die Veränderung seines Schicksals legt er dementsprechend in die Hände himmlischer Mächte, den Zeitpunkt derselben in das Belieben der himmlischen Heerscharen.

4. Parallellaufend dazu wird die Religiosität auf die kultischen Rituale eingeengt. Der normale menschliche Alltag bleibt von der Frömmigkeit unberührt. Diese bewußte konservative Ritualisierung ist der Ansatzpunkt für die Depravierung des Teufels, des Bösen, insofern er der Inbegriff des Neuen, des Veränderten ist, dessen, was anders ist, als es zu den Zeiten der Väter war. Die Fixierung des Heiligen als Vergangenheit, als Geschichte, wird zum Freibrief für die Verteufelung der zeitgenössischen Gegenwart. Der Umstand, daß oft die Kräfte des Neuen in den unterdrückten alten genährt werden, hat dazu geführt, in Teufeln, Hexen und Dämonen nur alte entmachtete Gottheiten zu sehen. Gefährlich aber blieben diese für Priester, Apostel und Propheten weniger durch ihre vergangene Bedeutung als durch ihre Fähigkeit, zum Symbol für etwas Neues, dem Bestehenden Feindlichen, zu werden. Marduk und Ištar waren z.B. für Christentum und Judentum gefährlich, weil sie in den Mysterienkulten, z.B. als Isis und Osiris, seit dem 2. Jahrhundert v.u.Z. neu und anders auflebten.

5. Die Mythopoesie feierte zudem um die Zeitenwende so hohe Triumphe, weil die apokalyptischen Bilder von Drache, Schlange oder Frau auf der Mondsichel (Offenbarung 12) eine weniger gefährliche Auseinandersetzung mit den politischen Mächten ermöglichten und die eschatologische Denkweise zu größter Verbindlichkeit wie gleichzeitig größter Unverbindlichkeit gedeutet werden konnte. Das erklärt ihre weite Verbreitung.

XIII Der Mythos von der Erlösung

XIII.1 Jesus von Nazareth

Nachdem Gott früher manchmal und auf mancherlei Weise durch die Propheten geredet hatte, redete er zuletzt durch seinen Sohn Jesus Christus, den er zu seinem alleinigen Nachfolger bestimmt hat.

Dieser Sohn war von Anfang an bei ihm, schon bei der Schaffung der Welt, und deshalb höher gestellt als die Engel.

Denn nur zu Jesus Christus hat Gott sich als Vater bekannt, indem er sagte: Du bist mein Sohn, heute habe ich dich gezeugt. Er war aber von Ewigkeit her bei seinem Vater. Als dieser ihn in die Welt entließ, befahl er allen Engeln, Jesus zu dienen; ewig sollte dessen Thron stehen neben dem Throne Gottes.

Gott sandte ihn aber auf die Erde, um sein Volk von dem Fluch, der nach Adam auf der Menschheit lastet, zu erlösen. Und so ward er als ein Mensch geboren durch Maria, die Frau Josephs aus Nazareth, die Gott durch den Heiligen Geist geschwängert hatte.

Das war zu derselben Zeit, als ein Befehl des römischen Kaisers Augustus verlangte, überall im Reich eine neue Steuerliste aufzustellen. Zu diesem Zwecke mußte sich jeder in seinen Geburtsort begeben. So zog Joseph mit seiner schwangeren Frau nach Bethlehem, in seinen Geburtsort. Dort wurde Jesus geboren. Er wurde in eine Krippe in der Herberge gelegt, weil sonst kein Raum da war. Den Hirten in der Nähe erschienen in derselben Nacht die himmlischen Heerscharen, und der Engel des Herrn verkündete ihnen: Der Christus, der Erlöser, ist in der Stadt Davids geboren. Darauf gingen die Hirten nach Bethlehem und fanden dort Maria, ihren Mann und Jesus. Die Hirten erzählten überall von ihrem Erlebnis.

Als Joseph und Maria dann gemäß den Gesetzen ihres Volkes mit ihrem Kind nach Jerusalem zogen, um zu opfern, waren im Tempel der alte Simeon, der von einem Engel erfahren hatte, er werde nicht eher sterben, als bis er den Christus gesehen habe. Der kam in den Tempel und verkündete, daß Jesus der Erlöser ist. Ebenso tat es die alte Prophetin Hanna.

Seine Eltern weilten noch in Bethlehem, da kamen Magier aus dem Morgenland nach Jerusalem, um den neugeborenen König der Juden zu suchen. Sie hatten diese Nachricht aus den Sternen gelesen. Der König Herodes war über die Nachricht erschrocken, half ihnen aber, den Weg nach Bethlehem zu finden, wo nach der Überlieferung einst der Christus geboren werden sollte. Die Magier fanden dort auch ihren Stern über dem Ort stehen, wo das Kind war, und sie beteten Jesus an, opferten reichlich Gold, Weihrauch und Myrrhe und zogen dann, wie es ihnen ein Traum befahl, heimlich wieder fort, ohne dem Herodes anzugeben, welches Kind der neugeborene Judenkönig war.

Der Engel des Herrn erschien dann dem Joseph im Traum und befahl ihm, mit dem Kind und seiner Mutter nach Ägypten zu fliehen, denn Herodes hatte beschlossen, Jesus umbringen zu lassen. So flohen sie und blieben in Ägypten, bis Herodes gestorben war. Dann kehrten sie zurück und wohnten in Nazareth, in Galiläa, weil sie die Juden fürchteten. Damit wurde die Weissagung erfüllt, daß der Messias Nazareios heißen werde. Herodes aber hatte in Bethlehem und in seinem Umkreis alle Knaben töten lassen, die unter zwei Jahren waren, um sicherzugehen, daß er den neugeborenen König getötet hatte.

Jesus wuchs in Nazareth auf und kam, wie viele andere in jener Zeit, zu dem Prediger Johannes an den Jordan und ließ sich zum Zeichen der Reinigung und Umkehr mit Jordanwasser taufen. Da öffnete sich über ihm der Himmel, und der Heilige Geist überkam ihn, wie eine Taube aus dem Himmel kommt, und zugleich ertönte eine Stimme aus den Himmeln: Mein Sohn, den ich liebe und an dem ich Wohlgefallen habe.

Jesus erwies sich in allem als getreuer Sohn seines göttlichen Vaters. Er bestand die Prüfungen Satans in der Wüste, wohin ihn der göttliche Geist geführt hatte, und predigte überall im Lande, daß die Leute umkehren sollten und sich hinwenden zum Reich der Himmel, dem göttlichen Reich, das herbeigekommen ist. Ihm glaubten viele, und so hatte er auch bald zwölf Männer um sich versammelt, die ihm nachfolgten. Das waren Simon, den Jesus Petrus nannte, und sein Bruder Andreas, dazu die Söhne des Zebedäus, Jakobus und Johannes, die er von dem Fischerboote ihres Vaters mit sich nahm. Er hatte viel Zulauf von allen Seiten, und so war unter seinen Jüngern auch ein Zöllner, Matthäus. Die anderen waren Philippus, Bartholomäus, Thomas, Simon, Judas aus Ischariot, Jakobus, der Sohn des Alphäus, und Judas, Sohn des Jakobus; die nannte er Apostel. Und Jesus wanderte im Lande umher, predigte den Leuten, heilte Kranke und ließ Tote wieder ins Leben zurückkehren. Er sandte auch seine Apostel aus und trug ihnen auf, zu lehren, das göttliche Reich der Himmel sei nahe. Sie sollten die Kranken gesund machen, die Aussätzigen reinigen, die Toten aufwecken und die Teufel austreiben. Und er reiste weiterhin durch das Land. Bei ihm waren nicht nur die zwölf Apostel, sondern auch Frauen, die Jesus geheilt hatte. Dazu gehörten Maria Magdalena, Johanna und Susanna.

Jesus beachtete nämlich nicht streng die Sitten seiner Zeit. Denn er lehrte, daß alle Dinge ihm von seinem göttlichen Vater übergeben waren, und lud alle ein, in seine Botmäßigkeit zu kommen. Er versprach ihnen ein sanftes Joch und eine leichte Last. Deshalb mißachtete er auch viele fromme Gebräuche der Juden und hielt die Sabbatgebote nicht streng ein.

Er belehrte die Leute über das Reich Gottes in vielen Gleichnissen und Bildreden. In seiner Heimat Nazareth aber liebte man ihn nicht und glaubte auch seiner Rede in der Synagoge nicht, als er von dem kommenden Gottesreich predigte. Man versuchte sogar, ihn zu ermorden. Zu seinen Wundertaten gehörte auch, daß er die Menschen mit Brot und Fischen speiste, als sie seiner Predigt zuhörten und Hunger bekamen. Mit fünf Broten und zwei Fischen konnte er fünftausend Menschen sättigen und danach noch zwölf Körbe voll übriggebliebener Brocken auflesen lassen. Ein andermal speiste er viertausend Leute mit sieben Broten, und man sammelte auch noch sieben Körbe Brosamen ein.

So rettete er auch einmal seine Jünger, als sie auf dem Schiffe im Sturm zu kentern drohten, indem er über das Wasser zu ihnen kam.

Ein andermal erschienen Mose und Elia dem Jesus, als er mit Petrus, Jakobus und Johannes auf einem hohen Berge weilte, und die beiden redeten mit ihm. Eine Wolke kam hinzu vom Himmel und überschattete sie, während eine Stimme aus der Wolke ertönte: Dies ist mein Sohn, auf den sollt ihr hören. – Jesus aber war ganz verklärt: Sein Aussehen veränderte sich, und sein Gewand wurde strahlend weiß. Die Apostel wollten sogleich Hütten für die drei bauen, aber Jesus verwehrte es ihnen. Zu wiederholten Malen sagte er seinen Jüngern, in Jerusalem werde man ihn zum Tode verurteilen und er müsse leiden, sterben und auferstehen. Als er dann in Jerusalem einzog, breiteten die Leute ihre Kleider auf der Straße aus und riefen laut: Hosianna, Heil dem, der da kommt im Namen des Herrn, dem Sohne Davids und dem Reich Davids, das im Namen des Herrn kommt.

Und Jesus sah das Elend der Stadt kommen, ihre Zerstörung, er hörte auch nicht auf, in Gleichnissen über das kommende Reich Gottes zu reden; er bedrohte Jerusalem: Euer Haus soll wüst werden, und ihr werdet mich nicht mehr sehen, bis ihr sagt: Gelobt sei, der da kommt im Namen des Herrn.

Und er kündete ihnen eine grausame Zeit an, voll von Verfolgungen, Mißhandlungen und Verführungen. Aber bald nach dieser Zeit werden Sonne und Mond verblassen und die Sterne vom Himmel fallen. Dann wird des Menschen Sohn in den Wolken des Himmels erscheinen mit großer Kraft und Herrlichkeit, und seine Engel wird er aussenden, um seine Auserwählten aus der ganzen Welt zusammenzuholen. Aber über die genaue Zeit des Anbruchs seines Reiches sagte Jesus nichts, sondern ermahnte die Leute, wachsam zu sein und bereit wie kluge Jungfrauen, die den Bräutigam erwarten und für ihre Lampen auch Öl vorrätig haben. Sie werden in das Reich der Himmel kommen, die törichten aber, deren Lampen erlöschen, weil ihnen Öl mangelt, müssen draußen bleiben und kommen in die Verdammnis wie diejenigen, die beim künftigen Endgericht die Prüfung des Menschensohnes nicht bestehen.

Über diese Reden und seine Wundertaten geriet die Priesterschaft und der Ältestenrat Jerusalems in Angst und Sorge. Sie suchten Jesus im stillen zu beseitigen, weil sie einen Aufruhr im Volke befürchteten, denn Jesus hatte großen Zulauf. Unter den Jüngern Jesu war denn auch einer, Judas aus Ischariot, der sich bereit erklärte, ihn für Geld zu verraten. Die Gelegenheit bot sich, als Jesus, weil das Passahfest nahte, in Jerusalem mit seinen Freunden das Passahmahl (siehe IV,5,c) feiern wollte.

Beim Mahle redete er mit den zwölfen auch über Brot und Wein, die sie zu sich nahmen, und gab ihnen das Brot und den Kelch, indem er sagte: Nehmet, das ist mein Leib. – Und nachdem alle aus dem Kelch getrunken hatten, den er ihnen gegeben hatte, sagte er: Das ist mein Blut, das für viele vergossen wird. – Nach dem Essen ging Jesus mit seinen Jüngern an den Ölberg, in die Nähe des Hofes Gethsemane. Dorthin kam Judas mit den Häschern des Hohen Rates – des Gerichts –, und sie nahmen Jesus gefangen. Sie führten ihn zum Hohenpriester Kaiphas, die Jünger aber flohen.

Vor Kaiphas wurde Jesus verhört und geschlagen, um von ihm ein Geständnis zu erhalten. Und er bekannte, der Christus zu sein, der Sohn Gottes. Der Hohe Rat schickte ihn darauf am nächsten Tage zu dem römischen Prokurator Pontius Pilatus, um für Jesus das Todesurteil zu erwirken. Sie beschuldigten Jesus des Hochverrats, indem sie vor Pilatus angaben, Jesus habe gesagt, er sei der König der Juden. Pilatus ließ sich von dem einmütigen Willen des Volkes bestimmen, ihn zum Tode am Kreuz zu verurteilen. Vorher sollte er zur Peitschenstrafe geführt werden.

Die Kriegsknechte trieben dabei ihren Spott mit ihm. Danach erst führten sie ihn auf den Richtplatz Golgatha. Mit ihm kreuzigten sie auch noch zwei Mörder. Als sein Verbrechen war auf der Tafel über seinem Kopf angegeben: Jesus aus Nazareth, der König der Juden. Als er am Kreuz hing, verspotteten ihn alle, die vorübergingen. Als er aber unter lautem Schrei verstarb, verfinsterte sich die Sonne, die Erde erbebte, und viele Tote stiegen aus ihren geborstenen Gräbern. Und der Tempelvorhang zerriß von oben bis unten in zwei Teile.

Der römische Wachhauptmann aber, der alles mit angesehen hatte, sagte: Dieser Mensch ist sicher Gottes Sohn gewesen.

Am Abend wurde Jesus dann in einem Felsengrab beigesetzt, das sich sein Anhänger Joseph von Arimathia hatte aushauen lassen. Das Grab wurde versiegelt und von römischen Soldaten bewacht. Als aber der Sabbat um war und die neue Woche anbrach, kamen Maria Magdalena, dazu Maria, die Mutter des Jakobus, und Salome zum Grabe, um den Leichnam zu salben. Da war das Grab schon geöffnet und leer. Ein Engel des Herrn saß dort und sagte ihnen, sie sollten hingehen und den Jüngern sagen, Jesus sei von den Toten auferstanden und schon nach Galiläa vorausgegangen, dorthin sollten die Jünger ihm folgen. Die Frauen gingen sofort zu den Jüngern, aber niemand glaubte ihnen, bis Jesus selbst sich ihnen zeigte. Dann aber gingen sie alle nach Galiläa auf einen Berg, wohin Jesus sie beschieden hatte. Dort beauftragte er sie, hinzugehen und alle Völker zu lehren und die zu taufen, die glauben würden.

Nachdem er mit ihnen so geredet hatte, wurde er aufgehoben gen Himmel und gesetzt zur rechten Hand Gottes. Die Jünger aber gingen hin und erzählten überall, Jesus sei für die Sünder in der Welt am Kreuz gestorben, er sei in die Welt gekommen, die Sünder selig zu machen. Bald werde er auf den Wolken des Himmels zum Endgericht wiederkommen wie ihn auch eine Wolke weggenommen hat, als er noch einmal mit den Jüngern redete. Dann aber werde er einen neuen Himmel und eine neue Erde heraufführen. (Siehe auch XIII,2; XIII,3; XIV.)

Hebräer 1,1–2; Johannesevangelium 1,1–4; Philipper 2,6–11; Galater 4,4; Matthäus 1,18–25; Lukas 2,1–10; Matthäus 2,1–23; Markus 1–16; Römer 5,8; I. Timotheus 1,15; Offenbarung 1,7; Apostelgeschichte 1,9.

1. Der biblische Christus ist nicht der historische Jesus, von dem die Forschung nach Albert Schweitzers ›Geschichte der Leben-Jesu-Forschung‹ weiß, daß sie sich ihm mit den vorhandenen Quellen nur annähern, nie aber ihn konkret erfassen kann. Die biblischen Christuszeugnisse sind Mythos. Der Mythos stellt das Leben, Sterben und Auferstehen eines Göttersohnes vor, dem die historische Person des Zimmermannssohnes Jesus aus Nazareth einige, wenn auch bedeutungsvolle, legendäre Züge geliehen hat. Auf Grund der biblischen und außerbiblischen Quellen können nur zwei Tatsachen als historisch gesichert gelten: Jesus wirkte als Prediger in Galiläa und starb am Galgenkreuz in Jerusalem. Das den ersten drei (sogenannten synoptischen) Evangelien (Matthäus, Markus und Lukas) gemeinsame und für das Johannesevangelium beson-

dere Schema der Reisen Jesu durch Palästina ist dichterischer Rahmen und Gerüst, um die zahllosen überlieferten Reden und Worte Jesu irgendwo im Geschichtlichen zu verankern. Es kann vermutet werden, daß die Angabe von Markus 3,32 über die Geschwister Jesu auch zu historischem Gut gehört.

2. Die vorstehende Skizze des Mythos von Jesus Christus, dem Messias, ist der Versuch, eine möglichst allgemeingültige Version des christlichen Grundmythos zu geben, der aber dann bei den einzelnen neutestamentlichen Schriftstellern Besonderheiten aufweist, die durch die sozialökonomische Herkunft und Bindung der Autoren bedingt sind, die zudem auch noch in verschiedenen Gebieten des römischen Reiches und zu verschiedenen Zeiten lebten.

So ist z.B. das Markusevangelium sicher vor der Zerstörung Jerusalems in Jerusalem entstanden. Der Verfasser hat sicher deshalb die Hälfte seines Werkes mit dem Bericht über die Wirksamkeit Jesu in Jerusalem bestritten. Vielleicht war er ein Augenzeuge, wie man aus der Angabe in Kapitel 14,51–52 hat folgern wollen. Das Markusevangelium setzt jedenfalls noch keine weit entwickelte christliche Mythologie voraus. Seine theologische Sprödigkeit hat die Theologie dann so gedeutet, als wäre das theologische Programm des Markus die Darstellung des »Herrengeheimnisses«, das darin liegen soll, daß Jesus sich nicht als Gottessohn offenbart.

Hingegen ist das Matthäusevangelium sicher erst nach der Zerstörung Jerusalems entstanden. Es setzt eine selbstbewußte Gemeinde Jesu voraus, die sich mit dem Judentum auseinandersetzt. Jesus ist hier erwiesenermaßen der Davidsohn. Der Verfasser ist vermutlich in einer Bevölkerungsschicht beheimatet gewesen, die begütert war und das Heil in einer innerlichen Wandlung angesichts des nahenden eschatologischen Gerichtes sah. Diese Gruppe war nicht an einer weltweiten Missionierung interessiert, sondern an der Rettung der »verlorenen Schafe« aus dem Hause Israel.

Ganz anders denkt der nichtjüdische Verfasser des Lukasevangeliums. Bei ihm sind die Drohworte gegen Juda und Jerusalem nicht mehr nur als prophetische Zornausbrüche zu verstehen, sondern auch als Vorwürfe für eine engherzige Beschränktheit. Lukas denkt römisch. Das Heil der Welt ist universal. Seine der stoisch-kynischen Diatribe eng verwandte Ethik und Moral verachtet Reichtum und Besitz. Der Arme und

Besitzlose, der sich auf die Macht des Geistes verläßt, steht dem Reiche Gottes näher als der Begüterte.

Ihnen allen gemeinsam war die Erwartung eines eschatologischen Reiches der Himmel, eines Gottesreiches. Diese Erwartung war die entscheidende Ausgangsbasis für den Mythos von Jesus Christus; in ihm manifestierte sich die Hoffnung auf die Umwälzung der Verhältnisse noch zu seinen Lebzeiten. Deshalb lassen die ersten drei Evangelien die Tätigkeit Jesu mit dem Aufruf beginnen: Kehrt um, das Reich Gottes bricht an!

Es kann als sicher gelten, daß diese Deutung des Gottesreiches schon in der Frühzeit der Christenheit verankert war. Sie ist schon den Evangeliendichtern bekannt gewesen. Damit rükken sie deutlich von der bisherigen Apokalyptik und den eschatologischen Vorbildern ab, die das Kommen des Reiches Jahwes von einer großen Katastrophe abhängig machten.

3. Der Mythos von Jesus Christus enthält wesentliche Bestandteile älterer Königs- und Heilandsmythen. In unmittelbarer Nachbarschaft, in Kleinasien, lebte der Mythos vom sterbenden und wiederauferstehenden Gott Attis ebenso wie die Mysterienkulte des Mithras, in denen die Eingeweihten durch die Bluttaufe ewige Seligkeit und Göttlichkeit erlangten. Solche Wundertäter und Heilande waren auch Sabazios und Asklepios, deren Kultgemeinden im gesamten Imperium Romanum verbreitet waren. Vergils vierte Ekloge beschrieb schon 40 v.u.Z. einen Gottessohn, der herabsteigt aus himmlischen Höhen, als Gott lebt und der Welt Frieden bringt, mit der Kraft seines Vaters regierend. Die Darstellung der Geburt Jesu durch eine jungfräuliche Mutter, die durch den Geist Gottes geschwängert ist, die Anbetung der Magier aus dem Morgenland (Anatole), sein triumphaler Zug durch das Land nach Jerusalem und die Erhöhung zum Gott in den Himmeln sind Mythologeme, die auch in anderen Religionen sich vorfinden. Sie haben die Aufgabe, Jesus als den Herrn aller Herren zu erweisen. Die Beziehungen zu den Traditionen vom »Menschensohn« und »Gottesknecht«, wie sie im Judentum entstanden waren, sind ebensolche Versuche. Beide Traditionen waren im Judentum lebendig. Die Dichter der Evangelien und die ersten Christen haben Jesus mit diesen messianischen Prototypen identifiziert (siehe XI,3 und Offenbarung 1,13; 14,14; siehe XIV,2,c). Das gleiche gilt für den Titel des »Davidsohnes« (siehe IX,8). Diese Traditionen waren in den verschiedensten sozialen Schichten lebendig.

Der historische Jesus hat offenbar keinen dieser messianischen Hoheitstitel für sich beansprucht, sondern hat, wie die Propheten, nur gepredigt, daß das Reich Gottes jetzt schon angefangen hat, wobei er eindeutig an den Gott Jahwe des Judentums gedacht hat. Das kann aus den biblischen Berichten geschlossen werden. Ebendeshalb war es auch möglich, daß ihn Vertreter aller jüdischen Gruppierungen als Messias anerkennen konnten. Sicher ist auch, daß Jesus kein genaues Bild von dem kommenden Gottesreich entworfen hat, weshalb Vertreter der konservativen jüdischen Gruppierungen, die auf den Davidsohn warteten, ebenso wie der unterdrückten Landbevölkerung, deren Sehnsucht sich vorwiegend im Bilde des Menschensohnes wiederfindet, der auf den Wolken des Himmels kommt, wie auch der priesterlich-prophetischen Kreise, die ihre Hoffnung auf den Gottesknecht setzten, Jesus als ihren Messias anerkennen und ihn so verherrlichen konnten. Diese verschiedenen Anschauungen sind die Ursache für das widerspruchsvolle Jesusbild der Bibel. So plädiert der biblische Jesus weder für die Sklavenbefreiung noch für die Sklaverei; wenn er die Armen selig preist, meint er nicht, daß die Reichen nicht selig werden können, sondern lediglich, daß die Reichen dem Reich Gottes weniger zutrauen als ihrem eigenen Besitz. Der biblische Jesus ist deshalb kein Revolutionär. Er fordert lediglich die Menschen dazu auf, zu bedenken, daß die vorfindliche Situation des Menschen in dem kommenden Reich Gottes aufgehoben wird, das durch ihn vertreten wird.

4. Die Besonderheit des biblischen Jesusbildes liegt nicht in dem Auferstehungsmythos. Ihn teilt es mit den Mysterienkulten und anderen Göttern, wie z. B. dem Menschen Herakles, der auch erst nach seinem Tode zum Olympier erhoben wird. Der Auferstehungsmythos ist überall in der Religionsgeschichte die Form einer primitiven Dialektik, mit der Menschen das philosophische Gesetz der Negation der Negation vorwegnehmen. Ostern als Tod des Todes Jesu bedeutet religionsgeschichtlich, das Charakteristische der Wirksamkeit von Jesus aufzuheben. Das ist aber nach den biblischen Texten sein Leben und Wirken für das Regiment des alttestamentlichen Jahwe als zeitlich zu erlebendes Phänomen gewesen. Die Besonderheit liegt in dem Exklusivitätsbewußtsein des biblischen Jesus begründet, der meint, nur in seiner Nachfolge können die Menschen das Heil, den Zugang zum Reich Gottes, erhalten. Dieser Absolutheitsanspruch ist von den ersten Christen in das biblische Bild der

Gottessohnschaft gekleidet, wie die Geburtsgeschichten Jesu ausweisen.

5. Auf eine geschichtliche Grundlage ist sicher die Kreuzigung Jesu zurückzuführen. Dabei bleibt unklar, an welchem Tage und in welchem Jahre genau die Hinrichtung geschah. Die synoptischen Evangelien geben Freitag, den 15. Nisan, an, das Johannesevangelium Freitag, den 14. Nisan. Nach dem Johannesevangelium müßte Jesus dann am ersten Festtag des Passah hingerichtet worden sein, was unwahrscheinlich ist. Vermutet werden darf aber, daß man den Todestag auf den 15. Nisan festlegte, um das überlieferte Abendmahl Jesu mit dem jüdischen Passahmahl zu identifizieren. Jesus soll das wahre Opferlamm sein, das die Sünden der Welt trägt und geopfert wird. Der Bericht vom Abendmahl ist formal eine richtige Kultlegende.

Der Todesort wird sicher Jerusalem gewesen sein. Der Geburtsort Jesu ist sicher nicht Bethlehem gewesen, sondern Nazareth. Bethlehem mußte mythologisch der Geburtsort sein, um Jesus als Davidsohn zu erweisen (siehe Römer 1,3–4; II. Timotheus 2,8; Markus 10,48). Die synoptischen Evangelien stehen auch mit ihren Geburtsgeschichten und den Taufberichten im Widerspruch zu dem Mythos von der ewigen Präexistenz Christi, wie ihn das Johannesevangelium und die neutestamentlichen Briefe (Philipper 2) lehren, und stellen anschaulich das Problem der Zwei-Naturen-Lehre dar, wonach Jesus Christus als eine Person zwei Naturen in sich vereinigt haben soll, eine göttliche und eine menschliche.

6. Dem steht das Johannesevangelium und die johanneische Briefliteratur entgegen. Für diese ist Jesus der Logos, der ursprünglich Gott war und auch als solcher in Erscheinung tritt. Das Johannesevangelium kennt auch die Versuchungsgeschichte nicht. Es legt auch keinen Wert auf die Familie Jesu, sondern wertet sie deutlich ab, indem es überhaupt keinen Namen tradiert (Johannesevangelium 2,1–12; 19,25–27).

7. Den Namen seines göttlichen Vaters kennt das Neue Testament nicht. In der Beziehung Jesu auf den Gott Jahwe des Alten Testaments redet die biblische Überlieferung nur von dem Gott und Vater Jesu Christi. Das Neue Testament greift damit auf den jüdischen Gebrauch zurück, den Namen Jahwes nicht auszusprechen, sondern ihn mit »Herr« zu umschreiben. So hat die erste griechische Übersetzung, die Septuaginta, den Gottesnamen schon mit der griechischen Vokabel für Herr,

»Kyrios«, wiedergegeben. Im Neuen Testament erscheint deshalb auch der Engel Jahwes als der Engel des Herrn (Matthäus 7,20 u.ö.). Die Übersetzungen des Neuen Testaments folgen diesem Sprachgebrauch, weil die neutestamentlichen Schriftsteller davon ausgehen, daß es nur einen Gott, den Gott Abrahams und Isaaks und Jakobs gibt, der seinen Sohn Jesus gesandt hat (z.B. Apostelgeschichte 3,12–26 u.ö.). Wenn theologisch im Neuen Testament von Gott als »Herrn« gesprochen wird, wird im mythologischen Schema stets der Name Jahwe mitklingen.

Der Begriff »Kyrios« = »Herr« wird im Neuen Testament auch auf Jesus Christus angewandt. In der Petrusrede Apostelgeschichte 2,25 oder Römer 10,9 und sonst in den Briefen wird der von den Toten Auferstandene und zum Himmel Aufgefahrene, der zur Rechten Gottes Sitzende »Jesus Christus Kyrios« genannt. Für die Christen ist der Kyrios nun Jesus Christus (Kolosser 2,6). Jesus, *der Christus,* ist der am Kreuz Gestorbene und wieder Erweckte (Römer 5,6.8; 6,4.9). Er erlöst die Menschen (Römer 8,35 u.ö.), und das Evangelium des Christus macht frei; aber Jesus *der Kyrios* ist derjenige, der kommen wird (I. Thessalonicher 4,15–18; I. Korinther 4,5 u.ö.). Er ist der Kyrios, der richtet (z.B. I. Korinther 4,4; 11,32; II. Korinther 5,11), er ist der Geist (z.B. II. Korinther 3,17), und zu ihm kann Paulus dann auch beten (z.B. II. Korinther 12,8). Mit dieser Entwicklung schließt die mythologische Konzeption von Jesus als dem Sohn Gottes ab. Sie macht Jesus als Gottessohn zum Gotte selbst. Damit trennte sich die christliche Gemeinde endgültig vom Judentum. Aus der jüdischen Sekte wurde die christliche Kirche.

8. Religionsgeschichtlich folgt diese Entwicklung dem auch sonst nachweisbaren Vorgang der Sektenbildung. Eine Gruppe erhebt die Teilerkenntnis einer Lehre zur Alleinwahrheit und spaltet sich ab, wenn sie in eine Interessenkollision gerät. In einem zweiten Schritt schafft sie die verdrängten und zurückgelassenen Ideen und Gedanken neu, wobei sie auf die alten heimatlichen Traditionen zurückgreift, bis sie um ihre urspüngliche Teilerkenntnis eine neue Lehre geschaffen hat. Der Prophet Jesus aus Nazareth lehrte noch, daß das Reich Gottes herbeigekommen sei; der Gottessohn Jesus Christus ist schon der Garant, daß seine Botschaft richtig und wahr ist, er ist der Helfer und Heiland, der dann zuletzt der Herr und Schöpfer selber sein muß.

a. Maria stammte aus Nazareth. Sie war nichtjüdischer Herkunft wie viele Frauen in dem Stammbaum ihres Mannes Joseph, der aus dem Hause Davids stammte. Jesus war ihr erstgeborener Sohn, nach ihm gebar sie dem Joseph noch sechs Kinder. Sie lebten in der Nähe Jesu.

Joseph merkte, daß seine Frau schon schwanger war, als er sie ehelichen wollte. Und es erschien ihm ein Engel und sagte ihm, daß Maria vom Heiligen Geiste geschwängert sei und einen Sohn gebären solle. Diesen sollte er Jesus heißen. Joseph gehorchte dem Engel und ehelichte Maria. Nach der Geburt des Kindes flohen sie mit dem Kind nach Ägypten, weil der König Herodes alle neugeborenen Kinder in Bethlehem töten ließ, und kehrten erst nach des Königs Tode nach Nazareth zurück. Später begleitete Maria Jesus auch auf seinen Reisen und gehörte mit zu denen, die in Jerusalem die erste Gemeinde Jesu gründeten.

Matthäus 1–2; Galater 4,4; Markus 6,3; Apostelgeschichte 1,14.

b. Andere erzählten noch, daß der Engel Gabriel Maria die Geburt Jesu angekündigt habe: Er wird groß sein, und man wird ihn den Sohn des Höchsten nennen. Und er wird ein König auf dem Throne Davids über das Haus Jakobs sein, und sein Königreich wird ewig dauern. Und er wird ein Sohn Gottes sein, denn der Heilige Geist wird über dich kommen, die Kraft des Höchsten dich überschatten. Deshalb wird man deine Leibesfrucht Gottes Sohn nennen. – Maria gab sich dem Herrn hin, und der Engel schied von ihr. Danach begab sich Maria nach Jerusalem zu ihrer Freundin Elisabeth, die ihr das gleiche weissagte wie der Engel des Herrn. Dann kehrte Maria zurück in das Haus Josephs. Zur Zeit aber, da sie gebären sollte, waren sie gerade in Bethlehem. Und so wurde Jesus in einer Herberge in Bethlehem geboren, in der für Neugeborene eigentlich kein richtiger Platz war, so daß sie das Kind in einen Trog legen mußte. Maria aber behielt alle Worte in ihrem Herzen, die sie gehört hatte von den Engeln wie auch von den Hirten, die sie in Bethlehem besuchten, wie auch die Worte Simeons und Hannas im Tempel in Jerusalem (siehe XIII,1; XIII,1,6).

Lukas 1,26–45; 2,1–40.

1. »Maria« ist die griechische Form des hebräischen Namens Mirjam; er bedeutet eigentlich »die Bittere«, »Widerspenstige«. Während ihr Mann schon früh aus der biblischen Überlieferung ausscheidet (in den Evangelien werden nach der Geburt Jesu nur noch seine Mutter und seine Geschwister erwähnt), ist Maria in der Tradition länger lebendig geblieben. Ihre Rolle ist

zwielichtig. In der älteren Überlieferung, bei Markus 3,33–35 oder 3,21 und den Parallelen bei Matthäus und Lukas, steht sie dem Wirken ihres Sohnes fremd und ablehnend gegenüber. In der jüngeren Überlieferung, zu der die Geburtsberichte gehören, wird sie zur ersten Kronzeugin der Messianität Jesu. Durch das verschiedene Alter der einzelnen Abschnitte ist deren Widersprüchlichkeit erklärbar.

2. Die jüngeren Abschnitte über Maria als Zeugin der göttlichen Herkunft Jesu sind zusammen mit der göttlichen Himmelskönigin in Offenbarung 12,1 in die biblische Tradition eingeflossen. Die in Lukas 1 beginnende Verherrlichung Marias durch die Anwendung von Ehrentiteln führt auf die unmittelbare Herkunft dieser Vorstellungen, die Isismystik. Isis war die schon typische hellenistische Gottesmutter und ihr Kult weit verbreitet. Die Übertragung von Teilmythologemen aus diesem Kult auf Maria, die Mutter Jesu, ist sicher im zweiten Drittel des 1. Jahrhunderts erfolgt. Dazu gehört die Vorstellung, daß die jungfräuliche Isis von einem Falken geschwängert wird und Horus gebiert, den sie vor den Nachstellungen Sets retten muß. Sie wird zum Vorbild der Schmerzensmutter, die ihren Mann und Sohn beklagt. Sie eröffnete damit den Zutritt auch weiterer Mythologeme in die Mariologie, die damit ihren ursprünglich bescheidenen biblischen Rahmen verläßt. Die Bedeutung Marias als Himmelskönigin, Miterlöserin, Urbild der Kirche, Nothelferin u.a. ist ihr erst in der kirchlichen Mythologie zugewachsen. Sie wird schon in den apokryphen Evangelien sichtbar, die auch von ihrem Tod und ihrer Himmelfahrt berichten. (Siehe auch II,2,b,2.)

XIII.3 Jakobus, der Bruder Jesu

Einer der Brüder Jesu, Sohn eines Zimmermanns und seiner Mutter Maria, war Jakobus. Seine Brüder neben Jesus waren Joses, Simon und Judas. Er lebte zunächst mit seinen Eltern, Brüdern und Schwestern in Nazareth. Nach dem Tode Jesu empfing Jakobus als erster Leiter der Gemeinde in Jerusalem die Wunderberichte von der Auferstehung und verbreitete sie. Nachdem Simon Petrus erzählt hatte, daß Gott durch ihn schon eine Gemeinde aus Nichtjuden berufen hatte, ging er selber unter die Juden, um dort das Evangelium zu verkünden. Als einer der ersten erlebte er eine Erscheinung des auferstandenen Christus. Er trug den Beinamen »der Gerechte«, weil er treu und gerecht für die Leute in Jerusalem sorgte, die sich zu Jesus hielten. Wegen seines Abfalls von dem synagogalen Kult haben die aufgeregten Juden ihn von den Zinnen des Tempels gestürzt, gesteinigt und erschlagen. Der Herr selber erschien ihm öfter und weihte ihn in die Geheimnisse des wahren Lebens ein. Diese Offenbarungen und Predigten waren weit verbreitet.

Matthäus 13,55; Apostelgeschichte 12,17; 21,18; 15,7–21; Galater 2,9; I. Korinther 15,7; Hieronymos, De viris illustrissimis III,1; Erste und Zweite Jakobusapokalypse aus Codex V von Nag Hammadi; Josephus, Jüdische Altertümer, § 200.

1. Die Nachrichten der Bibel scheinen auf einen geschichtlichen Kern zurückzugehen. Der Bruder Jesu nimmt nach dessen Tod eine Vorzugsstellung ein. Die Berichte über seine Visionen gehören zu der notwendigen Legitimierung als geistliche Autorität, zum Mythos, wie ihn die gnostische Literatur dann aufgenommen hat. In der christlichen Ikonographie ist vor allem die außerkanonische Tradition von seinem Märtyrertod wirksam geworden. Der Verfasser des neutestamentlichen Jakobusbriefes ist er sicher nicht.

2. Der Frühkatholizismus hat versucht, die natürliche Verwandtschaft mit Jesus als Vetternschaft darzustellen, um das Dogma von der jungfräulichen Reinheit der Gottesmutter Maria zu rechtfertigen (etwa ›Legenda aurea‹, Kapitel: Jakobus S. Minor).

XIII.4 Johannes der Täufer

Zur Zeit des Königs Herodes lebte ein Priester, der hieß Zacharias. Seine Frau hieß Elisabeth und gehörte zum Hause Aarons. Sie hatten keine Kinder, denn Elisabeth war unfruchtbar. Als er einstmals Dienst im Tempel tat, erschien ihm der Engel Gabriel und weissagte ihm: Deine Frau wird bald einen Sohn gebären, den sollst du Johannes nennen. Das Kind wird vom Mutterleibe an vom Heiligen Geist erfüllt sein und keine berauschenden Getränke genießen. Es wird in der Kraft des Elia viele Leute zu Gott bringen. – Zacharias wollte das nicht glauben, weil er und seine Frau schon hochbetagt waren. Gabriel sagte ihm darauf: Weil du nicht glaubst, wirst du stumm bleiben bis zu dem Tage der Geburt des Kindes. Und es erfüllte sich alles so, wie Gabriel gesagt hatte. Am achten Tag nach der Geburt, da das Kind seinen Namen erhalten sollte, konnte Zacharias wieder reden und pries Gott mit einem Liede, in dem er von seinem Sohn sagte, er wird ein Prophet des Allerhöchsten heißen und vor dem Herrn hergehen, um ihm den Weg zu bereiten. Das Kind wuchs im Verborgenen heran, bis es durch ein Wort des Herrn aus der Wüste gerufen wurde. Und Johannes predigte mit den Worten der Propheten vom Kommen des göttlichen Erlösers, dessen Kommen er schon begrüßt hatte, als er noch im Mutterleib verborgen war. Denn als Maria während ihrer Schwangerschaft seine Mutter Elisabeth besucht hatte, hatte er schon vor Freuden im Leibe seiner Mutter gestrampelt; Elisabeth hatte darauf einen Lobgesang auf die Freundlichkeit Gottes angestimmt. (Siehe auch XIII,2,b.)

Nach dem göttlichen Ruf an ihn zog Johannes zum Jordan und predigte dort und taufte die Leute. Bekleidet war er mit einem Gewand aus Kamelhaar, und seine Speise waren Heuschrecken und wilder Honig. Er predigte, daß er nur mit Wasser taufe, nach ihm werde ein Stärkerer kommen, der mit dem Heiligen Geist und mit Feuer taufen wird. Streng verfuhr er mit Pharisäern und Sadduzäern, milde aber mit den armen Leuten, Zöllnern und Soldaten.

Zu ihm kam auch Jesus, um sich von ihm taufen zu lassen, und Johannes taufte ihn, obwohl er wußte, daß eher er von Jesus getauft werden müßte, und verkündete allen Leuten, Jesus sei das Opferlamm Gottes, das die Sünden der Welt wegnimmt. Er lehrte, daß Jesus mit dem Heiligen Geist tauft, und bezeugte, daß er der Sohn Gottes ist. Johannes wurde mit Elia verglichen, wie es auch Jesus dann tat. Johannes predigte nach dem Auftreten Jesu weiter Buße und Umkehr. Dabei weckte er auch den Unwillen der Königin Herodias und des Königs Herodes, die er beide der Blutschande bezichtigte, und sie ließen ihn einkerkern. Im Gefängnis hörte er von dem Wirken Jesu und ließ ihn durch eigene Anhänger fragen, ob er der Verheißene sei.

Johannes wurde später im Gefängnis auf Herodes' Befehl enthauptet. Die Tochter der Herodias nämlich, Salome, tanzte am Geburtstag des Herodes während eines Gastmahls vor dem König und gefiel ihm so, daß er ihr jeden Wunsch zu erfüllen versprach. Sie aber erbat sich auf Anstiften der Mutter, daß ihr sogleich auf einer Schüssel das Haupt des Johannes gegeben werde.

Nach Johannes' Tod lehrte Jesus auch weiter, daß Elia schon gekommen sei, das Nahen des Gottesreiches anzukündigen.

Lukas 1,5–25.57–80; 3,1–18; 1,39–55; Markus 1,4–8; Matthäus 3,1–12; Johannes 1,6–8.15.19–34; Markus 6,14–29; Matthäus 11, 1–15; Markus 9,11–13.

1. Johannes der Täufer ist sicher eine historische Person gewesen. Die außerbiblischen Angaben über ihn legen diese Annahme nahe. Legendär ist jedenfalls die Geburtsgeschichte. Sie ist offensichtlich in Anlehnung an die Geburtsgeschichte des Propheten Samuel (siehe VIII,1) konzipiert und hatte die Aufgabe, das Verhältnis zwischen ihm und Jesus festzulegen. Zu

diesen legendären mythologischen Stoffen gehört auch die Taufgeschichte Jesu, die erst spät in das Jesusbild eingeflossen sein muß. Dadurch wird auch die Widersprüchlichkeit zwischen Matthäus 11, wo Johannes sich bei Jesus erkundigt, ob er der Verheißene sei, und Matthäus 3 verständlich, wo Johannes bei der Taufe Jesu diesen als Gottessohn erkennt.

2. Das jetzt erkennbare Verhältnis zwischen Jesus und Johannes wird durch den alttestamentlich begründeten theologischen Mythos beschrieben, wonach der Prophet Elia (siehe VIII,2,7) kommen wird, bevor das Reich Gottes anbricht. Ursprünglich werden aber Jesus und Johannes gleichbedeutend gewesen sein. Beide waren Prediger eines anbrechenden Gottesreiches, die um sich zahlreiche Jünger scharten. Nach dem Tode des Johannes sind seine Jünger offenbar zu Jesus übergelaufen und haben ihre Erfahrungen mitgebracht. Jesus siegt über Johannes.

3. Durch die Entdeckung der Bibliothek der Gemeinschaft von Qumran unweit des Toten Meeres im Jahre 1947 ist der Hintergrund deutlicher geworden, auf dem Jesus und Johannes lehrten. Die Bibliothek gehörte zu einer essenisch-jüdischen Sekte, die sich vom Tempel in Jerusalem getrennt hatte und in diesem Kloster von ca. 130 v.u.Z. bis 68 u.Z. bestand. Sie lebten nach einer strengen Ordensregel in völliger Gütergemeinschaft und bemühten sich, ein kultfreies, aber streng gesetzliches und ethisch normiertes Gemeinschaftsleben zu führen. Sie erwarteten die baldige Ankunft des Messias und verstanden sich als die Söhne des Lichtes im Kampf gegen die Söhne der Finsternis, zu denen sie vorwiegend die Priesterschaft in Jerusalem zählten. Die apokryphe Literatur war in Qumran offensichtlich als heilige Literatur anerkannt, wie aus den gefundenen Texten hervorgeht. Es ist durchaus denkbar, daß Johannes diese Frömmigkeit gekannt hat. Ganz sicher teilt er die Taufpraxis und das Taufverständnis mit ihnen. Durch die Taufe wird der Mensch gereinigt und geheiligt für die Aufnahme in die Reihe der Söhne des Lichts.

4. Da Jesus offenbar nie getauft hat, integrierten die ersten Generationen nach seinem Tode mit den Johannesjüngern auch die Taufe in ihre Lehre. Die Taufe mit dem Heiligen Geist, die nach Johannes Jesus vorbehalten bleiben sollte, war für die Gemeinschaft von Qumran allerdings schon Bestandteil des göttlichen Gerichts und Kennzeichen des neuen Äon. Darum gehört auch der Schluß von Matthäus 28 mit dem Taufbefehl und die »Ausgießung des Heiligen Geistes« (Apostelgeschichte 2,1–13)

zu den Bestandteilen des Mythos von Jesus als dem Gottessohn, der die Menschen schon in das neue Reich geführt hat. Deshalb wird dann die Wassertaufe mit der Geisttaufe kombiniert gedacht (Apostelgeschichte 2,38). Die kultfeindliche Haltung von Johannes dem Täufer und Jesus ist auf die enge Bindung der jüdischen Sekten, beispielsweise der Essener, zu denen man Qumran gezählt hat, an das alte, klassische Prophetentum zurückzuführen.

XIII.5 Petrus

Simon ben Jonas war Fischer in Kapernaum am See Genezareth in Galiläa. Eines Tages erschien Jesus bei ihm und blieb bei ihm zum Sabbat als Gast, als gerade die Schwiegermutter des Simon erkrankt war. Jesus heilte sie. Am nächsten Tage eilte Simon ihm nach und blieb fortan bei ihm. Dann berief ihn Jesus später zu einem seiner zwölf Jünger, die ihn begleiten und vertreten sollten. Bei der Berufung gab er ihm den Namen Petrus (d.i. griech. »der Fels«), wie er auch den Söhnen des Zebedäus, Jakobus und Johannes, den Namen Donnersöhne gab.

Andere erzählen, daß Jesus den Simon zusammen mit seinem Bruder Andreas von der Arbeit wegrief und ihnen sagte: Folgt mir nach, ich will euch zu Menschenfischern machen. (Die Brüder stammten aus Bethsaida in Galiläa und fischten auf dem galiläischen Meer, wie man den See Genezareth auch nannte.) Als Jesus das zu ihnen gesagt hatte, ließen sie ihre Netze und Boote zurück und folgten ihm nach.

Wieder andere erzählen, Andreas, der Bruder des Simon, hat diesen mit zu Jesus genommen, denn Andreas hatte zuerst von Jesus gehört; bei ihrer ersten Begegnung sagte Jesus zu Simon: Du bist Simon, der Sohn des Jonas, du sollst fortan Kephas (d.i. aramäisch »der Fels«) heißen.

Als sie einstmals in der Nähe von Cäsarea waren, fragte Jesus seine Jünger, was die Leute über ihn redeten. Da sagten sie: Die einen meinen, du seist Johannes der Täufer, die anderen: Elia, noch andere: ein Prophet wie Jeremia. Aber Simon sagte: Du bist der Christus, der Sohn des lebendigen Gottes. Darauf antwortete Jesus ihm: Selig bist du, Simon, Sohn des Jonas, denn das weißt du nicht von dir selbst, sondern durch meinen himmlischen Vater. Darum sage ich dir: Du bist Petrus, auf diesen Felsen will ich meine Kirche gründen. Du sollst die Schlüssel zum Himmelreich haben.

Petrus war einer der wichtigsten Jünger bei Jesus und redete oft mit ihm. Er versuchte auch, Jesus davon abzuhalten, sein Leben zu wagen, und mußte sich deshalb den Vorwurf gefallen lassen, Satan zu sein. Aber Jesus verstieß den Petrus nicht, sondern ließ ihn seine Verklärung sehen, als er auf einem hohen Berg mit Mose und Elia redete, und ließ ihn hören, wie eine Stimme aus den Wolken Jesus als Gottes Sohn anerkannte, dem die Jünger gehorchen sollten.

In der Leidenszeit war Petrus mit ihm; als Jesus nach dem Abendmahl davon redete, daß die Jünger ihn nun bald verlassen würden, gelobte Petrus ihm Treue. Jesus aber kündigte ihm an: Noch in dieser Nacht, ehe der Hahn kräht, wirst du mich dreimal verleugnen. So geschah es auch: Simon Petrus war nach der Festnahme Jesu mit in den Hof des hohenpriesterlichen Palastes gegangen, wo ihn etliche Leute als Anhänger des Verhafteten erkannten. Und Petrus verleugnete ihn dreimal. Nach der Auferstehung aber gab sich Jesus dem Petrus als erstem zu erkennen.

Nach dem Tod Jesu ergriff Petrus das Wort und sammelte, wie es der Auferstandene vor der Himmelfahrt noch befohlen hatte, die Gemeinde Jesu in Jerusalem und ordnete sie. Er verkündete überall, besonders nach dem Wunder der Ausgießung des Heiligen Geistes auf die Gemeindeversammlung zu Pfingsten, daß das Reich Gottes im Namen Jesu gekommen ist. Und Petrus heilte Kranke im Tempel, sprach Recht in der Gemeinde, erweckte Tote wieder zum Leben und reiste im Lande umher, auch zu Nichtjuden, um ihnen zu predigen, sehr zum Ärger der Jerusalemer Gemeinde, die darauf bedacht war, nur unter sich zu bleiben. Petrus hörte jedoch nicht auf, so zu arbeiten, auch die Kerkerstrafen hinderten ihn nicht, denn der Engel des Herrn befreite ihn daraus, und er trat eifrig für Paulus ein, als dieser auch in die griechischen Städte zog und taufte.

Er starb in Rom unter Kaiser Nero den Märtyrertod.

Markus 1,29–36; I. Korinther 9,5; Markus 3,14–17; Matthäus 4,18–20; 16,13–17,5; 26,30–40; Lukas 24,34; I. Korinther 15,5; Johannesevangelium 1,40–42; Apostelgeschichte 1,1–15,11. I. Clemensbrief 5–7 (der zur patristischen Literatur gehört und etwa aus dem Jahre 100 u. Z. stammt).

1. Petrus ist nach Ausweis der Quellen der Kultname für Simon, den Sohn des Jonas, der in der Langform Johannes heißt, wie ihn auch das Johannesevangelium nennt. Simon ist dabei schon die griechische Form des hebräischen Symeon. Die Angaben über ihn beschreiben schon den Apostelfürsten, der er erst in der Zeit nach dem Tod Jesu geworden ist. So ist sicher, daß die Stelle Matthäus 16,13–20, die den Kultnamen als von Jesus geprägt und Petrus als den hervorragendsten Apostel erweisen soll, der von Gott begabt ist, erst sehr spät in die Tradition

aufgenommen wurde. Er paßt auch sonst nicht gut in den Kontext, denn Jesus fragte die Jünger nicht nach ihrer Meinung, sondern danach, was die Leute dächten. Jesus gebraucht auch sonst als Anrede immer nur den Namen Simon.

2. Seine Wundertaten, Predigten, Totenerweckungen sind die typischen Topoi eines priesterlichen Kultheros mit göttlichen Vollmachten. Die neutestamentliche Mythologie schreibt ihm die Rolle des Kult- und Religionsstifters zu. Er gründet und sammelt eine Gemeinde und hat die Schlüsselgewalt für die Erde und den Himmel. Das sind die Topoi für jeden Priester eines antiken Mysterienkultes, der über Aufnahme oder Ablehnung eines Novizen entscheidet.

3. Auffällig sind die Angaben über die Verleugnung Jesu durch Petrus und seine Beschimpfung durch Jesus, die auch mit der dreimaligen Aufforderung »Weide meine Lämmer« aus dem Nachtragskapitel 21 des Johannesevangeliums nicht aufgehoben werden, weil auch sie den Simon als von Jesus autorisierten Kultheros erweisen wollen. Sie zeugen von dem Widerstand der konservativen juden-christlichen Gruppe in Jerusalem, die die Stellung des Petrus als Apostelfürst und Herr der Gemeinde Jesu nicht akzeptierte.

4. Von dem Märtyrertod des Petrus erzählen die biblischen Schriften nichts. Die Nachrichten darüber stammen aus frühen patristischen Angaben.

XIII.6 Paulus

Saulus war der Sohn einer streng jüdischen Familie aus Tarsos in Kilikien und war im Gesetz der Väter unterrichtet und aufgezogen. Er war ein Eiferer für die Sache Gottes, wie er sie gelernt hatte, weshalb er auch diejenigen heftig verfolgte, die anderes glaubten als er. Einstmals reiste er nach Damaskus, um auch dort die Anhänger des hingerichteten Jesus von Nazareth vor Gericht zu bringen, und wie er um die Mittagsstunde schon die Stadt vor sich liegen sah, umleuchtete ihn plötzlich ein großes Licht vom Himmel, und er fiel zu Boden. Da hörte er, wie eine Stimme sagte: Saul, Saul, warum verfolgst du mich? Saul aber wußte nicht, wem diese Stimme gehörte, und fragte: Wer bist du, Herr? Und er hörte die Antwort: Ich bin Jesus aus Nazareth, den du verfolgst. Stehe auf und gehe nach Damaskus, da wird man dir sagen, was du tun sollst.

Saulus war durch den Feuerglanz erblindet, und so wurde er von seinen Begleitern nach Damaskus hineingeführt. Zu ihm kam Ananias; der hatte einen guten Ruf unter allen gesetzestreuen Juden und war aus dem heiligen Volke wie Saulus auch. Saulus war richtig am achten Tage beschnitten, ein Benjaminite und Pharisäer. Zugleich aber war er römischer Staatsbürger von Geburt an, weil sein Vater schon die römische Staatsbürgerschaft besessen hatte, weshalb er auch den lateinischen Namen Paulus trug.

Ananias belehrte ihn nun, daß er diesem wunderbaren Ruf Jesu gehorchen müsse, und gab ihm sein Augenlicht zurück. Saulus reiste darauf zurück nach Jerusalem, und dort erschien ihm Jesus noch einmal, als er im Tempel betete. Er befahl ihm, Jerusalem zu verlassen und unter den nichtjüdischen Völkern zu lehren. Denn in Jerusalem, wo Saulus die Christen mit verfolgt hatte, konnte er nicht gut bleiben, zumal auch seine früheren Mitstreiter, die Pharisäer, ihm dann nachgestellt hätten. Und so zog Paulus nach Kleinasien. Er ernährte sich, wenn er sich in den Städten aufhielt, von seiner Hände Arbeit; er war ein Zeltmacher. So war er auch länger als ein Jahr in Antiochia. Dort fing man an, die Anhänger Jesu Christen zu nennen. Paulus und seine Begleiter wurden dann von dort vertrieben und zogen weiter. Unterwegs heilte Paulus auch Kranke; er mußte vor den Juden fliehen, die ihn zu töten versuchten. Er zog auch durch Kleinasien und kam bis nach Europa, lehrte in den Synagogen und trieb böse Geister aus, wurde in den Kerker geworfen und kam auf wundersame Weise wieder frei.

So gelangte er auch nach Athen und verkündete den Epikuräern und Stoikern die Botschaft von Christus; er predigte in Korinth, Ephesus und Troas. In Ephesus empörte sich die Bevölkerung gegen ihn, weil sie mit Recht fürchtete, daß der Kult ihrer Stadtgöttin Diana erlöschen würde, wenn Paulus weiter predigte. Als er nach weiteren Reisen sich wieder in Jerusalem aufhielt, ergriffen ihn die Juden und klagten ihn des Aufruhrs an. Saulus berief sich vor dem römischen Statthalter Festus auf sein römisches Bürgerrecht und den Kaiser und wurde deshalb nach fast dreijähriger Haft in die Hauptstadt des Reiches geschickt. Auf der Reise dorthin vollbrachte er auch noch große Wundertaten im Namen Jesu. In Rom durfte er in einer eigenen Wohnung leben, um auf sein Urteil vom Kaiser zu warten. Er wurde nur von einem Soldaten bewacht und hatte viel Besuch von Juden und Nichtjuden. Zwei Jahre lebte er noch so, rege predigend und Briefe an die Gemeinden schreibend, bis er unter Kaiser Nero den Märtyrertod starb.

Apostelgeschichte 22,3–21 (dazu auch 9,1–23); Philipper 3,5; Apostelgeschichte 22,25–28; 18,3; I. Thessalonicher 2,9; I. Korinther 9,6; II. Korinther 11,2; Apostelgeschichte 11,26; 21–28; I. Clemensbrief 5 (der zur patristischen Literatur gehört).

1. Paulus ist sicher wie Petrus eine historische Person. Die knappen biographischen Angaben in den echten Paulusbriefen sind aber in der Apostelgeschichte des Lukas legendär ausgesponnen. Das gilt vielleicht weniger für seine Reiseerlebnisse als vielmehr für seine Bekehrung zum christlichen Missionar. Die Darstellungen in der Apostelgeschichte zeigen den von Gott berufenen großen Propheten. Paulus hat eine Audiovision, durch die er sein Dasein völlig verändert. Er wird zum wortgewaltigen Wundertäter. Sein Tod (ca. 66 u. Z.) wird wie der Tod des Petrus in der Apostelgeschichte und auch sonst mit Rücksicht auf das theologische Dogma von der Einmaligkeit des Kreuztodes Christi nicht beschrieben. Nur die apokryphe Literatur hat sich wie bei Petrus dieser Ereignisse bemächtigt.

2. Paulus ist nach Petrus (siehe XIII,5) der bedeutendste christliche Heros der Frühzeit. Er muß eine solide rhetorische Ausbildung genossen haben. Die ihm zugeschriebenen Reden in der Apostelgeschichte und die echten Paulusbriefe (Römer, Korinther, Galater, I. Thessalonicher) lassen diesen Schluß zu. Er ist der erste große Theologe der Frühkirche neben dem Johannes, dem das vierte Evangelium und zwei Briefe zugeschrieben werden. Religionsgeschichtlich ist er ein schöpferischer Mythograph. Er faßt die großen tradierten Mythen in eine neue, dem hellenistischen Verständnis geläufige Sprache, ohne selbst dem hellenistischen Synkretismus zu verfallen. Seine größte mythopoetische Leistung liegt in dem Gedanken, den auferstandenen Jesus Christus als Kyrios, als Gott selber zu verkünden (siehe XIII,1,7). Als Pharisäer war ihm die Vorstellungswelt von Engeln, Mächten und der Auferweckung von den Toten geläufig. Die fälschlich oft »Bekehrung« genannte Audiovision vor Damaskus ist die legendäre Umschreibung für den Vorgang, daß eine neue Idee geboren wird. Die ihm zugeschriebenen Wundertaten sind wie die Glanzlichter auf einem Porträt, sie deuten auf etwas hin, ohne selber wichtig zu sein. Paulus ist nicht geringer als Petrus. Für den Frommen ist ohnehin das Wunder der Krankenheilung oder Totenerweckung nur der sinnfällige Erweis göttlicher Kräfte. Die apokryphen Paulusschriften (Acta Pauli) haben dann auch ein buntes Bild von den Erlebnissen und Wundertaten des Paulus entworfen, dessen historische Leistung darin bestand, daß er die jüdische Sekte der Christen zu einer christlichen Kirche machte.

XIV Die neue Welt

XIV.1 Die neue Zeit

a. Als Usia König in Juda war und Jerobeam König in Israel, stand Amos, der Hirte aus Thekoa, auf, zwei Jahre vor dem Erdbeben, das das Land erschütterte, und sagte: Wehe denen, die den Tag Jahwes herbeisehnen! Der Tag Jahwes ist Finsternis, nicht Licht, dunkel, nicht hell, lebensgefährlich, nicht freundlich.

Jahwe wird das Volk Israel heimsuchen und alle Sünder durch das Schwert umkommen lassen. Zur selben Zeit aber wird Jahwe die zerfallene Hütte Davids wieder aufrichten. – Und Amos sagte deshalb: Es kommt die Zeit – so ist der Spruch Jahwes –, wo man zugleich ackert und erntet, zur gleichen Zeit keltert und neu aussät. Die Berge werden vom süßen Wein triefen und die Hügel reiche Frucht bringen.
Amos 1,1; 5,18; 9,8–13.

b. Es erging auch das Wort Jahwes an Zephania zur Zeit des Königs Josia in Juda, und Zephania verkündete laut im Lande, Jahwe werde kommen, alle Lebewesen in seinem Lande auszurotten, den Namen Baals und die Götzenpriester zu vertilgen. Denn der Tag Jahwes ist nahe. Der Tag Jahwes ist sehr nahe. Er ist ein Tag des Grimmes, der Pein und Angst, ein Tag voll mit Sturm und Brausen, voll Finsternis und Dunkelheit, voll Wolken und Nebel.
Zephania 1,1–16.

c. Und das Wort Jahwes erging auch an den Priester Ezechiel, den Sohn Busis', zu der Zeit, als der König Jojachin von Juda schon fünf Jahre in der Gefangenschaft in Babylon war. Ezechiel weissagte den Untergang Israels, Judas und Jerusalems, des Tempels und der Söhne und Töchter des Landes, weil sie von Jahwe abgefallen sind. Nur ein Rest von Israel und ein Rest der Völker wird übrigbleiben. Und der Rest aus Israel wird ein Volk Jahwes werden, und Jahwes Knecht David wird für immer Fürst sein in ihrer Mitte. Alle Völker werden es sehen und den Namen Jahwes preisen. Selbst Gog aus Magog, der größte Feldherr – so war der Spruch Jahwes –, soll umkommen. Denn dann will Jahwe selber kommen, und vor Jahwe sollen zittern die Fische im Meer und die Vögel unter dem Himmel, die Tiere auf dem Felde und alle Lebewesen überhaupt. Und die Berge werden umstürzen, die Felsenwände und alle Mauern brechen, damit alle Völker den heiligen Namen Jahwes als Herrn anerkennen.
Ezechiel 1,3; 20–24; 34,15–25; 37–39.

d. Und das Wort Jahwes an Sacharja im zweiten Regierungsjahr des Königs Darius war: Siehe, die Welt hat Frieden, alle Länder sind ruhig. Jahwe will sich mit Barmherzigkeit Jerusalem wieder zuwenden und es wiedererstehen lassen und wie eine Mauer aus Feuer die Stadt umgeben, um sie und seine Herrlichkeit zu schützen. Die Stadt wird offen daliegen, und wimmeln wird es in ihr von Leuten und Vieh. – Und Sacharja sah, wie alle Diebe und Meineidigen die Stadt verlassen und auch die Gottlosigkeit flieht, nachdem Jahwe alle Feinde geschlagen hat und von allen Seiten die Leute, die sich zum Volke Gottes zählen, nach Jerusalem zurückgekehrt sind. Die Straßen sind dann bevölkert von glücklichen Alten und glücklichen Kindern. Denn einstmals war die Arbeit von Mensch und Tier fruchtlos, war kein Friede im Lande wegen der durchziehenden Heere, weil alle Menschen gegeneinanderstanden. Dann aber hat Jahwe sie zu friedfertigen Bürgern gemacht, wo jeder seinen Anteil hat am Weinstock und am Brot, wo einer mit dem anderen in Wahrheit redet und Gerechtigkeit im Gericht waltet und die Fastentage zu Freudenzeiten werden.
Sacharja 1,1.11–16; 2,4–5; 5,1–11; 8,1–13.

e. Es erging das Wort des Herrn auch an Jesaja, den Sohn des Amos, als Usia König in Juda war, und Jesaja weissagte: In der letzten Zeit wird der Berg, das Haus Jahwes, fest stehen und alle Berge überragen. Und Jahwe wird von dort aus die Völker richten und lenken. Dann werden sie ihre Schwerter zu Pflugscharen machen und aus ihren Spießen Sicheln. Denn kein Volk wird mehr gegen ein anderes kriegen. Und Friede wird auch im Leben der Tiere sein. Die Wölfe werden bei den Lämmern wohnen, die Panther bei den kleinen Böckchen liegen. Kleine Knaben werden Kälber, junge Löwen und Mastrinder zusammen auf eine Weide treiben. Kühe und Bären werden zusammen grasen, und ihre Jungen werden zusammen spielen. Die Löwen werden Stroh fressen wie die Zugochsen, die Kinder werden mit Giftottern spielen, ohne gebissen zu werden. Und die Fruchtbarkeit des Landes wird zunehmen, weil der Geist aus der Höhe über das Land kommt.

Das alles weissagte Jesaja dem Rest, der sich bekehren wird und umkehrt zu Jahwe; und Jahwe wird den Rest vom fremden Joch befreien und ihm gute, ruhige Wohnstatt geben, zuvorderst aber den Armen und Bedürftigen, für die der Sproß aus dem Hause Isai auf dem Throne Davids kommt, dessen Herrschaft ewig währt.

Jahwe Zebaoth wird dann selbst auf dem Berge Zion ein großes Gastmahl für alle Völker veranstalten und die Decken und Hüllen von ihnen nehmen. Er wird den Tod aufheben. Er wird von allen Gesichtern die Tränen abwischen, und sein Volk wird in Ehren dastehen.
Jesaja 2,2–4; 11,1–8; 32,15–20; 7,3; 9,2–5; 14,30; 9,6; 11,4; 25,6–9.

1. Die neue Welt ist die Heilszeit, die Jahwe auf sein Gericht am Tage Jahwes folgen läßt. Auch wo die Propheten den Begriff »Tag Jahwes« nicht verwenden, schildern sie die Vorstellung dessen, was hinter dem Begriff steht (Jesaja 3,7.18; 7,17–23; Micha 2,4; Zephania 1,7–18; Jeremia 46,10 u. ö.). Es ist Grundüberzeugung aller Propheten, daß Gericht und Heil zusammengehören. (Zu den Propheten siehe Kapitel VIII.)

Das Gericht Jahwes ist das Hauptthema aller Propheten. Der Mythos von dem gewalttätigen Eingreifen Jahwes in die Geschichte wird genährt durch die leidensvolle Erfahrung der Propheten. Die alten Sozialgefüge und Rechtssatzungen sind zerbrochen, und das neuentstandene Königtum erweist sich als unfähig, die sozialen Nöte zu lindern, die im Gefolge der theokratischen Despotie aufbrechen. Unter den Bannfluch des Großkönigs Jahwe fallen alle Völker, einschließlich Israel. An ihm vollzieht Jahwe sein Gericht besonders hart.

2. Das Gericht mit nachfolgender Heilszeit ist dabei für die vorexilische Prophetie nie von universaler oder kosmischer Bedeutung, sondern wird als zeitliches Gericht verstanden. Es hat keine eschatologische Bedeutung, auch wenn die Bilder aus Naturkatastrophen (Jesaja 30,30; Zephania 1,15–16) entlehnt sind. Die prophetische Predigt ist politische Predigt.

Ezechiel, während des babylonischen Exils, ist der erste, der seiner Botschaft eschatologische Bedeutung zumißt. Das Gericht Jahwes beginnt, wenn »die Zeit der Völker« herangekommen ist (Kapitel 30,3). Ezechiel endet nicht mit der Wiederbesiedlung Jerusalems, sondern läßt noch Gog von Magog zum letzten Sturm auf das neue Jerusalem anrennen und daran verbluten (Kapitel 38–39). Der Kampf ist entsetzlich, und die ganze Welt und die ganze Natur wird in ihn verstrickt. Dabei werden die Völker erkennen, »daß ich Jahwe bin« (Kapitel 38,23). Darin nimmt Ezechiel die Apokalyptik Daniels vorweg (siehe XI,3).

3. Die Propheten insgesamt, dazu gehört auch der Kultprophet Ezechiel, haben ein Mythologem gemeinsam: Das Heil, die große Heilszeit, wird nicht durch Opfer oder einen nach überkommenen religiösen Gesetzen vollzogenen Kult erreicht, sondern allein durch das Eingreifen Jahwes. Selbst in die Priesterschrift ist mit III. Mose 26,3–13 prophetisches Denken eingedrungen, wenn es dort heißt, daß der Segen »Jahwes reichlich fließen wird, wenn ihr meine Gebote haltet und in meinen Satzungen wandelt«. In der antipriesterlichen Grundhaltung

der Propheten, die zugleich auch immer eine antikönigliche Position ist, lebt der alte Grundwiderspruch zwischen den Vertretern der Zentralgewalt und den Vertretern der Landbevölkerung fort (dazu siehe die Einleitung S. 19).

4. Prophetisches Mythologem ist auch, daß Jahwe das Heil selber bringt. Der bei Jesaja benannte Davidsproß ist nur Verwalter oder Haushalter. Nie wird er König genannt, König ist Jahwe selber. Der Davidide ist ein Fürst in Israel, ein Anführer, ein Mensch. Jesaja entwirft hier einen Fürstenspiegel für die Inhaber des Davidsthrones und keine eschatologische Heilbringerlehre. Sacharja benennt deutlich den persischen Unterkönig Serubbabel und den ersten Hohenpriester Josua mit Namen. Deshalb hat auch die Messiaserwartung in der Heilslehre der Propheten keine große Bedeutung. Mit dem Begriff Messias bezeichnet die alttestamentliche Tradition zumeist den Hohenpriester und den empirischen König, dabei auch den Perserkönig Cyrus (Jesaja 45,1). Der Messias, d.i. der Gesalbte, ist damit die Person, die im Auftrage Jahwes handelt und Jerusalem wieder errichtet (Daniel 9,25–26), wenn die Zeit des Gerichtes vorüber ist. Aber auch der Messias muß sterben.

5. Die Verheißung des Friedensreiches durch die Propheten zu den verschiedenen Zeiten, die auch in unterschiedlichen Begriffen vorgenommen wird, ist die dialektische Aufhebung der Gegenwart. In dem Mythos vom kommenden Goldenen Zeitalter, das wie in der gesamten Mythologie auch an den Traum einer einstmaligen glückseligen, paradiesischen Urzeit anknüpft, ist der Zustand der Vollkommenheit notwendiges Postulat einer unvollkommenen Gesellschaft. Die Prophetie sieht die Möglichkeit einer anderen, besseren Welt nun aber nicht in einem prometheischen Aufbegehren und Handeln des Menschen, sondern in dem Gnadenerweis Jahwes, der kommen wird, um sein Volk zu befreien und zu erlösen. Die Idee von der Erlösung durch Jahwe tritt mit dem Exil auf, mit Jeremia und dem »Deuterojesaja« genannten Verfasser der zweiten Hälfte des Jesajabuches. Die Erlösungsidee findet ihre Krönung in dem Mythos von dem neuen Bunde Jahwes mit Israel (Jeremia 31, Ezechiel 36):

XIV.2 Der neue Mensch

a. Im achtzehnten Regierungsjahr des Königs Nebukadnezar von Babylon erging das Wort Jahwes an den Propheten Jeremia aus Anathot:

Es werden Tage kommen, an denen ich mit dem Hause Juda und dem Hause Israel einen neuen Bund schließe. Ich werde mein Gesetz in ihr Inneres legen und es ihnen ins Herz prägen. Dann werden sie mein Volk sein, und alle werden mich als Jahwe erkennen.
Jeremia 31,31–34.

b. Und wenig später ließ Jahwe durch den Propheten Ezechiel verkünden: Ich werde euch, Haus Israel, mit reinem Wasser besprengen, um euch rein zu machen, und euch ein neues Herz und einen neuen Geist geben. Das Herz aus Stein werde ich aus eurer Brust nehmen und euch ein menschliches geben. Ich werde meinen Geist in euch legen, und ihr werdet getreu meinen Satzungen leben und wandeln und in eurem Lande leben, von dem man sagen wird: es ist wie der Garten Eden.
Ezechiel 36,24–35.

c. Es erging aber auch das Wort Jahwes an den Propheten Jesaja: Siehe, das ist mein Knecht, den ich festhalte, den ich erwählt habe. Ich habe ihm meinen Geist verliehen, damit er die Wahrheit unter den Völkern verkünde. Er wird nicht schreien oder laut rufen, seine Stimme wird man nicht auf den Gassen hören. Ein geknicktes Rohr wird er nicht zerbrechen, einen glimmenden Docht wird er nicht auslöschen, wie er selbst nicht erlöschen und auch nicht zerbrechen wird; auf ihn werden die fernsten Ufer warten. – Und weiter war der Spruch Jahwes: Ich habe dich berufen, halte dich und mache dich zu einem Licht für die Völker: blinde Augen zu öffnen, Gefangene aus dem Gefängnis und die Toten aus ihrem Kerker herauszuführen. Das Neue lasse ich euch hören, noch bevor es da ist.

Und weiter lautete das Wort Jesajas im Auftrag Jahwes: Mein Knecht wird Glück haben und aufsteigen unter die ersten der Völker. Viele werden es nicht glauben wollen, aber sie werden es sehen. Denn er sproß wie aus einer Wurzel im mageren Boden. Er war weder schön noch eindrucksvoll, daß man auf ihn geachtet hätte. Er war vielmehr sehr verachtet, verlassen, mit Krankheit und Schmerzen geplagt, so daß man das Gesicht von ihm wandte. Er trug aber die Krankheiten und Schmerzen von anderen und ward um der Sünden anderer gemartert. Er wurde mißhandelt und war dennoch stumm wie ein Schaf, das zur Schlachtbank geführt wird. Er wurde getötet und bei den Verbrechern begraben. Aber dadurch wird er vielen Gerechtigkeit schaffen, unter den Großen wird er sitzen, und mit Mächtigen wird er die Beute teilen.
Jesaja 42,1–9; 52,13–53,12.

d. Nachdem dann viel später Johannes der Täufer schon zum Tode bestimmt war, kam Jesus aus Nazareth nach Galiläa und verkündete: Die Zeit ist erfüllt, das Reich Gottes, seine Königsherrschaft, die Königsherrschaft des Himmels nahe, kehrt um, verändert euch, und glaubet dem Evangelium. Und er hörte nicht auf, das zu lehren. Er meinte aber, das Reich Gottes sei inwendig in den Menschen, weshalb er sie beten lehrte:

Unser Vater, der du in den Himmeln bist,
dein Name soll geheiligt werden,
deine Herrschaft soll kommen,
dein Wille soll geschehen,
dort und hier.
Unser tägliches Brot gib uns heute.
Vergib uns unsere Verfehlungen,
wie wir auch denen vergeben,
die sich an uns verfehlt haben.
Lasse uns nicht in den Tag der Versuchung geraten,
sondern befreie uns von dem Bösen.

Und weiter sagte er: Ihr braucht euch keine Sorgen um die Zukunft zu machen, sondern trachtet ihr nur nach der Herrschaft Gottes und ihrer Gerechtigkeit, denn dann wird euch alles andere zufallen.

Den Nikodemus, der unter den pharisäischen Juden hohes Ansehen genoß, belehrte Jesus, daß ein Mensch nur in das Reich Gottes gehen könne, wenn er aus Wasser und Geist neu geboren wäre.
Markus 1,15; Matthäus 4,17; Lukas 17,20–21; Matthäus 6,9–13.33; Johannes 3,1–11.

e. Als der Apostel Paulus der Gemeinde nach Rom einen Brief schrieb, lehrte er sie, daß der Christ durch die Taufe mit in den Tod Jesu Christi getauft ist, um nach der Taufe mit ihm auch wieder aufzuerstehen und zu leben, nun aber als ein neues Geschöpf ohne Sünde, in Wahrheit, Liebe, Treue und Gerechtigkeit. Denn wenn jemand mit Christus lebt, so ist er eine neue Schöpfung. Denn das Alte ist vergangen, und es ist alles neu geworden.
Römer 6,1–11; 8,1–13; II. Korinther 5,17.

1. Die Propheten Jeremia und Ezechiel haben Gedanken von dem neuen Menschen als sichtbares Zeichen der Gottesherrschaft in die biblische Mythologie gebracht. Jahwe schafft den Menschen um, er wechselt sein Herz und seinen Geist aus. Das ist nach alttestamentlicher Vorstellung gleichbedeutend mit einer Neuschöpfung. Beide Propheten schaffen mit diesem My-

thos die Grundlage für die neutestamentliche Typologie des Gottesreiches. Ihre Aussagen sind dabei aber nicht eschatologisch festgelegt, sondern für eine zeitliche Deutung offen. Das Mythologem vom »neuen Menschen« ist zugleich auch das Mythologem vom neuen Gott. Der neue Mensch und der neue Gott brauchen keinen Kult, kein heiliges Gesetz, keine Ordnung, kein Priester- und kein heiliges Königtum. Gott und Mensch kennen sich und achten einander. Sie haben einen neuen Vertrag abgeschlossen.

2. Über den Zeitpunkt dieses Vertrages geben beide keine Auskunft. Es ist aber zu vermuten, daß die Propheten diese neuen Menschen noch zu ihren Lebzeiten zu sehen hofften. Der prophetische Spruch von dem Neuanfang ist die radikale und endgültige Absage an den Jerusalemer Tempel und dessen Lehre. Zugleich verwirft er das Königtum als mögliche Leitungsfunktion; Jeremia und mehr noch Ezechiel lösten dabei auch die gesellschaftlichen Bindungen auf. Ezechiel individualisiert nicht nur Schuld und Sünde, sondern auch das Heil, den Frieden. Der einzelne Mensch erhält einen neuen Geist und ein neues Herz. Sein Dasein im Lande gleicht dem Dasein des Menschen im Garten Eden.

3. Die Lösung der Probleme, die die Exilzeit stellt, wird bei Jeremia und Ezechiel in die Gestalt des Traumes gehüllt. Die Vision von dem neuen Menschen ist der aus dem Zustand der Unvollkommenheit geborene Wunsch nach Vollkommenheit. Der neue Mensch soll wie der erste Mensch im Paradiese sein. Dabei geht jedoch die prophetische Dialektik nicht auf. Der neue Mensch wird nicht in den engelgleichen Status des ersten Menschen zurückversetzt, sondern bleibt in der Welt, arbeitet weiter in ihr, lebt, zeugt und stirbt in ihr. Die prophetische Hoffnung ist nur darauf gerichtet, daß die gesamte bisherige gesellschaftliche Ordnung aufgehoben wird und daß es zukünftig keine Herren, Priester, Könige und Knechte, Laien und Soldaten mehr gibt und der Mensch sein von Jahwe gewolltes Wesen wiedererlangt.

4. Der Prophet Jesaja verkündet dagegen ein Mythologem ganz anderer Art. Der »Knecht« meint jeweils das gesamte Gottesvolk. Jesaja entwirft ein Bild des neuen Gottesvolkes, das sich aus der Unterdrückung und Verfolgung ganz anders erhebt, als man erwartet hat. Die Völker haben das kleine Volk kaum noch angesehen, gespürt oder gehört. Und dennoch prophezeit der Prophet diesem Volke eine große Zukunft; noch bevor sie zu

ahnen ist, läßt er sie hören: das Volk Jahwes soll Blinde sehend machen, Gefangene befreien und Tote auferstehen lassen.

Und nicht nur dies, sondern er lehrt zugleich, daß Jahwe sein Volk habe leiden lassen, um die anderen Völker zu befreien. Durch das Leiden des Jahwevolkes werden die anderen Völker vor dem Zorn Gottes gerettet. Aber dieses Leiden nimmt einen triumphalen Ausgang: Am Ende sitzt das Volk Jahwes gleichberechtigt neben den anderen Imperien und ist aus dem Unterdrückten selber ein Unterdrücker geworden.

5. Das Judentum hat diese Kapitel immer kollektiv verstanden und auf das Volk Israel bezogen. Das Christentum allerdings hat den Mythos vom stellvertretenden Leiden auf Jesus bezogen (Matthäus 11,2–6; 12,18–21; Römer 10,5–16; 15,21; I. Petrus 2,24; II. Korinther 3,17) und den Typus vom leidenden Messias in diesen prophetischen Reden vorgebildet gesehen. Ursprünglich waren diese aber nur Trostreden des Propheten für sein Volk, dem er in einer trostlosen Gegenwart ein zukunftsträchtiges Bild schuf. Einmütig aber ist die gesamte prophetische Literatur in der Forderung nach einer kultlosen eschatologischen Zukunft.

6. Jesus tritt mit seiner Predigt in die Fußspuren der Propheten. Er unterscheidet sich aber vor allem darin von seinen Vorgängern, daß er die angekündigte Herrschaft Gottes für nahe herbeigekommen und begonnen erklärt. Wie die Propheten individualisiert Jesus die Herrschaft Gottes. Sie erstreckt sich auf das Innere der Menschen, ihr Herz und ihre Sinne. Deshalb ist das Hauptthema seiner Predigt: tut Buße, d.h. kehrt um, werdet die neuen Menschen, die Gott schaffen will. Er zwingt seine Hörer zu einem totalen Verzicht auf jede Zukunftsspekulation. Hier und jetzt soll sich im Menschen alles ändern, nicht erst in ewigen Zeiten. Darauf zielt auch das sogenannte Herrengebet (Vaterunser) ab; es ist eigentlich ein Ruf nach dem Gottesreich der Zukunft, das als innere Bewegtheit verstanden wird.

7. Von einer revolutionären Umgestaltung der Welt ist das Mythologem vom neuen Menschen als einer neuen Schöpfung Gottes auch in der übrigen theologischen Literatur des Neuen Testaments weit entfernt. Die durch die Taufe bewirkte Neuwerdung des Menschen hat nur exklusive Bedeutung. Sie schließt den Menschen von der Welt aus und in die Gemeinde, einen mystisch verstandenen Leib Christi, ein. Die nachweisbar engen Berührungen mit der Stoa, die Paulus in Apostelgeschichte 17,28 deutlich zeigt, sind weniger Zeichen für die Ab-

hängigkeit der Systeme voneinander als vielmehr Anzeichen der gleichen sozialökonomischen Situation, wie sie im Gefolge des Alexanderreiches im Orient entstand.

XIV.3 Die neue Erde

a. In den Tagen der judäischen Könige erging das Wort Jahwes an Micha: In den letzten Tagen wird der Berg Jahwes fester gegründet sein als alle anderen Berge, und er wird sie alle überragen. Viele Völker und Nationen werden sich auf den Weg machen, um von Jahwe Recht zu empfangen. Jahwe wird Frieden schaffen zwischen den Völkern, sie werden ihre Schwerter zu Pflugscharen schmieden und aus ihren Spießen Rebmesser machen. Kein Volk wird mehr gegen ein anderes kämpfen; den Krieg werden sie verlernen. Sie werden alle friedlich unter ihrem Weinstock und Feigenbaum sitzen und sich an Jahwe freuen. Denn Jahwe wird aus der Landschaft Bethlehem-Ephrat einen Herrscher in Israel erstehen lassen, dessen Ursprung in der Vorzeit, in unvordenklichen Tagen liegt; der wird mächtig sein über die ganze Erde, und seine Herrschaft wird das Heil sein. (Siehe auch XIV,1,e.)
Micha 4,1–5; 5,4.

b. Als Jesus aus Nazareth in Jerusalem war, belehrte er seine Jünger über das Ende der Welt. Er sagte ihnen, daß in den letzten Tagen ein großer Kampf auf der Erde stattfindet, in dem jeder Mensch gegen seinen Nächsten kämpft und wo die Greuel der Verwüstung auf den Feldern und Fluren alles Leben schlagen werden. Irrlehrer werden auftreten und falsche Propheten, die Zeichen und Wunder tun, um zu beweisen, daß sie die Auserwählten Gottes sind. Vor ihnen warnte Jesus; denn die Erlösung aus dem Jammer dieser Welt wird erst kommen, wenn Sonne und Mond nicht mehr leuchten und die Gestirne vom Himmel weichen. Dann wird man nämlich den Menschensohn auf den Wolken kommen sehen. Der wird dann seine Engel zu den Auserwählten schicken und sie zu sich holen. Aber die Stunde seiner Ankunft bleibt ein Geheimnis Gottes, der der Vater des Menschensohnes ist. Das Gericht wird so unerwartet einbrechen wie einstmals die große Flut zur Zeit Noahs.

Diese Botschaft Jesu glaubten seine Jünger und verbreiteten sie überall, wo sie hinkamen. Denn Jesus hatte gesagt, daß die Zeit des Geschlechtes, in dem er lebte, nicht verstreichen würde, bis das alles eintreffen sollte. Und sie glaubten, daß er der sein wird, der kommt,

um sie zu erlösen; so warteten sie sehnsüchtig auf seine Ankunft. Sie hatten auch viele Mühe, in den Zeichen der Zeit sich zurechtzufinden. An den Leiden der Verfolgung durch Juden und andere sahen sie aber, daß das Ende der Zeiten nahe herbeigekommen war, und warteten auf den neuen Himmel und die neue Erde, wie es ihnen von Jesus und den Propheten versprochen war.
Markus 13; Matthäus 24; II. Thessalonicher 2,1–17; I. Petrus 4,7; II. Petrus 3,13.

c. Als der hochbetagte Apostel Johannes am Ende seines Lebens auf der Insel Patmos weilte, erschien ihm im Geist der himmlische Thronsaal. Auf dem Hauptthron saß einer, der wie ein Strahlenfeuer von Edelsteinen anzusehen war. Und rings um den Thron waren noch vierundzwanzig andere Throne aufgestellt, auf denen weißgekleidete und gekrönte Gestalten saßen. Von dem großen Thron gingen Blitze, Donner und gewaltige Stimmen aus. Der Thron stand auf einem kristallenen Sockel, und um ihn waren vier Wesen, die ihn hielten. Sie waren überall voller Augen; das erste sah aus wie ein Löwe, das zweite wie ein Jungstier, das dritte wie ein Adler und das vierte wie ein Mensch. Jedes hatte sechs Flügel, und sie sangen unablässig: Heilig, heilig, heilig ist der göttliche Herr, der Allmächtige und Ewige. – Während sie sangen, legten die gekrönten Häupter ihre Kronen vor dem göttlichen Herrn nieder und beteten ihn an als den Herrn und Schöpfer aller Dinge.

Dann erschien inmitten dieser Versammlung ein Lamm, das aussah, als wenn es erwürgt wäre. Bei ihm waren die sieben Geister Gottes. Und alle fielen vor dem Lamm nieder, beteten es an und erhoben es zu göttlichen Ehren, indem sie unter Harfenbegleitung ein neues Loblied anstimmten. Von dem großen Thron erscholl darauf eine Stimme wie von tausend Engeln; gewaltig ertönte sie: Das Lamm, das erwürgt ist, ist würdig, Kraft, Reichtum, Weisheit, Stärke, Ehre, Preis und Lob zu empfangen.

Das Lamm aber war allein mächtig, die sieben Siegel des Buches zu lösen, das sich zur Rechten des großen Thrones befand, und damit das Endschicksal der Welt in Gang zu setzen. Als es die ersten sechs Siegel öffnete, brachen vier Reiter auf, um die Welt zu beherrschen, bis die Auferstehung der Toten und der Weltuntergang geschehen war; es waren der Sieg, der Krieg, die Teuerung und der Tod. Und die Sonne wurde schwarz, der Mond blutrot, die Sterne fielen herab, der Himmel rollte sich wie eine Buchrolle zusammen, und ein gewaltiges Erdbeben riß die Berge und Inseln aus ihrer Verankerung. Da flohen die Menschen in die Höhlen und Klüfte der Berge.

Bevor sie aber umkamen, erschien ein Engel mit dem Siegel des lebendigen Gottes, um die auserwählten Menschen auszusondern und sie vor den Thron des Allmächtigen zu führen. Aus dem Geschlecht der Kinder Israel wurden einhundertvierundvierzigtausend versiegelt, aus jedem Stamm zwölftausend. Die Schar derer, die aus den anderen Völkern auserwählt wurde, war nicht mehr zu zählen.

Danach wurde das siebente Siegel geöffnet, und Johannes sah sieben Engel, die vor dem Thron des Allmächtigen standen; sie bliesen nacheinander in ihre Posaunen, und die Vernichtung der Erde nahm währenddessen ihren Lauf: Zunächst wurde ein Drittel der Erde, des Wassers, des Lebens auf der Erde und im Wasser, der Sonne, des Mondes und der Sterne vernichtet. Danach kamen die Mächte des Abgrundes, um die Menschen zu quälen, und schließlich wurden die vier Engel, die am Euphrat gebunden waren, von ihren Fesseln befreit, um den dritten Teil der Menschen zu töten.

Mit dem Erschallen der siebenten Posaune wurde dann das ewige, allumfassende Reich Christi ausgerufen. Michael und seine Engel besiegten auch den Satanas oder den Teufel – wie der große Drache, die alte Schlange, genannt wird – und warfen ihn aus dem Himmel auf die Erde. Am Himmel war zu der Zeit eine Frau erschienen, auf der Mondsichel stehend, mit der Sonne bekleidet und mit zwölf Sternen gekrönt. Die gebar ein Kind, das die Völker lenken sollte. Und es wurde zu Gott entrückt. Die Frau floh vor dem Angriff des Drachens in die Wüste und wurde vor ihm auf wunderbare Weise gerettet.

Und Johannes sah weiter, wie das Gericht Gottes aus sieben Schalen voll des göttlichen Zornes sich mit Plagen und Erdbeben über die Erde ergoß, während die auserwählten Heiligen vor seinem Thron standen und ihn lobten und priesen wie die Engel, die bei diesen letzten sieben Strafgerichten Gott lobten. Er sah auch, wie die große Hure, die große und prächtige Stadt, die über die Könige der Erde herrschte, geschlagen ward wie Babylon; und über ihren Untergang erhob sich auf der Erde große Klage, im Himmel aber war lauter Jubel.

Dann sah Johannes, wie Christus nach einem großen Sieg über die Könige der Erde ein tausendjähriges Friedensreich errichtete. Für diese Zeit wurde der alte Drache gefesselt und in die Unterwelt verdammt. Nach Ablauf der tausend Jahre wurde Satan für kurze Zeit losgelassen. Er führte Gog und Magog zum Krieg gegen die Heiligen, und das Feuer vom Himmel verzehrte sie. Und nachdem Satan dann für ewig in den Feuersee geworfen worden war, standen alle Toten auf. Johannes sah, wie sie von dem gerichtet wurden, der auf einem weißen Thron saß, vor dem die Erde und der Himmel flohen. Und es gab keinen Ort mehr für sie. Der Tod und das Totenreich – das sind alle, die nicht auserwählt wurden zum Leben im Reiche des Lammes –

wurden in den Feuersee geworfen. Und Johannes sah einen neuen Himmel und eine neue Erde. Denn der erste Himmel und die erste Erde waren vergangen, auch das Meer war nicht mehr.

Es kam aber aus dem Himmel Gottes das neue Jerusalem herab, im Besitze der Herrlichkeit Gottes. Und die Stadt brauchte weder Sonne noch Mond, denn es gab keine Nacht mehr in ihr, weil der Lichtglanz Gottes und das Lamm in ihr war. Einen Tempel gab es nicht mehr.

Johannes sah, wie von dem Thron Gottes und des Lammes ein Strom ausging, der das Wasser des Lebens mit sich führte. Auf beiden Seiten standen Bäume, die jederzeit Früchte brachten und durch deren Blätter die Völker gesundeten. Der Strom durchfloß die neue Stadt. Ihren Bewohnern war ewiges Leben und ewige Herrschaft gegeben.

Und der Engel sagte zu Johannes: Versiegle die Worte der Weissagung dieses Buches nicht, denn die Zeit ist nahe.

Diese Verheißung teilte Johannes mit dem Propheten Jesaja, der als Spruch Jahwes verkündete: Ich will einen neuen Himmel und eine neue Erde schaffen, über denen man die vorherigen vergessen wird. Man wird sich freuen auf ewig über das, was ich schaffe. Dann wird man in der Stadt kein Weinen oder Klagen mehr hören. Wenn ein Kind sterben sollte, wird es mindestens einhundert Jahre alt sein, und Wolf und Lamm werden zusammen weiden. Die Menschen werden vor Jahwe bestehen wie der neue Himmel und die neue Erde, an denen Jahwe nur Wohlgefallen hat.

Offenbarung 4,2–5,13; 6–9; 11,15–12,17; 14–19,5; 20; 21,1–22,10; Jesaja 65,17–25; 66,22.

1. Die alttestamentlichen Vorstellungen von einer Veränderung der Welt finden bei Micha und dem dritten, nachexilischen Jesaja eine radikale Wendung. Die Welt wird durch Jahwe nicht verändert, sondern er schafft sie neu, schafft einen neuen Himmel, eine neue Erde. Neu bezeichnet durchaus das, was bisher nicht vorhanden war. Die bisherigen Erfahrungen der nachexilischen Ära haben diese Idee freigesetzt. Das Los der aus der Knechtschaft Babylons Entlassenen ist so hart, daß die Sehnsucht nach Befreiung nicht mehr mit Bildern gestillt werden kann, die eine Reparatur, eine positive Veränderung der jetzigen Welt zum Ziele haben, sondern eine völlig neue Erde meinen. Diese Erwartung ist im Judentum immer lebendig geblieben.

2. Jesus hat diese Erwartung nicht geteilt. Seine Tätigkeit war von der Idee bestimmt, die Menschen müßten sich ändern (siehe XIII,1,4; XIV,2,d), um in das Reich Gottes zu gelangen, das in diese vorfindliche Welt einbrechen werde. Er erwartete die Ankunft dieses Reiches noch zu Lebzeiten seiner Generation. In

den Kreisen seiner Anhänger wurde nach seinem Tode diese Erwartung dann, als sie sich nicht erfüllte, bestritten und durch die alttestamentliche Tradition ersetzt, die eine Neuschaffung der Welt nach einer erneuten Ankunft des Messias als Weltenrichter und Heiland durch Jahwe erhoffte. In diese Erwartung war bis zur Zeit Jesu aus der jüdischen Apokalyptik schon viel mythologisches Gut eingesickert. Dazu gehört das Mythologem vom Endkampf zwischen den Mächten des Lichtes und der Finsternis und dem Endgericht des göttlichen Gesandten. Die Zeit wird nicht mehr als zirkulierender Periodenwechsel verstanden, sondern als lineare Geschichte. Das Denken in der Vorstellung von den zwei Äonen, diesem und einem zukünftigen, deutet dabei die Äonen nicht nur zeitlich, sondern auch räumlich und führt deshalb zur Aufhebung des alten Äon. Diese primitive Dialektik beherrscht die ganze biblische Eschatologie.

Die sogenannten »Apokalypsen« in Markus 13 und Matthäus 24 sind nicht Bestandteil der ursprünglichen Lehre Jesu gewesen, sondern ihm von seinen Anhängern in den Mund gelegt worden, um das Rätsel der Verzögerung von Christi Wiederkunft, der Parusie, noch in seine Lehre zu verlegen.

3. Die Bestandteile des Mythos vom Kommen eines neuen Himmels und einer neuen Erde sind schon in der alttestamentlichen Apokalyptik angelegt. Die vier Tiere, die den Untergang der Welt bewirken, stehen schon bei Daniel 7 (siehe XI,3); bei Ezechiel (siehe VIII,6) tragen Löwe, Adler, Stier und Mensch auch schon den Thronwagen Jahwes. Die Engel als himmlische Heerscharen bereichern auch schon die mythischen Bilder der Propheten. Der thronende Alte bei Daniel ist offensichtlich neben der offiziellen Amtsfrömmigkeit, die den nichtgestaltigen Jahwe verkündet, eine so beliebte Objektivierung einer Gottesvorstellung gewesen, daß Johannes sie aufnehmen konnte.

4. Das Lamm in der Apokalypse des Johannes ist eindeutig Jesus. Er wird erst durch die himmlische Versammlung zum göttlichen Heros gemacht. Die Schilderung dieser Szene spiegelt den realen geschichtlichen Vorgang wider. Aus dem Menschen Jesus wird der göttliche Mitregent. Die Stimme von dem göttlichen Thron bestätigt die Dignität des Lammes und erhebt es zu sich. Darauf betet die ganze Hofversammlung das Lamm an wie vordem nur den Allmächtigen selber. Nun erst kann Christus das Weltregiment antreten. Sein Regiment ist zunächst grausam. Es bedeutet die langsame Vernichtung der ganzen

Welt, von der nur die Auserwählten ausgenommen sind. Diese werden in das himmlische Jerusalem gerettet. Die Mythologeme sind dabei auch wieder der alttestamentlichen Prophetie (siehe etwa Ezechiel 38) entlehnt. Nur werden sie völlig umgedeutet.

5. Die Himmelskönigin ist ursprünglich sicher nicht Maria, die Mutter Jesu, sondern stellt eher die Stadt Jerusalem dar. Es war ja antikem Denken geläufig, die Stadt als Mutter ihrer Bürger darzustellen, wie ja auch die alten Stadtgöttinnen als die ehemaligen heiligen Königinnen wirklich einmal auch die großen Mütter waren. Die zwölf Sterne in ihrer Krone deuten auf die zwölf Stämme Israels hin. Das andere Weib, die große Hure Babylon, ist die Chiffre für Rom, wie sie auch sonst in der apostolischen Literatur beschrieben wird. Die sieben Schrekkenszeiten sind analog den sieben Plagen konzipiert, die Jahwe über Ägypten kommen ließ. Der Dichter der Offenbarung setzt voraus, daß Rom und das römische Reich keinen ewigen Bestand haben werden. Er kündigt den Untergang an, obwohl Rom noch auf dem Höhepunkt seiner Macht steht, als das Buch im zweiten Drittel des 1. Jahrhunderts u. Z. geschrieben wird.

6. Das Tausendjährige Friedensreich ist für die Apokalypse die Frist, die den Völkern noch gegeben wird, um sich unter der Herrschaft der Märtyrer Christus anzuschließen. Die Zahl 1000 für ein Weltzeitalter stammt aus der iranischen Tradition. Sie ist aber in der Offenbarung des Johannes nicht mehr als Glied einer Kette von Weltzeitaltern gedacht, sondern die einmalige Zeit des Reiches, in dem die Kirche zusammen mit Christus kämpft, bis die Umschöpfung von Himmel und Erde beginnt. Die Zahl 1000 ist keine absolute Zahl, sondern die Chiffre für einen unendlich langen Zeitraum. Die chiliastischen Spekulationen von Sektierern aller christlichen Konfessionen haben hier ihren Ausgang genommen.

7. Die neue Erde, der neue Himmel, das neue Jerusalem mit seinen neuen Menschen ist die Krönung der Visionen des Johannes. In ihr lebten die Hoffnungen des Dritten Jesaja auf. Der Dichter versucht das Paradies wieder aufzuschließen, das im Mythos von Adam und Eva als für alle Menschen zukünftig verschlossen erscheint. Die sinnfällige Beschreibung des Lebens in der neuen Stadt, die irgendwo im Jenseitigen lokalisiert wird, ist der Versuch, die Welt als Welt aufzuheben. Die Verfolgung durch die Römer und die Leiden der von Rom unterjochten Völker setzten das verlorene Paradies für den Ausweg. Im

neuen Jerusalem gibt es ewiges Leben und ewige Freiheit; ewige Freiheit bedeutet ewige Herrschaft. Der Dichter sieht keine Möglichkeit mehr zu einer Weltverbesserung, sondern nur noch eine Möglichkeit zum Überleben: die Neuschöpfung. Die Erwartung einer neuen Welt hat kosmische Dimensionen. Es wird weder Sonne noch Mond, noch den Unterschied zwischen Nacht und Tag geben. Der Mensch wird auch ein anderer sein. Er wird nicht mehr frei sein, sondern in allem Gott gehorsam sein.

8. Die Stellung der Offenbarung des Johannes am Ende der Bibel ist nicht unbeabsichtigt. Sie zeigt den Standort der christlichen Mythologie an. Durch *eines* Menschen Sünde (Römer 5,12–21) kamen Tod und Elend in die Welt, durch *einen* Menschen die Befreiung davon und die Aufhebung der Geschichte seit Adams Eintritt in die Welt. Die Offenbarung des Johannes ist das Buch von dem Austritt des Menschen und seines Gottes aus dieser Welt und dem Übergang in eine andere. Dabei unterscheidet sich die Offenbarung von den etwa gleichzeitig entstehenden gnostischen Erlösungslehren nur in einem, aber entscheidenden Punkt. Sie weist das erlösende Handeln allein Gott und seinem Gesandten zu, während die Gnostiker glauben, daß sie durch die Gnosis, das Wissen um göttliche Geheimnisse, das zu ihnen kommt, die Erlösung erhalten.

Das erwartete Ende der Welt ist nicht gekommen. Die Erde ist die alte Erde, und derselbe Himmel überspannt sie, der schon in den Zeiten der Erzväter das Zelt gewesen war, in dem die Menschheit lebte.

Auch das Bild des Himmels als Zelt – den wandernden Hirten das geläufige Bild für eine gastliche Stätte der Sicherheit und Geborgenheit – blieb lebendig. Unverändert blieb aber auch die Ungastlichkeit der Gesellschaft in den ersten und den folgenden Jahrhunderten unserer Zeitrechnung. Die Sklavenhaltergesellschaft des Imperium Romanum erlebte zwar den schnellen Wechsel der Soldatenkaiser aus dem Hause der Flavier und Julier und die Folgen der Machtkämpfe um den Thron, aber noch nicht das Ende einer unbarmherzigen und unmenschlichen Tyrannei, unter der neben den Sklaven die Juden und Christen mehr als noch andere Schichten im Reiche zu leiden hatten, weil sie die kultische Verehrung des Kaisers als Gott ablehnten. Ihre Situation als Verfolgte und Verfemte und die Erwartung eines baldigen Endes der Welt schloß sie enger zusammen als die Bindungen, die die zahllosen anderen Kultvereinigungen im Reiche zusammenhielten. Hierin liegen auch die »Wurzeln für die urkommunistisch anmutende Gütergemeinschaft« (Engels) in den ersten beiden Jahrhunderten der Christenheit. Der neue Glaube verbreitete sich in dieser Zeit über das ganze Imperium Romanum und überschritt auch dessen Grenzen. Die Gemeinden waren zunächst klein und ihre Wirkung eingeengt durch kaiserliche Edikte wie durch eine selbstgewählte Isolierung. Ihre einzelnen Zentren waren zudem auch im Wesen grundverschieden. Ihre Frömmigkeit unterschied sich, ihre kultischen Gebräuche waren in Ost- und Westrom jeweils anderen Einflüssen ausgesetzt. Solche pluralistische Entwicklung des Christentums fand ihr Ende mit der Billigung zunächst als erlaubter Religion durch ein Edikt Konstantins des Großen vom Jahre 313 und durch die erste allgemeine Kirchenversammlung 325 in Nicäa, die der nichtchristliche Kaiser einberief und leitete. Mit diesem Konzil versuchte er die einzelnen Kirchen unter eine gemeinsame Lehre zu vereinigen. Er brauchte für sein Großreich eine Großkirche.

Theologisch trug in Nicäa den Sieg der Kirchenvater Athanasius über seinen Gegner Arius davon. Athanasius lehrte, daß

Jesus als Christus und Gottessohn von gleicher Natur sei wie sein Vater, Gott, während Arius lehrte, die Natur Christi sei Gottes Natur nur ähnlich. Im Jahre 380 forderte dann Theodosius von allen Untertanen im Reich die Annahme der christlichen Religion. Sein Religionsedikt vom 28. Februar war die Geburtsstunde der Staatskirche. Alle anderen Kulte wurden verboten und aufgehoben, ihre Besitztümer fielen dem Staat anheim. Die Konzilsbeschlüsse von Nicäa bedeuteten endgültig die Trennung der Kirche vom Judentum. Die Großkirche des Großreiches erhielt als Herrn einen richtigen Gott. Die Orientalen kämpften vergeblich für die Menschlichkeit Jesu. Nun war von allen zu glauben, daß Jesus Christus göttlicher Natur sei. Deshalb erhielt das sogenannte Herrenmahl auch den Charakter eines Sakramentes, einer göttlichen Gnadengabe. Die Darbietung von Brot und Wein – nunmehr von göttlichem Leib und göttlichem Blut – im Abendmahlssakrament machte die Institutionalisierung von Priestern nötig. Die Kirche wurde ferner nach dem Schema der Reichsverwaltung mit ihrer Gliederung in Präfekturen, Diözesen und Provinzen organisiert. Sie wurde eine ökonomisch starke Kraft, nachdem sie sich in der Synode von Konstantinopel 381 durch das Dogma von der Wesensgleichheit auch des Heiligen Geistes mit Gottvater und Gottsohn die geistliche und göttliche Vollmacht zuerkannt hatte; in der ununterbrochenen Sukzession der Geistlichen seit den Aposteln glaubte man ja die Gewähr zu haben, daß der Heilige Geist, der den ersten Aposteln zuteil geworden war, auch auf die Bischöfe und Priester vererbt worden sei. Nunmehr war die Erlangung des ewigen Heiles, der Unsterblichkeit, an die Teilnahme an den kirchlichen Sakramenten gebunden, die die individuelle Vergottung bewirkte. Heilige und Märtyrer erhielten deshalb nach ihrem Tode und auch schon zu ihren Lebzeiten göttliche Kräfte zugesprochen. Sie ersetzten die zahllosen, inzwischen aufgehobenen regionalen alten Kultheroen und Götter, deren Opfer nun der Kirche zufielen. Das Christentum und die Kirchen in den ersten drei Jahrhunderten waren von der neutestamentlichen Ausgangsposition, der Erwartung eines neuen Himmels und einer neuen Erde, so weit entfernt und mit einer aus der Spätantike stammenden individuellen Heilslehre so eng verbunden, daß sie für die Reichseinigung unter Konstantin dem Großen die geeigneten Partner abgaben.

Seit dem 3. Jahrhundert wurde es üblich, daß Bischöfe und Priester nicht mehr durch Arbeit ihr Brot verdienten, sondern von den Gemeinden und Diözesen versorgt wurden. Zudem kam man durch die kaiserlichen Rechte in der Kirchenverwaltung nicht umhin, Bischöfe vornehmlich aus reichen und wohlhabenden Familien zu wählen, die dann auch bei ihrem Ableben ihren Besitz an die Gemeinden vererbten. Zumindest nach dem Ausgang des 4. Jahrhunderts mußten sie nämlich ehelos leben. Die Ehelosigkeit der Priester war schon in der vorchristlichen Antike verbreitet. Man glaubte nämlich, daß der Beischlaf kultunfähig mache. Solange nun das Opfer und die Zelebration des Kultes sich auf wenige Tage oder Feste im Jahr beschränkte, konnten durch bestimmte Heiligungsgesetze die Priester sich wieder in den kultfähigen Stand der Reinheit bringen. Aber die Einführung des täglichen Meßopfers in der christlichen Kirche verhindert seit dem 11. Jahrhundert endgültig diesen Ausweg. Die ursprünglich freiwillige und gleichberechtigte Teilnahme am christlichen Gemeindeleben wich zusehends einer streng hierarchisch gegliederten und gesetzesmäßig geregelten Ordnung. Die Klassenordnung des Kaiserreiches spiegelte sich in den Kirchenordnungen und den Dogmen wider, den der Heiligen Schrift gleichzuachtenden Lehrsätzen der Kirche, die häufig von den Kaisern veranlaßt wurden. Der gottgleiche Christus rückte in die Thron- und Herrschaftsgemeinschaft mit seinem Vater auf. Er wurde selber, weil er auch wesenseins mit seinem Vater sein mußte, dargestellt als Pantokrator, als Weltenherrscher, umgeben von Engeln, Heiligen und Märtyrern und der Wolke der Zeugen sowie dem sichtbar gewordenen Heiligen Geist. Jesus, der einstmals gelehrt hatte: »Gebt dem Kaiser, was dem Kaiser gehört«, wurde nun als Christus zum Herrn über den Kaiser gesetzt. Theodosius, der mit seinem Edikt der Kirche erst zur Macht verholfen hatte, mußte es sich schon fünf Jahre später durch den Bischof Ambrosius von Mailand gefallen lassen, öffentlich in den Bann getan zu werden, bis er Buße getan und bereut hatte.

Die Mutter Jesu, Maria, die Frau des Zimmermannes Joseph, war nun nicht mehr nur eine gewöhnliche Mutter, sondern nach den Festlegungen des Konzils von Chalcedon auch Christusgebärende und Mutter eines Gottes, der man göttliche Ehren nicht vorenthalten durfte. Und weil sie doch den Heiland und Erlöser geboren hatte, war sie auch mittelbar an der Erlösung der Welt beteiligt. So wuchsen ihr in Titeln wie »Miterlöserin«, »Mittlerin aller Gnaden«, »schmerzenreiche Mutter« auch Ehren zu, die sie in eine Reihe mit den »großen Müttern« Diana von

Ephesus oder der Göttin Isis rückten, bis schließlich im Jahre 1950 durch Papst Pius XII. als Dogma festgelegt wurde, daß Maria wie Christus auch »gen Himmel gefahren ist« und nun zur Rechten ihres Sohnes thront.

Diese Entwicklung der christlichen Mythologie in den späteren Jahrhunderten nach Abschluß des neutestamentlichen Kanons kann hier nicht ausführlich dargestellt, sondern nur angedeutet werden. Aus dem Apostel Petrus, dem verheirateten Fischer vom See Genezareth, wurde in der kirchengeschichtlichen Entwicklung der Stellvertreter Christi und erste Bischof von Rom und für die römische Kirche damit auch der erste Papst. Dem gleichfalls in Rom als Märtyrer hingerichteten Paulus widerfuhr solche Ehre nicht. Er war durch sein weitverbreitetes Schrifttum einer solchen Legendenbildung und Mythopoetik gegenüber abgesichert. Der schriftstellerisch nicht so belastete Petrus war dafür das bessere Modell. Das ganze Mittelalter webte noch an diesem kirchlichen Bilderteppich. Allerdings vollzog sich die Entwicklung der oströmischen Kirche, die sich selber als die orthodoxe, d.h. rechtgläubige Kirche verstand, seit der Trennung von der weströmischen Kirche im Jahre 1054 nach eigenen Gesetzen.

Die frühbürgerliche Reformation in Deutschland nach 1517 hatte auf diese Entwicklung nur einen bescheidenen Einfluß. Sie griff auf die biblische Mythologie zurück, um ihre Ziele durchzusetzen. Der revolutionäre Gehalt des Lutherchorals ›Ein feste Burg ist unser Gott‹, der zum Kampflied der Reformation wurde, lag z.B. darin, daß wie in der literarischen Vorlage (Psalm 46) die bestehenden gesellschaftlichen und politischen Verhältnisse in ihrer Endgültigkeit angefochten wurden. Die festen Burgen und die guten Waffen des feudalen Mittelalters – die Bildhaftigkeit des Psalms entsprach durchaus der Gesellschaftssymbolik des 16. Jahrhunderts – wurden hier ideell außer Kraft gesetzt. Die mythischen Begriffe »Gott«, »sein Wort«, »der rechte Mann, den er hat selbst erkoren«, ersetzen das weithin noch unklare Programm der neuen gesellschaftlichen Kräfte. Die alttestamentlichen Gottesstreiter galten den aufständischen Bauern als Vorbilder; in den radikalen Forderungen der Propheten sahen sie ihre eigenen Forderungen schon vorweggenommen und göttlich autorisiert. Ihre Sache war ihnen Gottes Sache.

Die Revolution der Bauern wurde gemeinsam von protestantischen und katholischen Reichsständen unterdrückt. Ihre Ziele lebten nur in einzelnen kleinen religiösen Splittergruppen weiter. Die Sieger aber griffen nun sehr schnell wieder auf die alte Weise zurück. Die kirchliche Trennung von Rom und die Reformation des Kultus brachten zwar der frühbürgerlichen Entwicklung nach 1517 große Vorteile, bedeuteten aber nicht das Ende der christlichen Mythopoetik. Der Einfluß der Kirche war zurückgedrängt. In den von Luther und Calvin reformierten Gebieten war nunmehr nicht der treue Gehorsam gegenüber der Kirche und ihren Gesetzen und Forderungen die unabdingbare Voraussetzung zum Heile, sondern der Glaube an die bedingungslose Gnade Jesu Christi, die man nicht verdienen konnte. Oberherrn und Hirten der reformierten Kirchen waren nun auch nicht mehr Bischöfe, Kardinäle und Päpste, sondern die Fürsten und Herren der einzelnen Gebiete. Die Kirche wurde aus einer Herrin, einer ecclesia triumphans, wie sie noch das Straßburger Münster zierte, nun wieder zu einer Magd, einer Dienerin der Obrigkeit. Das bürgerliche und auch feudale gesellschaftliche Grundbild von Vater und Sohn, die als die Besitzer von Grund und Boden oder von Zunftrechten und Handwerksbetrieben die sichtbare Garantie für den Fortbestand der Gesellschaft boten, bestimmte auch weithin das Frömmigkeitsbild. Gottvater und Gottsohn sollten nach dem Willen der Reformatoren die Mitte der Frömmigkeit sein.

Diese Reformation erwies sich als zweischneidiges Schwert. Sie entsprach zwar den Gesetzen der sozialökonomischen Entwicklung, machte aber sichtbar, daß die bis dahin für unverletzlich gehaltene Bindung an die Kirche zerrissen werden konnte. Das lebendige Bewußtsein von biblischer Mythologie wurde in den protestantischen Kirchen durch die Katechismusweisheit verdrängt. Die Zehn Gebote ersetzten den ganzen Kanon des römischen Kirchenrechtes mit all seinen Fastenordnungen und Lebensregeln. Übrig blieb aus der Fülle der biblischen Mythologie hauptsächlich die Kenntnis von Lehrsätzen und Bibelsprüchen. Seit dem Zeitalter der Aufklärung und des Rationalismus, das in der Theologie von einem profunden Pietismus begleitet und abgelöst wurde, vermochte man den biblischen Mythen nur wenig Interesse entgegenzubringen.

Der erste im deutschsprachigen Raum, der sich bemühte, den Zugang zur Schönheit der Bibel als einem Literaturwerk zu finden, war Herder. 1782/83 erschien seine Schrift ›Vom Geist der ebräischen Poesie‹. Herder zählte die Bibel wie die heiligen Bücher anderer Völker zu den Schriften, »in denen menschliche

Einbildungskraft und Poesie göttliche Aussichten für diese Welt darstellen«. Er will dabei das Fabel- und Märchenbuch der Ebräer nicht rechtfertigen, wie man ihm im Simsongespräch als selbstgeschaffenen Einwurf entgegenhält, sondern er will es erklären. Er war von der hohen Poesie der Bibel bezaubert und glaubte sagen zu können, »wenn Kindern alle Geschichten erzählt werden könnten, wie das Buch der Richter und Samuels die ihrigen beschreiben, sie würden sie alle als Poesie lernen«.

Goethe bürgerte durch den ›Prolog im Himmel‹ Gottvater als Person in die Dramatik ein, nachdem Lessing diesen im ›Nathan‹ in eine Idee verflüchtigt hatte. Die sozialen Prinzipien des Christentums, von denen später Marx sagte, sie seien duckmäuserig im Vergleich zum revolutionären Proletariat, wie auch seine weltanschaulichen Aussagen – das, was das Christentum zur Religion macht – standen dabei für Herder und Goethe weit im Hintergrund, wie diese Prinzipien seitdem ja zusehends immer mehr in den Hintergrund treten. Die Kunst hob die Religion von gestern auf. Der Prozeß der Aufhebung der Religion durch Ästhetik und Kunst ist allerdings fast so alt wie die Religion selber. Hesiod war nicht der erste, Hegel nicht der letzte, der dies versuchte.

Herder unternahm den Versuch, die Bibel als Bildungsgut darzustellen. Er sah seinen liebsten Leser »unter den Liebhabern der ältesten, einfältigsten, vielleicht herzlichsten Poesie der Erde, Liebhaber endlich der ältesten Geschichte des menschlichen Geistes und Herzens«. Diese von Herder geöffnete Zugangspforte wird fortan zu allen Zeiten offenstehen. Sie ist durch keine kirchlichen Dogmen zu verschließen, die, was unbestritten bleibt, ihrerseits Menschen an dieses Buch so fesseln, daß sie in ihm die Mitte ihres Lebens und Denkens sehen.

Die biblischen Mythen erhalten aber wie die Epen Homers ihr ästhetisches Gewicht nicht durch die Religiosität der Dichter, sondern durch die Harmonie der objektiven Gesetzmäßigkeiten der gesellschaftlichen Entwicklung mit ihrer subjektiven Gestaltung. Darin finden sie ihre Entsprechungen in den großen Werken der bildenden und darstellenden Kunst, wo immer diese sie als Motiv wählte. Dabei wird schnell klar, ob ein Kunstwerk zur religiösen Kunst gehört oder nicht. Denn jedes wirklich große, vielschichtige Kunstwerk überschreitet die Schwelle der historischen Begrenztheit durch die Religion, sobald es neu rezipiert wird. Die biblischen Mythen gehören zu ihnen. Ihre Bilder werden im ästhetischen Bewußtsein auch dann ihren Platz behalten, wenn jene Versuche aufgehört haben, die biblischen Mythen so ins Heute zu integrieren, wie es das fromme Selbstbewußtsein noch tut.

Dabei ist sicher, daß es im Hegelschen Sinne für die Kunst auch aufhebenswerte Erkenntnisse der biblischen Religion gibt. Das große Bild biblischer Mythologie für die erwartete Endheilszeit ist die prophetische Vision der zu Pflugscharen umgeschmiedeten Schwerter (siehe XIV,1,e). Ein sowjetischer Bildhauer schuf ein solches Denkmal für den Sitz der Vereinten Nationen. Das Bild der Taube, die den Frieden und die Versöhnung bringt, ist längst nicht mehr auf Altäre beschränkt, die gepriesene Glückseligkeit des friedlichen Beieinanderwohnens der Brüder hat nicht nur durch Schillers ›Ode an die Freude‹, wie Beethoven sie in den Schlußchor seiner Neunten Sinfonie aufnahm, eine gültige Gestalt erhalten.

Der Anfang der Welt ist nicht so gewesen, wie ihn der biblische Mythos denkt. Das Ende der Welt wird nicht so kommen, wie es der biblische Mythos erträumt. Noch ist »die Lösung des Rätsels der menschlichen Geschichte« (Marx) nicht vollendet. Teillösungen und Teilerkenntnisse aber antizipiert auch biblische Mythologie, wie die griechische, insofern sie versucht, das große Thema von der Menschlichkeit ihres Gottes, der eine menschliche Welt will, darzustellen als Sinn des geschichtlichen Verhaltens des Menschen.

Anhang

Erklärung wichtiger Begriffe

Adams Testament (Testamentum Adae) – Christliches apokryphes Werk, das syrisch überliefert ist. Es ist vermutlich im 3. Jahrhundert u. Z. entstanden. Es war in Byzanz, Alexandria und Äthiopien verbreitet. In Form einer Apokalypse enthüllt Adam, der erste Mensch, die ganze Heilsgeschichte und kündigt Christus als Heiland der Welt an.

Adyton – (griech.) Allerheiligstes; der für Laien und nichtpriesterliche Kultbeamte unzugängliche Raum im Tempel.

Altar – Bedeutet im biblischen Sprachgebrauch die Stätte, an der die Opfer für die Götter dargebracht werden. Zunächst ist der Altar als Brandopferaltar aus unbehauenen Steinen errichtet. Im Tempel Salomos ist der Räucheraltar aus Gold (I. Könige 7,48).

Amarna-Briefe – Sie stammen aus dem Palastarchiv von Achet-Aton, der Hauptstadt Ägyptens unter Amenophis IV. Echnaton auf dem Ostufer des Nil zwischen Memphis und Theben. Sie geben Aufschluß über die Verhältnisse in Palästina-Syrien, weil die Absender zumeist Fürsten aus diesen Ländern sind. Sie sind durchweg in Keilschrift geschrieben. Amarna ist der moderne Name für Achet-Aton, das nur etwa zwanzig Jahre bewohnt war (ca. 1375–1355 v. u. Z.).

Apokalypsen – In der Bibel Texte bei Jesaja, Daniel, Ezechiel, Offenbarung des Johannes. Außerbiblische Apokalypsen gibt es von Henoch, Baruch, Adam, Esra, Jakobus, Paulus, Petrus, wobei die jeweiligen Verfasser selbstredend diese Namen nur entlehnt haben (siehe auch Apokalyptik).

Apokalyptik – (griech. apokalyptein: offenbaren, enthüllen) Die Apokalyptik ist die Formenwelt in Literatur und Kunst, die die zukünftigen Ereignisse in Raum und Zeit beschreibt. Deshalb sind die apokalyptischen Bilder mythisch. Die Mythologeme der Apokalyptik sind älter als sie selber. Die Apokalypsen (Zusammenfassung von Zukunftserwartungen) entstehen in Palästina etwa seit dem 3. vorchristlichen Jahrhundert, seitdem frommer Glaube eine positive Schicksalsveränderung in die Eschatologie verlegt hat (siehe auch Eschatologie).

Apokryphen – (griech. apokryptein: verbergen, verhüllen) Heilige Schriften, die nicht kanonisch sind, d. h. die theologische Bestätigung als von Gott offenbarte heilige Schrift nicht erhalten haben. Dazu gehören unter den alttestamentlichen die Bücher Judith, Sapientia Salomonis (Weisheit Salomos), Tobias, Jesus Sirach, Baruch, I. und II. Makkabäer, Stücke zu Esther, Die Geschichte von Susanna und Daniel, Vom Bel zu Babel, Vom Drachen zu Babel, Das Gebet Asarjas, Der Gesang der drei Männer im Feuerofen und Das Gebet Manasses. Diese sind in den Lutherbibeln weithin noch angeführt. Von der römisch-katholischen Kirche werden sie deuterokanonisch genannt; mit apokryph werden dort jene Schriften bezeichnet, die sonst von Juden und den anderen christlichen Konfessionen als Pseudepigraphen bezeichnet werden. Dazu gehören etwa die Bücher Henoch und III. u. IV. Esra. Zu den neutestamentlichen Apokryphen werden von allen gemeinsam eine große Anzahl von Schriften gezählt (vgl. Hennecke-Schneemelcher, Neutestamentliche Apokryphen. 2 Bände, Berlin 1967).

Apostel – (griech. apostellein: fortsenden, schicken) Mit Vollmacht versehener Bote oder Gesandter. Apostel werden darum die ersten zwölf Jünger Jesu genannt, die Jesus selber berufen hatte (Markus 6,30 und Matthäus 10,2), wie auch die ersten Prediger, die als Missionare von Jerusalem ausgehen (Apostelgeschichte 14,4).

Aram, Aramäer – Der biblische Sammelname für semitische Stämme, die im 12. Jahrhundert v.u.Z. nach Syrien vordrangen und um 1000 ein mächtiges Reich mit der Hauptstadt Damaskus errichteten. Ihre Sprache war die Verkehrssprache des Vorderen Orients bis in das 1. Jahrhundert u.Z. Jesus hat sicher aramäisch gesprochen.

Ašera – Vermutlich der Name einer amoritischen Göttin. Sie ist identisch mit Ištar und Aštarte. Noch zur Zeit Jeremias wurde sie als Himmelskönigin verehrt (Jeremia 7,18). Zahlreiche Figuren aus Ton, die in Jerusalem gefunden wurden, unterstreichen ihren Charakter als Fruchtbarkeitsgöttin. Nach ihr heißt auch der Kultbaum Ašera, der neben der Massebe, einem männlichen Pendant, als Bestandteil der kanaanäischen Kulteinrichtung erscheint.

Ätiologie – Die Lehre von den Ursachen bestimmter Erscheinungsformen der menschlichen Gesellschaft. So ist Kultätiologie z.B. die Lehre von den Ursachen, die zur Entstehung eines Kultes geführt haben.

Baal Sidon – Der Stadtgott von Sidon. Baal ist (siehe VIII,2) der kanaanäische Gottesname und bedeutet Herr. Aus Ugarit ist die meiste Baal-Literatur erhalten. Dort verdrängt Alijan den alten El.

Bann – Gottesbann, von Jahwe verordnet, um sein Volk rein zu erhalten von anderen Völkern und Göttern. Vollstreckt wird er durch die Tötung alles Lebendigen (z.B. I. Samuel 15,3). Das gilt auch für das Neue Testament (Matthäus 18,18). Erst im kommenden Reich der Apokalypse gibt es den Bann nicht mehr (Offenbarung 22,3).

Brandopfer, auch *Ganzopfer* – Wohl das allgemeinste und häufigste Opfer (III. Mose 1,3). Geopfert wurden nur männliche Tiere, jedoch ohne Haut oder Fell oder Federkleid. Das Blut wurde vorher auf den Altar gesprengt.

Bundeslade – Das alte, gemeinsame Kultidol der Stämme Israels. Sie war das Palladium der Stämme (IV. Mose 10,35–36). Später wird sie ein Gottesthron, als Salomo sie in den Tempel überführt, woselbst sie 586 bei der Zerstörung Jerusalems verlorenging.

Cheruben – Die Träger des Thrones, über welchem Gott erscheint. Sie werden genau beschrieben (Ezechiel 10,1–20). Sie schützen den Gottesgarten (Ezechiel 28,13.14.16), den Garten Eden (I. Mose 3,24) und das Adyton im Jerusalemer Tempel (I. Könige 6,23–28).

Chiliasmus – (griech. chilioi: tausend) Lehre vom Kommen eines tausendjährigen Reiches der Seligkeit und Freiheit. Die Lehre entsteht etwa im 2. Jahrhundert v. u. Z. Sie ist eingebettet in die Apokalyptik und Eschatologie (siehe dort).

Christus – Siehe Messias.

Davidsohn – Hoheitstitel, den man Jesus zugelegt hat (Markus 10,47 und Matthäus 9,27). Das Judentum erwartete einen endzeitlichen Heilskönig aus dem Hause Davids (II. Samuel 7,14), wie aus den apokryphen Psalmen Salomos 17 oder auch IV. Buch Esra sichtbar ist. Die Bezeichnung Davidsohn ist an die Messiaserwartung gebunden.

Deuteronomium – (griech.) Zweites Gesetz; Name für das V. Buch Mose. Deuteronomisch als davon abgeleitetes Adjektiv kennzeichnet die Einflüsse der Gedanken dieses Buches auf gleichzeitig entstandene Texte des Alten Testaments. Deuteronomistisch hat man bestimmte Theologumena genannt, die auf andere Bücher einwirkten.

Diaspora – (griech.) Bezeichnet zunächst die Zerstreuung der Juden nach der Zerstörung des Tempels in die gesamte Welt der Antike. Sie wird auch auf die Christenheit übertragen. Diasporadasein bedeutet Leben in einer Umwelt, die von der konfessionell oder religiös bestimmten eigenen Haltung verschieden ist.

Edom – Zu dem Lande Edom (I. Mose 25,30) gehören drei Teile: 1. Seir, südlich des Negeb (Josua 15,1; IV. Mose 24,18), 2. der Graben südlich vom Toten Meer bis zum Golf von Akaba (II. Könige 3,8), 3. das östlich davon gelegene Felsengebirge, das eigentliche Edom (IV. Mose 20,17). In Edom liegt Petra mit seinen Felsheiligtümern und nabatäischen Gräbern (siehe Nabatäer).

Enneateuch – (griech. ennea: neun) Faßt die ersten neun Bücher des Alten Testaments zusammen, nämlich die fünf Bücher Mose, Josua, Richter, Samuel und Könige, weil in ihnen sich die einzelnen Quellen der fünf Bücher Mose noch wiederfinden lassen.

Eschatologie – (griech. eschatos: letztes) 1. die Lehre von den letzten Zeiten und Dingen. In ihr wird in Form einer Vorwegnahme der Zukunft die radikalste Kritik an der Gegenwart geübt. Sie ist die totale Negation der Negation der vorfindlichen Welt. Die Eschatologie erwartet den Umbruch entweder durch das direkte Eingreifen Gottes oder durch einen von ihm gesandten Heros, Messias, Christus, Menschen- oder Davidsohn, Gottesknecht; 2. bezeichnet sie die Lehre von den letzten Dingen auch im Sinne von der subjektiven Nachwelt, vom Leben nach dem Tode. In dieser Bedeutung kommt sie im Alten Testament überhaupt nicht, im Neuen Testament nur vereinzelt vor. Erst in der kirchengeschichtlichen Entwicklung hat sie die unter 1. genannte Erwartung langsam verdrängt.

Essener – Jüdische Sekte, die in den beiden Jahrhunderten um die Zeitenwende lebte und stark eschatologisch dachte. Sie stand im Widerspruch zum Tempel in Jerusalem. Genaueres über sie ist seit der Entdeckung der Funde von Qumran bekannt geworden (siehe XIII,4,3).

Evangelium – (griech. euangelion) Ursprünglich in den neutestamentlichen Briefen die »gute Botschaft«, die Heilslehre von Jesus Christus, unter der man zunächst die Rede, die mündliche Tradition, die Predigt verstand. Im 2. Jahrhundert ist der Begriff dann auf die Berichte der »Evangelisten« über Jesus übertragen worden. Damit entstand dann der literarwissenschaftliche Begriff, für den es in der antiken Literatur sonst keine Parallele gibt. Heute wird der Begriff noch in beiden Bedeutungen gebraucht.

Gnosis – (griech.: Erkenntnis) Ein Wissen um göttliche Geheimnisse, das einer auserwählten Schar vorbehalten ist. Im 2. Jahrhundert u. Z. gab es eine große Anzahl solcher Gruppen mit verschiedenen Geheimlehren. Diese Bewegung wird Gnostizismus genannt. Der Gnostiker, der zu einer solchen Schar gehört, glaubt, daß er göttlicher Natur sei und durch die göttliche Gnosis in den Stand der Gottheit, in das Reich des Lichtes, aus der Welt, dem Reich der Finsternis, zurückversetzt wird.

Gottesknecht – Der Begriff beruht als messianischer Titel auf der alttestamentlichen Tradition des leidenden Gottesknechtes nach Jesaja 53. Er kommt zwar als direkter christologischer Titel nicht vor, aber die ersten christlichen Dichter haben sich an diese Tradition gehalten, als sie die Wirksamkeit Jesu beschrieben (Markus 1,10; 8,31; 10,45; Matthäus 12,18; Lukas 22,37; 23,35; 24,26). Diese mythopoetische Leistung ist genuin christlich. Das Judentum verstand nämlich unter dem Gottesknecht immer sich selber (vgl. XIV,2,c; XIV,2,4).

Heros – (griech.) Ein gottähnliches übermenschliches Wesen. Mythische Stammväter, heldenhafte Kämpfer, Gründer von Städten und Tempeln werden zu Heroen; Heroen können Götter und Götter zu Heroen werden. Der Heros eponymos bezeichnet den Heros, der den gleichen Namen wie ein Volk hat; meistens ist es der mythische Stammvater des Volkes.

Hexateuch – (griech.) Das Sechsrollenbuch: die fünf Bücher Mose zusammen mit dem Buch Josua.

Kanon, biblischer – Die von der Kirche als Urkunden göttlicher Offenbarung anerkannte Liste der biblischen Schriften. Das Konzil von Florenz 1442, auf dem die Liste festgelegt wurde, gilt bis heute. Luther hat den Kanon übernommen, hat aber die alttestamentlichen Apokryphen (siehe dort) für unkanonisch erklärt. Calvin hat sie gänzlich ausgeschlossen.

Kirche – Das Wort ist aus der spätgriechischen (byzantinischen) Verbindung »oikia kyrike«, »das Haus des Herrn«, als Lehnwort in viele Sprachen eingedrungen. Der »Herr« in dieser Verbindung war immer Christus. Aus der ursprünglichen Bezeichnung für ein Gebäude ist der Begriff auch auf die Gemeinde der Gläubigen übergegangen, die hebräisch sonst »qahal«, griechisch »ekklesia« heißt.

Lade – Siehe Bundeslade.

Logos – Das griechische Wort bedeutete ursprünglich Erzählung, Kunde, Wort, Rechnung, Beleg, Zahl, Wert. Im neutestamentlichen Sprachgebrauch bezeichnete es die Rede von Jesus Christus als dem Heilswillen Gottes für die Welt, das Wort Gottes selbst (Johannes 1; I. Korinther 1,17–18). Die neutestamentlichen Schriftsteller nahmen damit einen Gedanken auf, der schon im Judentum vorgedacht war, das schon seit dem 2. Jahrhundert v. u. Z. Weisheit und Wort für Erscheinungsformen Jahwes genommen hatte.

Makkabäer – Die Nachkommen des Matthathias von Modin aus dem Geschlechte Hasmon. Matthathias leitete die jüdische Opposition gegen den Seleukiden Antiochus IV. Epiphanes, der versucht hatte, den jüdischen Kultus zu hellenisieren. Darüber handelt vor allem das I. Makkabäer-Buch, das um 100 v. u. Z. entstanden ist.

Massebe – Siehe Ašera.

Menschensohn – Der Begriff stammt aus der eschatologischen Erwartung eines Heilbringers, wie sie schon in Daniel 7 vorliegt. Sie findet sich auch im apokryphen Aethiopischen Henoch, 37–71. Die ersten christlichen Interpreten haben diesen Begriff auf Jesus bezogen und sein Wirken innerhalb dieser Tradition beschrieben, die schon v. u. Z. mit der Messiaserwartung verbunden war (Markus 2,10; 8,31.38; 13,26; 14, 62).

Messias – (hebräisch dasselbe wie griech. christos: der Gesalbte) Bezeichnet den von Gott Gesalbten, den König, den Hohenpriester, den königlichen Heiland (Erlöser, Erretter). Die Erwartung eines Messias ist so alt wie das Königtum in Israel. Sie schließt die stärkste Kritik am Königtum in Israel ein. Die Messiaserwartung ist seit dem 7. Jahrhundert v. u. Z. mit der Gottesknechterwartung verknüpft (siehe dort) und besonders lebendig im Jahrhundert v. u. Z. gewesen.

Nabatäer (Edom) – Arabische Stämme, die im 1. Jahrhundert v. u. Z. und u. Z. ein Großreich errichteten, das vom Ostjordanland bis Damaskus reichte. Im Jahre 106 erlagen sie Roms Übermacht. Ihre Hauptstadt war Petra, in der am 25. Dezember jährlich das Fest des Hauptgottes Dusares, eines alten Sonnengottes, gefeiert wurde.

Nechustan – Bezeichnung für die eherne Schlange, die noch unter dem König Hiskia (II. Könige 18,4) in Jerusalem kultisch verehrt wurde. Sie bezeichnete einstmals eine weibliche Gottheit. Ihren Namen trägt auch die Mutter des Königs Jojachin von Juda (II. Könige 24,8; siehe auch V,3).

Nikanor – Bedeutender syrischer Feldherr und geschworener Feind des Tempels zu Jerusalem. Zur Erinnerung an seine Niederlage und seinen Tod durch die Makkabäer wurde seit 161 v. u. Z. in Jerusalem das Nikanorfest gefeiert (siehe XI,2,2). Darüber berichtet ausführlich das II. Makkabäer-Buch, das im letzten Drittel des 1. Jahrhunderts entstanden ist.

Parusie – (griech.) Ankunft. Die ersten Anhänger Jesu erwarteten die Ankunft des himmlischen Jesus Christus zum Gericht und zur Erlösung der Welt noch zu ihren Lebzeiten. In Erinnerung an seine erste Geburt erhielt der Begriff Parusie dann die Bedeutung »Wiederkunft«.

Patristik – (lat. pater: Vater) Bezeichnet die Lehre der großen Philosophen und Theologen des Christentums bis in das 7. Jahrhundert. Die ältesten sind die apostolischen Väter (den Aposteln zeitlich am nächsten), die späteren (im 2. Jahrhundert) die apologetischen Väter.

Pentateuch – (griech.) Bezeichnet als Fünfrollenbuch die fünf Bücher Mose, die von den Juden stets Torah (das Gesetz) genannt werden.

Pharisäer – (hebr. peruschim: die Abgesonderten) Bezeichnet eine jüdische Bewegung, die aus den Asidäern, den frommen Glaubenseiferern der Makkabäerzeit, hervorging. Ihre Angriffe richteten sich gegen die Hasmonäerdynastie (siehe Makkabäer), in der sie die Ursache des Abfalls sahen, und die Sadduzäer (siehe dort), die eine sinnvolle Beachtung der Torah mit einer kräftigen Weltoffenheit verbanden. Die Pharisäer werden im Neuen Testament als Vertreter einer heuchlerischen Gesetzlichkeit dargestellt.

Prophet – Griechischer Ausdruck für den hebräischen Nabi. Der Prophet ist das Offenbarungsorgan eines Gottes. Deshalb wird auch Mose als Prophet bezeichnet. Die Frühstufe ist das Kultprophetentum. Hier ist der Prophet auch Priester. Biblische Prototypen sind z. B. Samuel, Elia und Elisa. Der wandernde Schriftprophet, z. B. Jeremia und Ezechiel, stammt zumeist aus einer depravierten Priesterfamilie und vertritt gegenüber seinen Unterdrückern (den Königen und ihren Priestern) die Interessen der mit ihm Unterjochten. Die Leidenschaft der Propheten hat sie immer in Konflikte mit ihrer Umwelt gebracht.

Protevangelium – (griech. protos: der erste) Bezeichnet zunächst den christologisch gedeuteten Text I. Mose 3,15, wo der Same des Weibes, der der Schlange den Kopf zertritt, auf Christus gedeutet wurde. Diese Tradition ist in der Kirche seit dem 4. Jahrhundert nachweisbar. Das auch Protevangelium genannte apokryphe Evangelium des Jakobus ist eine legendäre Darstellung der Kindheit Jesu und stammt aus dem 3. Jahrhundert.

Richter – (hebr. šophetim) Die Heroen aus der Frühzeit Israels, die zwischen dem Tode Josias und dem Propheten Samuel die Geschicke der Stämme Israels wesentlich leiteten. Ihre eigentliche Funktion war die eines Heerführers des Heerbannes der Stämme. Die Berichte über sie zeigen aber, daß sie zumeist gar keine Israeliten sind, sondern Könige kleinerer Orte inmitten der Israelstämme. Vermutlich haben einzelne Stämme mit solchen kanaanäischen Königen Schutzverträge abgeschlossen. Man unterscheidet sechs große Richter (Othniel, Ehuud, Barak, Gideon, Jephta und Simson) von sechs kleinen Richtern. Die Zwölfzahl ist eine mythische Größe und bedeutet »volle Zeit«.

Sadduzäer – So wurden nach ihrem angeblichen Vater, dem von Salomo eingesetzten Priester Zadok, die Vertreter der jerusalemischen Priesterschaft genannt, die den Standpunkt vertraten, daß den Juden alles erlaubt sei, wenn sie das buchstäbliche Gesetz des Mose erfüllten. Alle Zusätze und Erweiterungen, wie sie die Pharisäer vortrugen, lehnten sie ab. Sie standen zu den Hasmonäern und den Römern in gutem Verhältnis und leugneten neben dem Glauben an Engel und Dämonen auch die Auferstehung der Toten.

Samaritaner (Samariter) – Die heute noch bei Nablus in Palästina lebenden Nachfahren der alten Nordreichbewohner um Samaria, die einstmalige Hauptstadt des Nordreiches Israel. Seit der Mitte des 4. Jahrhunderts v. u. Z. leben sie von Jerusalem getrennt. Sie sind noch heute der konservativste Kern des Judentums, indem sie nur ein heiliges Buch, den Pentateuch, haben. Sie feiern auch heute noch das Passahfest mit Opfer nach dem vordeuteronomischen Ritus auf dem Berge Garizim, nachdem ihr Tempel 128 v. u. Z. zerstört wurde. Sie sind wesentlich an der Übernahme von jüdischem Gedankengut in gnostizistische Sekten beteiligt gewesen. Samaritaner kann man nur am Ort in Nablus sein. Ihr Gott Jahwe ist ein Lokalgott geblieben.

Saraphe (Seraphim) – Mythische Mischwesen mit Flügeln. Sie sind Hüter von Jahwes Tempel und dienen ihm. Sie stellen den Engelchor dar, der in Jahwes Haus singt. Ihr Name stammt vermutlich vom hebräischen Verbum saraph: brennen.

Septuaginta – (lat.: siebzig) Bezeichnung für die griechische Übersetzung des Alten Testaments, die nach der Legende des Aristeas-Briefes in Alexandria im 3. Jahrhundert v. u. Z. von siebzig jüdischen Gelehrten verfertigt wurde. Sie ist die erste Gesamtübertragung des Alten Testaments in eine nichtsemitische Sprache und hat gegenüber den hebräischen Handschriften zahlreiche Besonderheiten konserviert, die zum Teil älter sind als der jetzt gültige hebräische Text.

Tempeldirne – (griech. hierodule, hebr. kedesche) Sie waren am Jerusalemer Tempel zeitweise reich vertreten. Sie gehören zu alten Fruchtbarkeitskulten und gaben sich der kultischen Prostitution hin. Ebenso gab es auch eine männliche Kultprostitution.

theophor – (griech. ferein: tragen) Kennzeichnung für Namen und Begriffe, die als integrierten Bestandteil einen Gottesnamen haben. Syntaktisch sind die theophoren Namen Satznamen: Johannes, hebräisch Jochannan, ist solch ein Name und bedeutet »Jahwe ist freundlich«.

Testamentum Adae – Siehe Adams Testament.

Zarathustra (griech. Zoroaster) – Gilt als Stifter des Parsismus. Er ist der Begründer eines strengen monolatrischen Gottesglaubens. Ahura Mazda ist der große gute Lichtgott, der gegen den bösen Ahriman kämpft. Zarathustra führte damit den Dualismus ein. Seine Wirksamkeit fällt vermutlich in das 8. Jahrhundert v. u. Z. in Iran.

Literaturhinweise

Textausgaben

Aistleitner, Josef: Die mythologischen und kultischen Texte aus Ras Schamra. Budapest 1959.

Biblia Hebraica. Hrsg. von Rudolf Kittel. Stuttgart 1937.

Der Born Judas. Legenden, Märchen und Erzählungen. Gesammelt von Micha Josef bin Gorion. Neu hrsg. von Emanuel bin Gorion. Leipzig 1963.

Die Heilige Schrift des Alten Testaments. Hrsg. von Eduard Kautzsch. Tübingen 1909.

Die Umwelt des Urchristentums. Hrsg. von Johannes Leipoldt und Walter Grundmann. Band 2: Texte. Berlin 1967; Band 3: Bilder. Berlin 1966.

Eberhard, Otto: Aus Palästinas Legendenschatz. Berlin 1958.

Gressmann, Hugo: Altorientalische Texte zum Alten Testament. Berlin–Leipzig 1926.

Grimal, Pierre: Mythen der Völker. 3 Bände, Band 1, Frankfurt-Hamburg 1967.

Lehmann, Eduard / Haas, Hans: Textbuch zur Religionsgeschichte. Leipzig 1922.

Novum Testamentum Graece. 23. Aufl., besorgt durch Erwin Nestle und Kurt Aland. Stuttgart 1957.

Nachschlagewerke

Awdijew, Wladimir Iljitsch: Geschichte des alten Orients. Berlin 1953.

Bernhardt, Karl-Heinz: Die Umwelt des Alten Testaments. Band 1, Berlin 1967.

Bilderatlas zur Religionsgeschichte. Hrsg. von Hans Haas. Lieferung 2–4: Ägyptische Religion. Leipzig 1924; Lieferung 6: Babylonisch-assyrische Religion. Leipzig 1925; Lieferung 9–11: Die Religion in der Umwelt des Urchristentums. Leipzig 1926.

Chantepie de la Saussaye: Lehrbuch der Religionsgeschichte. 4. Aufl. Hrsg. von Alfred Bertholet und Edward Lehmann. 2 Bände, Tübingen 1925.

Die Umwelt des Urchristentums. Hrsg. von Johannes Leipoldt und Walter Grundmann. Band 1: Darstellung des neutestamentlichen Zeitalters. Berlin 1965.

Handbuch der Orientalistik. Hrsg. von B. Spuler. Abteilung 1, Band 8, Abschnitt 2: Religionsgeschichte des Orients in der Zeit der Weltreligionen. Leiden 1961.

Leipoldt, Johannes / Morenz, Siegfried: Heilige Schriften. Leipzig 1953.

Noth, Martin: Geschichte Israels. Berlin 1953.

Ranke-Graves, Robert: Griechische Mythologie. 2 Bände, Hamburg 1968.
Shukow, I. M., u. a.: Weltgeschichte in 10 Bänden. Band 1, Berlin 1961.
Trencsényi-Waldapfel, Imre: Die Töchter der Erinnerung. Götter- und Heldensagen der Griechen und Römer mit einem Ausblick auf die vergleichende Mythologie. 5. Aufl., Berlin 1971.

Einzeldarstellungen und Untersuchungen

Beltz, Walter: Die Kalebtraditionen im Alten Testament. Stuttgart 1974.
Brentjes, Burchard: Land zwischen den Strömen. Leipzig 1963.
Brentjes, Burchard: Von Schanidar bis Akkad. Leipzig 1968.
Die Produktivkräfte in der Geschichte. Hrsg. von Wolfgang Jonas. 3 Bände, Band 1, Berlin 1969.
Dornseiff, Franz: Antike und alter Orient. Interpretationen. 2. Aufl., Leipzig 1959.
Eissfeldt, Otto: Einleitung in das Alte Testament. Tübingen 1956.
Engels, Friedrich: Der Ursprung der Familie, des Privateigentums und des Staats. In: Marx/Engels, Werke. Band 21, Berlin 1969, S. 25–173.
Engels, Friedrich: Zur Geschichte des Urchristentums. In: Marx/Engels, Werke. Band 22, Berlin 1970, S. 447–473.
Feine-Behm: Einleitung in das Neue Testament. Leipzig 1965.
Grant, Michael: Mittelmeerkulturen in der Antike. München 1974.
Klengel, Horst: Geschichte und Kultur Altsyriens. Leipzig 1967.
Klengel, Horst: Zwischen Zelt und Palast. Leipzig 1972.
Kosidowski, Zenon: Die Sonne war ihr Gott. Berlin 1961.
Lenin, W. I.: Über die Religion. Berlin 1956.
Marx, Karl / Engels, Friedrich: Über die Religion. Berlin 1958.
Morenz, Siegfried: Gott und Mensch im Alten Ägypten. Leipzig 1964.
Ranovic, Abraham Borisovic: O rannem christianstve. Moskau 1959 (russ.).
Rudolph, Johanna: Lebendiges Erbe. Leipzig 1972.
Schweitzer, Albert: Geschichte der Leben-Jesu-Forschung. Berlin 1972.
Strauß, David Friedrich: Das Leben Jesu. Leipzig 1874.
Von Sinuhe bis Nebukadnezar. Dokumente aus der Umwelt des Alten Testaments. Hrsg. von Alfred Jepsen. Berlin 1975.
Weimann, Robert: Literaturgeschichte und Mythologie. Berlin–Weimar 1972.

Zeittafel

Neben den Zahlen aus der Geschichte Palästinas werden auch die wichtigsten Daten aus der Geschichte der für Israel bedeutsamen andern Reiche aufgeführt. Die Zahlen sind Annäherungswerte.

I. Bis zur Teilung des Reichs Israel

Israel	*Ägypten*	*Assur-Babylon*
	um 1400 Ägypten Herr von Palästina	
1350 Einwanderung in Kanaan		
um 1300–1050 Richterzeit	Das Reich der Hethiter erschüttert die ägyptische Herrschaft in Palästina.	um 1230 Nabu-kudurri-uzur I. von Babylon
	um 1250 Ramses II.	
	1225–1215 Mernephtah	
	1165–1085 Ramses IV.–IX.	
um 1050 Samuel, Prophet		
1032–1012 Saul erster König		
1012–972 David		
972–932 Salomo, Tempelbau		964–933 Tiglath-pilešar II. (Tukulti-apul-ušarru) von Assur
932 Teilung des Reiches		
Die Quellen Elohist, Jahwist und Laienquellen entstehen.		

II. Von der Teilung des Reichs bis 587

Juda	*Israel*	*Ägypten, Syrien, Assyrien, Babylonien*
932–916 Rehabeam	932–911 Jerobeam	
	886–875 Omri	
874–850 Josaphat	875–854 Ahab. Der Prophet Elisa. Kämpfe mit den Königen Syriens	
	854–853 Ahasja	um 845 Hasael von Syrien, bedrängt Juda und Israel.
850–843 Joram		
	842 Jehu rottet das Haus Ahabs und den Baalsdienst aus.	842 Salmanasser III. von Assur
843–842 Ahasja	842–815 Jehu	
842–836 Athalja		
836–797 Joas	799–784 Joas	
	784–744 Jerobeam II., letzte Glanzzeit Israels	
779–739 Asarja (Usia)	um 760 Amos, Prophet	
	um 750 Buch Hosea	
	744 Beginn der Auflösung des Reichs	745–727 Tiglath-pilešar III. von Assur
	743 Sacharja	
739–734 Jotham		
734–719 Ahas		

Juda	*Israel*	*Ägypten, Syrien, Assyrien, Babylonien*
735–734 syrisch-ephraimitischer Krieg um 740–690 Jesaja, Micha, Propheten	733–725 Hosea 724–722 Samaria eingenommen Ende des Reichs Israel	733–732 Tiglath-pilešar von Assur zerstört das Reich von Damaskus. 727–722 Salmanasser V. von Assur stürzt Hosea und beginnt die Belagerung von Samaria. um 720 Šešonk I. von Ägypten 722–705 Sargon II. von Assur

Juda	*Syrien, Assyrien, Babylonien, Ägypten*
719–691 Hiskia 701 Sanherib zieht vor Jerusalem.	705–681 Sanherib von Assur 681–669 In Ägypten die 25. und 26. Dynastie der Saiiten und Nubier. Asarrhaddon von Assur unterwirft Ägypten. 669–625 Assurbanipal von Assur um 660 Ägypten macht sich unter Psammetich I. unabhängig. um 650 Medien ein selbständiges Reich
638–608 Josia, letzte Blüte Judas 626–580 Jeremia, Prophet 622 Josias Reformation. Deuteronomium um 620 Nahum, Prophet	um 635 Skythen-Einfälle in Vorderasien 625 Babylonien macht sich unter Nabopolassar unabhängig von Assur. 614–612 Nabopolassar von Babylon und der Mederkönig machen dem Reich von Assur ein Ende. Ninive eingenommen. Ein Rest besteht bis 609 (606?). 610–594 Necho von Ägypten

Juda	*Syrien, Assyrien, Babylonien, Ägypten*
608 Josia fällt bei Miggiddo 608 Joahas 608–598 Jojakim, von Necho eingesetzt Jojakim unterwirft sich dem König von Babylon, fällt später ab. 597 Jojachin, Jojakims Sohn, nach Babylon abgeführt. Erste Wegführung 597–587 Zedekia 592–570 Ezechiel, Prophet Zedekia fällt von Babylon ab. 589–587 Jerusalem belagert und eingenommen. Zweite Wegführung. Babylonische Gefangenschaft	605 Necho von Nebukadnezar II. (Nabu-kudurri-uzur) bei Karkemiš geschlagen. 605–562 Nebukadnezar von Babylon

III. Von der Zerstörung Jerusalems bis Nehemia

Juda	*Babylonien, Persien*
538 Cyrus gestattet die Rückkehr aus Babylonien. Josua und Serubbabel.	555–539 Nabonid, letzter König von Babylon 558–529 Cyrus II. von Persien macht 550 Medien sich untertänig, zerstört 546 das lydische Reich, nimmt 538 Babylon ein. 525 Ägypten persische Provinz bis 332 Kambyses erobert Ägypten.

Juda

520–516 Bau des Tempels
Haggai und Sacharja, Propheten
458 Esra kommt mit Vollmachten des Artaxerxes I. nach Jerusalem.
450(?) Maleachi, Prophet
445 Nehemia in Jerusalem. Verkündigung des Gesetzes durch Esra und Verpflichtung des Volkes darauf
um 400 Beginn der schriftlichen Fixierung der priesterlichen Tradition

Babylonien, Persien

521–486 Darius I. von Persien
485–465 Xerxes (»Ahasveros« der Bibel)
465–424 Artaxerxes I. Longimanus (Artháhsastha)

IV. Palästina im hellenistischen Zeitalter

Palästina

332 Palästina unter mazedonischer Herrschaft

323–301 Palästina unter verschiedenen Herren

301–198 Palästina unter ägyptischer Herrschaft

Das Reich Alexanders und die Staaten nach ihm

336–331 Darius III. Kodomannus unterliegt Alexander dem Großen. Ende des Perserreichs
332 Alexander der Große in Syrien, Palästina, Ägypten
Gründung der Stadt Alexandria
323 Alexanders Nachfolger, die Diadochen
323–285 Ptolemäus I. in Ägypten
(Ptolemäer bis 30 v.u.Z.)
312 Seleukos I. in Syrien (Seleukiden bis 64 v.u.Z.)

Palästina	*Das Reich Alexanders und die Staaten nach ihm*
198 Palästina unter syrischer Herrschaft	222–187 Antiochus III., der Große, von Syrien
168 Antiochus IV. plündert den Tempel zu Jerusalem und verbietet den jüdischen Gottesdienst.	176–164 Antiochus IV. Epiphanes von Syrien
167 Der Priester Matthathias in Modin beginnt mit seinen fünf Söhnen den Kampf gegen die Unterdrückung.	
166 Judas der Makkabäer besiegt die Syrer bei Emmanus, nimmt	
165 Jerusalem (außer der Burg) ein und reinigt den Tempel.	164 Antiochus V. Eupator von Syrien
160 Judas fällt. Jonathan, des Judas Bruder, Haupt der makkabäischen Partei	162 Demetrius I. ermordet Antiochus V. und Lysias.
142 Simon Hoherpriester. Judäas Selbständigkeit anerkannt	
141 Simon durch Volksbeschluß erblicher Hoherpriester, Feldherr und Volksführer. Dynastie der Makkabäer oder Hasmonäer	64 Pompejus macht dem syrischen Reich ein Ende.
63 Pompejus erstürmt den Tempel und macht dem makkabäischen Königtum ein Ende. Palästina unter Roms Herrschaft Hyrkan Hoherpriester und Ethnarch. Antipater tatsächlicher Regent des Landes	
40 Herodes, Antipaters Sohn, in Rom zum König ernannt	
37–4 Herodes der Große	31 Sieg Octavians über Antonius bei Aktium
30 Herodes auch von Augustus bestätigt	30 v.u.Z.–14 u.Z. Octavianus Augustus

V. Palästina als römische Provinz

Palästina	*Römisches Reich*
4 v.u.Z. Herodes stirbt. Seine Söhne:	30 v.u.Z.–14 u.Z. Octavianus Augustus
–6 u.Z. Archelaus Ethnarch von Judäa und Samaria	
–39 u.Z. Herodes Antipas, Tetrarch (Vierfürst) von Galiläa und Peröa	
6 u.Z. Archelaus abgesetzt. Judäa unter römischen Prokuratoren	14–37 Tiberius
26–36 Pontius Pilatus, Prokurator von Judäa	
um 27 Auftreten Jesu	
um 30 Tod Jesu	
37 Herodes Agrippa I. 41–44 König in Jerusalem	37–41 Gajus Caligula
	41–54 Claudius
um 55 Felix Prokurator. Paulus gefangen	54–68 Nero
um 60 Festus Prokurator	
63 Paulus hingerichtet in Rom	
64 Petrus in Rom gestorben	64 Brand von Rom. Neros Christenverfolgung
66 Jüdischer Aufstand in Palästina	
67–69 Vespasian in Galiläa, Peröa und dem südlichen Juda	
70 Titus belagert und zerstört Jerusalem.	68 Neros Ende. Galba, Otho, Vitellius in Rom
	69 Vespasianus zum Kaiser ausgerufen

Verzeichnis der Personennamen

Aaron 62, 122–132, 136, 138, 141f., 161, 250, 266
Abd al Malik 233
Abdihipa, König von Urusalim (Jerusalem) 227f.
Abel 67f., 81, 83f.
Abiam, König von Juda 218
Abigail 206
Abimelech, König in Israel 168, 170f., 201f.
Abimelech, König von Gerar 51, 96f., 101f.
Abinoam 166
Abisag aus Sunem 208
Abjathar 211, 213
Abraham (Abram) 51, 65, 69, 94–100, 102ff., 107, 109, 123f., 128, 160, 173, 225, 237, 263
Abram (Abraham) 94, 98, 162
Abšalom 17, 148, 161, 207, 211
Achan ben Charmis 60
Achia 217f.
Achis, König der Philister 206
Adad (Hadad) 54, 73
Adah 81
Adam 45, 67, 71, 74–78, 81, 83, 87, 223, 228, 254, 287
Adonaij (für Jahwe) 53
Adonia 18, 208, 213
Adoniram 218
Agag, König von Amalek 203
Ahab, König in Israel 60, 71, 180f.
Ahasja, König von Juda 185, 220
Ahasveros (Xerxes), König von Persien 239f.
Ahimelech 61
Ahinoam 206
Ahitophel 207
Akrisios 102, 109
Alexander der Große, von Mazedonien 22, 199, 236, 244, 246, 252, 282
Alijan Baal 55, 63, 66, 111, 118, 155
Allah 227
Alphäus 255
Amasa 208, 210f.
Amasja, König von Juda 225
Ambrosius 291
Amenophis III., Pharao 90
Amenophis IV. Echnaton, Pharao 48
Amitthai 198
Amnon 207
Amos (Prophet) 20, 27, 60, 162, 187, 233, 274
Amos (Vater des Jesaja) 187, 275
Amphiktyon 109f.
Amphiktyonis 109
Amun 48
Ananias 272
Anat 62f., 118
Andreas 255, 269
Andromeda 55
Äneas 95f.
Antiochus III., der Große, König von Syrien 22
Antiochus IV. Epiphanes, König von Syrien 22, 244f.
Antum 11
Anu 11, 66, 87
Anunaki 156
Aphrodite 95, 163
Apollo 35, 127, 140, 182, 251
Apophis 127
Apsu 43
Aquila 24
Aram 91, 237
Arius 289
Arpachšad 91
Artaxerxes I. Longimanus, König von Persien 22
Artemis 173
Asarja 245
Asarja s. Usia
Asasel 247, 250f.
Aseneth 117f.
Ašera 154f., 168, 170, 180
Aštart 55, 155
Asklepios 260
Äskulap 128
Asser 105, 109, 119f., 151
Assur (Sohn des Sem) 91
Assur (Gott) 73
Athanasius 289
Athena 56, 79, 118
Aton 48f.
Attis 260

Augustinus, Aurelius 249
Augustus, römischer Kaiser 23, 254

Baal 154f., 168f., 171, 180, 201, 221, 245, 274
– zu Babylon 245
– Sebul 185, 251f.
– Sidon 180
– Zaphon 54
– s. auch Alijan Baal
Baba 11
Balak, König von Moab 126, 144
Barak 165ff.
Barnabas 39
Bartholomäus 255
Baruch 190
Basemath 104
Bathseba 61, 207, 210
Beelzebul (Beelzebub) 185, 247, 251f.
Beeri (Schwiegervater des Esau) 104
Beeri (Vater des Hosea) 197
Beethoven, Ludwig van 295
Behemoth 238
Beliar 247
Belsazar, König von Babylon 242–245
Beltsazar (Daniel) 243
Benhadad, König von Syrien 60, 184
Benjamin 108f., 114, 117, 119f., 151
Benoni (Benjamin) 108
Bethuel 100, 104
Bildad 235
Bileam von Pethor 126, 128, 143ff.
Bilha 107, 109, 162
Boas 177
Busis 192, 274

Calvin, Johannes 293
Cäsar, Gajus Julius 23
Chamor 112f., 162
Chasael (Hasael), König von Aram (Syrien) 181, 184
Cheber 165f.
Chiba (Hipa) 228
Christus s. Jesus Christus
Chur 136
Cyrus, König von Persien 53, 225, 243, 277

Dagon 157
Damkina 11
Dan 109, 119f., 151, 162
Danae 102
Daniel 235f., 242–245, 276
Darius I., König von Persien 21, 225, 243, 275
David 17ff., 34, 58, 61, 70f., 80, 89, 107, 148, 158, 160, 163, 173, 177, 179, 186, 194, 203f., 206–216, 220, 225–228, 233, 247f., 254, 256, 259–262, 264, 274f.
Debora 165ff.
Delila 174f.
Demeter 103
Deukalion 88, 109
Diana 272, 291
Dina 105, 112f.
Dione 163
Dionysos 88, 205
Dumuzi s. Tammuz

Ea 43, 66, 86f.
Eanna 11
Echnaton s. Amenophis IV.
Edom s. Esau-Edom
El (Gott von Ugarit) 63f., 66
El (Gott Israels) 108
El Eljon 99
El Schaddai 32
Elam 91
Elchanan ben Jair 211
Eleasar 164
Eleasar ben Abinadab 158
Eli 157, 178
Elia 161, 180–185, 205, 220, 256, 266–269
Elihu 56
Elimelech 176
Eliphas 235
Elisa 161, 181, 183ff., 205, 220f.
Elisabeth 264, 266f.
Elkana 178
Elohim 25, 28, 34, 38, 41–45, 51f., 57, 64f., 70, 74–77, 83, 86f., 96f., 103, 107ff., 111, 113, 118, 124f., 134, 137, 159, 166, 169f., 176, 201, 203, 211, 214ff., 225, 227, 235, 242
Elon 104
Engels, Friedrich 38, 289
Enki 11
Enkimdu 198
Enlil 11, 85, 191, 196
Enoš 83
Ephraim 108ff., 115, 117
Ephron 98

Erasmus von Rotterdam 37
Esau 101–105, 107f., 111, 119
Esau-Edom 102, 107
Esbaal 207
Esra 22, 139, 223, 225
Esther 235, 239ff.
Eteokles 68
Europa 196
Eurybia 133
Eurydike 133
Eurynome 133
Eva (Hawa) 67f., 77f., 81, 83, 87, 287
Ezechiel (Hesekiel) 31, 56, 72f., 192–198, 231, 233, 236, 244, 274, 276, 278, 280

Festus 272

Gaal 201
Gabriel 71, 247, 249, 264, 266
Gad (Sohn Jakobs) 105, 109, 119f., 209
Gad (Prophet) 72, 209
Gideon (Jerubbaal) 167–170, 173, 201
Gilead 171f.
Goethe, Johann Wolfgang 294
Gog 195, 274, 276
Gog und Magog 91, 195, 284
Goliath 209, 211
Gomer 91
Gudea, König von Lagaš 191

Hadad, König von Edom 215f.
Hadad s. Adad
Hadassa (Esther) 241
Hagar 94, 96f., 99
Haggai 21, 231
Ham 86, 90f.
Haman 239ff.
Hammurapi, König von Babylon 98, 147
Hanna (Mutter des Samuel) 178
Hanna (Prophetin) 254, 264
Hananja 190
Hasael s. Chasael
Hawa s. Eva
Hegel, Georg Wilhelm Friedrich 294f.
Helios 196
Hellen 110
Henoch 81f., 183
Hera 127, 140, 177
Herakles 36, 68, 107, 176f., 188, 261
Herder, Johann Gottfried 38, 293f.
Hermes 39
Herodes der Große, jüdischer König 23, 226ff., 231, 232, 254f., 264, 266
Herodias 267
Hesekiel s. Ezechiel
Hesiod 103, 294
Hestia 205
Hieronymus 37, 196
Hilkia 153, 189
Hiob 52, 56f., 235–238, 244, 247
Hipa s. Chiba
Hiskia, König von Juda 20, 140, 187, 221ff., 231
Hobab 122, 135
Homer 9, 195ff., 294
Hophni 178
Horus 55, 265
Hosea (Prophet) 63, 192, 197f.
Hosea (Sohn des Nun) s. Josua
Hulda 153
Humman 241
Hyrkanes s. Johannes Hyrkanes I.

Igigi 156
Immanuel 186, 188
Innana 11
Innana-Ištar 198
Iphigenie 173
Iphikles 68, 107
Irad 81
Isaak 65f., 95–104, 109, 119, 123f., 128, 160, 263
Isai 163, 177, 208f., 218, 275
Isebel 180f., 220
Isis 55, 253, 265, 292
Ismael 94, 96–99, 104
Israel s. Jakob-Israel
Issašar 105, 109, 119f.
Ištar 11, 43, 73, 87, 92, 154f., 191, 196, 198, 205, 215, 241, 253
Itpn 62

Jabal 81
Jabin, König der Philister 165
Jael 165f.
Jahwe 25–28, 31f., 34f., 38, 46ff., 50–73, 80, 83ff., 88f., 94f., 98ff., 103, 105f., 108, 111, 115, 121ff., 125–166, 168–182, 185–199, 202–209, 212–227, 230–238, 245, 247–250, 261ff., 274–282, 285ff.

– Elohim 74ff., 87 (s. auch Elohim)
– Zebaoth 19, 34, 47, 53, 58, 178, 186, 225, 231, 275
Jakob (auch Israel genannt) 12, 27, 67, 70, 95, 97, 101–120, 123f., 128, 144, 160ff., 186, 263f.
– Israel 102, 109f., 113f., 145, 186
– Haus Jakob 106, 264
– Jakobel 103
Jakobsöhne 124, 128, 166
Jakobus (Sohn des Alphäus) 255
Jakobus (Bruder des Jesus) 256, 265
Jakobus (Sohn des Zebedäus) 269
Jam 55
Japetos 92
Japhet 86, 90ff.
Jawan 91
Jechonja 158
Jedidjah (Salomo) 216
Jehu, König in Israel 181, 184, 220f.
Jephta 171ff., 210
Jeremia 27f., 60, 189ff., 195, 198, 231, 269, 276f., 279f.
Jerobeam, König in Israel 20, 63, 153, 162f., 215, 217ff.
Jerobeam II., König in Israel 197, 274
Jerubbaal s. Gideon
Jesaja 27, 31, 53, 72, 185–188, 195, 222f., 226, 233, 275–280, 285, 287
Jesus 23, 31, 36, 45, 66, 71, 176, 182, 189, 196, 212, 226, 228, 247ff., 251f., 254–273, 279, 281f., 285ff., 289, 291
– Christus 32, 38, 80, 124, 128, 200, 249, 251, 254, 258–263, 269, 272f., 279, 281, 284, 287, 289, 291, 293
Jethro 121ff., 125, 128
Joab 208, 210, 213
Joas (Vater des Jerubbal) 167
Joas, König in Israel 184, 197, 225, 230
Jobab, König von Edom 236
Johanna 255
Johannes (Evangelist) 196, 273
Johannes (der Seher) 228, 283–288
Johannes (der Täufer) 182, 255, 266–269, 279
Johannes (Sohn des Zebedäus) 255f., 269
Johannes s. Jonas
Johannes Hyrkanes I., hasmonäischer König 23
Jojachin, König von Juda 225, 274
Jojakim, König von Juda 190
Jona 198ff.
Jonas (Johannes, Vater des Petrus) 269f.
Jonathan 16, 203, 206ff., 210f.
Joram, König in Israel 220
Joseph (Sohn des Jakob) 13, 106–110, 113–121, 125, 151, 160, 162
Joseph (Vater des Jesus) 254f., 264, 291
Joseph aus Arimathia 258
Joses 265
Josia, König von Juda 21, 28, 153ff., 160, 162, 190, 210, 217, 227, 274
Josua (Hosea, Sohn des Nun) 30, 58–61, 69, 123, 126, 130, 136, 142f., 151f., 157, 160, 163ff.
Josua (Hoherpriester) 164, 247
Jotham (Sohn des Gideon) 170f., 202
Jotham, König von Juda 171
Jubal 81
Juda 105, 109, 113ff., 119f.
Judas (Jünger des Jesus) 255
Judas (Bruder des Jesus) 265
Judas Ischariot 247, 255, 257
Judith (Frau des Esau) 104
Jupiter 54

Kain 67f., 81ff., 248
Kaiphas 257
Kaleb ben Jephunneh 130, 141ff., 164
Kamoš 154f., 215
Kanaan 90ff., 104
Kephas s. Petrus
Kerényi, Karl 38
Ketura 95
Kingu 43
Kiš 202
Konstantin der Große, römischer Kaiser 10, 289f.
Kronos 55, 66, 153
Kuš 90f.
Kybele 92

Laban 100, 104f., 107f.
Lamech 81f., 86
Lea 105ff., 109, 177
Lessing, Gotthold Ephraim 33, 294
Levi 109, 112, 119
Leviathan 186, 188, 238
Lot 94f., 98f.
Lud 91

Lukas 182, 196
Luther, Martin 37, 292f.

Machalath 104
Madaj 91
Magog s. Gog
Maleachi 182, 233
Malkisedek (Melchisedek), König von Salem (Jerusalem) 228
Manasse 108f., 115, 117
Manoah 70, 174ff.
Mardochai 239ff.
Marduk 43, 55f., 66, 73, 88, 196, 241, 253
Mardukapalidinna (Merodachbaladan), König von Babylon 223
Maria (Mutter des Jesus) 176, 196, 254, 264–267, 287, 291
Maria (Mutter des Jakobus) 258
Maria Magdalena 255, 258
Markus 196, 248
Marx, Karl 294f.
Matthäus 182, 196, 248, 255
Mechujael 81
Melchisedek s. Malkisedek
Meribbaal 209
Mernephtah, Pharao 12
Merodachbaladan s. Mardukapalidinna
Mešek 91
Methusael 81
Micha 56, 71, 276, 282, 285
Michael 71, 243, 247, 252, 284
Michal 206
Milkom 154f., 215
Mirjam (Schwester des Mose) 126, 128, 136
Mirjam s. Maria (Mutter des Jesus)
Mithras 260
Mizraim 90
Moloch 154f., 215
Mose 13, 36, 54ff., 58, 61ff., 66, 120–132, 135–142, 146, 149–153, 157, 159, 164f., 182, 184, 250, 254, 256, 270
M't 111
Muhammad (Mohammed) 233
Müntzer, Thomas 169

Naama 81
Nabal 206
Nadab, König in Israel 218
Naëman 184
Naëmi 177
Nahor 94, 100, 237
Nahum 28, 56
Naphtali 109, 119f.
Nathan 207ff., 211
Nebat 217
Nebukadnezar (Nabu-kudurri-uzur), König von Babylon 13, 21, 190, 195, 223, 225, 231, 237, 242, 277
Necho, Pharao 154
Nechustan 140
Nehemia 22, 139, 223, 225
Neith 118
Neleus 68
Nergal 11, 196
Nero, römischer Kaiser 270, 272
Nikanor 241
Nikodemus 279
Nimrod 90
Ninlil 11, 191
Ninurta 196
Noah 45, 57, 64, 84–87, 90f., 236f., 244, 282
Nofretete 48

Obed 177
Obed Edom 158
Odysseus 34
Ohola 195
Oholiba 195
Omphale 188
Omri 180
Ornan 209
Orpa 176
Osiris 55, 134, 253

Pan 250
Pat 91
Paulus 39, 81, 110, 263, 270–273, 279, 281
Pegasus 55
Pelias 68
Persephone 127, 140
Perses 103
Perseus 55f.
Petrus (Simon Petrus, auch Kephas genannt) 31, 248, 255f., 263, 265, 269ff., 273, 292
Philippus 255
Pinchas 161, 178
Pius XII., Papst 292

Platon 118
Plutarch 118
Polyneikes 68
Pontius Pilatus 24, 257
Poseidon 35, 133, 173, 196
Potiphar 116
Potiphera 117
Proitos 102
Prometheus 92
Pythia 127, 140
Python 127, 140

Ra 127, 133
Rahab 59
Rahel 105–109, 113f., 162, 177
Ramses II., Pharao 10, 14, 127, 134
Raphael 71
Rebekka 100–104, 167
Reguel 120, 123
Rehabeam, König von Juda 20, 163, 217f., 225, 230
Remus 68
Reson aus Zoba, König von Damaskus 215, 217
Rilke, Rainer Maria 219
Romulus 68
Ruach 71
Ruben 105, 109, 115f., 118f.
Ruth 176f.

Sabazios 260
Sacharja 227, 231, 275
Salome (aus dem Umkreis des Jesus) 258
Salome (Tochter der Herodias) 267
Salomo 19f., 31, 49, 57, 63, 79, 92, 158, 161, 163, 191, 201, 204, 208–217, 225, 227, 229–232, 248
Šamaš 11, 49, 155, 176
Šamš s. Špš, s. Šamaš
Samuel 16, 30, 161, 178ff., 202–206, 208, 211, 267
Sanherib, König von Assur 187, 222
Saphan 153
Saphat 183
Sara 51, 65, 94ff., 98, 100
Sargon, König von Akkad 11
Sargon II., König von Assur 10
Satan (Satanas) 52, 235, 237, 247ff., 252, 255, 270, 284
Saul, König von Israel 12, 16f., 61, 161, 179, 202–206, 208f., 211, 220
Saulus s. Paulus
Schiller, Friedrich 295
Schweitzer, Albert 258
Šear-Jašub 186
Sebach 169
Sebul 201
Sebulon 105, 109, 119
Šedim 250f.
Šedu 251
Selene 88, 110
Seleukos, König von Syrien 244
Sem 86f., 90f., 237
Semaja 218
Semele 205
Serubbabel 231, 277
Šešonk s. Sisak
Set (ägyptischer Gott) 205, 265
Seth (Sohn des Adam) 45, 83
Sethos I., Pharao 10
Sichem 112, 162f.
Sichon, König von Hesbon 126
Silpha 105, 107, 109
Simeï aus Bachurim 213
Simeon 254, 264
Simeon (Sohn Jakobs) 105, 109, 112, 115, 117, 119
Simon (Bruder des Jesus) 265
Simon (Hoherpriester) 23
Simon s. Petrus
Simon bar Kochba 24
Simson 70, 162, 173–176
Sin 11, 155, 176, 191
Sisak (Šešonk), Pharao 225, 230
Sisera 165f.
Skylla und Charybdis 34
Sophar 235
Špš (Šamš) 111
Susanna (aus dem Buch Daniel) 245
Susanna (aus dem Umkreis des Jesus) 255
Symeon s. Petrus

Tamar 207
Tammuz 155, 191
Tammuz-Ištar 191
Teiresias 145
Terach 94
Tešub 54
Themis 88
Theodosius, römischer Kaiser 10, 290f.
Theseus 179

Thomas 255
Thutmose 127
Tiamat 43, 56
Tiglath-pilešar I., König von Assur 18, 89
Tiras 91
Titus, römischer Kaiser 24
Tubal 91
Tubal-Kain 81
Tukultininurta I., König von Assur 14

Uräusschlange 127, 140
Uria 61, 207
Uriel 249
Urija 189
Urukagina, König von Lagaš 11
Us 237
Usia (Asarja), König von Juda 72, 171, 185, 274f.
Ussa 158f.
Utnapištim 85, 87
Utu 11

Vasti 239, 241
Venus 11
Vergil 260
Vespasian, römischer Kaiser 24

Waschti 241

Xerxes s. Ahasveros

Zacharias 266
Zadok 208
Zalmunna 169
Zarathustra 245, 249
Zebedäus 255, 269
Zebul 185
Zedekia 225
Zephania 274, 276
Zeruja 248
Zeus 35, 39, 54, 66, 88, 103, 133, 163, 176, 196, 251
- Dodonos 163
- Olympikos 244
Zilla 81
Zippora 66

Verzeichnis der geographischen und der Stammesnamen

Abel Beth Maacha 208
Abel-Mechola 183
Abu Simbel 14
Achet-Aton s. Amarna
Aelia Capitolina (Jerusalem) 24
Ägypten, Ägypter 10, 13f., 18ff., 30, 44, 48, 55, 62, 65, 90, 94, 96, 99, 106, 108f., 113–124, 133–137, 139f., 146, 149, 152, 154, 181, 188, 190, 194f., 197, 199, 205, 213ff., 217f., 222, 225, 231, 233, 238, 244, 255, 264, 287
Ai 60
Ajalon 59
Akkad 10f., 90, 103
Alexandria 22
Amalek, Amalekiter 61, 136, 142, 164, 203, 206f.
Amarna (Achet-Aton) 48, 83, 227
Ammon, Ammoniter 16, 18, 95, 143, 171f., 194, 202f., 215
Amoriter 178
Anamer 90
Anathot 189f., 213, 277
Anatole 260
Antiochia 272
Aphek 157
Aram (Syrien), Aramäer (Syrer) 13, 23, 78, 91, 100, 104, 155, 181, 184, 236, 244, 269
Argos 102, 109
Asdod 157
Asser 14, 119f., 168
Assur, Assyrer 10f., 13f., 18, 20, 63, 73, 91, 156, 172, 186, 196, 199, 220, 222, 225, 232, 241, 251
Athen 272
Äthiopien 91
Atlantis 88
Attika 12
Aulis 173

Babylon, Babylonier 10f., 13, 21, 27, 30, 35, 42f., 49, 54, 58, 65f., 73, 76, 82, 86–90, 94, 98, 131, 139, 142, 147, 155, 158, 187–191, 195f., 199, 222, 225, 231f., 238, 241–245, 274, 276f., 284f., 287
Babylon-Assur-Medien 241
Bachurim 213
Basel 37
Beeršeba 65, 96f., 101f.
Benjamin 14, 16, 118f., 202f., 272
Bethel 20, 63, 70, 94, 107f., 110, 154, 160f., 165, 178, 218f., 221
Bethlehem 177, 208, 211, 254, 262, 264
Bethlehem-Ephrat 282
Bethsaida 269
Bethšemeš 158
Bezer 159f.
Buto 127, 140

Cäsarea 23, 269
Chalcedon 291
Chaldäa, Chaldäer 235

Damaskus 18, 99, 184, 186, 215, 272f.
Dan (Stadt) 20, 63, 99, 160, 162, 218f., 221
Dan (Stamm) 13, 69, 151, 162, 174
Delphi 15, 127, 140, 233
Dodona 163

Ebal 151
Eden 74ff., 280
Edom, Edomiter 18, 102, 137, 166, 183f., 194, 215f., 237
Ekron 157, 185, 251f.
el Quds (Jerusalem) 226
Elam, Elamiter 11, 91
Enakiter 141
Endor 203
Ephesus 272, 292
Ephraim (Stamm) 110, 115, 164, 172, 179
Ephraim (Gebirge) 164f., 198, 217
Ephrat 108
Ephrata 177
Eridu 11
Eškol 141
Etham 129
Euphrat 10, 36, 76, 150, 155, 188f., 214, 284
Europa 272

Gad 14, 119, 136, 151

Galiläa 23, 255, 258, 269, 279
Garizim 22, 151f., 170
Gath 157, 206, 209, 211
Gath-Hepher 199
Gaza 90, 174
Geliloth s. Gilgal
Genezareth 269, 292
Gerar 51, 96, 101
Gethsemane 228, 257
Gezer 214
Gibea 202
Gibeon 59, 213
Gichon 208
Gihon 76
Gilboa 203
Gilead 171ff., 180, 220
Gilgal 16, 157, 160f., 178, 181, 203
Gob 211
Golan 159f.
Golgatha 228, 257
Gomorra 95
Gosen 106, 115, 117
Griechenland, Griechen 64, 109f., 140, 163, 179, 181, 227, 233

Haran 94, 98, 105, 109
Hebräer 55, 90, 124, 128, 134, 198
Hebron 17, 94, 102, 104, 109, 111, 115, 141, 159f., 174, 207
Hellas 66
Hellenen (s. Griechen) 12, 55
Hethiter 14, 50, 61, 98, 104, 207
Hiddekel 76
Hinnom 154f.
Hor 131, 138
Horeb 54, 56, 125, 136f., 149ff., 181f.
Hurri-Mitanni 13
Hyksos 13, 50

Indus 76
Iran 287
Isin 11
Ismaeliter 113
Israel (Volk) 10–22, 26f., 32, 34, 56, 58, 64, 83, 90, 92, 95, 99, 103, 108, 110, 113, 119, 121–125, 128, 131, 133–153, 157, 159–163, 165–169, 171f., 175–178, 186, 188, 191–196, 199, 201–225, 227, 231, 243, 247, 250, 259, 274–278, 280f., 284, 287
– (Gottesvolk) 110, 191, 193, 196, 227, 231, 280
– (Nordreich, s. auch Joseph: Haus Joseph) 17–22, 26, 60, 62, 110, 119, 152, 155, 162, 180f., 184, 189, 193ff., 197, 199, 207, 210, 216–223, 230, 274, 277
Issašar 151

Jabbok 111
Jabeš 202
Jaffa s. Jamnia
Jamnia (Jaffa) 24, 198
Jebusiter 207, 209, 225
Jerahmieliter 14
Jericho 59, 69, 126, 131, 136ff., 157, 181, 183
Jerusalem 13–29, 42, 47f., 51, 53f., 57–61, 64, 71, 83, 93, 95f., 99f., 103, 106, 109ff., 120, 126, 132, 136, 138ff., 145, 150, 152–156, 159f., 162, 179, 182, 186, 189–193, 195ff., 201, 206f., 209, 212, 215–219, 222–229, 242ff., 254, 256, 258f., 260, 262, 264, 268, 270ff., 274, 280, 287
Jesreel 206, 220
Jordan 18, 69, 98, 122, 136f., 157, 160, 171, 181, 184, 255, 267
Joseph 14, 119, 121, 127, 164, 194, 197
– Haus Joseph (für Volk Israel oder Nordreich Israel) 119, 121
– Haus Joseph (für Ephraim und Machir-Manasse) 14
Juda (Stamm) 10, 14, 34, 82, 120, 141, 151, 169, 193f, 208, 210f.
– (Südreich) 17–28, 37, 45, 62f., 80, 82, 150, 153, 155, 162, 171, 184, 187–191, 193ff., 197, 206f., 211, 216–228, 231f., 237, 241, 259, 274f., 278
Juden 21–24, 35, 92, 97, 128, 225–229, 231, 233, 239–242, 253–257, 260–263, 266, 272, 280, 283, 285, 289f.

Kadesch (Kadeš) 126f., 139ff.
Kalchu 90
Kalebiter 82, 127, 141ff.
Kanaan, Kanaanäer 12–17, 25f., 35, 48–51, 56, 62f., 79, 81, 83, 91–94, 96–99, 103–106, 108ff., 113–118, 130f., 133–145, 153, 158–173, 185, 201, 204f., 211, 250
Kapernaum 269

Kaphtorer s. Kreter
Karmel 180, 182
Kaslucher 90
Kassiten 12, 50
Kebar 192
Kedeš 159, 165
Kedumim 166
Kegila 209
Keniter 14, 68, 82, 127, 166
Kilikien 271
Kirjat Jearim 158
Kiš 82
Kison 166, 180
Kitroth Mattawa 122
Konstantinopel 290
Korahiten 130, 135, 138
Korinth 272
Kreta, Kreter (Kaphtorer) 16, 18, 67, 79, 90, 92
Krith 180

Lagaš 11, 191
Laisch 162
Larsa 11
Laša 90
Leningrad 37
Leviten 15, 119f., 124, 127, 130ff., 138, 151
Libanon 10, 214, 230
Lud, Ludier 90
Lus (Bethel) 107, 109, 161

Machir-Manasse 14
Machpela 106, 109, 115
Magog 91
Manasse 109, 115, 136, 168
Mamre 69, 94, 98, 104, 106, 109, 115, 163
Maon 206, 209
Mara 136
Massa 136
Medien, Meder 188, 239–243
Memphis 48
Meriba 136
Meros 166
Mesopotamien 12f., 18, 63, 87, 90, 99f., 104, 152
Midian, Midianiter 16, 116, 121f., 124f., 128, 131f., 135, 138f., 167ff.
Miggiddo 166
Mizpa 172f., 178f., 203
Moab, Moabiter 18, 65, 95, 126, 138, 143f., 172, 176f., 183, 194, 215
Morija 66
Mykene 79

Nabatäer 96
Nablus 22
Naphtali 14, 119, 151, 165, 168
Nazareth 23, 36, 254ff., 262, 264
Nebo 123, 131, 139
Nicäa 289
Nil 10, 36, 76, 90, 116, 121, 124, 129, 133, 150, 155, 188
Ninive 90, 198ff.
Nob 61

Ölberg 257
Olympia 228
Ophra 167f., 170
Othnieliter 14

Palästina 10, 13, 24f., 118, 155, 171, 199, 244, 259
Paran 130, 138, 141, 164
Patmos 283
Persien, Perser 12, 21f., 104, 195, 199, 225, 227, 231, 236, 239ff., 243ff., 277
Philistäa, Philister 16, 18, 90, 92, 96f., 101f., 124, 157, 165, 174ff., 178, 185, 194, 203f., 206–211, 214, 222
Phönizien, Phönizier 22, 26, 54, 64, 67, 78, 155, 199, 232
Phrat 76
Pihachirot 134
Pisga 126
Pison 76
Pniel 108, 111

el Quds (Jerusalem) 226
Qumran 37, 268f.

Rama 108, 165, 178, 208, 211
Ramoth 159f., 220
Ramses 133
Ras eš-Šamra s. Ugarit
Rephidim 136
Rom (Reich) 23, 35, 95, 226f., 231, 233, 252, 260, 287–291

Rom (Stadt) 270, 272, 279, 287, 292f.
Ruben 14, 107, 119, 136, 151

Saba 214
Sabäer 235
Sais 118
Salem (Jerusalem) 99
Samaria 22, 154, 180, 184, 186, 195, 221
Samaritaner 22, 26, 152, 163
Sarepta 180
Sebulon 14, 119, 151, 165, 168
Seir 166
Sichem 19, 94, 105–116, 119, 152f., 159–165, 168–173, 178, 201, 217f.
Sichem-Rama 178
Sidon 19, 26, 90, 180, 194, 232
Silo 157, 158, 164, 178f., 217f.
Simeon 14, 151
Sinai 54f., 62, 122, 127, 129f., 135f., 138, 140, 146ff., 157
Sinear 88
Sodom 69, 90, 94, 99
Straßburg 293
Sudan 10
Sukkot 105, 133f.
Sumer 10, 85, 191, 198
Sunem 183, 208
Susa 239f.
Syrien s. Aram

Taanach 166
Tabor (Berg) 165
Tabor (Eiche) 202
Tanis 18
Tarsos 271
Tebez 201
Tell Abib 192
Tharsis 198
Theben 12, 18, 21, 48
Thekoa 274
Themath Serach 164
Tigris 10, 36, 76
Timnat 174
Tisbe 180
Tob 172
Totes Meer 18
Troas 272
Troja 35, 96, 197
Tyrus 19, 26, 194, 196, 207, 214, 230, 232

Ugarit (Ras eš-Šamra) 26, 55, 62f., 66, 111, 118, 155, 185
Ur 11, 94, 96
Uruk 11, 90
Us 235, 237

Zereda 217
Ziklag 206f.
Zin 131, 138
Zion 207, 225, 227, 229, 231, 275
Zoba 18
Zorea 69, 174
Zuph 202, 206
Zypern 16, 26

Geschichte

dtv

Hermann Kinder/ Werner Hilgemann: dtv-Atlas zur Weltgeschichte
Karten und chronologischer Abriß
Originalausgabe
2 Bände
3001, 3002

Konrad Fuchs/ Heribert Raab: dtv-Wörterbuch zur Geschichte
Originalausgabe
2 Bände
3036, 3037

Der Kleine Pauly
Lexikon der Antike in fünf Bänden
5963

Theodor Mommsen: Römische Geschichte
Vollständige Ausgabe in 8 Bänden
Mit einer Einleitung von Karl Christ
Originalausgabe
5955

Herbert Grundmann (Hrsg.): Gebhardt Handbuch der deutschen Geschichte
17 Bände
WR 4201–4217

Georg Iggers: Deutsche Geschichtswissenschaft
Ein kritischer Rückblick
WR 4059

Jochen Schmidt-Liebich: Daten englischer Geschichte
Von den Anfängen bis zur Gegenwart
Originalausgabe
3134

dtv dokumente

2901 Kaiser Friedrich II.
Sein Leben in zeitgenössischen Berichten
Hrsg. v. Klaus J. Heinisch

2902 Das Urteil von Nürnberg 1946.
Mit einer Vorbemerkung v. Lothar Gruchmann

2903 Die russische Revolution 1917. Von der Abdankung des Zaren bis zum Staatsstreich der Bolschewiki.
Hrsg. v. Manfred Hellmann

2904 NS-Vernichtungslager im Spiegel deutscher Strafprozesse
Belzec, Sobibor, Treblinka, Chelmno
Hrsg. v. Adalbert Rückerl

2905 Käthe von Normann: Tagebuch aus Pommern 1945–1946

2906 Reden des Kaisers. Ansprachen, Predigten und Trinksprüche Wilhelm II. Hrsg. v. Ernst Johann

2907 Bismarck und die preußisch-deutsche Politik 1871–1890
Hrsg. v. Michael Stürmer

2908 Rudolf Höß: Kommandant in Auschwitz
Autobiographische Aufzeichnungen
Hrsg. v. Martin Broszat

2909 Der Prozeß Jeanne d'Arc 1431 · 1456
Hrsg. v. Ruth Schirmer-Imhoff

2910 Inge Jens: Dichter zwischen rechts und links
Die Geschichte der Sektion für Dichtkunst der Preußischen Akademie der Künste, dargestellt nach den Dokumenten

2911 Am Hof der Hohenzollern. Aus dem Tagebuch der Baronin Spitzemberg 1895–1914. Hrsg. v. Rudolf Vierhaus

2912 Die Zukunft unserer Demokratie
Initiative · Verantwortung · Gemeinsamkeit
Die Tagung 1978 der Stiftung Theodor-Heuss-Preis und des Politischen Clubs der Evangelischen Akademie Tutzing
Hrsg. v. Norbert Schreiber

2915 Anatomie des SS-Staates. Band 1
Hans Buchheim: Die SS – das Herrschaftsinstrument
Hans Buchheim: Befehl und Gehorsam

2916 Anatomie des SS-Staates. Band 2
Martin Broszat: Konzentrationslager
Hans-Adolf Jacobsen: Kommissarbefehl
Helmut Krausnick: Judenverfolgung